汽车电工
从入门到精通

孙余凯　项绮明　孙静　等编著

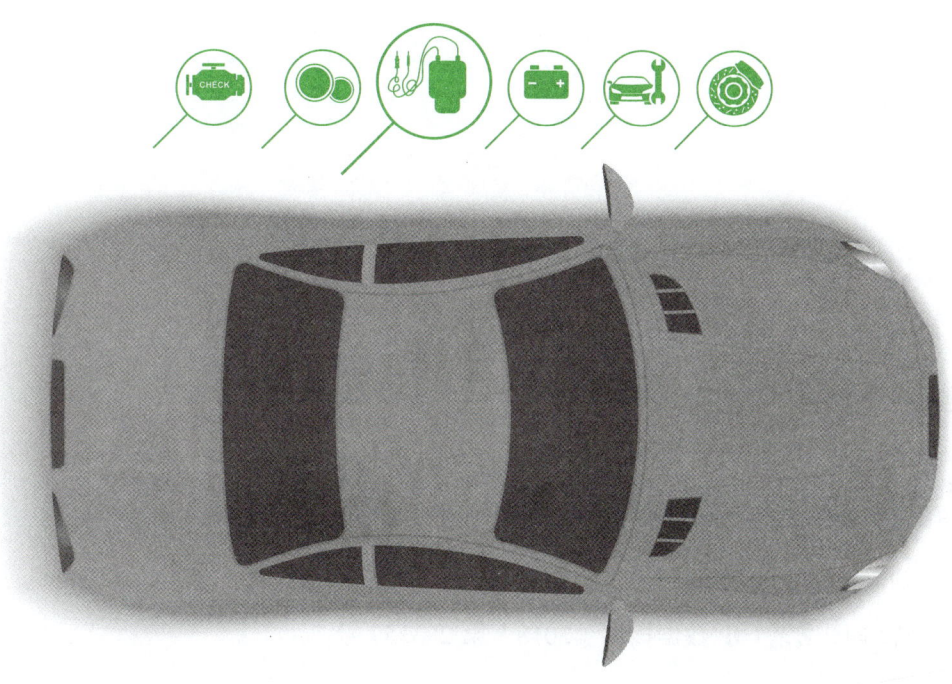

·北京·

本书从初学汽车电工的角度出发，由浅入深、由简到繁，系统地介绍了汽车电工从入门到精通需要掌握的基本技能。本书具有手把手教学的特点，共分十四步，从最简单的元器件说起，引导初学者独立地去处理一些简单直至较复杂的问题。本书虽然以基本电路（多以大众车型基本电路为例）为讲解的对象，但其检测与识图技能、诊断与检修思路却完全适用于国内外各种车型的电路。

本书通俗易懂、形象直观、图文并茂、全面翔实，具有较强的实用性和可操作性，既适用于初学者、一般汽车电工和职业技术院校汽车维修专业师生，也适用于专业汽车技术与维修人员在岗阅读，以便获得更多的技巧和更专业的技术知识。

图书在版编目（CIP）数据

汽车电工从入门到精通／孙余凯等编著. —北京：化学工业出版社，2019.1
ISBN 978-7-122-33393-3

Ⅰ.①汽…　Ⅱ.①孙…　Ⅲ.①汽车-电工技术　Ⅳ.①U463.6

中国版本图书馆CIP数据核字（2018）第283159号

责任编辑：陈景薇　　　　　　　　　　　　　　文字编辑：张燕文
责任校对：张雨彤　　　　　　　　　　　　　　装帧设计：王晓宇

出版发行：化学工业出版社（北京市东城区青年湖南街13号　邮政编码100011）
印　　装：三河市延风印装有限公司
787mm×1092mm　1/16　印张19¼　字数465千字　2019年3月北京第1版第1次印刷

购书咨询：010-64518888　　　　　　　　　　售后服务：010-64518899
网　　址：http://www.cip.com.cn
凡购买本书，如有缺损质量问题，本社销售中心负责调换。

定　　价：88.00元　　　　　　　　　　　　　　　　　　　　　　版权所有　违者必究

前言 PREFACE

目前，随着我国汽车保有量越来越大，维修量大而维修人员短缺的矛盾十分突出，为了满足初学者学习汽车维修，我们编著了这本《汽车电工从入门到精通》，全书分十四步引导读者入门，并辅导读者进入汽车电工队伍的行列，成为一名精通检修的专业人员。

（1）读者从本书每一步可获得的知识和技能

书中第 1～14 章即是汽车电工从入门到精通的第一步至第十四步，逐一学完每一步，就能够掌握汽车电工的维修技能。

（2）采用箭头对电源、信号流程进行指向，使读者在阅读时一目了然

在本书的电路原理图中，对电源电流、各种信号都采用了不同的箭头来指示其流向：箭头"➡"表示直接由蓄电池提供的电流流向或经过有关元器件的蓄电池电流流向；箭头"⇨"表示控制信号流向；箭头"➡"表示传感器或开关输入信号流向。

（3）基本知识与动手能力紧密结合，使读者一学就会

汽车电工入门主要分为理论知识入门与实践能力入门两部分，为了使理论与实践结合起来，本书把掌握检修故障常用工具与仪表的使用技能作为入门与精通的第一步，这样就可以在后面的各章内容中从元器件开始，把理论知识与动手技能结合在一起，使读者在读懂理论知识的同时，也能有机会通过实际操作逐渐提高动手能力，最终成为精通汽车电工的人才。

（4）起点低，便于读者自学

本书在选材与讲解方面，没有涉及复杂的计算与推导，对理论知识采用通俗易懂的语言进行讲解，故本书具有起点低、便于自学的特点，可供具有初中文化程度的初学者使用，在无条件参加学习班学习的情况下，读者如能认真学习钻研本书，可从初学入门，再通过自己的检修实践逐步提高认识，进而成为一名精通维修的专业人员。

（5）内容简洁，涉及面广，重点教读者准确判断故障部位或原因

本书对原理的阐述简略，尽量以简图和简单的说明来介绍汽车电气系统基本知识、诊断手段、故障诊断与维修方面的知识，以便于读者理解和迅速应用到日常工作中，内容几乎涵盖了现在汽车上所有的电路。

考虑到现在新型汽车的维修，尤其是在高级轿车的维修过程中，对汽车零部件本身的维修已不再是汽车维修的主要工作（因为新型车辆的许多部件不可修复，损坏之后只能更换新件），而准确判断引发故障的原因则成为汽车维修的关键。故本书各章的重点都放在怎样教会读者准确判断故障部位或原因上，其目的就是帮助读者快速寻找故障点，掌握快修汽车各种故障的技能。

本书由孙余凯、项绮明、孙静、吴鸣山、罗国凤、孙永章、王国珍、吴永平、刘伟、项宏宇、潘童、孟泉、丁秀梅、孙余正、张朝纲、刘忠梅、陈芳、夏立柱、叶亚东、陈帆、刘跃、韩明佳、刘军中编著。

本书在编写过程中，参考了许多相关文献，在这里谨向有关单位和作者一并致谢。同时对给予我们支持和帮助的有关专家和部门深表谢意！

由于汽车新技术的不断更新，对其的检测与维修技术发展极为迅速，限于笔者水平有限，书中存在的不足之处，恳请专家和读者批评指正。

编著者

目录 CONTENTS

第 1 章 学习仪表与工具知识，掌握基本使用技能 1

1.1 基本检测仪表与工具的类型 / 1
1.2 指针式万用表 / 2
1.3 普通数字式万用表 / 7
1.4 汽车数字式万用表 / 11
1.5 常用工具 / 14
习题 1 / 16

第 2 章 学习认识电子元器件符号，掌握判断其好坏的技能 17

2.1 电阻类基本元件 / 17
2.2 电容类基本元件 / 21
2.3 电感类基本元件 / 23
2.4 色环电阻器、电容器、电感器的外形与标称数值 / 26
2.5 晶体二极管 / 27
2.6 晶体三极管 / 29
2.7 集成电路 / 32
2.8 传感器 / 35
习题 2 / 56

第 3 章 学习认识汽车电器元器件符号，掌握判断其好坏的技能 58

3.1 熔断器和易熔线 / 58
3.2 蓄电池 / 59
3.3 交流发电机 / 63
3.4 电子电压调节器 / 72
3.5 起动机 / 73
3.6 继电器 / 82
3.7 电磁阀与电磁离合器 / 83
3.8 开关 / 86
3.9 插接器 / 89
3.10 点火线圈 / 90

3.11　火花塞 / 92
3.12　分电器 / 93
3.13　照明与信号装置 / 94
3.14　仪表 / 96
3.15　电动机 / 97
3.16　音响装置 / 98
习题 3 / 100

第 4 章　熟悉汽车电路组成、特点，掌握识图基本技能　102

4.1　汽车电路的组成 / 102
4.2　汽车电器电路的特点 / 103
4.3　汽车电子电路的特点 / 105
4.4　汽车电路图的类型与特点 / 106
4.5　汽车电路图的识图要领 / 107
习题 4 / 112

第 5 章　学习框画汽车电路，读懂电流通路　113

5.1　汽车电路的特点与识读的基本思路 / 113
5.2　汽车电路常用导线标注识别 / 114
5.3　汽车电路的识读指导 / 116
习题 5 / 132

第 6 章　怎样看懂实际电控系统电路（上）　134

6.1　电控燃油喷射系统 / 134
6.2　电控自动变速器系统 / 143
6.3　电控电动助力转向系统 / 149
6.4　电控悬架系统 / 153
6.5　电控空调系统 / 156
习题 6 / 160

第 7 章　怎样看懂实际电控系统电路（下）　163

7.1　防抱死制动系统 / 163
7.2　安全气囊系统 / 170
7.3　巡航控制系统 / 176
7.4　数字式仪表控制系统 / 181

第 8 章

搞清供电系统工作情况，学会寻找故障元件

188

习题 7 / 185

8.1 供电系统的结构特点、工作情况及典型应用电路 / 188
8.2 供电系统基本工作原理 / 190
8.3 供电系统常见故障检修入门指导 / 191
8.4 供电系统常见故障诊断与维修指导 / 192
习题 8 / 196

第 9 章

搞清启动系统工作情况，学会寻找故障元件

197

9.1 启动系统的结构特点与工作情况 / 197
9.2 启动系统故障部位判断指导 / 200
9.3 启动系统常见故障诊断与维修指导 / 201
习题 9 / 203

第 10 章

搞清点火系统工作情况，学会寻找故障元件

205

10.1 点火系统的结构与工作情况 / 205
10.2 点火系统是否有故障的判断及其常见故障诊断与维修指导 / 210
习题 10 / 215

第 11 章

学习照明与信号系统基本知识，掌握判断故障部位技能

217

11.1 照明与灯光信号系统基本知识及故障查找必备技能 / 218
11.2 前照灯的拆装、故障诊断与维修技能指导 / 220
11.3 照明与信号系统故障部位的判断及检修技能指导 / 226
11.4 汽车电喇叭系统故障诊断与维修技能指导 / 229
习题 11 / 231

第12章 学习信息显示系统基本知识，掌握故障诊断与维修技能 233

- 12.1 信息显示系统基本知识 / 233
- 12.2 机械式信息显示系统故障诊断与维修技能指导 / 240
- 12.3 电子式信息显示系统故障诊断与维修技能指导 / 243
- 12.4 电子车速里程表故障诊断与维修技能指导 / 244
- 12.5 维修数字式仪表应注意的问题 / 247
- 习题 12 / 249

第13章 搞清辅助系统工作情况，学会寻找故障元件 250

- 13.1 电动刮水系统故障诊断与维修技能指导 / 251
- 13.2 电动洗涤系统故障诊断与维修技能指导 / 254
- 13.3 电动天窗、电动车窗、电动后视镜、电动座椅、电动门锁故障诊断与维修技能指导 / 255
- 13.4 倒车雷达故障诊断与维修技能指导 / 263
- 习题 13 / 265

第14章 学习电控系统故障诊断方法，掌握实际维修技能 267

- 14.1 电控燃油喷射系统故障诊断与维修技能指导 / 267
- 14.2 电控自动变速器系统故障诊断与维修技能指导 / 271
- 14.3 电控制动防抱死系统故障诊断与维修技能指导 / 274
- 14.4 电控悬架系统故障诊断与维修技能指导 / 278
- 14.5 电控安全气囊系统故障诊断与维修技能指导 / 281
- 14.6 电控巡航系统故障诊断与维修技能指导 / 285
- 14.7 电控助力转向系统故障诊断与维修技能指导 / 287
- 14.8 电控自动空调系统故障诊断与维修技能指导 / 290
- 习题 14 / 294

习题答案 / 296

参考文献 / 300

第1章

学习仪表与工具知识,掌握基本使用技能

本章导读

　　汽车电工入门主要分为理论知识入门与实践能力入门两部分,为了使理论与实践结合起来,本章把掌握检修故障常用工具与仪表的使用技能作为入门与精通的第一步,这样就可以在后面的各章内容中从元器件开始,把理论知识与动手技能结合在一起介绍,使读者在读懂理论知识的同时,也能有机会通过实际操作逐渐提高动手能力,最终成为精通汽车电工的人才。

　　对汽车故障的检修和医生诊断病情一样,必须要准备一些合适的诊断设备,并且还要熟练掌握它们的使用方法。这就是本章所要介绍的内容,也希望初学者对其能够熟练掌握、灵活应用。

1.1　基本检测仪表与工具的类型

　　基本检测仪表与工具是指在对汽车电气系统进行检修时,经常要用到的、必须具备的一些仪表与工具。

1.1.1　基本检测仪表的类型

　　汽车电工使用的基本检测仪表既有通用型的也有专用型的。汽车电工最常用的就是万用表,如图1-1所示。汽车数字式万用表除具有通用万用表的功能外,还具有某些专门用于对汽车电气系统进行检测的功能。

 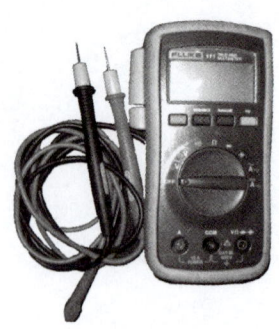  

(a) 通用指针式　　　　　　(b) 通用数字式　　　　　　(c) 通用自动量程式　　　　　(d) 汽车数字式

图 1-1　万用表外形

1.1.2　常用基本工具的类型

如表 1-1 所示，汽车电工常用的基本工具除了旋具（俗称螺丝刀或起子）、扳手（开口扳手、套筒扳手、梅花扳手、内六角扳手、活动扳手、扭力扳手、管子扳手等）、钳子（钢丝钳、尖嘴钳、鳄鱼钳和活塞环拆装钳）、锤子（圆头锤、钉锤、橡胶锤、软面塑料锤）外，还有一些检测工具、焊接工具等。

表 1-1　汽车电工常用的基本工具

名称	螺丝刀	开口扳手	套筒扳手	梅花扳手	内六角扳手	活动扳手
示意图						
名称	棘轮扳手	扭力扳手	手锤	卡簧钳	尖嘴钳	斜口钳
示意图						

1.2　指针式万用表

指针式万用表又称机械式万用表、模拟式万用表或复用表、多用表，是一种由表头上的指针指示读数的通用型电子测量仪器。

1.2.1　指针式万用表上常用外文字母含义

一般的指针式万用表可用来测量直流电流、直流电压、交流电压、电阻等。有的万用表还可用来测量交流电流、电容、电感以及对晶体管进行检测。指针式万用表上常用的外文字母含义如表 1-2 所示。

表 1-2 指针式万用表上常用的外文字母含义

外文字母（单词或短语）	中文含义	量程符号	用途	备 注
DC	直流	DCV	直流电压测量	用 V 或 V- 表示
		DCA	直流电流测量	用 A 或 A- 表示
AC	交流	ACV	交流电压测量	用 V 或 V~表示
		ACA	交流电流测量	用 A 或 A~表示
OHM（OHMS）	欧姆	OHM（OHMS）	元器件电阻值测量	用 Ω 或 R 表示
BATT	电池	BATT	表内电池电压（容量）检验	国产 7050、7001、7002、7004、7005、7007、M1015B 等指针式万用表设此量程
GOOD	好、好的	—	是 BATT 量程的刻度标示。如指针指示在 GOOD 标示范围之内，表明表内电池容量充足；如指针指示在 BAD 标示范围之内，表明表内电池容量不足，应更换	
BAD	坏、坏的			
BDI	调节、校准	—	—	标尺在欧姆零位调节旋钮旁
OFF	关、关机	OFF	关机	有些指针式表设有此挡，当量程开关拨至此挡时，就将表头动圈短路，增大阻尼，以防振动，损坏表头
MODEL	型号			—
HEF	晶体三极管直流电流放大倍数测量插孔与挡位			
DIOOE PROTECTION	测量机构保护			
MADE IN CHINA	中国制造			—

1.2.2 指针式万用表正面典型结构和面板功能

指针式万用表是一种最普通的万用表，不同型号的万用表仅是检测功能的范围、结构有一定的差别，但检测功能基本相同。

图 1-2（a）所示为指针式万用表正面典型结构和面板功能识别，供初学者认识万用表时参考。指针式万用表用来指示测量值的是一个动圈式直流电流表，此外在万用表中还设有分流器（用以扩大电流的测量范围）、倍率器（用以扩大电压的测量范围）、整流器（将交流变成直流）、电池（为测量电阻时提供电源）及切换开关等。除了能进行直流电流和电压、交流电压和电阻测量以外，还能测量低频交流信号的电压（以 dB 表示）。

指针式万用表刻度盘上刻度的含义如图 1-2（b）所示。

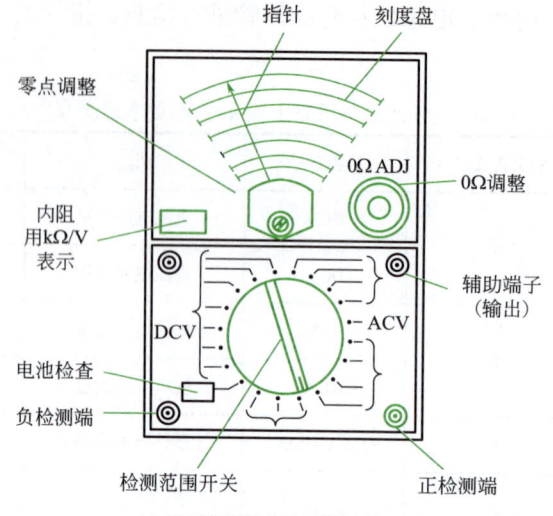

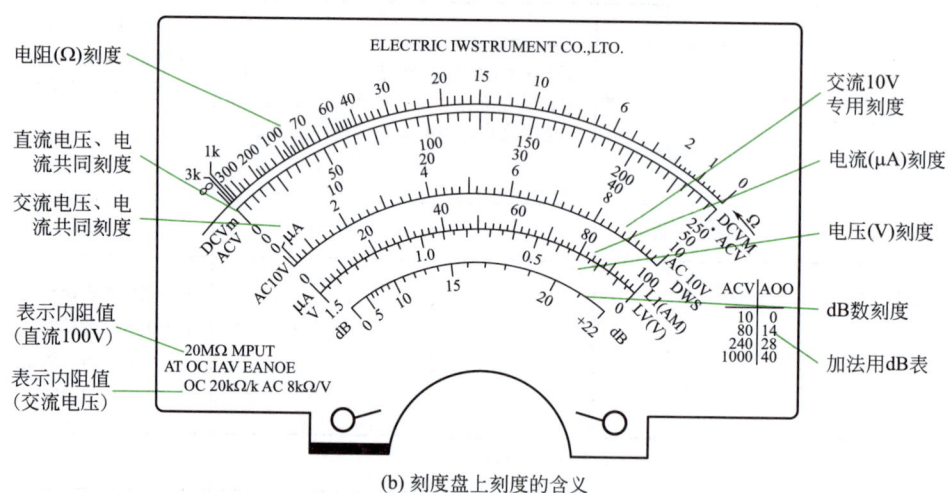

图 1-2 指针式万用表正面典型结构和面板功能识别及刻度盘上刻度的含义

1.2.3 使用指针式万用表必须注意的问题

万用表测量电阻、电压、电流等电路参数时,除了因万用表准确度等级不高会引起误差外,测量方法、操作环境等因素也会造成测量误差。减小万用表的测量误差,需要掌握正确的操作方法。

(1) 测量环境 不要在具有强电磁场辐射的环境下使用万用表,以防受到强电磁场辐射的干扰而使测量误差变大。

(2) 放置方式 万用表在使用时应根据表头上"⊥"或"↑"及"Ⅱ"等符号的指示,将万用表垂直或水平放置。

(3) 调零 对于指针式万用表,使用前需检查表针是否指在机械零点上。测量电阻时,每次更换量程均要进行调零。如果将两表笔短接后,"Ω"挡调零旋钮旋至最大,指针仍达不到零点,这种情况通常是由于表内电池电压不足造成的,应更换新的电池才能准确测量。

（4）人体不要碰表笔　使用万用表时，双手不要碰表笔的导体部分，因为人体有一定的电阻，人体微小的感应对万用表的影响较大。尤其是在检测电阻时，不要用手触及被检测元器件的裸露部分以及两表笔的金属部位，以免人体电阻与被测电阻并联，使检测结果不准确。

（5）正确读取数据　在读指针式万用表测量数值时，两眼应正对表盘，不能斜视，以防读得的数值不准确而造成误判。

（6）不要拧错挡　当需要检测电流或电压时，不能拧错挡。如果误用电阻挡或电流挡测量电压，很容易使万用表烧坏。万用表不使用时，最好将其挡位置于交流电压最高挡，以防止因拧错挡而损坏。

（7）注意正、负极性　在使用万用表检测直流电压或直流电流时，一定要注意"＋""－"极性不要接错。如果发现指针出现反转，应立即调换表笔，以防损坏指针或表头。

（8）不知参数大小时先用最高挡　如果不知道被测电压或电流的大小，应先用最高挡，然后再回拨到合适的挡位来进行测量，以免表针偏转过度而损坏表头。所选用的挡位越接近被测值，检测的数值也就越准确。

（9）不用时不要旋在电阻挡　万用表在不使用时，不要旋在电阻挡，因表内有电池，如不小心两只表笔相碰短路，不仅会消耗电池，严重时甚至会使表头损坏。

（10）不要带电更换挡位　万用表在检测中，不要带电更换挡位，尤其是在大电压或大电流时，不要轻易拨动挡位开关。

（11）其他方面　根据被测参数的大小选择适当量程。移动万用表时要轻拿轻放，不要使表壳粘上汽油、香蕉水等液体，也要远离加热的电烙铁等，以免损坏万用表。

1.2.4　指针式万用表实际使用技能实训

采用指针式万用表检测电阻、电压、电流，是检修汽车电气系统最基本的技能。

（1）检测电阻　以三端子的电子电压调节器为例，采用万用表检测汽车交流发电机电子电压调节器的电阻时，可对其进行六次电阻值检测。

① 检测点火或电源端子 S 与磁场端子 F 之间的正、反向电阻值，具体检测方法如图 1-3（a）所示。

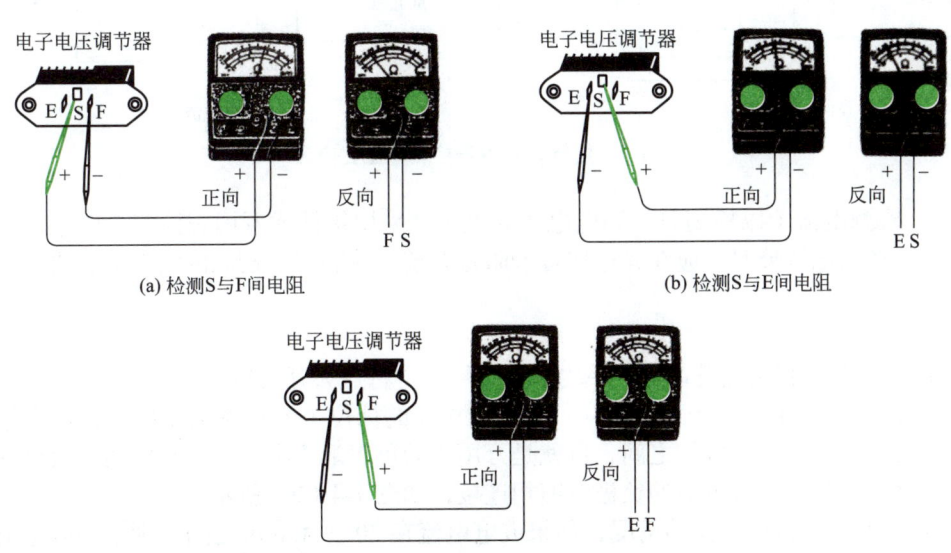

图 1-3　指针式万用表检测电子电压调节器电阻

② 检测点火或电源端子 S 与搭铁端子 E 之间的正、反向电阻值，具体检测方法如图 1-3（b）所示。

③ 检测磁场端子 F 与搭铁端子 E 之间的正、反向电阻值，具体检测方法如图 1-3（c）所示。

④ 检测分析：这种检测方法对于内、外搭铁的 14V 或 28V 的电子电压调节器均适用。测阻法的实质就是用万用表的电阻挡分别去测量电子电压调节器各端子之间的正、反向电阻值，然后与正常值进行对照，以此来判断电子电压调节器的好坏。表 1-3 为 JFT142B 型电子电压调节器开路实测电阻，可供检测时参考。

表 1-3 JFT142B 型电子电压调节器开路实测电阻

红表笔所测的端子	S	F	S	E	F	E
黑表笔所测的端子	F	S	E	S	E	F
测得的电阻值 /kΩ	0.5～0.75	5～7.5	1.2～1.6	3.5～4	0.55～0.6	3.9～4

（2）检测电压　以检测蓄电池电压为例。

① 先从分电器上拆下点火线圈高压线，或从高能点火器上拆下电源线，其目的就是避免发动机启动工作。

② 如图 1-4（a）所示，将指针式万用表的红表笔连接到蓄电池正极端，黑表笔连接到蓄电池负极或搭铁端，并固定好。

③ 将点火开关置于启动挡，启动发动机运转 15s，此时蓄电池电压读数应在 9.6V 以上，如只有 9.6V 甚至更低，则可能是蓄电池导线或连接部位有问题或不清洁，蓄电池本身有问题或充电不足，起动机开关电磁线圈或继电器有故障。

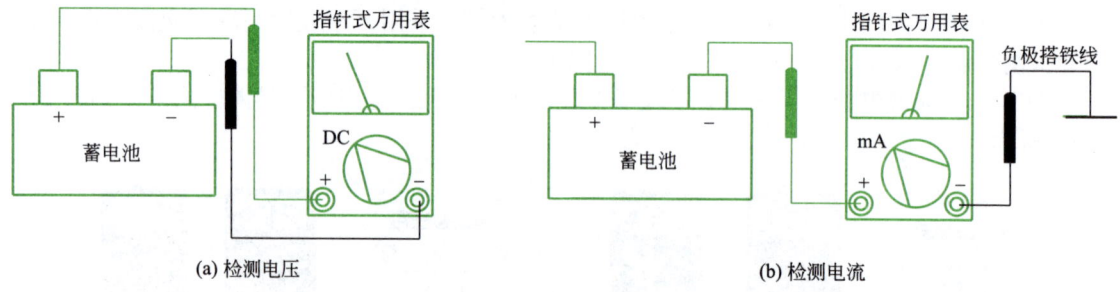

(a) 检测电压　　　　　　　　　　　　(b) 检测电流

图 1-4　指针式万用表检测电压、电流

（3）检测电流（以检测整车漏电电流为例）　采用指针式万用表检测放电电流来判断车辆是否存在漏电故障时，应在先记住音响防盗系统（或装置）密码的情况下，再进行以下操作。

1）检测方法

① 将车辆上所有用电设备的开关均断开，然后再将点火开关转到 OFF 位置。

② 将指针式万用表置于 500mA～1A（或相应的挡位）的直流电流挡，把两表笔串联在蓄电池负极电缆与负极极柱之间，也就是万用表的负表笔（黑色）与蓄电池负极极柱相连接，正表笔（红色）与蓄电池的负极电缆相连接，如图 1-4（b）所示。

③ 观察万用表指针的摆动情况，如果放电电流在 20～40mA 之间，则说明静态电流基本正常；如果指针的摆动幅度过大，说明蓄电池的放电电流很大，应查找故障原因。然后再采用逐一断开蓄电池负载各分支电路的方法，来判断问题出在哪一支路；也就是将熔丝逐一

拔下，查看电流值的变化情况。如果拔下某个熔丝时电流值变小，则说明漏电部位就是通过该熔丝的电路或用电设备。

故障大概部位的范围确定以后，通过查阅电路图或查看线路走向，顺线路就可以顺利找出损坏的部位进行修理。

如果拔下所有的熔丝后，万用表的读数仍然很大，则说明故障点在熔丝之前的线路上，应重点查看熔丝之前的线路有无搭铁短路现象。

2）需要注意的问题 采用指针式万用表检测车辆的静态电流时，应先把万用表的两表笔分别与蓄电池的负极极柱与负极电缆连接好，然后从蓄电池的负极上脱开负极电缆，再进行检测。不要先拆开蓄电池的负极电缆，然后才连接万用表，这样有可能检测不到静态电流。

1.3 普通数字式万用表

普通数字式万用表是一种通用的检测仪表，通常都采用数码或符号的方式来指示检测到的参数。

1.3.1 数字式万用表常用文字符号含义

为了与国际接轨，近年来生产的电气仪表几乎都采用外文字母标示量程、功能、性能等。这类外文字母在数字式仪表上应用最多，绝大部分是英文语句或单词，也有缩写。例如，数字式万用表标示为 DLGITAL MULTIMETER，缩写为 DMM；在数字式万用表大电流量程的插孔旁边标示的"MAX 10SEC"，表示此插孔作测量用，最长时间不能超过 10s，而且此插孔未设熔丝保护措施。数字式万用表上常见的外文字母含义如表 1-4 所示。

表 1-4 数字式万用表上常见的外文字母含义

项目	外文字母（单词或语句）	中文含义	备注	项目	外文字母（单词或语句）	中文含义	备注
量程类	RANGE	量程转换	—	按键	COM	模拟地公共插口	—
	AUTO RANGE	自动量程转换	—		MAX	最大、最大值	—
	MANUAL RANGE	手动量程转换	—		MIN	最小、最小值	—
	AUTO/MANUAL RANGE	自动/手动量程转换	—		DOWN	由大到小	—
熔丝类	FUSE	熔丝	—		UP	由小到大	—
	FUSED	设熔丝保护	—		TEMP	温度（测量）	—
	UNFUSED	未设熔丝保护	—		AUTO CAL	自动校准	—
按键	ON/OFF	开/关	—		SEC	秒	—
	HOLD	数据保持	按动此键，可使测量数据保持		EACH	每次、各自	—
	PK HOLD	峰值（数据）保持	按动此键，能自动记录测量过程中的最大数据		AUTO POWER OFF	自动关机	—
	DATA	数据储存			FUSE PROVIDED	电路熔丝保护	

1.3.2 普通数字式万用表的面板结构与测量量程

数字式万用表与指针式万用表相比,具有体积小、重量轻、测量范围广、测量功能多、读数直观、准确度高、过载能力强等特点。

目前数字式万用表使用较多的是 DT-890 系列。DT-890 型数字式万用表外形如图 1-5(a)

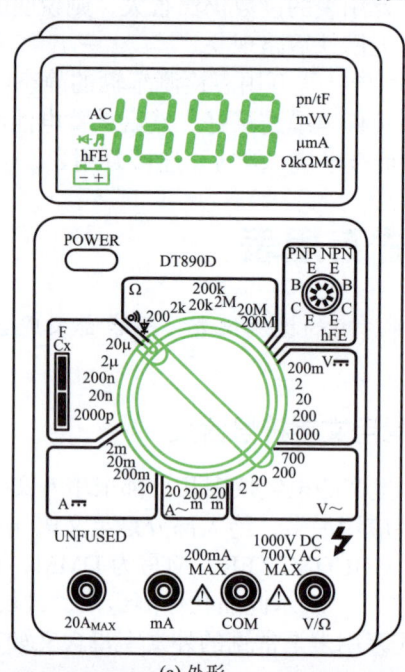

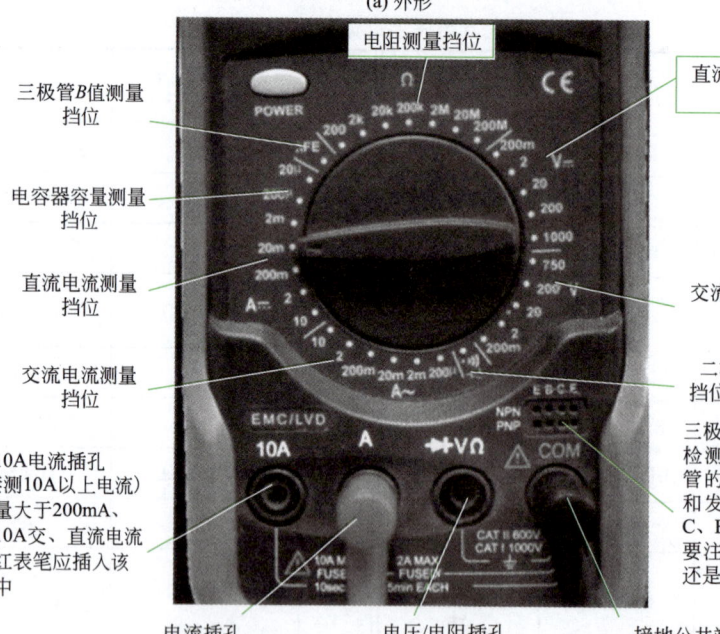

图 1-5 数字式万用表外形与挡位、插孔功能

所示，它能自动显示被测数值的单位和符号，如 Ω、kΩ、MΩ、mV、V、mA、A、μF 等，而且量程多，如电阻量程从 200Ω～200MΩ 共有 7 挡。除了直流电压（200mV～1000V）、直流电流（2mA～20A）、交流电压（2V～700V）及 hFE 外，还设置有交流电流（200mA～20A）和电容（2000pF～20μF）等测试挡。

图 1-5（b）所示是一种功能较全、通用型数字式万用表实际面板挡位、插孔功能。

1.3.3 普通数字式万用表的使用技能

（1）测量之前　在使用普通数字式万用表时，先将电源开关打到 ON 位置，使显示屏有数字显示。

（2）检测交流电压

① 将数字式万用表的红表笔插入"V/Ω"插孔内，黑表笔插入"COM"插孔内（以下均同，不再重述）。

② 在检测交流电压时，先将数字式万用表的量程选择开关拨到交流电压挡位上。将红、黑表笔分别接触被检测部分的两端。如果已知被检测交流电压在 220V 左右，可将量程选择开关直接拨到交流 250V 的挡位上；如果对被检测的交流电压心中无数，则要把量程选择开关拨到交流电压的最大挡位上，然后再逐渐减小量程的挡位，直到能够检测出正确的数值为止。

（3）检测直流电压

① 检测方法。在检测直流电压时，应先把量程选择开关拨到直流电压挡上，红表笔与被检测线路或设备电源的正极相连，黑表笔与被检测线路或设备电源的负极相连，其他与检测交流电压时的方法相同，不赘述。

② 需要注意的问题。在采用数字式万用表检测直流电压时，选择量程的不同，检测到的精度也不一样，这一点必须注意到。例如，采用数字式万用表对一节 1.5V 的干电池的直流电压进行检测时，采用不同的量程所检测到的电压结果如表 1-5 所列，从表中可以看出，用 2V 挡测量的精度最高，故不能采用大量程去检测直流小电压。

表 1-5　不同挡位检测 1.5V 干电池时显示的情况　　　　　　　　　　V

数字式万用表的挡位	2	20	200	1000
检测到的电压值	1.552	1.55	1.6	2

（4）检测交流电流

① 改插红表笔。采用数字式万用表检测交流电流时，应将红表笔改插入"mA"插孔；如果被检测的交流电流大于 200mA，则红表笔应插入"10A"插孔内。

② 检测方法。根据被检测交流电流的大小，合理选择交流电流挡的量程，然后将数字式万用表的两表笔串联在被检测电路中。

（5）检测直流电阻

① 改插红表笔。采用数字式万用表检测直流电阻时，应将其红表笔插入"V/Ω"插孔内。黑表笔不动，以下均同，不赘述

② 检测方法。将被检测的电阻和其他元件或电源脱开，合理选择电阻挡的量程，然后单手持数字式万用表的两表笔，并将其跨接在被检测电阻的两端。但不能用手握住电阻测量，否则将造成测量上的误差。由于人体与大地之间存在较大的分布电容，容易感应出较强的 50Hz 交流干扰信号，屏显会出现几伏甚至十几伏的电压，极易造成量程超限。同理，不

能用数字式万用表测量人体等效电阻,即双手不能分别握住红、黑表笔两端金属部分。

另外,数字式万用表两表笔的导线也存在一定的电阻,测量阻值大的电阻时表笔导线的阻值可忽略不计,但测量几欧的电阻时应减去表笔的导线的阻值。例如,使用200Ω挡测量小于200Ω的电阻时,应先将两表/笔短路,屏幕上会显示出一定的阻值,一般为0.2~0.5Ω,将所测得的电阻值减去导线电阻值,才是实际被测电阻值。

(6)挡位与插孔的选择　在使用中,要特别注意选择开关的挡位和表笔的4个插孔。关注4个插孔旁所标的警示符号"⚠"和最大限值"MAX"。尤其在测量大电流、大电压时,挡位和插孔要与实际相符,否则将导致万用表损坏。

(7)测量之后　使用普通数字式万用表测量结束后,应及时关闭电源,也就是将电源开关拨至OFF位置。对于长时间搁置不用的数字式万用表,应将其内部的干电池取出。

1.3.4　普通数字式万用表实际使用技能实训

在对汽车故障进行检修的过程中,经常会遇到用普通数字式万用表检测汽车线路的问题,这些实际检测方法都是经常用到的。

(1)检测电路通断　将数字式万用表的量程开关拨到标有"○))"符号的位置,红表笔插入"V/Ω"插孔内,然后将两表笔与被检测电路的两端相连。应注意,检测条件是开路电压为0.5~0.6V。

① 电路导通。如果被检测电路的两端是导通的,则当数字式万用表两表笔与电路两端相接触时,数字式万用表内部的蜂鸣器就会发出声响。

② 电路不通。如果被检测电路的两端是不通的,则当数字式万用表两表笔与电路两端相接触时,数字式万用表内部的蜂鸣器不会发出声响。

③ 检测线路导通性实例。

a. 检测时挡位的选择。以图1-6(b)所示的1缸喷油器控制线喷油器端为例。采用数字式万用表检测线路导通性时,应采用蜂鸣器挡。然后断开需要检测线路导线的两端。

b. 检测方法。如图1-6(c)所示,将数字式万用表两表笔与被检测线路导线的两端相连接,如果数字式万用表蜂鸣器发出蜂鸣声,则说明线路导通性良好;反之则说明被检测线路不良。

(2)检测搭铁点接触情况　采用数字式万用表检测搭铁点接触不良故障时,应选择直流20V电压挡(或其他相应挡位)。如图1-6(a)所示,用数字式万用表两表笔检测搭铁点两端的电压值,该电压正常值为0V。如果检测到的电压大于0.3V,则说明被检测的搭铁点存在接触不良现象,该处出现的接触电阻已经对线路的正常工作产生了影响。

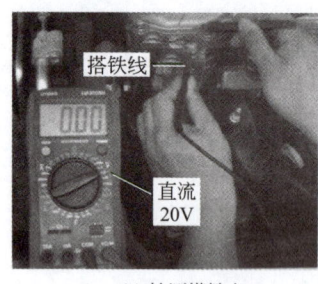
(a)检测搭铁点

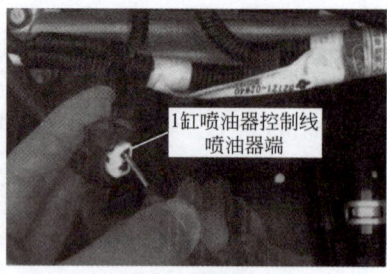
(b)1缸喷油器控制线

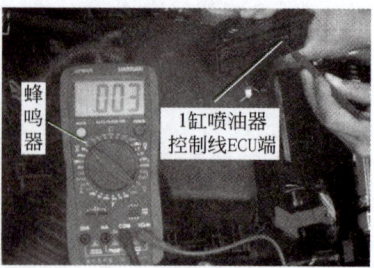
(c)检测线路导通性

图1-6　采用数字式万用表检测搭铁点与线路导通性

(3)检测信号线对电源短路

① 挡位的选择。采用数字式万用表检测汽车信号线对电源短路故障时,应采用直流20V电压挡(或其他相应挡位)。

② 检测方法。如图 1-7（a）所示，断开需要检测线路导线的两端插接件等。以检测进气（空气）流量传感器连接线路为例，如图 1-7（b）所示，将数字式万用表的负表笔可靠地与搭铁点相连接，正表笔碰触存疑线路导线的某一端，同时观察万用表显示的电压值。如果该电压值超过 1V，则表明信号线路对电源有短路现象存在。

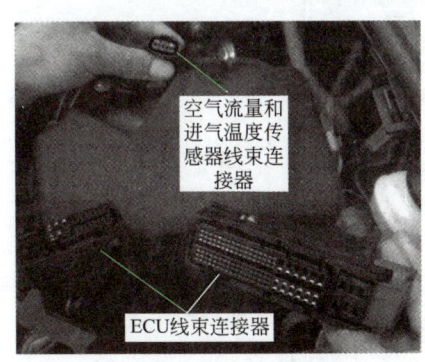
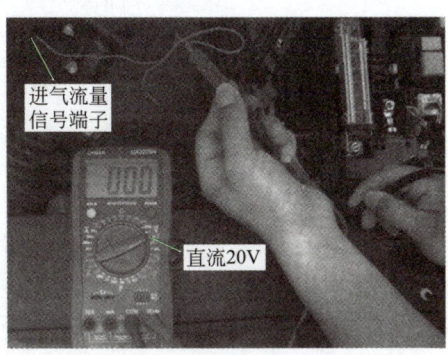

(a) 断开导线两端插接件　　　　　　　(b) 检测信号线对电源是否短路

图 1-7　检测信号线对电源短路故障

1.4　汽车数字式万用表

汽车数字式万用表是在普通数字式万用表的基础上发展起来的，不仅具有普通数字式万用表的电压、电流、电阻测量功能，还具有很多汽车电气系统的专用测试功能，如频率、转速、占空比（频宽比）、压力、时间、脉冲宽度、温度、电感、电容、闭合角等。

1.4.1　汽车数字式万用表外形结构、功能特点

由于汽车数字式万用表是在普通数字式万用表的基础上发展起来的，故大都保留了普通数字式万用表的基本检测功能，并增加了与检修汽车电气系统有关的多种功能。

（1）面板结构与功能　图 1-8（a）所示为典型的汽车数字式万用表面板结构，图 1-8（b）是一种检测功能较齐全的汽车数字式万用表上各功能开关、插孔功能说明。

（2）专用配套附件及辅助功能　为了方便实现某些专用功能（如温度、转速等）的检测，有些汽车数字式万用表附带了一些专用配套件及辅助功能，如热电偶适配器、热电偶探头、真空 / 压力转换器、感应式电流测试夹及背光显示功能等。表 1-6 中列出了汽车万用表附带的某些专用配套件及辅助功能。

表 1-6　汽车万用表附带的某些专用配套件及辅助功能

项目	具体说明
热电偶适配器、热电偶探头	可以用来对汽车某些部位的温度进行检测，以便通过温度的变化来分析判断故障的可能原因
真空 / 压力转换器	可以用来对汽车某些部位的真空 / 压力情况进行检测，以便通过真空 / 压力的变化来分析判断故障的可能原因
感应式电流测试夹	图 1-8（c）所示是一种较常用的霍尔式电流传感夹，可以用来对汽车某些部位的电流情况进行检测，以便通过电流的变化来分析判断故障的可能原因
背光显示功能	有的汽车数字式万用表还具有背光显示功能，用于在光线较暗时也可以看清楚显示的数据

注：对于汽车，尤其是电控汽车中特有的电气装置及相关参数的检测，如转速、占空比、频率、压力、温度、时间、闭合角等，应尽量采用汽车数字式万用表来进行检测。

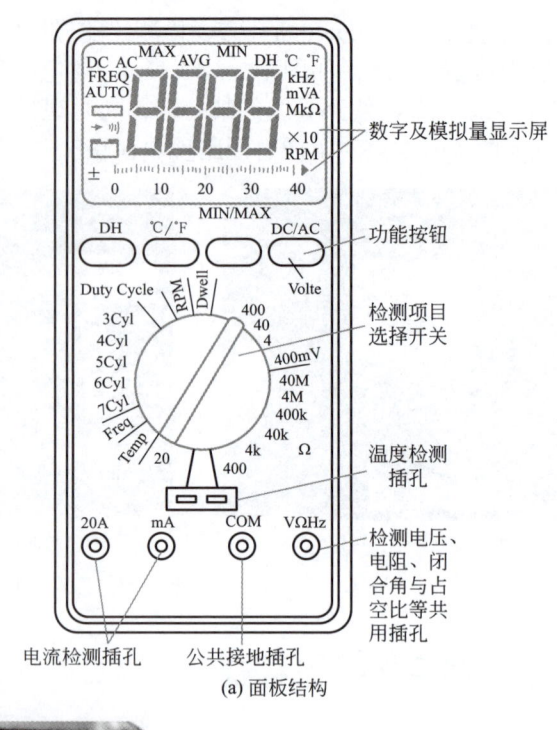

(a) 面板结构

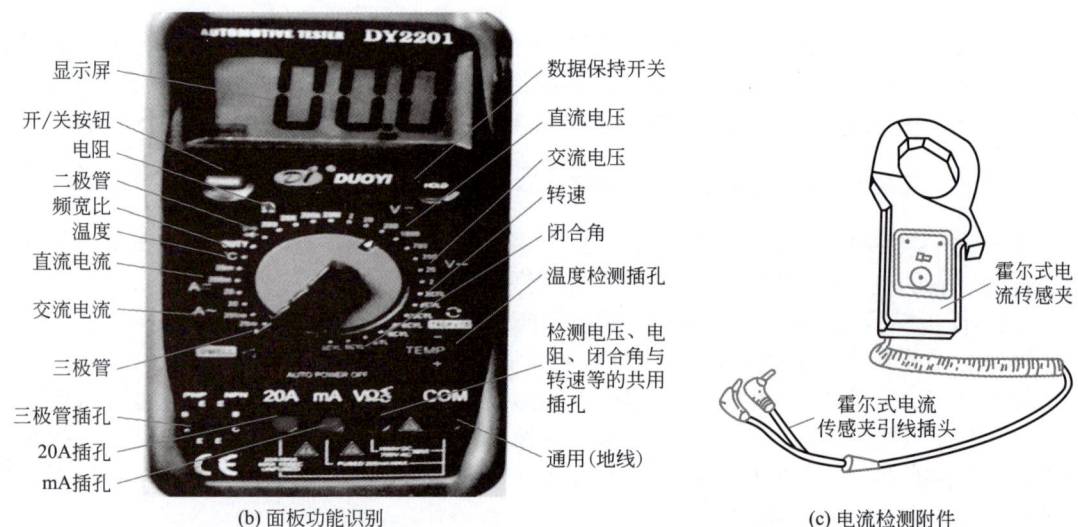

(b) 面板功能识别　　(c) 电流检测附件

图 1-8　汽车数字式万用表面板结构、各功能开关、插孔功能识别与附件

1.4.2　汽车数字式万用表使用技能

（1）温度的测量

① 将汽车数字式万用表项目选择开关置于温度（Temp）挡，按下功能温度（℃/℉）按钮。

② 将附加装置的黑线搭铁（即接地），探针线插头插入汽车数字式万用表的温度检测插孔内，然后将探针与被测物体相接触，汽车数字式万用表显示屏上显示的数值即为被测温度。

（2）频宽比的测量

① 将汽车数字式万用表项目选择开关置于频宽比（Duty Cycle）挡。将附加装置的黑线搭铁（即接地），红线连接在需要测量电路的信号输出端上。

② 启动发动机使其运转，就可在汽车数字式万用表显示屏上观察到脉冲信号的频宽比。

（3）转速的测量

① 将汽车数字式万用表项目选择开关置于转速（RPM）挡。把转速测量专用插头分别插入接地插孔与共用插孔中，然后将汽车数字式万用表的配套附件感应式转速传感夹夹在汽车发动机某一缸高压点火线上。

② 启动发动机使其运转，汽车数字式万用表显示屏上就可以显示出发动机的转速。

（4）启动电流的测量

① 将汽车数字式万用表项目选择开关置于 400mV（1mV 相当于 1A 的电流，这里是采用测量电压的方法来测量起动机的启动电流）挡。将霍尔式电流传感夹夹在蓄电池正极连接线上，其引线插头插到万用表与选择开关位置对应的检测插孔内，然后按下汽车数字式万用表的最小/最大（MIN/MAX）功能键。

② 将点火线圈上中央插孔内的高压导线拆下（以保证发动机不会被启动）后，采用起动机带动发动机曲轴转动 2～5s。此时，汽车数字式万用表显示屏上显示的数据即为启动电流值。

（5）信号频率的测量

① 将汽车数字式万用表项目选择开关置于频率（Freq）挡。将汽车数字式万用表接地插孔引出的黑表笔搭铁（接汽车地线），从汽车数字式万用表共用插孔引出的红表笔与被测信号线相连。

② 使被测电路进入工作状态，此时汽车数字式万用表显示屏上显示的数据即为被测频率。

（6）点火线圈一次侧电路闭合角的测量

① 将汽车数字式万用表项目选择开关置于闭合角（Dwell）挡。将汽车数字式万用表接地插孔引出的黑表笔搭铁（接汽车地线），从汽车数字式万用表共用插孔引出的红表笔与点火线圈负极接线柱连接。

② 启动发动机使其平稳运转后，此时汽车数字式万用表显示屏上显示的数据即为被测点火线圈一次侧电路的闭合角。

（7）电阻的测量

① 将汽车数字式万用表项目选择开关置于电阻（Ω）挡适当的量程，对万用表的零点进行校正后，就可以对电阻进行测量了。

② 汽车上电气元件与电路的短路、断路（开路）故障均可用汽车数字式万用表测量电阻的方法来查找故障部位或原因，但绝不能带电对电阻进行测量，以防损坏检测仪表。

（8）直流电压的测量

① 将汽车数字式万用表项目选择开关置于直流电压（V）挡适当的量程，两表笔连接到被测量电路或元器件的两端，亦即红表笔连接在正极端，黑表笔连接在负极端，就可以对电压进行测量了。

② 采用测量直流电压的方法，可以对汽车电路上各点电压、信号电压、电源电压以及电气元件或零部件上的电压降进行检测，以判断故障原因或大概部位。

1.4.3 使用汽车数字式万用表时应注意的问题

汽车数字式万用表用来检测汽车电气故障虽然十分方便、有效，但在实际使用中还应注意表 1-7 中所列的一些具体问题。

表 1-7　使用汽车数字式万用表应注意的问题

应注意的项目	具体要求说明
熟悉检测仪表的使用方法	在使用汽车数字式万用表之前，应认真阅读其使用说明书，以熟悉所用万用表各项检测功能的使用方法。汽车数字式万用表的类型虽然较多，但它们的检测原理与操作方法十分相似，故只要熟悉某一种万用表的使用方法，其他各种不同型号汽车数字式万用表的使用也就不成问题了
先排除熔断器、线束插接器异常的可能性	在采用汽车数字式万用表对汽车电气故障进行检测之前，应先检查车辆相关系统中的熔断器、线束插接器（插接件）是否完好。可以按照所修车辆维修手册说明的安装位置，对各个相关熔断器、线束插接器的状态进行检查，以确认其是否完好
排除供电量不足的可能性	检查电气系统的供电连接线（应重点检查蓄电池正极连接线与搭铁线，这两处发生故障的概率较高，一般多为氧化而接触不良）接触是否良好，测量蓄电池的电量是否充足，如果供电电压低于 11V，就会使检测误差增大，甚至会出现错误的检测结果
汽车数字式万用表的输入阻抗应满足要求	如果使用的汽车数字式万用表的输入阻抗较低，轻者会使检测的数据不准确，严重时甚至会造成电控系统中的微电脑集成电路、传感器或其他元器件等损坏。故在检测故障之前，一定要认真阅读所用汽车数字式万用表的使用说明书，以确认其输入阻抗的数值符合检测要求
测量仪表的连接应正确	汽车数字式万用表面板上的插孔都有极性标记。但在测量电流时，一定要注意正、负极性连接的正确性
测量的量程应正确	在进行参数测量时，应从高量程向低量程逐步变换，根据测量观察到的情况，来选择最佳的量程。这样可以防止仪表受损。选择量程时要尽可能使测量值处于满量程的 2/3 位置处
断电后再拆卸线束插接器	在检测电子控制器、传感器、执行器时，往往需要断开控制电路的线束插接器，但必须要在断开电源的情况下进行，也就是先应拆下蓄电池负极搭铁线后再进行断开控制电路的线束插接器的操作，千万不要带电断开电子控制器的外围电路，以防损坏电子控制器或有关元器件
正确分清插接器的插头与插座	汽车上使用的线束插接器分为两部分（插头与插座），一部分与车辆的线束连接，另一部分与电子控制器、传感器、执行器等元器件或零部件等连接，两者插到一起就起到了电路连接的作用。在进行故障检测时，一定要分清是哪一部分插接器，以防错判
防止高电压进入电子控制器内部	对电子控制器各端子电阻进行测量时，不能采用普通万用表进行测量，应使用高内阻、高精度的数字式万用表，最少要有 10MΩ 的内阻，尤其是不能将较高的电压引入电子控制器内部，以防损坏电子控制器内部的有关元器件
应带负载进行电压测量	对电子控制器各端子电压进行测量时，不能断开其外接的传感器和执行器，必须在连接状态下进行测量，这样测得的数据才会准确、可靠
正确测量 ECU 参数的方法	汽车上使用的传感器、继电器、执行器等装置，都是通过插接器与电子控制单元（ECU）进行连接的，故在进行故障检测时，可以在 ECU 插接器的相应端子上进行测量

1.5　常用工具

与检修其他电气设备一样，检修汽车电路故障也需要使用测电笔、检测灯、跨接线、电烙铁等常用的工具。

1.5.1　汽车专用测电笔

图 1-9（a）所示是汽车专用测电笔典型结构，主要由量杆探头、发光二极管指示灯、带导线的鳄鱼夹等构成。使用汽车专用测电笔时，通常应注意以下几个方面的问题。

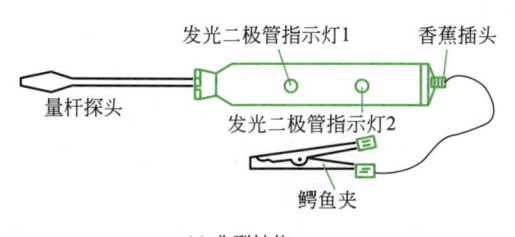
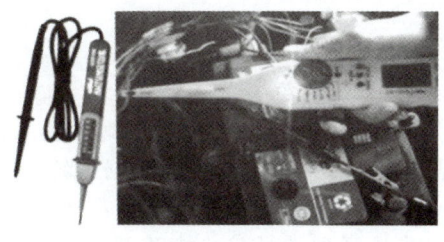

(a) 典型结构　　　　　　　　　　(b) 外形与检测示意

图 1-9　汽车专用测电笔

（1）量程范围　在使用汽车专用测电笔对车辆线路进行检测之前，应检查其量程范围是否满足实际要求，严禁在超量程范围内使用。

（2）检测方法

① 使用汽车专用测电笔对车辆线路进行检测时，应先将鳄鱼夹导线一端的香蕉插头可靠地插到测电笔顶部的金属帽中。

② 将测电笔的鳄鱼夹夹在汽车金属外壳搭铁处，然后就可以采用量杆探头去对电路各点进行检测了。

（3）使用举例　图 1-9（b）所示是一种二极管测电笔外形与检测示意，这类测电笔可以通过观察其是否闪亮来检查喷油器有无驱动电压以及 Ne 信号点火磁脉冲触发信号、霍尔传感器信号、光电传感器信号是否具备，来判断这些传感器工作是否正常。

1.5.2　电烙铁

电烙铁的使用有一定的技巧，若使用不当，不仅焊接速度慢，而且会形成虚焊或假焊，影响焊接质量。

（1）电烙铁的类型　电烙铁有各种类型。按加热方式不同可分为直热式、感应式等多种；按功能可分为单用式、两用式、调温式等几类；按发热功率不同可分为20W（内阻2.4kΩ 左右）、30W（内阻1.6kΩ 左右）、45W、75W（内阻稍大于0.6kΩ）、100W（内阻接近0.5kΩ）、300W、500W等多种；按烙铁头安装的位置不同可分为外热式与内热式两类。

（2）外热式电烙铁　外热式电烙铁如图 1-10（a）所示，其优点是耐振，机械强度大，适用于较大体积的电线接头焊接；缺点是预热时间较长，效率较低。

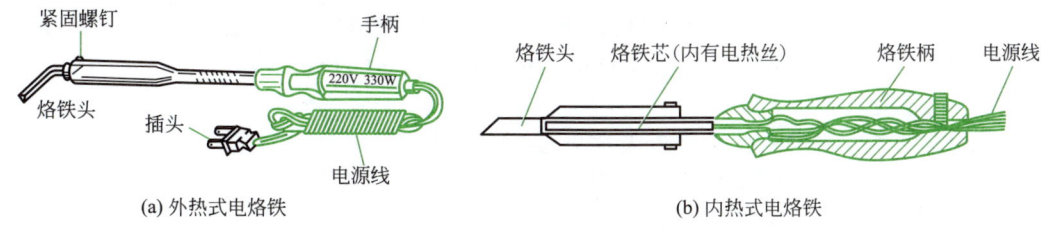

(a) 外热式电烙铁　　　　　　　　(b) 内热式电烙铁

图 1-10　外热式电烙铁与内热式电烙铁

（3）内热式电烙铁　内热式电烙铁如图 1-10（b）所示，其优点是体积小、重量轻、发热快，适用于在印制电路板上焊接电子元器件；缺点是机械强度差，不耐振，不适于大面积焊接。

汽车电工现场操作中最常用的直热式电烙铁，功率一般为20～45W，如焊接温度较高时，还要准备一把75～300W的电烙铁。

习题 1

（1）填空题

1）采用数字式万用表检测搭铁点接触不良故障时，用数字式万用表两表笔去检测搭铁点两端的_____值，如果检测到的_____，则说明被检测的搭铁点存在接触不良现象。

2）采用汽车数字式万用表进行测量时，应从_____量程向_____量程逐步变换，根据测量观察到的情况，来选择最佳的量程。选择的量程要尽可能使测量值处于满量程的_____位置处。

3）对电子控制器（如电控 ECU）各端子电阻进行测量时，不能采用_____式万用表进行测量，应使用_____、_____的_____式万用表，最少要有_____的内阻，以防损坏电子控制器内部的有关元器件。

（2）选择题

1）用万用表 $R\times100$ 挡测得某一电烙铁芯的电阻值为 1.6Ω 左右，则该电烙铁的功率可能为：（a）20W；（b）30W；（c）45W；（d）75W；（e）100W；（f）150W；（g）300W。

2）普通指针式万用表交流电压挡的指示值是指：（a）矩形波的最大值；（b）三角波的平均值；（c）正弦波的有效值；（d）正弦波的最大值。

3）在使用指针式万用表测量直流电源电压时，测量误差最小的情况是：（a）仪表内阻远大于电源内阻；（b）仪表内阻等于电源内阻；（c）仪表内阻为电源内阻的 2 倍；（d）仪表内阻远小于电源内阻。

4）为了保护无空挡的指针式万用表，当使用完毕后应将万用表转换开关旋至：（a）最大电流挡；（b）最高电阻挡；（c）最低直流电压挡；（d）最高交流电压挡。

5）使用指针式万用表的分贝挡（dB）测量电压时，如果指针指示为 40dB，则被测交流电压的值为：（a）1V；（b）7.75V；（c）77.5V；（d）100V。

6）采用数字式万用表对一节 1.5V 干电池的直流电压进行检测时，采用哪一直流电压挡检测到的结果精度最高？（a）2V；（b）20V；（c）200V；（d）1000V。

7）下面对数字式万用表的描述哪些是错误的？（a）数字式万用表两表笔导线也存在一定的电阻值；（b）数字式万用表测量阻值大的电阻时应减去表笔导线的阻值；（c）数字式万用表测量阻值小的电阻时表笔导线的阻值可忽略不计；（d）数字式万用表测量几欧的电阻时应减去表笔导线的阻值。

8）采用汽车数字式万用表检测频宽比时，应选用下面的哪一个挡位？（a）Freq 挡；（b）RPM 挡；（c）Temp 挡；（d）Duty Cycle 挡；（e）Dwell 挡。

（3）问答题

1）汽车电工常用的基本工具有哪些？各有什么特点？

2）模拟式万用表有哪些特点？使用这类仪表时应注意哪些问题？

3）普通数字式万用表有哪些特点？使用这类仪表时应注意哪些问题？

4）汽车数字式万用表有哪些特点？使用这类仪表时应注意哪些问题？

5）汽车数字式万用表通常附带哪些专用配套件？介绍常用的 3 种，并简述各自的作用。

6）汽车专用测电笔主要由哪几部分构成？有哪些检测功能？使用时通常应注意哪些问题？

7）内热式和外热式电烙铁哪一种能量转换效率高？为什么？

第 2 章

学习认识电子元器件符号，掌握判断其好坏的技能

本章导读

在汽车电子电路中，电阻器（简称电阻）、电容器（简称电容）、电感器（简称电感）、晶体二极管、晶体三极管、集成电路、传感器等，是最基本的元器件。

汽车的电路原理图（简称汽车电路图）主要由各种单元电路组成，各单元电路又由各种元器件根据不同的需要组合而成。因此，要想看懂汽车电路图，首先必须要认识电路图中各种元器件的符号和懂得与其有关的基本知识。了解这些基本元器件的特性，熟悉它们的作用，是学习汽车电工的基础。本章先介绍汽车电路中通用电子元器件的电路图形符号及其好坏的判别，下一章介绍汽车电器元器件的电路图形符号及其好坏的判别。

2.1 电阻类基本元件

电阻类基本元件包括固定电阻器、可变电阻器、电位器等。导线是电阻值近似为零的电阻器；开关是可控的电阻值为零或无穷大的电阻器。许多汽车电器元器件（如汽车灯泡、扬声器音圈等）都可以在一定条件下近似看作电阻类元件。

2.1.1 电阻器的种类与外形

导线由于其长度、截面积以及导线本身的材料不同，具有不同的电阻。电阻小说明电流容易通过；反之，电阻大电流就不易通过。利用导体的这种特性就可以制成具有一定阻值的电阻器。电阻器是电路的一种基本元件，用它接在电路中可以起到需要的作用。

电阻器有碳膜电阻器、金属膜电阻器、线绕电阻器、氧化膜电阻器、水泥电阻器、熔断

电阻器、有机实芯电阻器、玻璃釉电阻器、敏感电阻器、可变电阻器、贴片电阻器等。表 2-1 中示出了用于汽车上的几种固定电阻器的外形。

表 2-1　几种固定电阻器的外形

名称	普通色环电阻器	三色环贴片电阻器	表面安装柱形与贴片电阻器	线绕功率电阻器	水泥电阻器
示意图					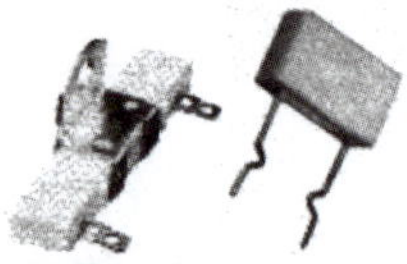

在汽车电子控制电路中，使用了一些特殊类型的电阻器，如热敏电阻器、光敏电阻器、压敏电阻器、排电阻器等。表 2-2 示出了这几种特殊电阻器的外形，排电阻器是把多个电阻集成在一起而形成的，这将有助于减少分立元器件的数量，减少故障率。

表 2-2　几种特殊电阻器的外形

名称	NTC 热敏电阻器	PTC 热敏电阻器	光敏电阻器	压敏电阻器	排电阻器
示意图		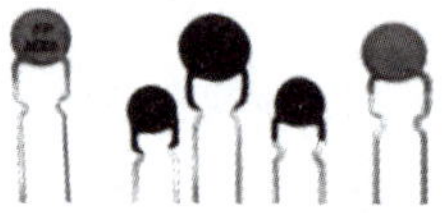	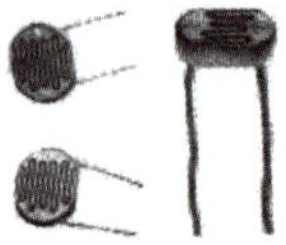		

可变电阻器又称可调电阻器，是一种电阻值可以连续调节的电阻器，其滑动臂（动接点）的接触刷在电阻器体上滑动。表 2-3 示出了几种可调电阻器（电位器）的外形。在电路图中可调电阻器常用字母"RP"（旧标准用"W"）表示。

表 2-3　几种可调电阻器（电位器）的外形

名称	旋转式电位器	方形电位器	可变电阻器	线绕可调电阻器
示意图				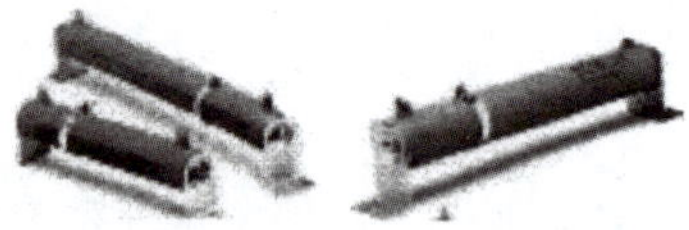

2.1.2　电阻器的作用与电路图形符号

常见的电阻器有 RT 型碳膜电阻器、RJ 型金属膜电阻器、RY 型氧化膜电阻器及 RX 型线绕电阻器等。

（1）电阻器的作用　固定电阻器在不同的电路中所起的作用是不一样的，通常作限流电阻、降压电阻、隔离电阻、振荡电阻、谐振电阻、分流电阻、分压电阻、取样电阻等。

（2）电阻器的电路图形符号　电阻器在电路图中的一般符号见表 2-4，长方块表示电阻体，两边短线分别表示电阻器的两根引出线。不同类型的电阻器的符号都是在电阻器一般符号的基础上扩展而来的。

表 2-4 电阻器的电路图形符号

新符号		旧符号		新符号		旧符号	
名称	图形符号	名称	图形符号	名称	图形符号	名称	图形符号
电阻器的一般符号		电阻器的一般符号		滑线式变阻器	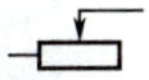	可断开电路的电阻器	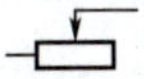
有固定抽头的电阻器	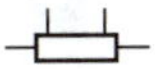	有抽头的固定电阻器	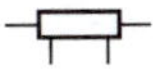	可变电阻器		变阻器	 
分流器	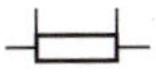	分流器	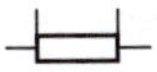	热敏电阻器（θ可以用 $t°$ 代替）	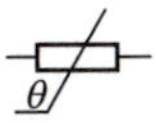	热敏电阻器	
滑动触点电位器	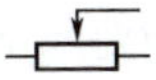	电位器的一般符号	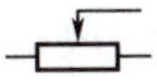	压敏电阻器 U	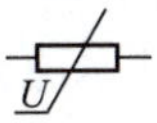	压敏电阻器 U	
带固定抽头的可变电阻器	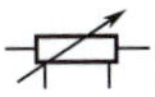	带抽头的可变电阻器	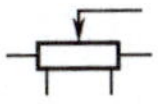	光敏电阻器		光敏电阻器	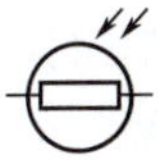
微调电位器	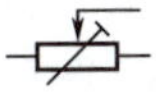	微调电位器	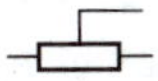				

2.1.3 固定电阻器的额定功率标注

电路图中固定电阻器的额定功率标注方法，有的是在图中直接标出该电阻的功率数值，如 1/4W、3W 等，也有的用表 2-5 所示的电路图形符号来表示。

表 2-5 不同功率电阻器的电路图形符号

图形符号          									
功率 /W	—	$\frac{1}{8}$	$\frac{1}{4}$	$\frac{1}{2}$	1	2	3	4	5	10

2.1.4 电阻器电阻值的单位及其换算方法

电阻的单位为欧姆，简称欧，用符号 Ω 表示。计量比较大的电阻可用千欧（kΩ）或兆欧（MΩ）表示。它们之间的换算关系为：

$$1k\Omega=10^3\Omega \qquad 1M\Omega=10^6\Omega \qquad 1M\Omega=10^3k\Omega=10^6\Omega$$

2.1.5 固定电阻器的检测

对电阻类元件进行检测可以采用万用表来进行，既可以采用在路检测，也可以开路（从电路上拆下一个引脚或整体拆下来）检测，前者检测受电路其他元器件的影响，后者检测虽麻烦但较准确。

（1）指针式万用表检测固定电阻器

1）固定电阻器的开路检测　测量固定电阻器之前，应先将指针式万用表调零，也就是将红、黑两表笔相接，调整万用表上的调零旋钮，使指针向右转到 0Ω 位置处，如图 2-1（a）所示。

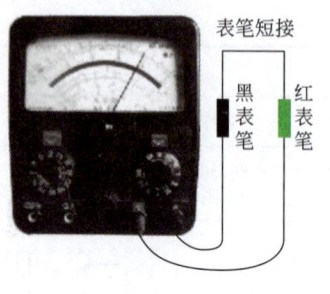 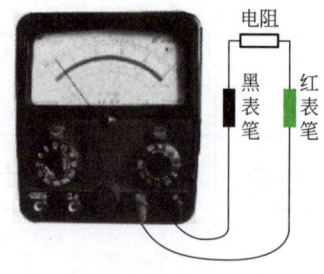 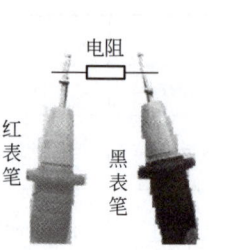 

(a) 指针式万用表校零　　(b) 指针式万用表检测电阻　　(c) 数字式万用表检测电阻

图 2-1　利用万用表检测电阻器

2）万用表挡位的选择方法　万用表测量电阻的挡位有好几个，测量时，应将万用表置于电阻挡的适当位置。其基本原则应使指针指示值尽可能落到刻度的中段位置，也就是指针指示值尽可能落在全刻度的 20%～80% 弧度范围内，以使检测更准确。例如，50Ω 以下的电阻可用 $R\times 1$ 挡测量；50Ω～1kΩ 之间的电阻可用 $R\times 10$ 挡测量（或 $R\times 100$ 挡）；1～200kΩ 之间的电阻可用 $R\times 1k$ 挡测量；大于 200kΩ 的电阻可用 $R\times 10k$ 挡测量。

3）未知阻值电阻器的测量　将万用表置于某一挡位上，将两表笔与被测电阻器的两个引脚相接，此时表针所指示的数值与量程数的乘积，即是被测电阻器的阻值。例如，将万用表置于 $R\times 100$ 挡时，表针示值为 5 [图 2-1（b）]，则该被测电阻器的阻值为 $5\times 100=500Ω$。

在测量中，先用最低挡，如果指针不摆动，将挡位上调，并重新调零后再测，按此方法，直到指针指示在全刻度的 20%～80% 弧度范围内，读出阻值，检测即结束。

4）测量结果分析　检测到的电阻值，根据电阻误差等级的不同，实际读数与标称阻值之间分别允许有 ±5%、±10% 或 ±20% 的误差。

在测量中，如发现在最高挡位时指针仍不摆动，则表示该固定电阻器内部开路，不可再用；反之，在最低挡位时指针仍为零，则表示该固定电阻器内部短路，也不能再用。

5）测量应注意的问题

① 测量固定电阻器时，尤其是在检测几十千欧以上阻值的电阻器时，拿表笔的两手手指不可同时触碰被测固定电阻器的两个引脚，否则会因人体电阻与被测电阻并联而影响测量结果。被检测的电阻器应从电路上取下来，至少要断开电阻器的一个引脚，以免电路中其他元器件对检测产生影响，造成误差。

② 色环电阻器的阻值虽然能以色环标志来确定，但在使用之前最好用万用表检测一下其实际电阻值，以保证正确使用。

（2）数字式万用表检测固定电阻器　与指针式万用表相比较，数字式万用表的最大特点是测量前不必进行调零，因为数字式万用表内部具有自动调零功能，可直接进行测量。例如，测量一个 10kΩ 的电阻器，如图 2-1（c）所示，把红、黑表笔分别插入 V/Ω 和 COM 插孔，量程开关拨向 20kΩ 挡位，电源开关打向 ON 位置，显示屏显示 "1"（开路）。然后将两表笔与被测电阻器两端接触，读数稳定后，显示 10.1kΩ，这便是测量结果。一般电阻值允许有 ±5% 的误差。

2.1.6　光敏电阻器的检测

光敏电阻器常用硫化镉（CdS）制成，属有源器件，工作时必须加电源，用于对光线的强度进行检测，然后送给电子控制电路，自动控制前照灯的远光与近光变换。

光敏电阻器受光时，光越强导电性越好，R_{cds}就越小。无光照10s后，R_{cds}为0.5～200MΩ，通常称这一电阻为暗电阻；在100lx光照射下，R_{cds}为0.5～5kΩ，通常称该电阻为亮电阻。可以通过检测光敏电阻器的暗、亮电阻值的方法来判断其好坏。若测得的电阻值与上述的数值一致，说明光敏电阻器是好的，反之则说明光敏电阻器已损坏。

2.2 电容类基本元件

电容类基本元件包括固定电容器、一般介质电容器、涤纶电容器、钽电容器、贴片电容器、电解电容器、可变电容器等，主要分为无极性与有极性两大类。

2.2.1 无极性电容器

常见的固定无极性电容器按介质不同分类，有纸介电容器、油浸纸介密封电容器、金属化纸介电容器、云母电容器、有机介质薄膜电容器、玻璃釉电容器、陶瓷电容器等。

（1）在电路中的作用　固定无极性电容器在不同的电路中所起的作用是不一样的，由于电容器具有隔离直流电流而可以使交流信号顺利通过的功能，故其在电路中通常主要作为旁路电容、交流信号耦合电容、隔离直流电容、振荡电容、谐振电容、抗干扰电容等。

（2）外形与电路图形符号　见表2-6与表2-7。

表2-6　无极性电容器的外形

名称	瓷片电容器	金属化电容器	钮扣式电容器	聚丙烯薄膜电容器	钽电容器	一般贴片电容器
示意图						

表2-7　电容器的电路图形符号

新符号		旧符号		新符号		旧符号	
名称	图形符号	名称	图形符号	名称	图形符号	名称	图形符号
电容器的一般符号		电容器的一般符号		微调电容器		微调电容器	
极性电容器		有极性电解电容器		可变电容器		可变电容器	

2.2.2 有极性电容器

固定有极性电容器是指其引脚有正、负极之分的一种电容器。由于此类电容器的两条引线分别引自电容器的正极和负极，因此在电路中不能接错。在电路中多作为滤波电容使用。表2-8中示出了几种有极性电容器的外形。这类电容器的电路图形符号见表2-7。

表 2-8 有极性电容器的外形

名称	铝电解电容器	汽车闪光灯电解电容器	汽车空调用电解电容器	汽车仪表用电解电容器	贴片有极性电容器	固态电解电容器	汽车音响用电解电容器
示意图						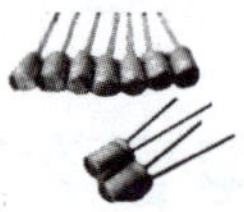	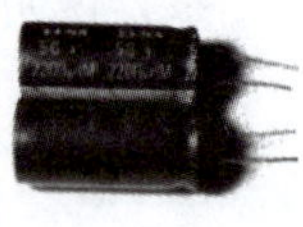

2.2.3 可变电容器

可变电容器又称可调电容器，是一种电容量可以调整而发生变化的电容器，可分为可变电容器和半可变（微调）电容器。在电路中往往用于振荡电路。表 2-9 示出了几种可调电容器的外形。这类电容器的电路图形符号见表 2-7。

表 2-9 几种可调电容器的外形

形状或型式	扁平圆形	圆柱形	磁柱型	长脚圆形	磁介质型	圆柱形	圆柱形	圆柱形	扁平方形
示意图									

2.2.4 电容器标称容量及其换算关系

电容器储存电荷的能力，用电容量表示。电容量与极板面积和介质材料有关。其基本单位是法拉，用 F 表示；在实际使用中，经常用 F 的百万分之一作单位，即微法，用 μF 表示，在电路图上，一般只写一个"μ"；在实际使用中，有时也用 μF 的百万分之一作单位，即皮法，用 pF 表示，在电路图上，一般只写一个"p"。它们之间的换算关系为：

$$1F=10^6\mu F=10^{12}pF \qquad 1\mu F=10^{-6}F=10^6 pF$$

在一些进口电容器上还用 mF 及 nF 作单位，欧洲有些国家将电容器的单位用千兆微法缩写成一个"G"（注意这里的 G 与国际单位制中词头 G 代表的 10^9 是不同的）。这些单位之间的关系为：

$$1G=10^{-3}F=10^3\mu F=10^9 pF=10^6 nF \qquad 1mF（毫法）=10^{-3}F=1000\mu F$$
$$1nF=10^{-9}F=10^{-3}\mu F=10^3 pF=10^{-6}G$$

一只 100pF 的电容，加到 10V 电源上，两极板充的电荷与极板间电压成正比：

$$Q=CU=100\times 10^{-12}\times 10=10^{-9}C（库仑）$$

式中，Q 为极板上所充得的电荷；C 为电容器的电容量；U 为极板上所加的电压。

2.2.5 电容器的检测

无极性电容器与有极性电容器均可采用万用表检测其好坏。

（1）指针式万用表检测电容器　如图 2-2（a）所示，用万用表检测固定电容器时，将万用表两表笔连接在电容器两端，表 2-10 列出了采用 MF-500 型万用表检测各种电容器时正常的充放电阻值，供判断电容器好坏时参考。对于电解电容器，以黑表笔接正极、红表笔接负极测量值为准。测量电解电容器时应先放电再测量。

表 2-10　各种固定电容器好坏估测参考值

电容值 /μF	0.0047～0.01	0.02	0.047	0.068	0.1	0.22	0.47	1
万用表 $R\times 100$ 挡测量值	微动→∞	微动→∞	微动→∞	微动→∞	微动→∞	微动→∞	微动→∞	微动→∞

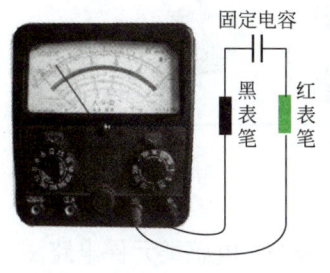 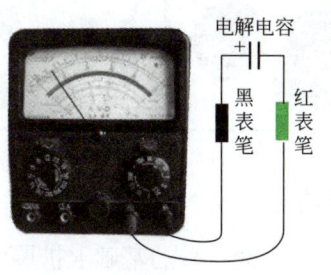   

(a) 指针式万用表检测固定电容器　　(b) 指针式万用表检测电解电容器　　(c) 数字式万用表检测电容器

图 2-2　电容器的检测

如图 2-2（b）所示，采用万用表检测电解电容器时，应根据被测电容的容量来选择适当的量程。一般有如表 2-11 所列的规律。

表 2-11　根据被测电容的容量选择适当的量程

测量的电解电容容量值范围	万用表的参考量程	测量的电解电容容量值范围	万用表的参考量程
测量 1～2.2μF 间的电解电容	$R\times 10k$ 挡	测量 470～4700μF 间的电解电容	$R\times 10$ 挡
测量 4.7～22μF 间的电解电容	$R\times 1k$ 挡	测量大于 4700μF 间的电解电容	$R\times 1$ 挡
测量 47～220μF 间的电解电容	$R\times 100$ 挡		

利用万用表内部电池给电容进行正、反向充电，通过观察万用表指针向右摆动幅度的大小，即可估测出电容器的容量。电容器的电容量越大，充电电流越大，指针摆幅也越大。根据检测到的电容值大小，就可以判断所测电解电容器的好坏。如果检测到的正、反向电阻均为零或均为∞，说明该电解电容器损坏。

（2）数字式万用表检测电容器

DT-890D 型数字式万用表测量电容的测量范围为 1pF～20μF。测量时无须考虑电容的极性及电容充放电等情况。

测量时，先选好量程，将电容的两引脚插入标有 Cx 处的两插孔中（不用表笔），就可在显示屏上读出该电容的容量数值和单位。图 2-2（c）所示为电容器出现断路、漏电和短路故障时，数字式万用表的显示情况。

2.3　电感类基本元件

电感器是由漆包线按一定方式绕制而成的。当线圈中有电流通过时，线圈的周围就会产生磁场。

2.3.1　电感器的作用与外形

电感器在不同的电路中所起的作用是不一样的，通常主要作为滤波电感、振荡电感、陷波电感、延迟电感等。表 2-12 示出了部分常用电感器的外形。

表 2-12 部分常用电感器的外形

名称	磁棒电感器	空心线圈电感器	磁环电感器	贴片电感器	可调电感器
示意图					

2.3.2 电感类元件的电路图形符号

不同类型的电感器符号都是在电感器一般符号的基础上扩展而来的。电感类元件电路图形符号见表 2-13。

表 2-13 电感类元件电路图形符号

新符号		旧符号		新符号		旧符号	
名称	图形符号	名称	图形符号	名称	图形符号	名称	图形符号
电感器、线圈绕组、扼流圈		电感线圈、绕组		带磁芯（铁芯）连续可调的电感器		—	—
带磁芯（铁芯）的电感器		有铁芯的电感线圈		有两个抽头的电感器		带抽头的电感线圈	
磁芯（铁芯）有间隙的电感器		铁芯有空气隙的电感线圈		可变电感器		—	—

2.3.3 电感类元件的类型与特点

在汽车电路中，电感器的类型较多，也是常用的元件之一。

（1）空心线圈电感器 空心线圈电感器的电路一般图形符号如表 2-13 所示。这是一种用导线绕制在纸筒、胶木筒、塑料筒上形成的或绕制后脱胎而成的线圈电感器，由于此类电感器线圈中间不另加介质，因此又称空心线圈电感器，简称空心线圈。空心线圈的绕制方法有多种，如密绕法、间绕法、脱胎法以及蜂房式等。小型固定电感器的电路图形符号与空心线圈电感器的电路图形符号相同。

（2）磁芯线圈电感器 用导线在磁芯、磁环上绕制成线圈或者在空心线圈中插入磁芯组成的线圈，均称为磁芯线圈电感器，简称磁芯线圈。

在空心线圈中旋入可调磁芯组成的电感类元件，称为可调磁芯线圈电感器，简称可调磁芯线圈。

（3）变压器 这是一种特殊的电感器，变压器主要有普通铁芯变压器与开关变压器两大类。通常在两组或多组线圈中间插入硅钢片而组成的变压器称为铁芯变压器，而开关变压器多为磁芯式。

2.3.4 电感器电感量的基本单位及其换算关系

电感器工作能力的大小用电感量来表示，表示产生感应电动势的能力。电感量的基本单位是亨利（H），常用单位有毫亨（mH）、微亨（μH）与纳亨（nH），它们之间的换算关系如下。

$$1H=10^3mH=10^6\mu H=10^9 nH$$

2.3.5　电感器的检测

（1）指针式万用表检测电感器　采用指针式万用表对固定电感器进行检测，主要是检测其电感量以及电感器是否开路与短路。

1）电感器电感量的检测　通常是用电感电容表或具有电感测量功能的专用万用表来进行检测，普通万用表无法检测出电感器的电感量。

2）电感器好坏的检测　主要是检查其是否开路或短路。如图 2-3（a）所示，可用万用表 $R\times 1$ 挡测量电感器两引脚间的正、反向电阻值。正常时应有一定的电阻值。该电阻值与电感器绕组的匝数呈正比关系。绕组的匝数越多，电阻值越大；匝数越少，电阻值越小。检测时，可与同规格的正常电感器电阻值进行对比，以此来判断所测电感器是否有局部短路现象。如果测得的电阻值为 0，则说明所测电感器内部已经短路；如测得的电阻值为∞，则说明所测电感器已经开路。

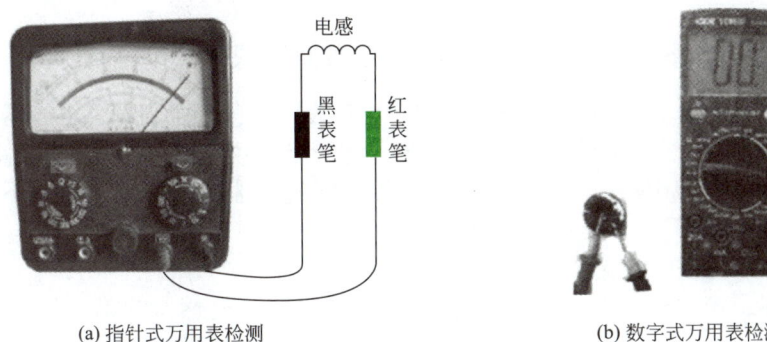

(a) 指针式万用表检测　　　　(b) 数字式万用表检测

图 2-3　检测电感器

不过，由于许多线圈的电阻值均为欧姆级甚至小于 1Ω，所以测量时要注意分辨，尤其要保证万用表调零可靠准确（必要时需测量一次即检查一次调零情况，若发现不准应及时重调），并保证表笔与线圈端头的良好接触。

3）多个线圈的电感类元件的测量　对于具有多个线圈的电感类元件，除了要分别测量各绕组的通断及电阻外，还应测量其各绕组之间以及绕组与铁芯之间是否存在短路或漏电现象，即用万用表 $R\times 10k$ 挡（无此挡位用 $R\times 1k$ 挡）测量各独立绕组之间以及各绕组与铁芯、屏蔽罩之间的绝缘电阻，各阻值均应为∞，否则便说明有短路或漏电现象。

4）必须注意的问题　对于电感类元件存在的局部短路故障，若其本身内阻较大，则可用万用表测出内阻，若实测值小于标准值，便可确认存在短路。标准值需要在平时注意收集积累。

（2）数字式万用表检测电感器　图 2-3（b）所示为检测电感器开路时的示意图。采用数字式万用表检测电感器好坏时，应使用万用表的二极管挡，如果被检测电感器是好的，则检测电感器的两端应相通。对于电感器内部出现的局部短路故障，则采用数字式万用表无法检测出。对此，可以在电感器工作时，用手摸其外表面，看其是否发热来进行判断。

2.4 色环电阻器、电容器、电感器的外形与标称数值

小型化的电阻器、电容器、电感器都采用色标法,用标在电阻器、电容器、电感器体上不同颜色的色环作为标称数值和允许误差的标记。

2.4.1 色环电阻器、电容器、电感器的外形

电阻器、电容器、电感器的数值及其允许误差有直接标注、文字符号标注和色环标注三种方式,最常用的为色环标注方式。表 2-14 示出了色环电阻器、电容器、电感器的外形。

表 2-14 色环电阻器、电容器、电感器的外形

名称	三色环电阻器(没有误差要求)	四色环电阻器(有误差要求)	五色环电阻器(前三个色环为有效数字)	色环电容器	大功率色环电感器	小功率色环电感器
示意图						

2.4.2 色环电阻器、电容器、电感器标称数值的识别

普通精度的电阻器、电容器、电感器用四条色环表示,色环电阻器、电容器、电感器的表示方法基本相同,如表 2-14 所示。对于电阻器与电感器来说,其左边(与端头距离最近的)为第一色环,顺次向右为第二、第三、第四色环;对于电容器来说,其引脚朝下,从上向下数起,其顺序为第一、第二、第三、第四色环。

(1)各色环所代表的意义

① 第一色环、第二色环相应地代表电阻器、电容器、电感器的第一位、第二位有效数字。

② 第三色环表示第一位、第二位数之后加"0"的个数。

③ 第四色环代表电阻器、电容器、电感器的允许误差。对于没有第四色环的,则表示它的允许误差是 ±20%。

需要说明的是,对于标注有五个色环的电阻器、电容器、电感器,其第一、第二色环的含义与上相同,第三色环则代表第三位有效数字,第四色环才表示第一位、第二位、第三位有效数之后加"0"的个数,第五色环代表电阻器、电容器、电感器的允许误差。

(2)各色环颜色与数值对照 见表 2-15。

表 2-15 普通精度电阻器、电容器、电感器色环颜色与数值对照

色环颜色	第一色环 第一位有效数字	第二色环 第二位有效数字	第三色环		第四色环 误差范围
			前面两位数字后面加"0"的个数(电阻的单位为 Ω;电容的单位为 pF;电感的单位为 μH)		
黑	—	0	$10^0=1$	×1	—
棕	1	1	$10^1=10$	×10	—
红	2	2	$10^2=100$	×100	—
橙	3	3	$10^3=1000$	×1000	—

续表

色环颜色	第一色环 第一位有效数字	第二色环 第二位有效数字	第三色环 前面两位数字后面加"0"的个数（电阻的单位为Ω；电容的单位为pF；电感的单位为μH）		第四色环 误差范围
黄	4	4	10^4=10000	×10000	—
绿	5	5	10^5=100000	×100000	—
蓝	6	6	10^6=1000000	×1000000	—
紫	7	7	—	—	—
灰	8	8	—	—	—
白	9	9	—	—	—
金	—	—	10^{-1}=0.1	×0.1	±5%（J）
银	—	—	10^{-2}=0.01	×0.01	±10%（K）

（3）色环电阻器识别举例

① 色环分别为白、棕、金、银，第一色环白色为9，第二色环棕色为1，第三色环金色需×0.1Ω，第四色环银色为±10%，阻值为9.1Ω±10%。

② 色环分别为橙、红、绿、金，阻值为3.2MΩ±5%。

③ 色环分别为红、黑、橙、金，阻值为20kΩ±5%。

④ 色环分别为黄、黄、黄、金，阻值为440kΩ±5%。

（4）色环电容器识别举例

① 第一色环红色，第二色环红色，第三色环黄色，容量值为22×10^4pF=220000pF=0.22μF。

② 色环分别为棕、黑、绿，容量值为10×15^5pF=1000000pF=1μF。

第①例中实物色环将色环相同的合并加宽，即实物色环由宽的红加黄组合而成。如电容器上只有一条很宽的色环为红色，则说明三位数字都是2，容量值为22×10^2pF=2200pF。

（5）色环电感器识别举例 色环分别为棕、黑（宽色环）、金的电感器的电感量为10μH，误差为±5%。

2.5 晶体二极管

晶体二极管又称半导体二极管（以下简称二极管），它是利用P型和N型半导体的接合面（PN结）的独特导电性能制造的电子器件。半导体材料为硅（Si）或锗（Ge）。

2.5.1 晶体二极管的作用与外形

晶体二极管在不同的电路中所起的作用是不一样的，通常主要用于交流信号的整流、音频信号的检波、电路通断的控制、信号的隔离、信号的钳位、电源的稳压（指稳压二极管）、功能指示（指发光二极管）、光与电的转换（指光电二极管）、频率的变换（指变容二极管）等方面。表2-16示出了部分常用晶体二极管的外形。

表 2-16　部分常用晶体二极管的外形

名称	带散热片二极管	稳压二极管	整流二极管	光电二极管	贴片二极管	发光二极管
示意图						

2.5.2　晶体二极管的电路符号

晶体二极管在电路中的一般图形符号如表 2-17 所示，不同类型的二极管图形符号都是在一般图形符号的基础上扩展而来的。晶体二极管在电路中的文字符号为 VD（旧标准为 D）。

表 2-17　晶体二极管电路图形符号

新符号		旧符号		新符号		旧符号	
名称	图形符号	名称	图形符号	名称	图形符号	名称	图形符号
半导体二极管一般符号		半导体二极管、半导体整流器		稳压二极管（单向击穿二极管）		雪崩二极管	
发光二极管		—	—			稳压二极管	
变容二极管		变容二极管		光敏二极管		光敏二极管	

2.5.3　普通二极管好坏的检测

对于二极管（包括稳压二极管、发光二极管等）的检测，既可以采用指针式万用表，也可以采用数字式万用表。

（1）采用指针式万用表检测　指针式万用表通常用于初步判别普通二极管的好坏。具体方法是，用万用表黑表笔（实际为内部电池的正极）接二极管正极，红表笔接二极管负极，如图 2-4（a）所示，测出正向电阻，交换表笔测出反向电阻，如图 2-4（b）所示，正、反向电阻之差越大越好。对硅管来说，反向电阻应为∞。稳压二极管的检测方法与此类似。

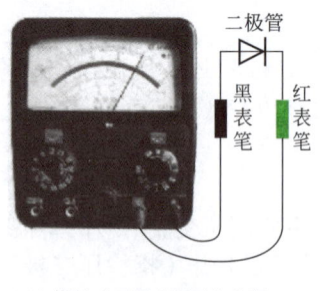
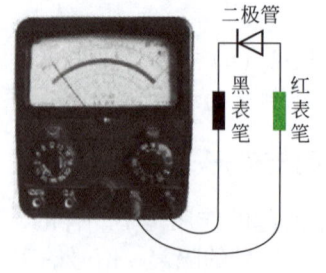
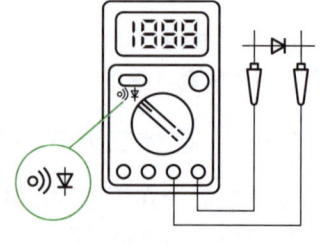

(a) 指针式万用表测正向电阻　　(b) 指针式万用表测反向电阻　　(c) 数字式万用表检测

图 2-4　二极管的检测

（2）采用数字式万用表检测　如图2-4（c）所示，转换开关指向画有圆圈（蜂鸣器）和二极管符号的挡位上，红、黑表笔分别接二极管的两个引脚。若为反向，万用表显示"1"（开路）；若为正向，万用表显示其正向压降。例如，1N4007硅二极管测量时显示出627，应理解为0.627V。如正向显示"1"，则表明该二极管已开路；如正、反向都显示"000"或其他小的数值，则说明该二极管已击穿短路。

2.5.4　发光二极管好坏的检测

正常的发光二极管采用指针式万用表$R \times 1k$挡测量时，其正向电阻（黑表笔与正极相接）应为几千欧至十几千欧，而反向电阻应为∞。采用数字式万用表的检测方法如下。

（1）正向电阻的检测　采用数字式万用表的二极管挡对发光二极管进行检测时，将红表笔接发光二极管的正极，黑表笔接发光二极管的负极，如图2-5（a）所示，此时万用表测得的为正向电阻。由于其正向电阻较小（发光二极管的正向电阻比普通二极管大），故发光二极管会有微弱的光发出，显示数据如图2-5（a）所示。

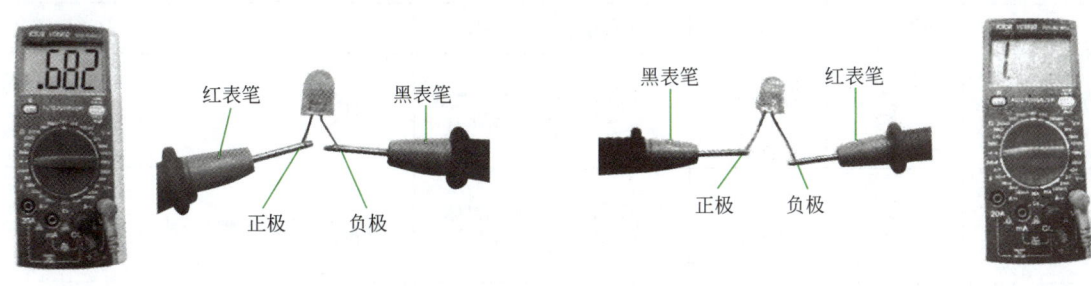

(a) 正向电阻的检测　　　　　　　　　　　(b) 反向电阻的检测

图 2-5　数字式万用表检测发光二极管

（2）反向电阻的检测　将数字式万用表红表笔接发光二极管的负极，黑表笔接发光二极管的正极，如图2-5（b）所示，此时万用表测得的为反向电阻。发光二极管不发光为正常，显示数据如图2-5（b）所示。

2.6　晶体三极管

晶体三极管又称半导体三极管（简称三极管），是汽车电子电路中应用最广泛的器件之一。

2.6.1　晶体三极管的作用与外形

晶体三极管在不同的电路中所起的作用是不一样的，通常用于组成信号放大电路、振荡电路、开关电路等。表 2-18 示出了部分常用晶体三极管的外形。

表 2-18　部分常用晶体三极管的外形

名称	塑封三极管	管帽式功率三极管	达林顿管	贴片场效应管	扁平三极管	光电三极管
示意图						

2.6.2 普通晶体三极管的类型与电路图形符号

晶体三极管是由两个相距很近的 PN 结组成的，根据其内部三个区域半导体类型的不同，晶体三极管可分为 PNP 型和 NPN 型两大类，属于电流控制型半导体器件。

（1）三极管的类型　晶体三极管根据其功能和用途分类，可分为低噪声放大三极管、低频放大三极管、中频和高频放大三极管、开关三极管、达林顿三极管、高反压三极管、带阻尼二极管的三极管、带电阻器的三极管、光敏三极管等。

（2）三极管的电路图形符号　PNP 型和 NPN 型三极管的电路图形符号见表 2-19。图形符号中的发射极通常采用小写字母 e 表示，集电极采用 c 表示，基极采用 b 表示。其中，发射极 e 的箭头表示发射结加正向电压时的电流方向，NPN 型三极管发射极箭头指向管外，PNP 型三极管发射极箭头指向管内。表 2-19 中也列出了其他类型三极管的电路图形符号。

表 2-19　晶体三极管电路图形符号

新符号		旧符号		新符号		旧符号	
名称	图形符号	名称	图形符号	名称	图形符号	名称	图形符号
NPN 型晶体管		NPN 型晶体管		NPN 型光电半导体管			
PNP 型晶体管		PNP 型晶体管		普通晶体闸流管		普通可控硅	
PNP 型光电半导体管		—	—	双向三极晶体闸流管		双向可控硅	

2.6.3 场效应晶体管的类型与电路图形符号

场效应晶体管（FET，Field Effect Transistor），通常简称为场效应管。

（1）场效应管的类型　场效应管主要有结型场效应管与绝缘栅场效应管两大类；根据导电沟道使用的材料不同又分为 N 沟道与 P 沟道结型场效应管和 N 沟道与 P 沟道绝缘栅场效应管；根据工作方式的不同又分为 N 沟道与 P 沟道耗尽型结型场效应管和 N 沟道与 P 沟道增强型绝缘栅场效应管、N 沟道与 P 沟道耗尽型绝缘栅场效应管等。

（2）场效应管的电路图形符号　场效应管是一种高输入阻抗的电压控制型半导体器件，在电路中的图形符号见表 2-20，文字符号为 "V" 或 "VF" "VT"，旧标准用 "FET" 表示。

表 2-20　场效应管的电路图形符号

新符号	旧符号	名称	新符号	旧符号	名称
		N 沟道结型场效应晶体管			增强型单栅 P 沟道绝缘栅场效应晶体管（衬底有引出线）
		P 沟道结型场效应晶体管			增强型单栅 N 沟道绝缘栅场效应晶体管（衬底与源极在内部连接）

续表

新符号	旧符号	名称	新符号	旧符号	名称
		N 沟道结型场效应半导体晶体对管			耗尽型单栅 N 沟道绝缘栅场效应晶体管（衬底无引出线）
		增强型单栅 P 沟道绝缘栅场效应晶体管（衬底无引出线）			耗尽型单栅 P 沟道绝缘栅场效应晶体管（衬底无引出线）
		增强型单栅 N 沟道绝缘栅场效应晶体管（衬底有引出线）			耗尽型双栅 N 沟道绝缘栅场效应晶体管（衬底有引出线）

2.6.4 指针式万用表检测晶体三极管

采用指针式万用表对三极管的穿透电流、电流放大系数、热稳定性的判别，可按以下方法进行检测判断。

（1）穿透电流 I_{ceo} 的检测　将万用表测量范围转换开关置于电阻 $R \times 100$ 或 $R \times 1k$ 挡，如图 2-6（a）所示，测量集电极 c 与发射极 e 的反向电阻，该电阻值越大，说明穿透电流 I_{ceo} 越小，三极管性能越稳定。

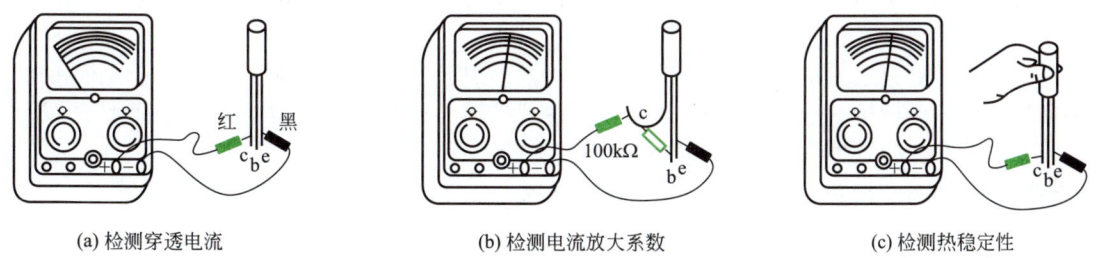

(a) 检测穿透电流　　　　(b) 检测电流放大系数　　　　(c) 检测热稳定性

图 2-6　指针式万用表检测晶体三极管

（2）电流放大系数 β 的检测　在进行穿透电流 I_{ceo} 的检测时，如图 2-6（b）所示，如果在基极 b 与集电极 c 之间接入 100kΩ 电阻，集电极 c 与发射极 e 之间的反向电阻减小，万用表指针将向右偏转，偏转的角度越大，说明电流放大系数 β 越大。

（3）热稳定性的检测　在判别穿透电流 I_{ceo} 的同时，如图 2-6（c）所示，用手捏住晶体管，受人体体温的影响，集电极 c 与发射极 e 之间的反向电阻将有所减小，若电阻变化不大，则三极管稳定性较好。

2.6.5 数字式万用表检测晶体三极管

采用数字式万用表检测判断三极管好坏时，无论三极管功率的大小，都可以采用万用表的"二极管挡"。

（1）硅三极管的检测　对于硅三极管的检测，如图 2-7（a）所示，先检测两个 PN 结的正向导通压降应在 0.48～0.7V 之间，检测两个 PN 结的反向电压，应显示"1"（溢出），然后检测发射极 e 与集电极 c 之间的正、反向电压，也显示"1"（溢出）。

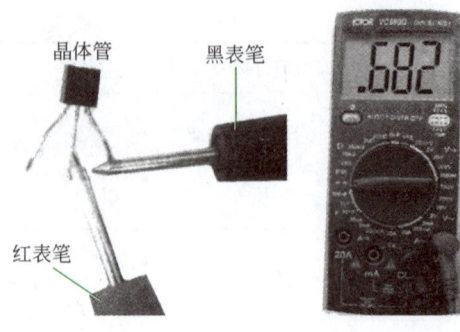
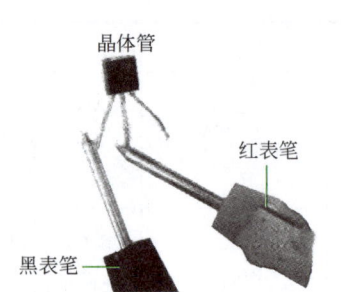

(a) 硅三极管的检测　　　　　　　　　　　(b) 锗三极管的检测

图 2-7　数字式万用表检测晶体三极管

如果检测的结果符合上述规律,则判断被检测的三极管是好的,否则说明其不良或损坏。

(2) 锗三极管的检测　对于锗三极管的检测,如图 2-7 (b) 所示,先检测两个 PN 结的正向导通压降应在 0.1~0.3V 之间,检测两个 PN 结的反向电压,应显示 "1" (溢出),然后将红表笔与发射极 e 相连接,黑表笔与集电极 c 相连接,显示屏显示 3~4 位数字 (mV),对换表笔测量,则显示 "1" (溢出)。

如果检测的结果符合上述规律,则判断被检测的三极管是好的,否则说明其不良或损坏。

2.6.6　数字式万用表检测结型场效应管

(1) 给电容充电　根据场效应管的工作原理,当栅极加上负压后,U_{DS} 会发生变化,所以先准备一个 4.7~10μF/10V 的电解电容,利用万用表"二极管挡"给电容充电(红正、黑负),等读数至"1"后,停 2s 待用。

(2) 检测方法　将万用表的红表笔接 D 极,黑表笔接 S 极,显示 U_{DS}<1V。再将充电后的电解电容正极接 S 极,用电解电容负极触及栅极。这是利用电解电容的电压形成 U_{GS},则万用表指示应会发生变化:U_{DS} 增加,甚至出现 "1"。由于 D、S 两极可以互换,所以颠倒表笔,测量结果相同。若接上电解电容后读数无变化,即说明管子已经损坏。

2.7　集成电路

由于集成电路的集成度高、体积小、成本低、便于大量生产、可靠性高、稳定性好、电路易于一致,故在汽车电控系统中应用相当广泛。

2.7.1　集成电路的类型与外形

集成电路 (IC) 主要有模拟集成电路、数字集成电路、模拟与数字混合集成电路等;根据引脚数量的不同也分为多种。表 2-21 示出了几种常见集成电路的外形。

表 2-21　几种常见集成电路外形示意图

名称	运算放大 IC	单列 IC	双列 IC	四列扁平 IC
示意图				

2.7.2 集成电路的电路图形符号

集成电路主要有通用集成电路和专用集成电路两大类。这两大类集成电路在电路中的画法各生产厂家不是很统一，故应根据其资料进行识别和分析。

（1）三端稳压集成电路的外形与电路图形符号　三端稳压集成电路的外形及其在电路中的通常画法如图2-8所示。其中，78XX表示正输出电压稳压集成电路，其外形与电路图形符号如图2-8（a）与（c）所示；79XX是负输出电压稳压集成电路，其外形与电路图形符号如图2-8（b）与（d）所示。字母U_i为非稳压输入端，U_o为稳压电压输出端。在电路图中，U_i、U_o、IC、1、2、3这些字母或数字往往不会写出。

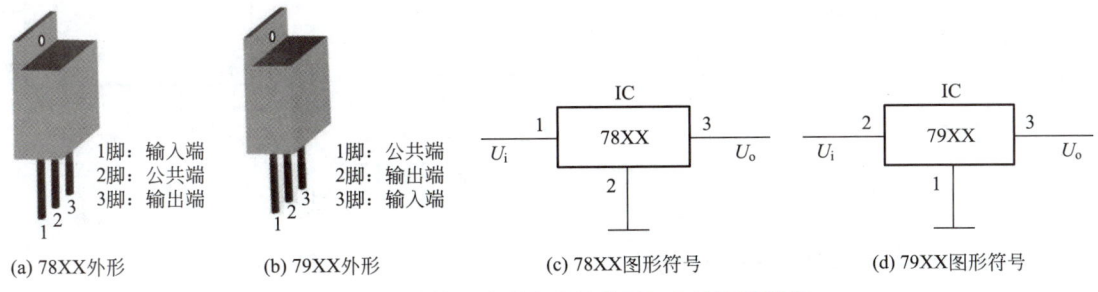

图 2-8　三端稳压集成电路的外形与电路图形符号

（2）集成运放的外形与电路图形符号　集成运算放大器（简称集成运放）是汽车电路中一种通用性很强的功能部件。它实际上是一种双端输入、单端输出、高增益、高输入电阻、低输出电阻的多级直接耦合器。当给其外加不同性质的反馈网络时，能实现各种各样的电路功能。

集成运放的两种典型外形如图2-9（a）与（b）所示。图2-9（c）与（d）为集成运放的电路图形符号，它的五个主要引脚功能是，"+""−"为两个信号输入端，"+V_{CC}（或$V+$）""−V_{EE}（或$V-$）"为正、负电源电压输入端，"u_o"为输出端。电源负极在使用单电源时通常接地线。两个信号输入端中，"−"为反相信号输入端，表示运放输出端u_o的信号与该输入端信号的相位相反；"+"为同相信号输入端，表示运放输出端u_o的信号与该输入端信号的相位相同。这些功能字母代号在电路中往往不会写出来。

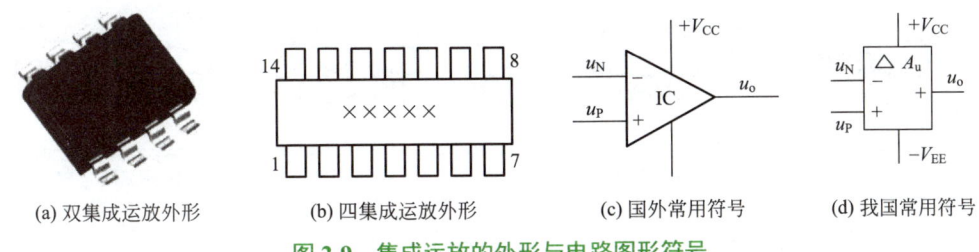

图 2-9　集成运放的外形与电路图形符号

图2-9（c）与（d）仅画出了一个运放的电路符号，当一块集成电路板中封装有多个单独的运放时，它们的供电引脚是公用的，即仅有"+""−"一对电源引脚。

根据封装个数的不同，集成运放分为单集成运放（如μA741等）、双集成运放（如LM358等）、四集成运放（如LM324、TL084等）。

（3）其他集成电路的电路图形符号　其他集成电路的电路图形符号各个汽车生产厂家的画法有较大的差别，但大多采用一个方框来表示集成电路外形，方框内有的给出了该集成电路工作原理及信号走向或流程；有的仅标注了该集成电路的编号或型号。

对于采用一个方框来表示集成电路外形的情况，其引脚排列方式有的按实际集成电路的排列方式画出来，如图2-10所示；有的为了避免引线的交叉，而根据实际需要在任意位置画出引脚，但标出了每个引脚号。

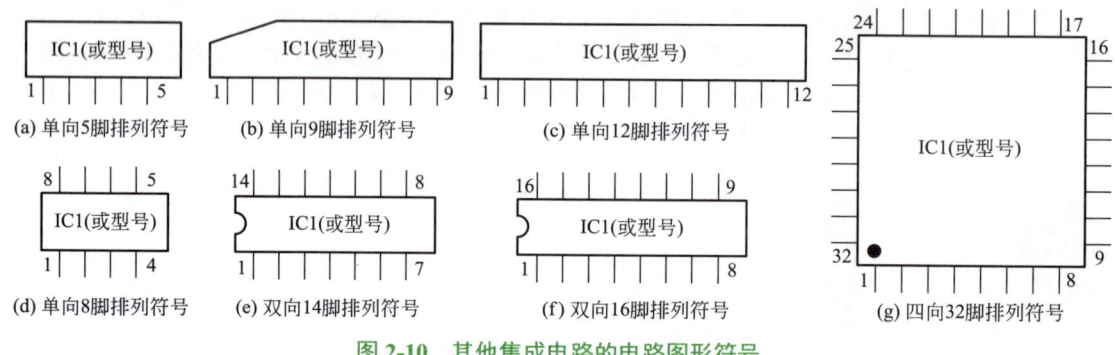

图 2-10 其他集成电路的电路图形符号

2.7.3 常用集成电路的引脚识别

集成电路内部结构不同，用途也不同，它们的形状和引脚也不同，在维修汽车电控系统时，往往会遇到集成电路引脚位置识别问题。

（1）常用集成电路不同封装方式时引脚位置识别 见表2-22。

表 2-22 常用集成电路不同封装方式时引脚位置识别

名称	3脚管状	4脚管状	5脚管状	7脚单列	9脚单列	10脚单列
示意图						

名称	10脚带散热片单列	12脚带散热片单列	8脚双列	12脚双列
示意图				

名称	14脚双列	16脚双列
示意图		

名称	20脚双列	32脚双列	49脚四方列
示意图			

（2）需要说明的问题　圆形金属外壳的集成电路多为软导线引出。扁平封装的集成电路外壳有陶瓷和塑料两种。常见集成电路的引脚形式有两种：一种是双列，另一种是单列。双列引脚又有直脚和弯脚两种，以弯脚的多，称为双列直插式。集成电路的引脚顺序按底视，从标志点顺时针数为1, 2……引脚数目少则6个，多则几十个。

2.7.4　检测电压判断集成电路好坏

集成电路各脚对地电压有一个确定的数值，用数字式万用表测出各脚的实际电压与标准值对照。这一标准值一般通过手册或实际测量而得。若测得的电压与标准值基本相符，表明集成电路工作基本正常；若某一脚或几脚数值偏差较大，相对误差大于20%，则应考虑集成电路是否损坏；若电压有误差但差别不是太大，此时再配合测电阻或电流来进一步判定。

2.7.5　检测电阻判断集成电路好坏

（1）检测方法　若集成电路内部某些元件断路或击穿，可通过测量集成电路各脚对地的电阻来判定。集成电路各脚对地的标准阻值一般也是通过手册或实际测量而得，该阻值分开路和在路电阻。显然，由于外围元件的影响这两种阻值是不同的。每一脚的电阻又包含正向电阻和反向电阻。在确定各引脚电阻时，必须指明是红表笔接地还是黑表笔接地。

（2）必须注意的问题　在测电阻时，还应注意所用万用表的型号及电阻的挡位，因为不同的万用表精度不同，测同一电阻时所得数值也存在误差，同一块表用不同的电阻挡测得的数值也不相同。因此，实测出的各脚对地电阻都要指明用什么型号的万用表，置于电阻的哪个挡，红表笔接地还是黑表笔接地，是在路还是开路。

2.7.6　检测电流判断集成电路好坏

（1）检测方法　集成电路工作时，各脚会流入或流出一定的电流，采用数字式万用表检测一些关键引脚上的电流就可以大致判断集成电路的工作情况。例如，电源脚一般处理弱信号电路使用电流不大，驱动输出电路的供电电流就较大。检测时，将电源脚断开，用万用表电流挡串接在断开点上，通电后测电流，若电流为零，则表明集成电路内部有断路，若电流明显偏大，则表明内部有击穿、短路情况。

（2）需要说明的问题　用上述方法检测集成电路时，如一时无正常数据可供参考，也可采用对比测量法，即找一同型号车辆同部位进行测量后对比，以此来寻找故障部位。

2.8　传感器

使用在汽车电控装置上的传感器数量及种类较多。它能把物理量、电量及化学量等信息转换成电子装置（微电脑）能够理解和接受的电信号。

2.8.1　传感器的电路图形符号

用于电控系统的传感器通常有温度传感器（冷却液温度、进气温度等）、压力传感器、位置传感器、速度传感器、流量传感器等。表2-23列出了汽车上使用的传感器的电路图形符号。

表 2-23　传感器的电路图形符号

图形符号	名称	图形符号	名称	图形符号	名称	图形符号	名称
$t_w°$	水温传感器	m	空气质量传感器	F	制动摩擦片传感器	OP	油压表传感器
$t°$	水温表传感器	AF	空气流量传感器	T	尾灯传感器	λ	氧传感器
Q	燃油表传感器	AP	空气压力传感器	B	蓄电池传感器	K	爆震传感器
W	燃油滤清器积水传感器	BR	制动灯传感器	v	速度传感器		
$t_a°$	空气温度传感器	BP	制动压力传感器	n	转速传感器		

2.8.2　温度传感器的检测

汽车上不同部位使用的温度传感器，其检测的目的和检测的范围是不一样的，使用的类型也不同。但它们的作用都是将检测到的温度信号提供给电控单元，作为相关功能控制的依据。

（1）温度传感器使用情况　目前，各种电控发动机上使用的温度传感器通常包括冷却液温度传感器、进气温度传感器、燃油温度传感器、机油温度传感器；空调系统使用的温度传感器通常包括车外温度传感器、车内温度传感器、蒸发器温度传感器等。

（2）温度传感器的其他电路图形符号　温度传感器的电路图形符号除了上面介绍的标准符号外，世界各大汽车厂家还使用了如表 2-24 中所列的其他各种电路图形符号。

表 2-24　温度传感器的其他电路图形符号

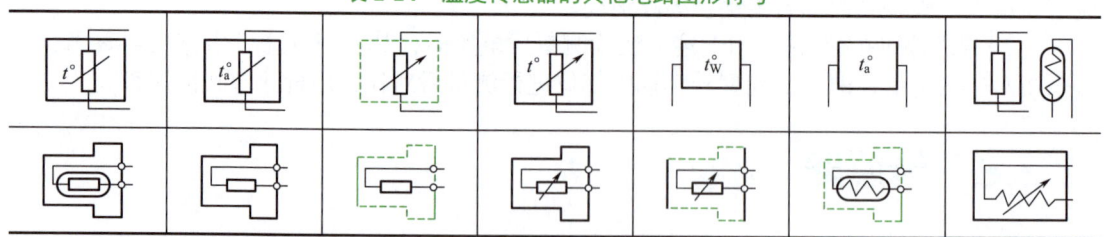

（3）温度传感器的检测特点与思路　汽车上使用的温度传感器大都采用负温度系数热敏电阻方式，对它们的检测思路基本相同，但在实际检测时，应注意不同部位的温度传感器的温度检测范围是不一样的。下面以冷却液温度传感器为例，来介绍汽车温度传感器的检测方法。

（4）冷却液温度传感器的类型与内部结构　冷却液温度传感器根据其引脚数量的不同分类，主要有单线型、双线型和四线型三种，图 2-11（a）～（c）所示为它们的典型外形。单线型和双线型冷却液温度传感器应用较多，四线型冷却液温度传感器用量较少。无论是哪一种冷却液温度传感器，它们均由热敏电阻、壳体、金属引线以及电源插座等构成，如图 2-11

（d）所示。

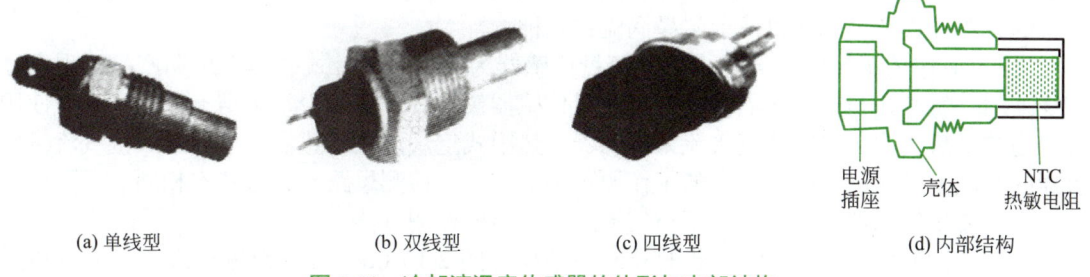

(a) 单线型　　(b) 双线型　　(c) 四线型　　(d) 内部结构

图 2-11　冷却液温度传感器的外形与内部结构

（5）冷却液温度传感器的检测

① 如图 2-12（a）所示，将冷却液温度传感器放在盛有水的烧杯内。用电热器加热烧杯中的水，并采用标准温度表对水温进行检测。

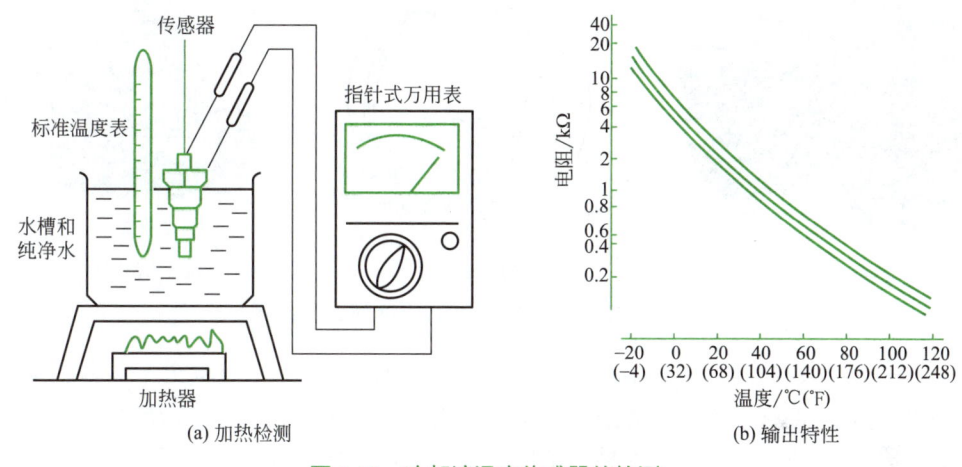

(a) 加热检测　　(b) 输出特性

图 2-12　冷却液温度传感器的检测

② 用万用表电阻挡测量传感器两端子间的电阻，其电阻值随着温度变化的规律，应符合其特性曲线［图 2-12（b）］。

③ 如果日常积累有冷却液温度传感器温度与其电阻值之间的对应关系数据，则检测后就可直接进行对比判断，亦即将检测到的数据与被检测传感器的标准值进行对比，如果两者相差较大，则说明传感器不良或损坏。

2.8.3　空气流量传感器的检测

空气流量传感器又称进气流量传感器，是决定喷油量的重要元件。它通常安装在空气滤清器后的进气管前，用来检测进气量。

（1）空气流量传感器的作用　空气流量传感器用于检测发动机进气量的大小，并把该信息转换为电信号提供给发动机电控单元（ECU），由 ECU 来确定喷油量和点火正时。

（2）空气流量传感器的类型　空气流量传感器主要有质量型与体积型两大类。这两大类型空气流量传感器的主要特点如下所述。

1）质量型　该类空气流量传感器的特点是可直接检测出吸入气缸空气的质量，故其检测精度较高，常见的有热线式和热膜式两大类。现在的新型车辆多采用热膜式空气流量传感器。

2）体积型　该类空气流量传感器的特点是只能检测出吸入气缸空气的体积，还需要根据温度传感器检测到的温度信息，并通过发动机电控单元（ECU）计算出吸入的气体质量，常见的有翼片式和量芯式以及卡尔曼涡流式几种。

（3）应用情况　由于翼片式空气流量传感器为机械电位计式，属于早期产品，现在已较少采用；量芯式与卡尔曼涡流式空气流量传感器仅在日、韩的少量车型上使用。现在使用较普遍的是热线式与热膜式空气流量传感器，热膜式空气流量传感器是在热线式空气流量传感器的基础上发展起来的，两者的工作原理基本相同，检测思路与方法基本相同。下面以热膜式空气流量传感器为例，来介绍空气流量传感器的检测方法。

（4）热膜式空气流量传感器的外形与结构　图2-13（a）所示为热膜式空气流量传感器的实物，图2-13（b）所示为其外部结构，图2-13（c）所示为其内部结构。传感器中的热膜是固定在薄的树脂膜上的金属铂，或者用厚膜工艺将热线、冷线、精密电阻镀在一块陶瓷片上，从而有效地降低了制造成本。

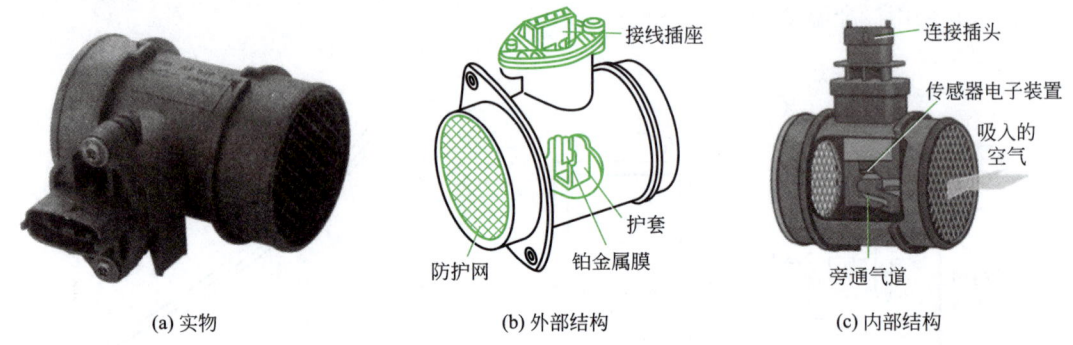

图2-13　热膜式空气流量传感器的外形与结构

（5）热膜式空气流量传感器的特点　由于热膜式空气流量传感器不采用价格昂贵的铂丝，且使发热体不直接承受空气流动所产生的作用力，从而提高了发热体的强度和工作可靠性，且结构简单，使用寿命长，不易受尘埃污染。不足之处是空气流速不均匀，对检测精度有一定的影响。

（6）热膜式空气流量传感器的连接电路与端子功能说明　图2-14（a）所示为热膜式空气流量传感器与发动机电控单元（ECU）之间的连接电路。这类传感器通常有5个端子，各端子功能如下：1为搭铁端（也就是接地端）；2为12V蓄电池电压输入端，该电压属于受控电源；3为负信号端；4为5V电源输入端，该电压是由发动机电控单元（ECU）内部提供的；5为正信号端。

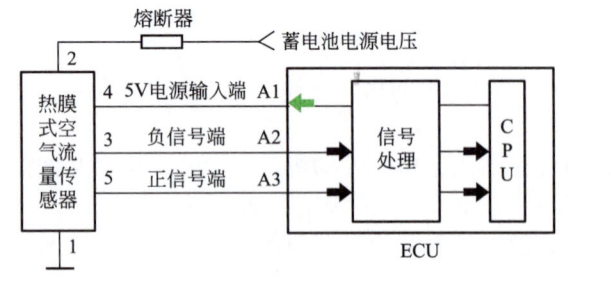
(a) 连接电路

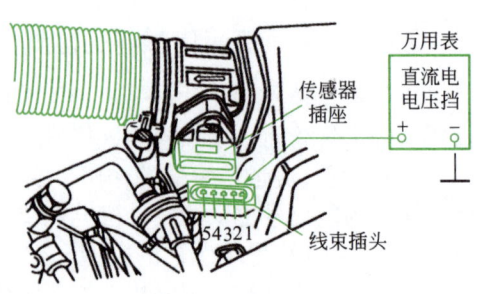
(b) 检测方法

图2-14　热膜式空气流量传感器的连接电路与检测方法

采用热膜式空气流量传感器的车型很多，例如大众车系中，奥迪A6系列、帕萨特系列、宝来系列、桑塔纳2000系列、捷达系列等，均采用热膜式空气流量传感器。

（7）热膜式空气流量传感器的检测　无论是不同厂家、不同车型的哪一种型号的热膜式空气流量传感器，对其检测思路与方法基本上是通用的。

1）电源电压的检测

① 拔下热膜式空气流量传感器的插头，接通点火开关，启动发动机。

② 将万用表置于直流电压挡，如图2-14（b）所示，采用两表笔检测插头端子2与搭铁之间的12V电压是否正常，检测端子4与搭铁之间的5V电压是否正常。

2）信号电压的检测

① 插好传感器插头，拆下空气滤清器后，接通点火开关（ON位置），但不要启动发动机，万用表置于直流电压挡，检测热膜式空气流量传感器插头5（红表笔接该端子）与3（黑表笔接该端子）两端子之间的电压，该电压正常值在2～4V之间（车型不同有一定的差异，应根据实际车型确定）。

② 在上述状态下，采用电吹风的冷风挡向流量传感器空气入口吹气，观察信号电压的变化情况。如该信号电压不变化，则被检测的传感器损坏或不良。

3）连接导线的检测　断开点火开关，采用万用表电阻挡，拔下热膜式空气流量传感器与ECU两端的连接插接件，采用万用表检测传感器端子4与A1端、端子3与A2端、端子5与A3端之间导线的导通情况，所有导线的导通电阻值均应小于1Ω。

4）导线之间绝缘的检测　在断开热膜式空气流量传感器与ECU两端的连接插接件的情况下，采用万用表检测A1、A2、A3导线相互之间以及它们与搭铁之间的电阻值，正常情况下均应为∞。如发现有电阻值存在或电阻值为0Ω，则说明有漏电或短路现象存在。

2.8.4　机油压力传感器的检测

图2-15（a）与（b）所示为机油压力传感器的外形，该传感器一般安装在机油冷却器后的主油道中。

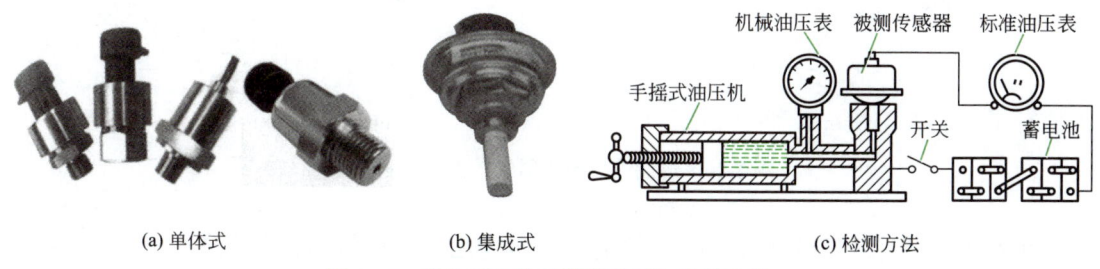

(a) 单体式　　　　　(b) 集成式　　　　　　　　(c) 检测方法

图2-15　机油压力传感器的外形与检测方法

（1）机油压力传感器的作用　机油压力传感器用于检测发动机的机油压力，ECU根据机油压力的高低采取控制措施保护柴油发动机，并通过仪表板上的机油压力报警灯进行报警。

（2）机油压力传感器的检测　把传感器装在一台小型手摇式油压机上，如图2-15（c）所示，并串联一块标准油压表，然后按表2-25所列的压力对传感器进行加压，并检测其输出信号电压值（不同的发动机该数据有一定的差异，应以实际发动机的标准值为准），如果检测的数据相差较大，则说明被检测的传感器有问题，应更换。

表 2-25 机油压力传感器的检测数据参考值

压力 /kPa	0	172.37	344.74	517.11
直流电压 /V	0.11～0.16	1.17～1.59	2.24～3.04	3.3～4.49

（3）需要说明的问题　有的车型采用了一种将机油压力传感器与机油温度传感器组合在一起的集成式传感器，如图 2-15（b）所示，对这类传感器的检测可分别进行，也就是采用检测冷却液温度传感器的方法来检测该传感器中的机油温度传感器，而对该传感器内的机油压力传感器的检测，则可以按照上述方法进行。

2.8.5　燃油液位传感器的检测

燃油液位传感器多为可变电阻式，燃油指示仪表与浮子可变电阻式液位传感器采用串联连接方式。

（1）燃油液位传感器的结构　如图 2-16（a）所示，燃油液位传感器为一塑料或金属外壳的密封件，由可动浮子杆连接浮子。厚膜电阻的一端接地，另一端接燃油表。厚膜电阻的下部有一浮子杆的转轴，轴的内端固装着滑动触点，该触点可与电阻滑动接触，轴的外端装有与滑动触点成一个角度的浮子杆，杆端固定着浮子，浮子通常为塑料或薄金属空筒，插入油箱内并随油面一起升降。

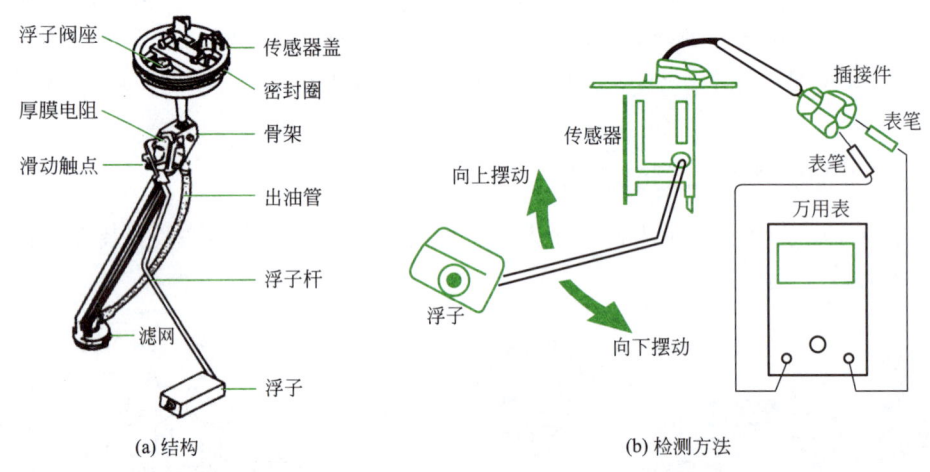

图 2-16　燃油液位传感器的结构与检测方法

（2）燃油液位传感器的检测　对于浮子可变电阻式液位传感器的检测，既可以采用模拟检测方式，也可以采用加注燃油的方式来对其进行判断。

模拟检测方式就是将浮子可变电阻式液位传感器从油箱中取出，采用模拟浮子上、下摆动的方法，检测可变电阻值是否发生改变，以此来判断传感器的好坏。具体操作方法如下所述。

将万用表置于 $R\times 1k$ 挡，如图 2-16（b）所示，将万用表的表笔与传感器插接件两端子相连接，观察万用表是否有一定的电阻值指示。

如果检测到的电阻值为 ∞，则为传感器的电阻器出现了断路现象，应更换新的配件。如果有一定的电阻值存在，再按图 2-16（b）所示方法上下摆动浮子，看万用表指示的电阻值是否也会随之不断地发生变化：如果万用表指针有连续的电阻值变化，则说明燃油传感器本身是好的；如果万用表指针没有明显的电阻值变化，或电阻值有断续现象，均说明传感器本身不良或损坏。

2.8.6 氧传感器的检测

图 2-17（a）所示为氧传感器外形；图 2-17（b）所示为氧传感器与插接件总成；图 2-17（c）所示为宽频氧传感器外形。宽频氧传感器又称全范围空燃比传感器，其主要作用就是用来检测混合气从过浓状态到理论空燃比再到稀薄状态整个过程。

(a) 氧传感器外形

(b) 氧传感器与插接件总成

(c) 宽频氧传感器外形

图 2-17　氧传感器

（1）氧传感器的作用　目前，三元催化方式在降低汽车排放技术中处于主导地位。为了使废气中的 CO、HC、NO_x 三种成分在各种工况下都能得到很高的净化率，发动机就必须在各种工况下一直把空燃比控制在理论值附近。为此，利用氧传感器检测排放气体中的氧浓度及微机反馈控制来调整发动机的空燃比，成为必不可少的手段，而氧传感器是使该系统最有效地发挥作用必不可少的部件。

氧传感器通常安装在发动机的排气管上，用于检测废气中氧的含量，确定可燃混合气过浓还是过稀，空燃比是否偏离了理论值（14.7∶1），并输出一个反馈信号给发动机电控单元（ECU），随时修正喷油量的大小，从而使混合气空燃比保持在理论值附近，以保证汽车尾气的有害气体含量不超过环保要求。

（2）氧传感器的其他电路图形符号　氧传感器除了上面介绍过的标准电路图形符号外，世界各大汽车生产厂家还使用了表 2-26 中所列的各种电路图形符号。

表 2-26　氧传感器的其他电路图形符号

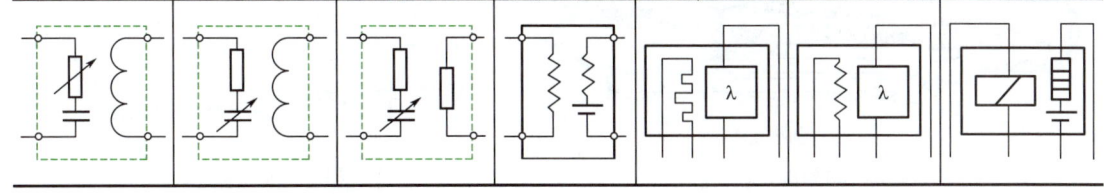

（3）氧传感器的类型　氧传感器根据使用材料的不同，主要有氧化锆（ZrO_2）与氧化钛（TiO_2）两大类，前者又分为非加热型氧传感器与加热型氧传感器两大类。

（4）二氧化锆氧传感器的结构　二氧化锆氧传感器常见的有非加热型与加热型两大类。后者应用较广泛，它是在前者的基础上增加了加热器后形成的，故下面主要介绍加热型二氧化锆氧传感器的检测。

1）加热型二氧化锆氧传感器的结构与特点　图 2-18（a）所示为加热型二氧化锆氧传感器的结构，该传感器将陶瓷加热器置于锆管内侧。发动机工作时，由电控单元控制加热器工作，当发动机负荷小、排气温度低时，加热器通电，以保证氧传感器正常的工作温度。这类传感器可以安装在离发动机较远的排气管路上，且可承受长时间全负荷运行而不损坏。

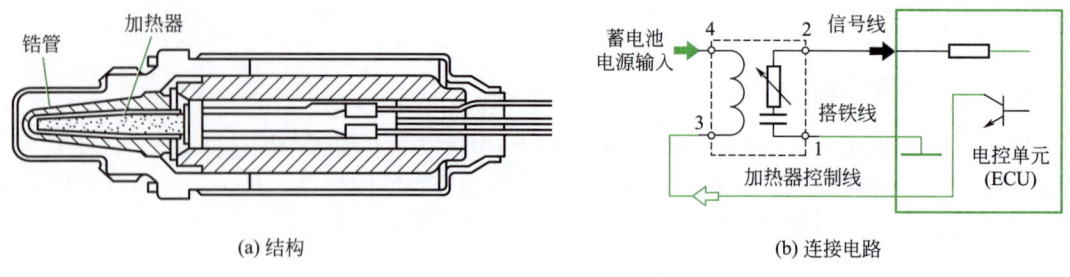

(a) 结构　　　　　　　　　　　　　　　(b) 连接电路

图 2-18　加热型二氧化锆氧传感器的结构与连接电路

2）加热型二氧化锆氧传感器的端子数量　加热型二氧化锆氧传感器主要有三线制与四线制两大类。它们是在非加热型二氧化锆氧传感器的一线制与两线制的基础上增加了一个电阻后得到的。加热电阻的两根引出线，一根直接与控制继电器或主继电器控制触点输出的约 12V 供电端子相连接，另一根由发动机 ECU 控制搭铁，以此来对加热时间进行控制。

3）加热型二氧化锆氧传感器连接电路与端子功能说明　图 2-18（b）所示为加热型二氧化锆氧传感器连接电路，这是一种四端子加热型二氧化锆氧传感器与发动机电控单元（ECU）之间的连接方式。这四个端子中的端子 4 为加热器供电电压输入端，该电压为受点火开关控制的蓄电池电压；端子 3 为受 ECU 输出信号控制的端子；端子 2 为信号输出端，输出的信号提供给 ECU；端子 1 为搭铁端。

（5）二氧化钛氧传感器的结构　二氧化钛氧传感器是利用高纯度的半导体二氧化钛（TiO_2）制成的，和二氧化锆氧传感器在监测氧气浓度的原理上有很大的差别。图 2-19（a）所示为二氧化钛氧传感器的结构，该传感器主要由二氧化钛传感元件（钛管）、加热元件、传感器护管、护套、钢质壳体以及接线端子等组成。

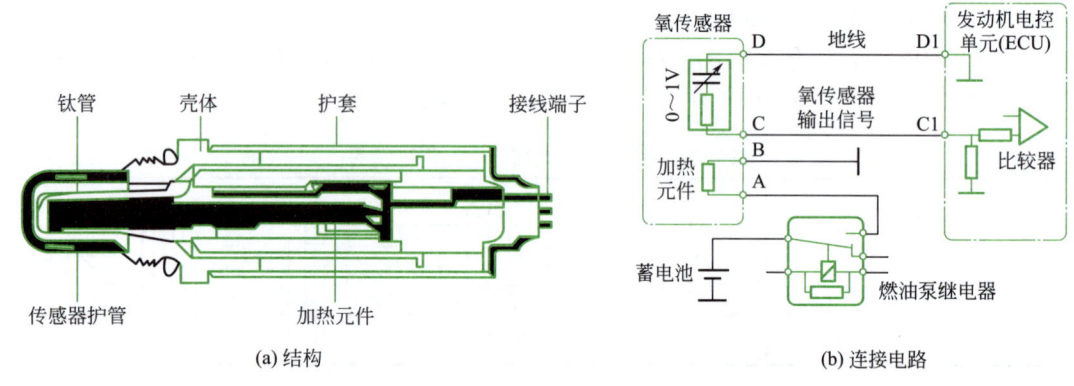

(a) 结构　　　　　　　　　　　　　　　(b) 连接电路

图 2-19　二氧化钛氧传感器的结构与连接电路

1）二氧化钛氧传感器的类型　从应用情况来看，较常见的二氧化钛氧传感器主要有三大类，分别为采用芯片方式组成的二氧化钛氧传感器（该类传感器是将铂金属线埋入二氧化钛芯片中，金属铂兼作催化剂用）、采用厚膜方式组成的二氧化钛氧传感器（这类传感器是采用半导体封装工艺中的氧化铝层压板工艺制成的）以及具有热敏电阻进行温度补偿的二氧化钛氧传感器。

2）二氧化钛氧传感器的连接电路与端子功能说明　图 2-19（b）所示为一种四端子加热型二氧化钛氧传感器与发动机电控单元（ECU）之间的连接方式。四端子加热型二氧化钛氧传感器的端子 A 为加热元件供电电压输入端，该电压为受燃油泵继电器控制的蓄电池电压；端子 B 为加热元件搭铁端；端子 C 为传感器信号输出端，输出的信号提供给发动机电控单元（ECU）；端子 D 为传感器搭铁端，通过 ECU 内部搭铁。

（6）几种快速判断氧传感器故障的简便方法　氧传感器异常时，不仅会使汽车尾气中的有害气体含量超标，而且还会使发动机的燃油消耗增加。判断氧传感器故障的方法较多，下面介绍几种简便而有效的方法。

1）观察氧传感器外观颜色判断氧传感器故障

① 外部破损的检查。从排气管上拆下氧传感器，直观检查氧传感器外壳上的通风孔是否被堵塞，陶瓷芯是否破损。如有破损，则应更换新的氧传感器。

② 观察氧传感器颜色。通过观察氧传感器顶尖的颜色，可以大致判断出故障的原因。如果发现氧传感器顶尖颜色发生变化，则预示着氧传感器存在故障或故障隐患。故通过观察氧传感器顶尖部位的颜色也可以判断故障原因。具体情况如表 2-27 中所列。

表 2-27　观察氧传感器顶尖部位的颜色判断故障原因

颜色	淡灰色顶尖	白色顶尖	棕色顶尖	黑色顶尖
故障原因	正常的氧传感器	由硅污染造成的，应更换新的氧传感器	由铅污染造成的，如果严重，应更换新的氧传感器	由积炭造成的，在排除发动机积炭后，一般可以自动清除氧传感器上的积炭

2）氧传感器性能的检测

① 氧气浓度与电压间的关系。汽车发动机电喷系统使用的氧传感器，用来监测车辆排放气体中氧气的浓度，并将监测到的氧气浓度转换为电压信号提供给发动机电控单元（ECU），以判断发动机是否按理论空燃比进行燃烧。当监测到的氧气浓度较浓时，提供给发动机电控单元（ECU）的电压较高；监测到的氧气浓度较稀时，提供给发动机电控单元（ECU）的电压较低。

② 氧传感器正常工作时的典型特征。正常情况下，车辆的排气浓时，氧传感器输出电压为 0.8～0.9V，排气稀时输出电压为 0.1～0.2V。当氧传感器工作温度低于 360℃时（发动机处于开环工作状态），氧传感器处于开路状态，无电压输出。

③ 检测。首先拆下氧传感器线束，用一跨接线将此线束与氧传感器相连，启动发动机，使其在 2500r/min 转速下运转约 90s 左右，用于对氧传感器进行预热，使其工作温度达到 360℃以上。

a. 检测操作方法。将汽车数字式万用表功能选择开关置于直流（DC）mV 挡，黑表笔搭铁，红表笔与氧传感器输出端相连，用来测量氧传感器信号输出端与搭铁之间的直流电压。正常情况下，在 10s 内，表的示值应在 100～900mV 内跳变 8 次以上。否则，说明被检测的氧传感器不良或损坏。

b. 可以判断的故障。通过对氧传感器工作性能的检测，可以判断发动机燃油喷射系统是在闭环工作，还是在开环工作，或氧传感器是否失效。

2.8.7　爆震传感器的检测

在发动机集中控制系统中，爆震传感器的作用是把爆震时传到缸体上的机械振动转化成电压信号，输送给 ECU，作为发动机爆震时推迟点火提前角的依据，改善发动机的工作性能，延长发动机的使用寿命。

（1）爆震的含义　爆震俗称敲缸，是一种不理想的燃烧方式，它是自发地和随机地产生的，是由于气缸压力和温度异常升高，造成部分混合气不等火焰传播就自行发火燃烧的现象。

（2）爆震的产生　发动机缸内混合气正常燃烧时，火焰从离火花塞近的可燃混合气以

30～40m/s 的速度，向四周未燃烧的混合气区传播，使混合气循序燃烧，直到结束。在发生爆震的情况下，点火后刚开始燃烧的传播是正常的，在火焰传播过程中，远离火花塞的未燃烧混合气，因受到燃烧后气体膨胀所造成的压缩作用，使其体积缩小、温度和压力升高，超过燃料的自燃温度，在正常火焰传播到达以前先行发火燃烧。火焰以 300～1000m/s 的速度迅速向外传播，当正常燃烧和异常燃烧两个方向相反的燃烧压力波相遇时，会产生剧烈的气体振动，并发出特有的金属撞击声，故称其为爆震。

（3）爆震的危害　爆震是汽油机运行中最有害的一种故障现象。发动机工作如果持续产生爆震，火花塞电极或活塞就可能产生过热、熔损等现象，造成严重故障，甚至会缩短发动机的使用寿命，因此必须防止爆震的产生。

（4）爆震传感器的类型与特点　根据对发动机缸体振动频率检测方式的不同，爆震传感器通常分为非共振型与共振型两大类，非共振型主要为压电式，共振型又分为磁致伸缩式与压电式两种。图 2-20（a）所示为爆震传感器的外形。

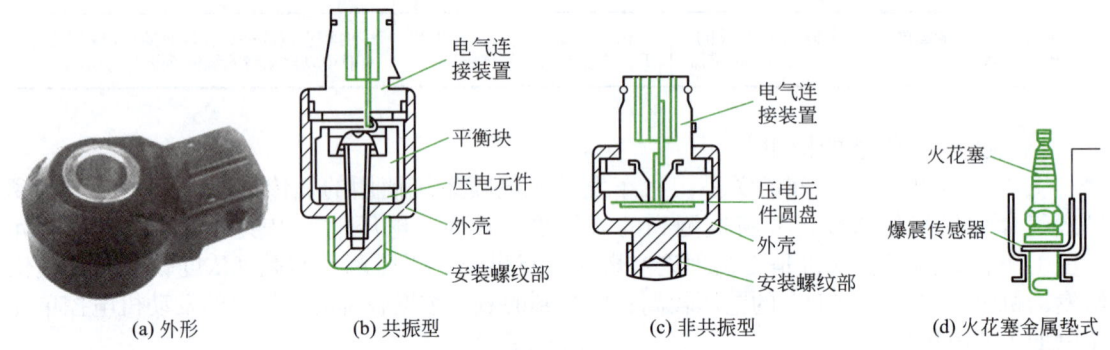

图 2-20　爆震传感器外形与结构

1）共振型爆震传感器　如图 2-20（b）所示，共振型爆震传感器由与爆震几乎具有共振频率的振子和能够检测振子振动压力并将其转换成电压信号的压电元件构成。由于共振型传感器在发动机爆震时输出电压较高，故不需要使用滤波器就可判断出是否有爆震产生。现在的车辆多采用共振型压电式爆震传感器，其输出电压的大小，直接表示了爆震的强度。

2）非共振型爆震传感器　如图 2-20（c）所示，非共振型爆震传感器用压电元件来检测爆震信息，但需要经过滤波器检测出爆震的信号，并将振动压力转换成电压信号输出。

3）火花塞金属垫式爆震传感器　图 2-20（d）所示为火花塞金属垫式爆震传感器的结构，该传感器是在火花塞的垫圈部位装上压电元件，根据燃烧压力直接检测爆震信息，并将振动压力转换成电压信号输出。这类爆震传感器一般每缸火花塞都安装一个。

（5）爆震传感器的其他电路图形符号　爆震传感器的电路图形符号除了上面介绍过的标准图形符号外，各大汽车厂家还使用了图 2-21（a）所示的电路几种图形符号。

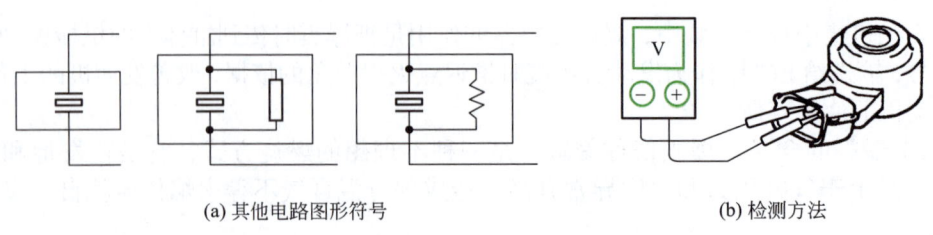

图 2-21　爆震传感器的其他电路图形符号与检测方法

（6）爆震传感器电阻和电压的检测

① 检测电阻。断开点火开关，拔开爆震传感器导线插头，用万用表的电阻挡检测爆震传感器的接线端子与外壳间的电阻，正常应为∞，否则更换爆震传感器。

② 检测电压。拔开爆震传感器导线插头，在发动机怠速时用万用表的电压挡检测爆震传感器的接线端子与搭铁间的电压，正常应有脉冲信号输出。

（7）爆震传感器的单体检测　取下爆震传感器，把万用表置于电压挡，两表笔连接在爆震传感器两端子之间，如图 2-21（b）所示，然后用木锤敲击其外壳，万用表应有电压数值显示，否则应更换新的爆震传感器。

2.8.8　加速踏板位置传感器的检测

加速踏板位置传感器（APPS，Accelerator Pedal Position Sensor）在电路中往往仅用前三个大写字母 APP。

（1）加速踏板位置传感器的功用　采用电控高压共轨的电喷柴油发动机系统通常都使用了电子油门，图 2-22（a）所示为电子油门踏板实物，与电子油门配合的加速踏板位置传感器[外形如图 2-22（b）所示]用于检测电子油门踏板的运动行程，向发动机电控单元（ECU）反映驾驶员意图的信息，也就是说，汽车柴油发动机使用的加速踏板传感器用于检测电子油门的开度，并将检测到的电子油门踏板角度变化转换为电压后提供给 ECU，以确定基本喷油量和转矩需求。图 2-22（c）所示为电子油门踏板总成外形。

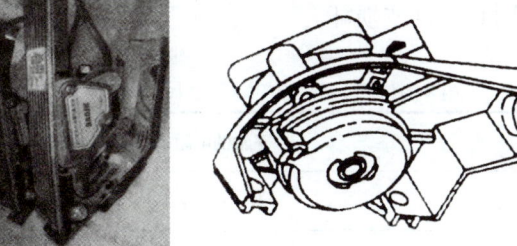
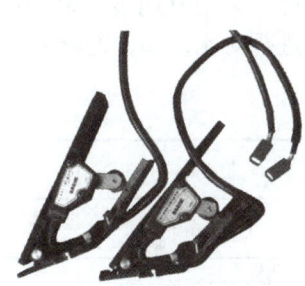

(a) 电子油门踏板实物　　(b) 传感器外形　　(c) 总成外形

图 2-22　电子油门踏板实物、加速踏板位置传感器外形与总成外形

（2）加速踏板位置传感器的类型　加速踏板位置传感器常见的主要有电位计式与双霍尔式两大类，它们各自的特点如下。

1）电位计式　这类加速踏板位置传感器由两路类似于普通收音机上使用的电位器组合而成，故其特性曲线类似于线性，根据该特性，对其检测就可以按照检测收音机上使用的电位器的方法来进行。

2）双霍尔式　这类加速踏板位置传感器是由两路非接触式的霍尔传感器组成，没有怠速开关。ECU 通过比较两路传感器输出信号的数值来确定加速踏板的开度。

（3）电位计式加速踏板位置传感器的外形、安装位置　电位计式加速踏板位置传感器的外形、安装位置如图 2-23（a）所示，通常安装在发动机舱内，通过一根拉索连接在加速踏板上。用于检测加速踏板的运动行程，向发动机电控单元（ECU）反映驾驶员意图的信息。

（4）电位计式加速踏板位置传感器的检测　对电位计式加速踏板位置传感器的检测，主要是检测其电阻、电压等以判断好坏。

1）电位计式加速踏板位置传感器的连接方式　电位计式加速踏板位置传感器与电控单元（ECU）之间的连接方式如图 2-23（b）所示。

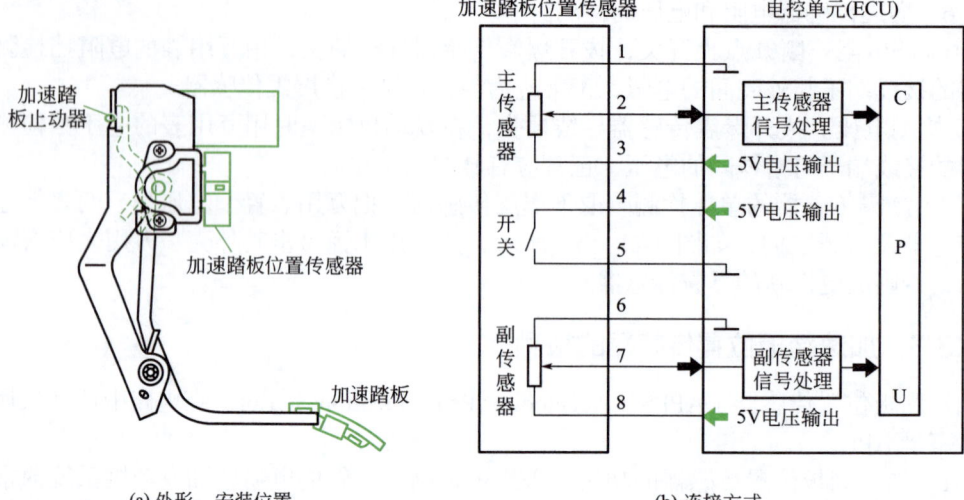

图 2-23 电位计式加速踏板位置传感器的外形、安装位置与连接方式

2）电位计式加速踏板位置传感器的检测方法

a. 电阻的检测。在点火开关断开的情况下，断开电位计式加速踏板位置传感器连接插接件，采用万用表电阻挡单独检测传感器各端子之间的电阻值，并与表 2-28 中所列的正常值进行对比，如差别较大，则说明其不良或损坏。

表 2-28　电位计式加速踏板位置传感器各端子之间的正常电阻参考值

检测的端子	正常的电阻值	
1 与 2 端子之间	3.5～6.5kΩ	
2 与 3 端子之间	将加速踏板由怠速位置直到完全踩下，其电阻值应随加速踏板的踩下而平稳光稳地变化	
4 与 5 端子之间	放松加速踏板	0
	踩下加速踏板	∞
5 端子与搭铁之间	2Ω 以下	
6 与 8 端子之间	将加速踏板由怠速位置直到完全踩下，其电阻值应随加速踏板的踩下而平稳光稳地变化	
7 与 8 端子之间	3.5～6.5kΩ	

b. 电压的检测。在断开电位计式加速踏板位置传感器连接插接件的情况下，接通点火开关，采用万用表直流电压挡，检测传感器线束侧端子 3 与搭铁、端子 8 与搭铁之间的电压，该电压均应在 4.9～5.2V 之间，端子 4 与搭铁之间的电压应大于 4V。

c. 输出信号初始电压的检测。在连接好电位计式加速踏板位置传感器连接插接件的情况下，接通点火开关，采用万用表直流电压挡，检测传感器线束侧端子 2 与搭铁、端子 7 与搭铁之间的电压，该电压正常值应在 0.8～1.2V 之间。

（5）双霍尔式加速踏板位置传感器连接方式与连续电压的检测　见表 2-29。

表2-29 双霍尔式加速踏板位置传感器连接方式与连续电压的检测

项目	具体说明
连接方式	双霍尔式加速踏板位置传感器广泛应用在三菱系列轿车上,该传感器与发动机电控单元(ECU)之间的连接方式如右图所示 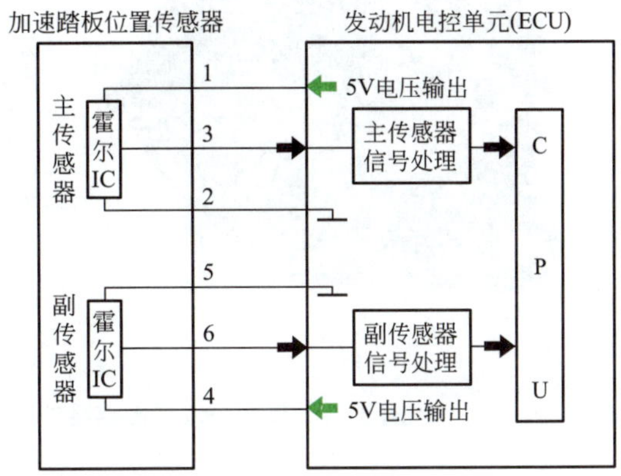
连续电压的检测	对于双霍尔式加速踏板位置传感器,可以采用万用表检测其输出信号来判断其是否正常。具体方法为在连接好双霍尔式加速踏板位置传感器连接插接件的情况下,接通点火开关,用万用表直流电压挡,检测传感器线束端3与2端子、5与6端子之间的电压,该电压正常情况下随着加速踏板的踩下而连续变化,且应平稳,不会出现突变现象。否则说明该传感器或其连接线路不良或损坏

(6) 双霍尔式加速踏板位置传感器输出电压、供电电压的检测 见表2-30。

表2-30 双霍尔式加速踏板位置传感器输出电压、供电电压的检测

项目	具体说明
输出电压的检测	对于双霍尔式加速踏板位置传感器输出电压的检测,可在怠速、全负荷工况下,采用万用表对其进行测量,并与表2-31所列的正常值进行对比,以判断其好坏
供电电压的检测	在断开双霍尔式加速踏板位置传感器连接插接件的情况下,接通点火开关,采用万用表电压挡,检测传感器1与2端子、4与5端子之间的+5V供电电压是否正常

注:判断双霍尔式加速踏板位置传感器的好坏,也可采用解码器调出ECU中存储的数据流,看其电压数据是否可以随加速踏板的踩下而同步变大。如果变化不同步或中间有断点,则说明被检测传感器或其连接线路不良或损坏。

表2-31 霍尔式加速踏板位置传感器输出电压参考值

检测参数	供电电压/V	主传感器怠速电压/V	副传感器怠速电压/V	主传感器和副传感器同步误差/V	主传感器全负荷电压/V	副传感器全负荷电压/V
正常值	5±0.25	0.7±0.05	0.375±0.05	两者相差 ±0.07	3.84±0.25	1.92±0.3

2.8.9 线性输出型节气门位置传感器的检测

节气门位置传感器是发动机集中控制系统中的一个非常重要的传感器,它是怠速控制、起步加速控制、急加速控制、急减速控制、断油控制、点火提前角控制、汽油蒸气回收控制以及自动变速器换挡控制的主要信号。图2-24(a)所示为节气门位置传感器外形。

(1) 线性输出型节气门位置传感器类型与作用 节气门位置传感器一般有线性输出型与开关触点型、编码式等几种,它们的作用基本相同,用于将发动机节气门开度信号转换成电信号,然后输送到ECU,用以感知发动机负荷的大小以及其加速或减速时的工作情况。

(2) 线性输出型节气门位置传感器的结构与端子功能说明 线性输出型节气门位置传感器又称为可变电阻式节气门位置传感器或电位计(滑动电阻)式节气门位置传感器。

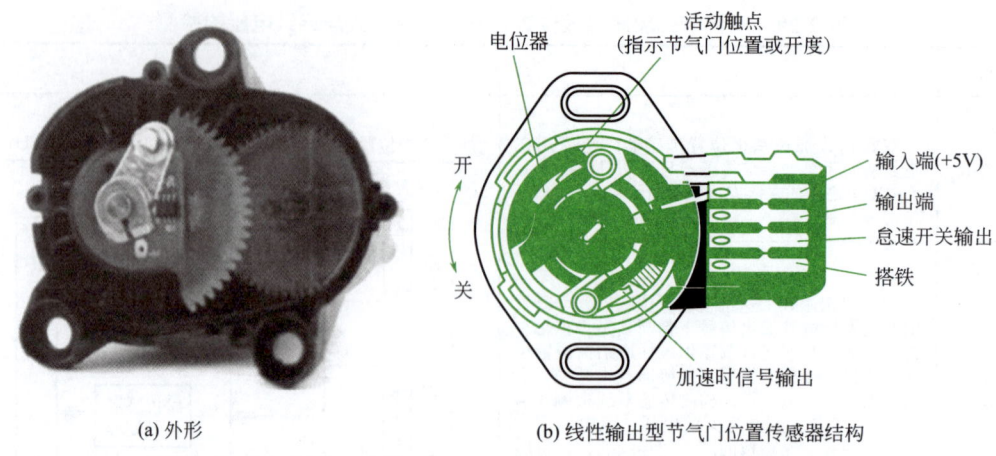

(a) 外形　　(b) 线性输出型节气门位置传感器结构

图 2-24　节气门位置传感器外形与线性输出型节气门位置传感器结构

图 2-24（b）所示为线性输出型节气门位置传感器结构。该传感器通常有 4 个端子，各端子功能在电路图中往往采用字母来表示，具体情况如下：输入端（+5V）采用 VCC 表示；输出端采用 VTA 表示；怠速开关输出采用 IDL 表示；搭铁采用 E1 表示。在图 2-24（b）中，有两对活动触点，第一对活动触点已经注明（见图中上部），第二对活动触点就是图中下部注明的"加速时信号输出"（IDL 信号触点）。

（3）线性输出型节气门位置传感器的特点　线性输出型节气门位置传感器由一个线性电位器和一个怠速开关组成。电位器采用炭精镀膜电阻或陶瓷薄膜电阻制成，滑动触点用复位弹簧控制，与节气门同轴转动，其上有两对（活动）触点，其中一对作为主电位器，另一对作为节气门关闭位置指示的微型开关。其活动触点实为滑动触点，与节气门同轴。当活动触点随节气门打开而改变电位器的电阻值时，其输出电压与节气门的开度成比例增大。节气门微型开关还具有发动机全负荷时加浓混合气功能。

（4）线性输出型节气门位置传感器的连接电路与输出特性　图 2-25（a）所示为线性输出型节气门位置传感器与发动机电控单元（ECU）的连接电路。节气门开度信号滑动触点可在电阻体上滑动，利用变化的电阻值，测得与节气门开度成正比的线性输出电压（VTA）信号。根据输出电压值，ECU 就可知道节气门开度及节气门开度的变化率，从而精确地判断发动机的运行工况，提高控制精度和效果。怠速信号使用的滑动触点属于常开式，只有在节气门全关闭时才与怠速触点 IDL 闭合，产生 IDL 信号，主要用于怠速控制、断油控制和点火提前角的修正。节气门位置传感器的输出特性曲线如图 2-25（b）所示。

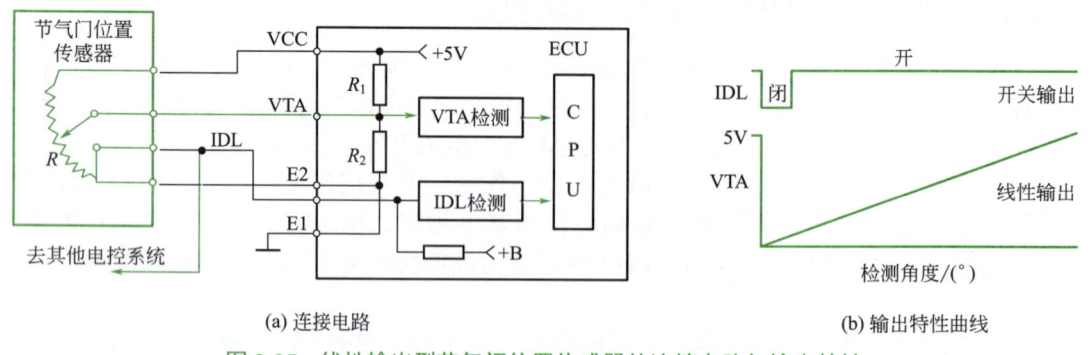

(a) 连接电路　　(b) 输出特性曲线

图 2-25　线性输出型节气门位置传感器的连接电路与输出特性

（5）线性输出型节气门位置传感器的检测　线性输出型节气门位置传感器主要由电位器、微动开关和外壳等组成。电位器包括电阻片、芯轴和装在芯轴上的电刷；微动开关包括触点、触点臂等。

1）线性输出型节气门位置传感器的故障典型特征与线束导通性检测　见表2-32。

表2-32　线性输出型节气门位置传感器的故障典型特征与线束导通性检测

项目	具体说明					
故障典型特征	如果节气门位置传感器不良或损坏，通常会引起加速滞后或怠速不稳等故障。正常的节气门位置传感器，在节气门关闭时输出的直流电压低于1V，节气门全开时输出约5V的直流电压信号					
线束导通性检测	断开点火开关，拔下电控单元和传感器线束插头，用万用表电阻挡检测两插头上相应端子之间导线的电阻值，其值应小于0.5Ω，如下表所示：					
	线束	VCC与VCC之间	VTA与VTA之间	IDL与IDL之间	E2与E2之间	VCC与E2之间
	电阻值/Ω	<0.5	<0.5	<0.5	<0.5	任意状态

2）线性输出型节气门位置传感器的开路与在路检测　见表2-33。

表2-33　线性输出型节气门位置传感器的开路与在路检测

项目	具体说明
开路电阻的检测	用万用表R×100挡分别测量线束插接件与传感器相连的各端子之间的开路电阻应符合表2-34所示的电阻值（车型不同可能有一些差异，但变化规律是相同的）。如果电阻值相差较大，则可能是节气门位置传感器已损坏
在路电压的检测	将上述节气门位置传感器插接件重新插好→打开点火开关，但不要启动发动机→用万用表10VDC挡检测线束插接件各端子之间的电压应符合表2-35所列值。如电压值相差较多，应检查线路、ECU及节气门位置传感器。可先将节气门位置传感器拆下测量其开路电阻是否正确。当确定节气门位置传感器无问题，且检查线路及供电均无故障后，再检查ECU

表2-34　线性输出型节气门位置传感器正常开路电阻参考值

节气门开度	端子VTA与E2间	端子IDL与E2间	端子VCC与E2间	节气门开度	端子VTA与E2间	端子IDL与E2间	端子VCC与E2间
全关闭	0.2～0.8kΩ	0Ω	固定值（3.1～7.2kΩ）	从全关闭到全打开	阻值逐渐变大	∞	固定值（3.1～7.2kΩ）
全打开	2.8～8kΩ	∞	固定值（3.1～7.2kΩ）				

表2-35　线性输出型节气门位置传感器正常工作电压参考值

节气门开度	端子VTA与E2间	端子IDL与E2间	端子VCC与E2间（基准电压）	端子VCC与E2间（输出电压）
全关闭	0.7V	低于1V	5V	0.3～0.9V
全打开	3.5～5V	4～12V	5V	3.2～5V
从全关闭到全打开	电压逐渐增大	4～12V	5V	电压逐渐增大

2.8.10　开关量输出型节气门位置传感器的检测

开关量输出型节气门位置传感器也称开关式节气门位置传感器或开关触点式节气门位

置传感器。这类传感器为两极型,属于双触点开关。节气门轴随加速踏板行程大小而变化转动。

(1)开关量输出型节气门位置传感器的结构与端子功能　图2-26(a)所示为开关量输出型节气门位置传感器结构,主要由节气门体轴、功率触点、怠速触点、导向凸轮与连接装置等组成。

开关量输出型节气门位置传感器有三个端子:靠下边的端子为功率触点端子,通常采用字母 PSW 表示;中间端子为可动触点端子,通常采用字母 TL 表示;靠上边的端子为怠速端子,通常用字母 IDL 表示。

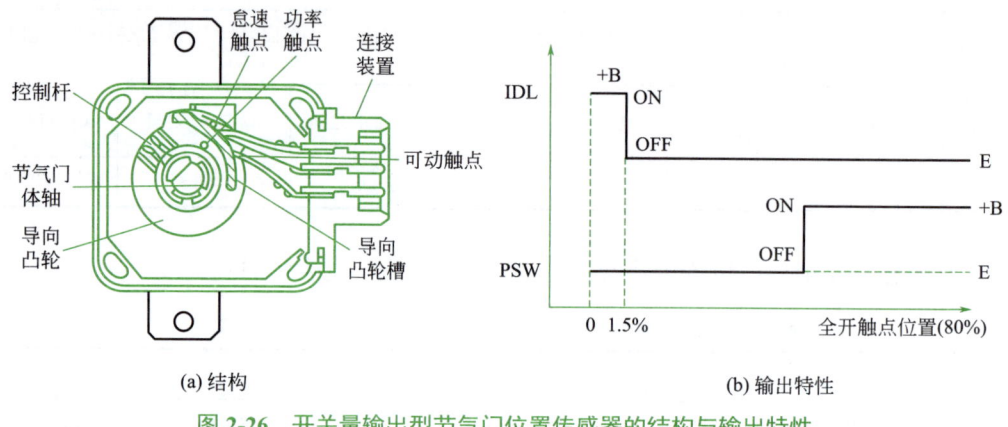

图 2-26　开关量输出型节气门位置传感器的结构与输出特性

(2)开关量输出型节气门位置传感器的初步检测与供电检测　开关量输出型节气门位置传感器怠速触点与功率触点输出的均是高("1")、低("0")的电平信号[开关量输出型节气门位置传感器的输出特性如图2-26(b)所示],检测就是根据这一特性来进行的。

1)初步检测　对开关量输出型节气门位置传感器进行开路检查时,其怠速触点可通过间隙检查,功率触点可通过角度检查来确认其好坏。

检测时,首先拔下节气门位置传感器的接线,用万用表和塞尺配合进行检测,然后与表2-36中所列的数据进行对照,检测结果与表中数据相符合的,一般即可判断其为正常,否则应查找原因。

表 2-36　开关量输出型节气门位置传感器正常开路检测数据

两触点名称	节气门调整螺钉与杠杆间隙 /mm	节气门开度	万用表的电阻示值 /kΩ
IDL 与 TL	0.44 以下	—	0
	0.66 以上	—	∞
	0.55	—	瞬间显示 0Ω,此状态为正常,应将节气门位置传感器固定牢靠
TL 与 PSW	—	55°以上	0
	—	45°以下	∞

2)供电检测　拔下开关量输出型节气门位置传感器的连接插头,用万用表电压挡检测线束插接件中 TL 端子上的 12V 电压是否正常。如电压异常,应检查连接导线是否有断路处。

（3）开关量输出型节气门位置传感器怠速触点的检测　先拔下开关量输出型节气门位置传感器连接插接件，然后如图 2-27（a）所示，采用指针式万用表电阻挡检测传感器怠速触点（IDL）与可动触点（TL）之间的电阻值，该电阻值近于 0，而转动节气门轴约 40° 以下时，其电阻值应为∞。

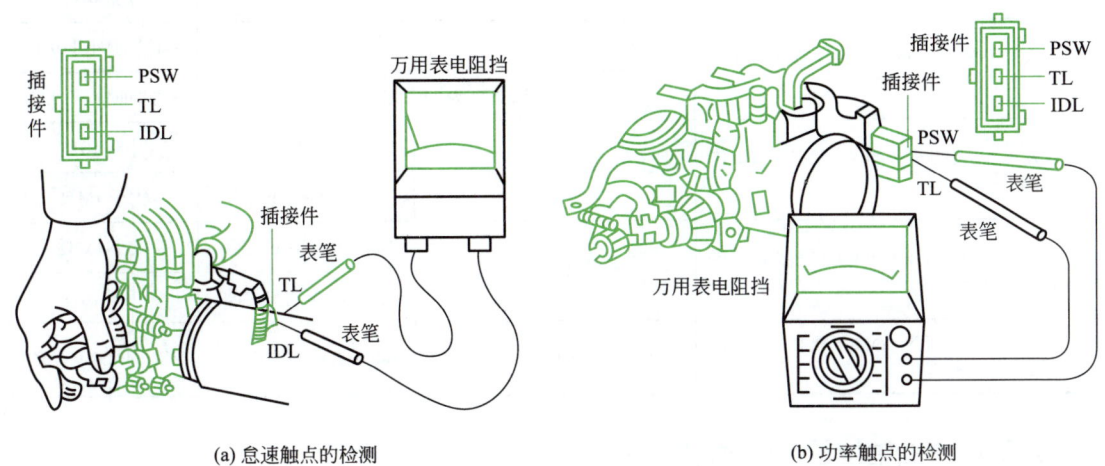

(a) 怠速触点的检测　　　　　　　　(b) 功率触点的检测

图 2-27　开关量输出型节气门位置传感器怠速触点与功率触点的检测

（4）开关量输出型节气门位置传感器功率触点的检测　先拔下开关量输出型节气门位置传感器连接插接件，然后如图 2-27（b）所示，采用指针式万用表电阻挡检测传感器功率触点（PSW）与可动触点（TL）之间的电阻值，该电阻值近于∞，而转动节气门轴约 55° 以上时，其电阻值应为 0。

（5）开关量输出型节气门位置传感器输出信号电压的检测　表 2-37。

表 2-37　开关量输出型节气门位置传感器输出信号电压的检测

项目	具体说明
电平信号检测	在传感器线束正常连接的情况下，接通点火开关，采用万用表检测开关量输出型节气门位置传感器输出端的电压信号，该信号会随节气门轴的转动而交替变化，也就是由低电平"0"变为高电平"1"或由高电平"1"变为低电平"0"
开度电压检测	汽车节气门位置传感器中功率输出信号是否正常，也可以根据节气门的开度来进行判断： ①电控单元（ECU）接线端 PSW 与 E1 间的电压在节气门开度为 45° 以下时为 0，开度为 55° 以上时电压约为 12V，此时属正常 ②节气门位置传感器的接线端 TL 与 PSW 间的电压在节气门开度为 45° 以下时为 12V，开度为 55° 以上时电压为 0，属正常

（6）开关量输出型节气门位置传感器检测数据　表 2-38 中列出了在各种不同的检测条件下，采用指针式万用表检测开关量输出型节气门位置传感器相应端子之间的电压、电阻时的参考值。表 2-38 中的"E"为接地端。

表 2-38　万用表检测开关量输出型节气门位置传感器相应端子之间的电压、电阻时的参考值

检测条件	检查端子	参考数据
点火开关置于"ON"位置，节气门全关闭（IDL 闭合）	端子 IDL 与 E 之间	大于 0.5V
	端子 PSW 与 E 之间（PSW 触点没有接触）	4.5～5V

续表

检测条件	检查端子	参考数据
点火开关置于"ON"位置，节气门全开	端子 IDL 与 E 之间	4.5～5V
	端子 PSW 与 E 之间	大于 0.5V
点火开关置于"ON"位置，节气门处于全闭与全开之间（部分负荷）	端子 IDL 与 E 之间	不能同时小于 0.5V
	端子 PSW 与 E 之间	不能同时小于 0.5V
点火开关处于断开（OFF）状态，拔下传感器连接插接件，节气门全闭状态	端子 IDL 与 E 之间	小于 10Ω
	端子 PSW 与 E 之间	大于 1MΩ
点火开关处于断开（OFF）状态，拔下传感器连接插接件，节气门全开状态	端子 IDL 与 E 之间	大于 1MΩ
	端子 PSW 与 E 之间	小于 10Ω
点火开关处于断开（OFF）状态，拔下传感器连接插接件，节气门在全闭与全开之间时	端子 IDL 与 E 之间	不能同时小于 10Ω

2.8.11 曲轴位置传感器的检测

曲轴位置传感器一旦出现问题，汽车发动机的经济性能和加速性能均会受到很大的影响，严重时还会导致发动机无法启动。

（1）曲轴位置传感器的作用 发动机控制单元（ECU）根据曲轴位置传感器提供的信号，确定曲轴所处的位置，保证喷油正时与点火正时的准确；同时，曲轴位置传感器中的 1°信号也为发动机转速信号，发动机控制单元（ECU）根据空气流量计信号和发动机转速信号确定基本喷油量。

（2）曲轴位置传感器的外形与电路图形符号 常见的曲轴位置传感器主要有磁感应式、霍尔式与光电式三大类，表 2-39 中列出了曲轴位置传感器的外形和几种不同类型曲轴位置传感器的电路图形符号。

表 2-39 曲轴位置传感器的外形与电路图形符号

外形 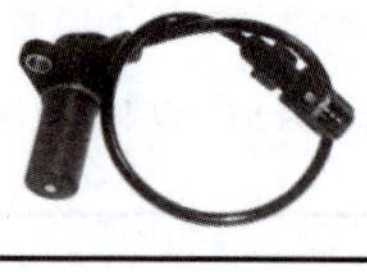	磁感应式传感器图形符号 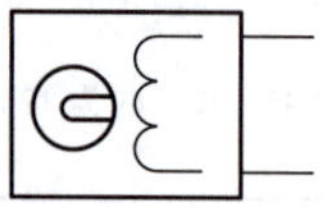	霍尔式传感器图形符号 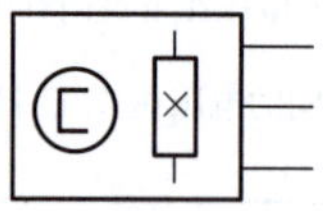	光敏二极管光电式传感器图形符号 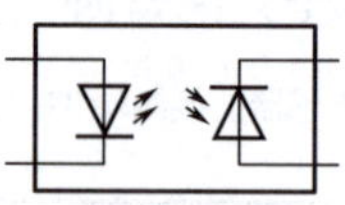	光敏三极管光电式传感器图形符号 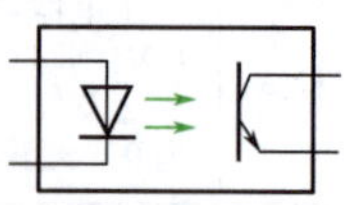

（3）磁感应式曲轴位置传感器的检测

1）磁感应式曲轴位置传感器的外形、基本结构、端子功能与位置 图 2-28（a）所示为磁感应式曲轴位置传感器的外形。图 2-28（b）所示为其基本结构。磁感应式曲轴位置传感器主要由信号发生器与信号盘组成。信号发生器由永久磁铁和电磁线圈组成；信号盘是一种能够导磁的转子，转子上有齿。磁感应式曲轴位置传感器通常主要由带齿、凸起的信号转子和装有 3 个磁头（传感头）的信号发生器组成。图 2-28（c）所示为使用在日产轿车上的三磁头磁感应式曲轴位置传感器的外形，该组件有 4 个端子，可以产生 120°与 1°的信号，各端子功能在图中注明。

磁感应式曲轴位置传感器又称磁脉冲式或磁电式曲轴位置传感器，对这类传感器主要进行电阻、电压以及间隙的检测。

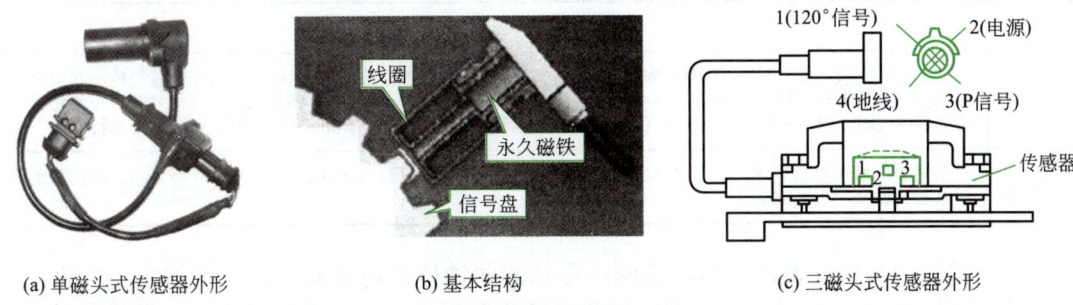

图 2-28　磁感应式曲轴位置传感器的外形、基本结构

2）磁感应式曲轴位置传感器的直观检查与电阻检测　见表 2-40。

表 2-40　磁感应式曲轴位置传感器的直观检查与电阻检测

项目	具体说明
直观检查	应检查曲轴位置传感器信号盘齿圈上的齿有无变形、齿间有无脏物堵塞，信号盘有无翘曲变形等。若信号盘或齿圈上的齿变形应更换新的信号盘。若信号盘齿圈上的齿与齿间有杂物，应彻底清洗干净
初步判断	拔下传感器的连接插头，将万用表拨至交流电压挡，将其两表笔接在传感器输出信号插头上，启动发动机带动触发轮转动，仔细观察万用表有无信号电压指示。如无电压指示，则说明传感器有故障
电阻检测	关闭点火开关，拔下传感器插头，用万用表 R×10 挡测量传感器感应线圈的电阻值，测量值应符合原厂规定。其阻值一般在 150～1500Ω 之间

3）磁感应式曲轴位置传感器的连接电路　图 2-29（a）所示为磁感应式曲轴位置传感器与电控单元（ECU）之间的连接方式，这是一种单磁头传感器的连接电路。

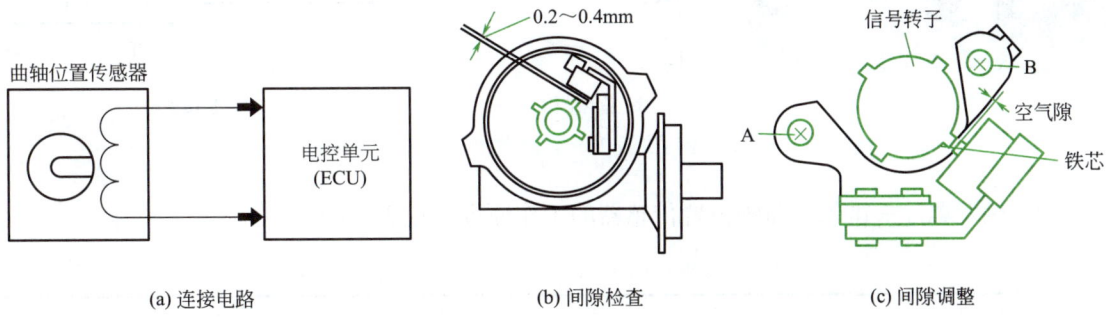

图 2-29　磁感应式曲轴位置传感器的连接电路、间隙检查与调整示意图

4）磁感应式曲轴位置传感器的在路检测　见表 2-41。

表 2-41　磁感应式曲轴位置传感器的在路检测

项目	具体说明
交流电压检测	用万用表交流电压挡测量其输出电压：启动时应高于 0.1V；运转时应为 0.4～0.8V。如果在传感器上能检测到电压信号，而在 ECU 插接器上检测不到信号，则应检测传感器至 ECU 之间的导线及插头
其他检测方式	采用频率表测磁感应式曲轴位置传感器的工作频率或采用示波器检测磁感应式曲轴位置传感器的输出信号波形，也可以判断传感器的好坏

5）磁感应式曲轴位置传感器间隙检查与调整　见表2-42。

表2-42　磁感应式曲轴位置传感器间隙的检查与调整

项目	具体说明
间隙检查	当检查信号发生器线圈良好但传感器仍不能正常工作时，则应重点检查传感器信号线圈铁芯与转子凸极对准时的空气隙是否符合规定，如图2-29（b）所示。对于磁电式（磁脉冲式）传感器来说，其信号凸极与传感铁芯之间的空气隙，因汽车发动机的类型不同而有一些差异，一般为0.2～0.4mm。检查时，可用塞规进行测量
间隙调整	若测得间隙不符合要求，可按图2-29（c）所示的方法，松开螺钉A和B，并以A螺钉为支点，稍稍移动螺钉B加以调整，直至满足要求为止

（4）霍尔式曲轴位置传感器的检测　霍尔式曲轴位置传感器是利用霍尔效应的原理制成的，传感器输出的是脉冲信号，具有陡峭的前沿和后沿。由于霍尔式曲轴位置传感器输出的脉冲信号既不受发动机转速的影响，也不受温度、湿度等的影响，故其控制精度及可靠性较高，故障率较低，应用范围较广。

1）霍尔式曲轴位置传感器的实物与结构　图2-30（a）所示为霍尔式曲轴位置传感器的实物，图2-30（b）所示为其基本结构。霍尔式曲轴位置传感器主要由霍尔发生器与信号盘组成。霍尔发生器由霍尔元件和永久磁铁构成；信号盘一般由铁片制成，有缺口，处于霍尔元件与永久磁铁之间。霍尔传感器有4个接线端：A、B分别为电流I_g的输出端和输入端；C、D分别为霍尔电压E_H两输出端。在制成传感器时，A、B与C、D两组端子中有两个端子连接在一起作为接地线，故实际的传感器一般为三端方式。

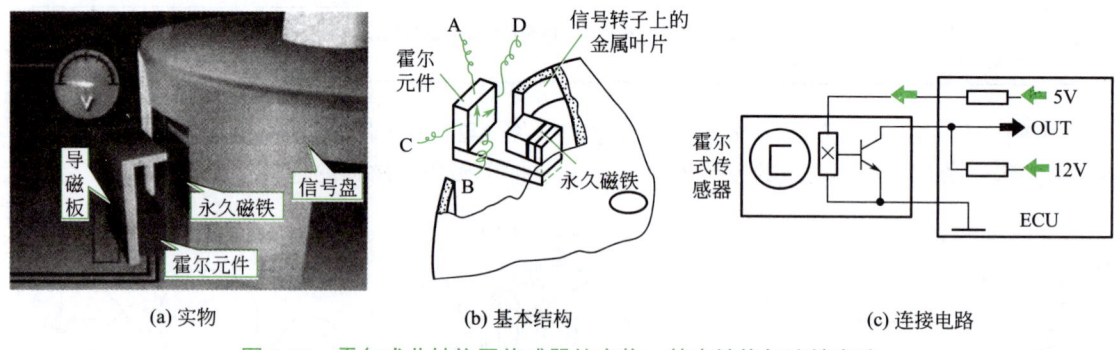

图2-30　霍尔式曲轴位置传感器的实物、基本结构与连接电路

2）触发翼片式霍尔式曲轴位置传感器的工作原理　见表2-43。

表2-43　触发翼片式霍尔式曲轴位置传感器的工作原理

项目	具体说明
霍尔元件磁力线被叶片遮挡	当金属叶片由发动机通过分电器轴带动旋转，金属叶片进入霍尔元件与永久磁铁之间的空气隙时，因原来垂直进入霍尔元件的磁力线被金属叶片所阻挡而旁路，故在霍尔元件的C、D输出端得不到霍尔电压，即$E_H=0$
霍尔元件磁力线不被叶片遮挡	当金属叶片转离永久磁铁与霍尔元件之间空气隙时，永久磁铁中的磁力线又垂直进入霍尔元件，霍尔元件受到磁场作用而产生了霍尔电压，也就是有霍尔电压E_H信号输出

3）霍尔式曲轴位置传感器连接电路与端子功能　图2-30（c）为霍尔式曲轴位置传感器与发动机电控单元（ECU）之间的连接电路。该传感器通常有3个端子，一个端子为霍尔元件提供5V的工作电源，另一个端子为搭铁端，还有一个端子就是信号输出端。从图2-30

(c)中可以看出,当霍尔电压产生时,三极管导通,信号电压 OUT 为 0;当霍尔电压消失时,信号电压 OUT 为 12V。采用示波器可以检测出 0～12V 的方波信号。

4)霍尔式曲轴位置传感器的检测　在对霍尔式曲轴位置传感器进行检测之前,应先检查其连接导线是否牢固,尤其是导线的插接件较易灌入泥水等而导致接触不良或短路。表 2-44 列出了霍尔式曲轴位置传感器的检测方法。

表 2-44　霍尔式曲轴位置传感器的检测方法

项目	具体说明
供电检测	拔下传感器插头,打开点火开关,用万用表检测插头上电源端子与搭铁端子之间的电压应为 5V、8V 或 12V(根据车型不同而不一样)。若无电压,则应检查霍尔式曲轴位置传感器到 ECU 之间的线路及 ECU 上相应端子上的电压。ECU 相应端子上如有电压,则为传感器至 ECU 之间线路断路;如 ECU 相应端子上无电压,则为 ECU 有故障
输出电压的检查	将拔下的传感器插头重新插好,启动发动机,用万用表检测霍尔式曲轴位置传感器输出端子的信号电压,正常值为 3～6V。若无电压,则为传感器本身的问题,应修理或更换
输出波形的检查	也可通过检查传感器信号输出端电压的波形,来确定传感器本身是否损坏。如无信号或信号异常,均说明传感器有问题

(5)光电式曲轴位置传感器的检测　光电式曲轴位置传感器是指该传感器是利用光电转换的原理来检测 1°信号、上止点信号和判缸信号的。

1)光电式曲轴位置传感器的安装位置与信号盘结构　光电式曲轴位置传感器多安装在分电器内,没有分电器的则安装在凸轮轴左前部[如图 2-31(a)所示]。图 2-31(b)所示的信号盘安装在分电器轴上,其外缘内侧开有 360 条透光槽(窄缝),用来产生 1°信号,供发动机电控单元计算曲轴转角和发动机转速。紧靠 360 条透光槽(窄缝)的内侧开有 6 个透光槽(方孔),用来产生 120°信号,供发动机电控单元确认活塞上止点位置。在这 6 个间隔 60°的透光槽中,有 1 个孔口较宽的槽(大方孔),它产生的是供发动机电控单元确认 1 缸上止点位置的 120°信号。

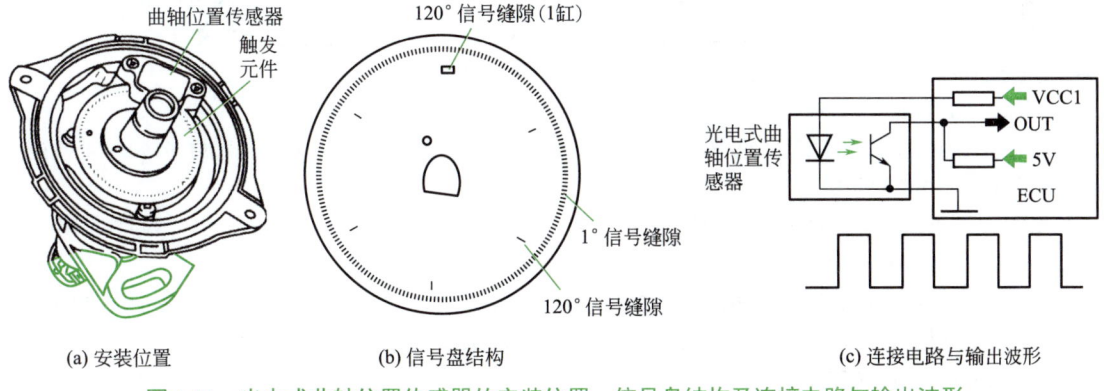

图 2-31　光电式曲轴位置传感器的安装位置、信号盘结构及连接电路与输出波形

2)光电式曲轴位置传感器的工作原理　光电式曲轴位置传感器的信号盘随着发动机转动,信号盘上由于有光孔,所以发光二极管产生的光线将间断地投射在光敏三极管上。当光线投射在光敏三极管上时,三极管导通;当信号盘遮住了光线时,三极管截止。在发动机运转的过程中光敏三极管处于导通和截止的交替状态,发动机转速越快,交替的频率就越大。

3)光电式曲轴位置传感器的连接电路与输出波形　图 2-31(c)所示为光电式曲轴位置

传感器与发动机电控单元（ECU）之间的连接电路。可以看出，当三极管导通时，信号电压 OUT 为 0；当三极管截止时，信号电压 OUT 为 5V。采用示波器可以检测出 0～5V 的方波信号，如图 2-31（c）所示。

4）光电式曲轴位置传感器的检测　对光电式曲轴位置传感器的检测，通常也从连接线束、电源电压、信号电压几个方面入手。表 2-45 列出了光电式曲轴位置传感器的检测方法。

表 2-45　光电式曲轴位置传感器的检测方法

项目	具体说明
供电电压的检查	拔下传感器插头，打开点火开关，检查插头上电源端子与搭铁端子之间的电压应为 5V 或 12V（根据车型不同而不一样）。若无电压，则应检查传感器至 ECU 的导线和 ECU 上相应端子上的电压。若 ECU 端子上有电压，则为 ECU 至传感器之间的导线断路；否则为 ECU 故障
信号电压的检查	插回传感器插头，启动发动机，使其转速保持在 2500r/min 左右，用万用表检测传感器输出端子上的电压，正常值一般为 2～3V，如电压不对，则为光电式曲轴位置传感器损坏

习题 2

（1）填空题

1）电阻类基本元件包括＿＿＿电阻器、＿＿＿电阻器、＿＿＿等。＿＿＿是电阻值近似为零的电阻器；＿＿＿是可控的电阻值为零或无穷大的电阻器。

2）在固定电阻器的电路图形符号中，＿＿＿表示电阻体，＿＿＿分别表示电阻器的两根引出线。

3）固定电阻器在不同的电路中所起的作用是不一样的，通常主要作为＿＿＿电阻、＿＿＿电阻、＿＿＿电阻、＿＿＿电阻、＿＿＿电阻、＿＿＿电阻、＿＿＿电阻等。

4）光敏电阻常用＿＿＿制成，属＿＿＿器件，工作时必须加＿＿＿，光敏电阻＿＿＿时，＿＿＿导电性越好，R_{cds} 值越＿＿＿。

5）电容器可以通过＿＿＿电，隔断＿＿＿电。

6）NPN 型三极管发射极箭头指向管＿＿＿；PNP 型三极管发射极箭头指向管＿＿＿。

7）汽车电控系统的传感器通常有＿＿＿传感器（＿＿＿温度、＿＿＿温度等）、＿＿＿传感器、＿＿＿传感器、＿＿＿传感器、＿＿＿传感器等。

（2）选择题

1）色环电阻器的前三个色环依次为黄、紫、红，其电阻值是：（a）470Ω；（b）4.7kΩ；（c）47kΩ；（d）470kΩ。

2）常用电阻器无第四个色环，则表示它的允许误差是：（a）±1%；（b）±5.0%；（c）±10%；（d）±20%。

3）采用数字式万用表蜂鸣器和二极管挡检测一只硅二极管时，反向检测时万用表显示"1"，正向检测时显示 627，则该二极管的正向压降为：（a）0.627V；（b）6.27V；（c）62.7V；（d）627V。

4）下面对晶体三极管与场效应管的描述哪些是错误的：（a）晶体三极管属于电压控制型器件；（b）场效应管属于电压控制型器件；（c）场效应管属于电流控制型器件；（d）晶体三极管属于电流控制型器件。

5）如果观察到氧传感器顶尖部位的颜色为棕色，则故障的可能原因为：（a）硅污染；（b）积炭；（c）油污染；（d）铅污染。

6）用万用表测得某一轿车氧传感器的输出电压为 0.9～1V，说明发动机尾气：（a）偏浓；（b）偏稀；（c）符合设定要求；（d）不能确定。

（3）问答题

1）用万用表检测二极管正向电阻值时，常会发现用不同电阻挡测出的电阻值并不相同，用 $R\times 1$ 挡测出的电阻值小，用 $R\times 100$ 挡测出的电阻值大，这是为什么？

2）对集成电路的检测通常有哪几种方法？简述各自的特点。

3）冷却液温度传感器根据其端子数量的不同主要有哪几种类型？怎样采用加温的方法对其进行检测？

4）热膜式空气流量传感器有什么特点？怎样检测其好坏？

5）机油压力传感器有什么作用？怎样检测其好坏？

6）燃油液位传感器在结构上有什么特点？怎样检测其好坏？

7）氧传感器有什么作用？有哪些类型？怎样检测其好坏？

8）爆震是怎样产生的？有什么危害？爆震传感器有哪几种类型？各有什么特点？怎样判断其好坏？

9）加速踏板位置传感器有什么作用？有哪些类型？怎样对其进行检测？

10）节气门位置传感器有什么作用？有哪些类型？怎样对其进行检测？

11）曲轴位置传感器有什么作用？有哪些类型？怎样对其进行检测？

第3章

学习认识汽车电器元器件符号,掌握判断其好坏的技能

本章导读

汽车电路的基本元件许多还是以电器元器件为主,尤其是汽车的供电系统、启动系统、点火系统、照明系统、信息显示系统、刮水器与洗涤器系统、电喇叭系统等,对于这些电器元器件的电路图形符号及其好坏的判别,是本章所要介绍的内容,这些内容是汽车电工入门与精通必须具备的基本知识,希望初学者在理解其功能作用的情况下,尽可能熟练掌握。

3.1 熔断器和易熔线

汽车上使用了大量的熔断装置,这类熔断装置主要有熔断器与易熔线两大类。熔断器又称保险器,图3-1(a)为几种常见熔断器的外形。易熔线简称熔线,又称FUL电线。

(1)熔断器和易熔线的作用 熔断器和易熔线在汽车上用于保护相关的支路。当电路中流过超过规定的过大电流时,熔断器或易熔线的熔丝自身发热而熔断,切断电路,从而防止烧坏电路连接导线和用电设备,并把故障限制在最小范围内。熔断器或易熔线的熔丝熔断之后,必须查明原因,排除故障后才能换上新件。

(2)熔断器和易熔线电路符号 在汽车电路中,熔断器和易熔线的电路图形符号如图3-1(b)所示。通常还在熔断器和易熔线符号附近标有其容量和所保护的电路等信息。

(3)熔断器的安装特点 在汽车上通常是将很多个熔断器组合在一起安装在仪表盘旁边。熔断器在其支架上安装必须十分可靠,如果接触不良,就会使熔断器和熔断器支架间产生电压降,从而引起有关用电设备工作异常,同时还易造成熔断器发热而熔断。

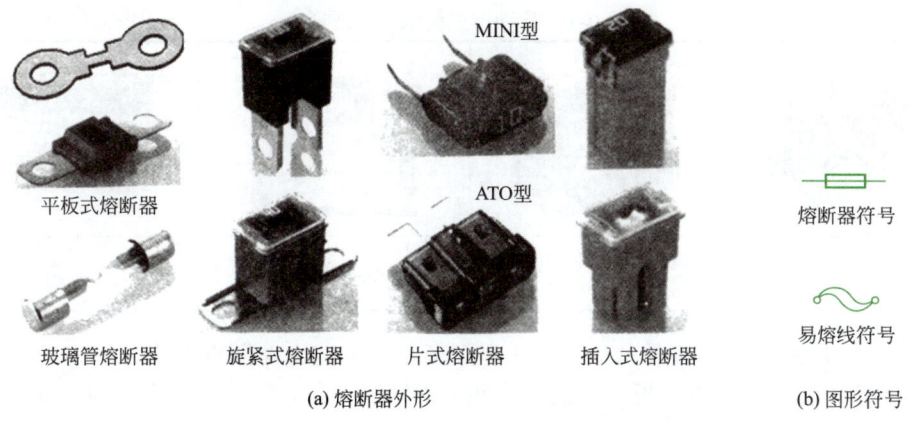

图 3-1　熔断器外形及其与易熔线的电路图形符号

(4) 熔断器与易熔线的检测　熔断器与易熔线的检测方法基本相同，尤其是熔断器熔断后，一般用观察法就可发现。对于较隐蔽的故障，需要进行详细检查。具体检查方法是用万用表电阻挡检测熔断器和易熔线是否熔断，也可用试灯进行检查。检查熔断器和易熔线时应注意以下几点。

① 熔断器或易熔线熔断后，必须找到故障的真正原因，并彻底排除故障隐患后再换新件。

② 更换熔断器或易熔线时，一定要用与原规格相同的新件来更换，不要随意使用比原规定容量大的新件。

③ 熔断器支架与熔断器接触不良会产生电压降和出现发热现象。因此，要特别注意检查熔断器支架有无脏污和氧化现象。有脏污和氧化物必须用细砂纸或金相砂纸打磨光亮，使其接触良好。

(5) 检查和维修易熔线注意事项

① 易熔线在 5s 内熔断时的电流为 150～300A，因此，无论在任何条件下都绝对不允许换用比规定容量大的易熔线。

② 易熔线熔断后，可能是电源电路或大电流电路等主要电路发生短路。因此需要仔细检查，找出短路原因，彻底排除故障隐患。

③ 易熔线的四周绝对不能缠绕聚氯乙烯绝缘带，更不能和其他用电设备的导线绞合在一起，也不能和材料是乙烯树脂或橡胶的元件相接触。

3.2　蓄电池

蓄电池是一种可逆的低压直流电源，既可将化学能转化为电能（充电），又能把电能转化为化学能（放电），是汽车两个供电装置中最主要的一个。

3.2.1　蓄电池的外形、电路图形符号与型号含义的识别

现在车辆上使用的蓄电池主要为普通蓄电池、免维护蓄电池与干荷蓄电池，它们都是利用铅酸反应原理进行工作的。

(1) 蓄电池的外形　利用铅酸反应原理进行工作的蓄电池，由于其结构简单、内阻小、电压稳定，而且在短时间内能够提供较大的电流，故在汽车上得到了广泛的应用。几种常见蓄电池的外形见表 3-1。

表 3-1　几种常见蓄电池的外形

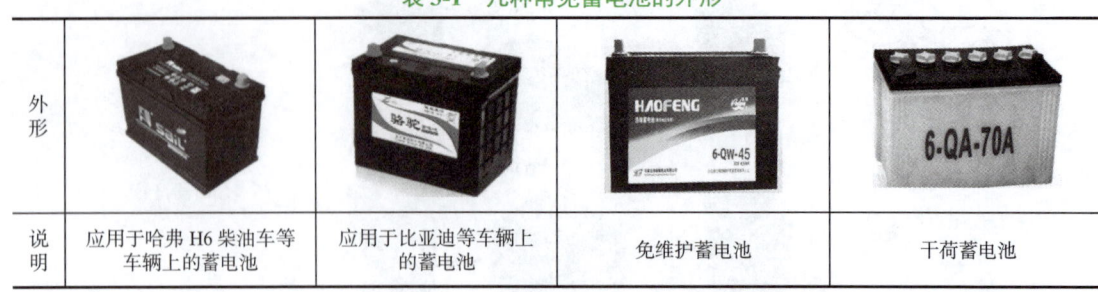

外形				
说明	应用于哈弗 H6 柴油车等车辆上的蓄电池	应用于比亚迪等车辆上的蓄电池	免维护蓄电池	干荷蓄电池

（2）蓄电池的电路图形符号　表 3-2 列出了蓄电池的电路图形符号，图形符号中的长线表示正极板，短线表示负极板，一根长线和一根短线一起就构成了一个电池，在旧图形符号上，中间虚线表示若干电池串联。

表 3-2　蓄电池的电路图形符号

新符号		旧符号	
名称	图形符号	名称	图形符号
蓄电池	─┤├─	蓄电池（允许不注极性符号）	─┤├─
蓄电池组（注明电压值时允许的画法）	24V ─┤├─	蓄电池组（注明电压值时允许的画法）	─┤├---┤├─ 或 24V ─┤├─

（3）蓄电池型号的含义　蓄电池外壳上通常都标注有型号，知道这些型号的含义，对蓄电池的选用和更换很有帮助。

1）干荷蓄电池型号的含义　例如表 3-1 中干荷蓄电池的型号为 6-QA-70A，该型号中的 "6" 表示其内部是由 6 个单格铅酸蓄电池组成，每个单格铅酸蓄电池的额定电压为 2V，故整个蓄电池的额定电压为 2V×6=12V；字母 "Q" 表示启动用铅酸蓄电池；字母 "A" 表示干荷式；数字 "70" 表示额定容量为 70；最后一个字母 "A" 表示额定容量的单位为 A·h。

2）免维护蓄电池型号的含义　例如表 3-1 中免维护蓄电池的型号为 6-QW-45，该型号中的其他部分的含义与上述干荷蓄电池型号含义基本相同，字母 "W" 表示为免维护。该型号后面的 "A" 通常不写出来，单位也为 A·h。

3.2.2　蓄电池的基本构成与组成件的作用

图 3-2（a）所示为普通蓄电池的结构，其主要由极板、隔板、壳体、电解液、连接条等组成。图 3-2（b）所示为免维护蓄电池结构。

（1）极板　极板分正极板和负极板，制成后经化学反应和充电处理的铅膏转变为二氧化铅（PbO_2）的是正极板（呈棕红色），转变为海绵状纯铅（Pb）的是负极板（呈青灰色）。负极板组中的负极板比正极板组中的正极板多 1 片。把正、负极板各一片浸入电解液中，便可获得 2V 的电势。

（2）隔板　隔板（或称隔离板）的作用是防止正、负极板直接接触而造成短路。隔板具有多孔性，且能耐酸、耐高温，不会氧化变形，绝缘性好。常用的隔板材料有木材、微孔橡胶、微孔塑料、玻璃纤维等。

隔板一面光滑，一面带槽，装配时需将隔板插入正、负极板之间，且要求将带沟槽的一面垂直面向正极板。

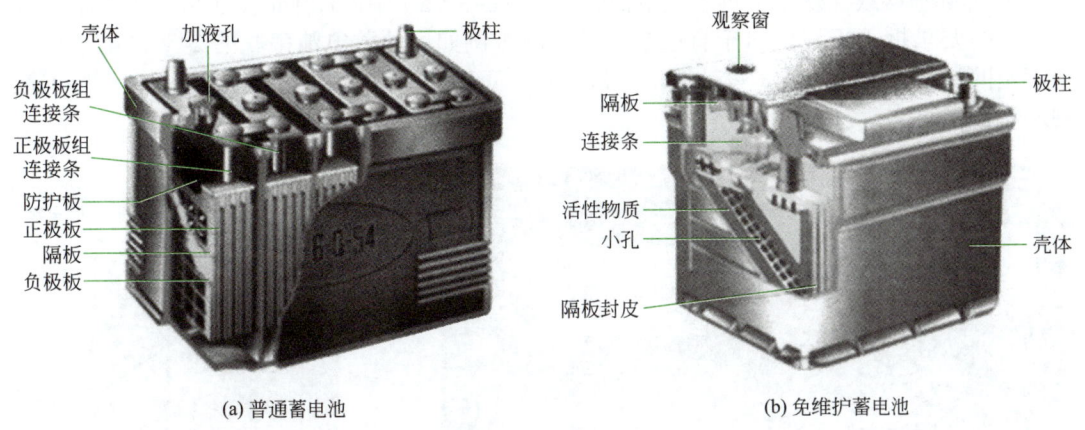

图 3-2　蓄电池结构

（3）蓄电池槽（外壳）　蓄电池槽作为一个容器，用来盛放极板和电解液。通常用硬橡胶或聚丙烯塑料制成。塑料电池槽透明度好，电解液液面高度清晰可见，给蓄电池的保养、检查带来方便，且成本也低，故用塑料制作电池槽已成为今后的方向。

蓄电池槽为整体式结构，可分为 3 个、6 个、12 个互不相通的单格（电池），以组成 6V、12V、24V 蓄电池。每个单格电池上加盖，盖与槽体间用沥青封口胶密封。盖上一般有 3 个孔，两头的孔供极性引出用，以便与其他单格电池相串联，中间的为加液孔，用来加注电解液和检查电解液密度及液面高度。加液孔上有加液孔盖，盖上有一通气小孔。蓄电池槽底部有凸棱，用以增加强度和支承板组。凸棱间的空隙可以储存极板上脱落下来的活性物质，以防极板短路。

（4）电解液　电解液或称电解质（俗称"电水"）的作用是形成电离，促使极板活性物质产生电化学反应。电解液是由硫酸和蒸馏水按一定的比例配制而成的。一般工业用硫酸和非蒸馏水均含有有害杂质，绝对不可加入蓄电池内，否则容易造成蓄电池自行放电，并易损坏极板，减少蓄电池容量和缩短其使用寿命。

（5）连接条　连接条的作用是将每个单格电池的负极柱与其相邻的单格电池的正极柱依次连接起来，以提高蓄电池总成的端电压。6V 蓄电池用了 2 个连接条；12V 蓄电池用了 5 个连接条；24V 蓄电池用了 11 个连接条。连接条是由铅锑合金浇铸而成的。

（6）极柱　极柱（或称极桩）的作用是将连接条连接剩下的一个正极和一个负极引出，以供与外电路连接。国产启动蓄电池的正、负极柱有两种：一种为圆锥形；另一种为 90° 角铁形。极柱上刻有"+""-"号，同时在正极柱周围涂以红色，负极柱周围一般不涂色，但也有的涂以蓝色、绿色或黑色，目的是使标志明确，以防极性接错。

（7）封口胶　封口胶（或称封口剂）的作用是封闭电池盖与外壳之间的缝隙，是一种配方特殊的耐酸沥青。

（8）防护板　防护板（或称防护片）的作用是防止外界杂质进入蓄电池内部，保证电解液的高纯度。

3.2.3　蓄电池的拆卸与安装

对汽车蓄电池的拆卸和安装有一定的要求，尤其要注意一些细节，安装是拆卸的逆过程。

（1）蓄电池的拆卸

① 拆卸连接线。从车上拆下蓄电池时，按图3-3（a）中所标①的要求应先拆下搭铁线，后按②的要求拆正极线。对于有过桥线的情况（例如由两蓄电池串联的24V供电系统），则应先拆两蓄电池连接线（过桥线），最后再拆正极线。在拆卸蓄电池之前，一定要记住音响的解锁密码。

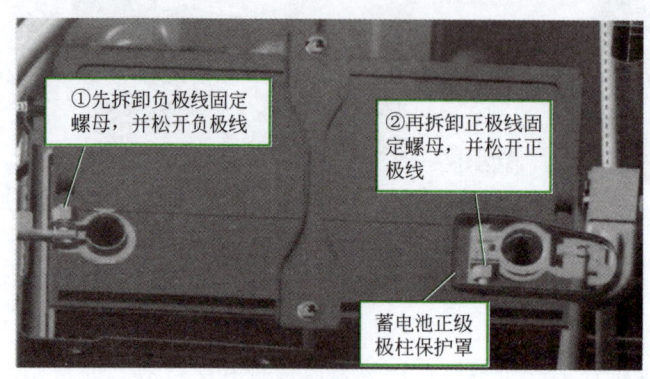
(a) 拆卸连接线

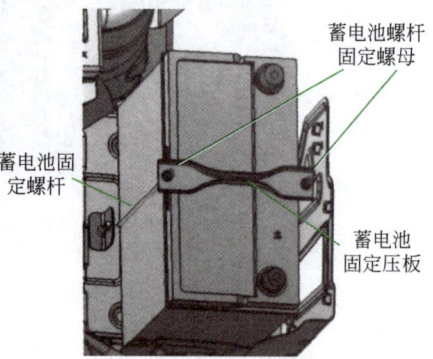
(b) 从车上拆下蓄电池

图3-3　蓄电池的拆卸

② 在将蓄电池从车上拆下来时，如图3-3（b）所示，先拆卸2个蓄电池螺杆固定螺母，然后再取出蓄电池固定压板，最后取出2根蓄电池固定螺杆，就可以取下蓄电池总成了。

（2）蓄电池的安装　首先应将正极柱接上火线，再接两蓄电池连接线（过桥线），最后再接搭铁线，这样就可防止万一扳手碰铁发生火花而引起蓄电池爆炸，损坏蓄电池。

装好蓄电池后，应在极柱与夹头间涂上凡士林，这样既可防止氧化生锈，又便于下次拆卸。

3.2.4　蓄电池是否失效的判断与检测

通常可以根据一些典型特征来判断蓄电池是否失效，对蓄电池的检测通常主要是判断其技术状况，以确定其是否可以继续使用。

（1）直观判断蓄电池是否失效

① 蓄电池塑料外壳四壁向外凸起，这主要是极板脱落物质堆积在极板之间，向外挤压极板而造成的。

② 蓄电池内的电解液浑浊，呈棕色或青色，这主要是正极板或负极板上的物质严重脱落造成的。

③ 长时间充电后观察到电解液没有变化，不冒气，密度也不变，端电压低，蓄电池外壳发热，这种情况说明蓄电池完全失效，不能继续使用。

④ 原来的蓄电池存电不足，充电时端电压快速上升、电解液沸腾、密度不变，停止充电不久，端电压又下降，这种情况说明蓄电池储存电能的功能完全失效，不能继续使用。

⑤ 从加液口观察到极板的厚度不均，负极板两面的隔板膨胀，几乎碰到正极板，出现弯曲，这种情况说明蓄电池极板已经变形，不能继续使用。

（2）利用万用表检测蓄电池　如图3-4（a）所示，将万用表置于适当挡位，红表笔与蓄电池正极相连接，黑表笔与蓄电池负极相连接，读取万用表显示的电压值。如果检测到的蓄电池电压为 12V 或高于 12V，则说明该蓄电池基本正常；如果电压低于 12V 则说明该蓄电池容量下降，需要进行补充充电。

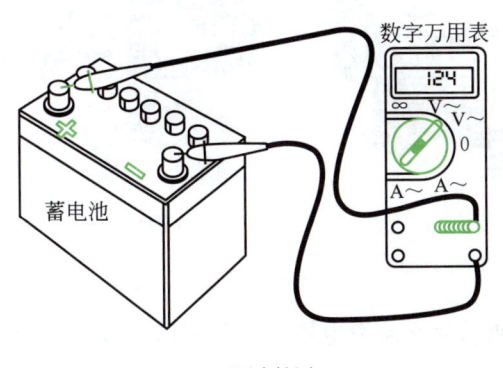
(a) 万用表检测

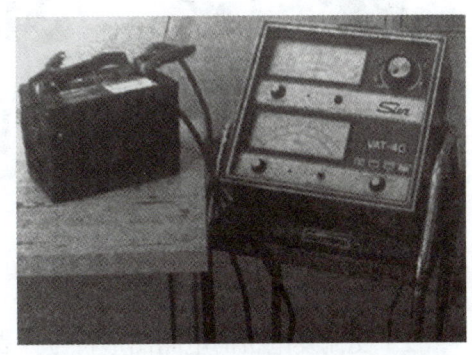
(b) 测试仪检测

图 3-4　检测蓄电池开路电压

（3）利用蓄电池测试仪检测蓄电池　采用测试仪对蓄电池容量进行检测，判断蓄电池的状态较为准确，操作也十分方便。具体检测方法如下。

1）检测条件　采用测试仪对蓄电池容量进行检测时，要求蓄电池的电量必须在 75% 以上，且应在电解液密度检测或开路电压检测正常后进行，或对蓄电池补充充电后再进行检测。

2）容量正常时蓄电池的典型特征　对蓄电池容量进行检测时，给蓄电池规定负载的同时，观察端电压，良好的蓄电池能够连续 15s 提供冷启动额定值 50%（或安时值的 3 倍）电流后，仍然能够提供 10V 电压启动发动机。

3）检测方法　如图 3-4（b）所示，将测试仪电缆跨接在蓄电池的两个极柱上，加载 15s 后读取电压表上的读数，该电压在 21℃时应在 9.6V 以上。

4）故障分析　在上述负载检测时，如果检测到的蓄电池电压低于 3V，就可以判断其内部有单格电池失效；如果发现蓄电池有气泡产生，则可判断其内部存在短路现象；如果发现蓄电池电压急剧下降为 0，则有可能存在焊接缺陷，这类故障非常危险，在焊接缺陷之处可能会产生电火花，严重时会发生爆炸，故在处理有这类故障的蓄电池时，一定要小心谨慎，并穿戴好防护用品，以确保安全。

3.3　交流发电机

汽车用交流发电机通常是指硅整流式交流发电机，它与电子电压调节器一起构成了汽车的第二电源。

3.3.1　交流发电机的外形与电路图形符号

交流发电机在车辆上由发动机通过皮带进行驱动，在急速以上转速时，除向所有用电设备供电外，还对蓄电池进行充电。

（1）交流发电机的外形　常见的交流发电机主要有有刷交流发电机与无刷交流发电机两大类。图 3-5（a）所示为有刷交流发电机外形，图 3-5（b）所示为无刷交流发电机外形，图 3-5（c）所示为整体式（内含电压调节器）交流发电机外形。

 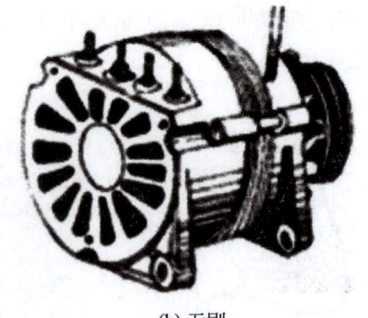 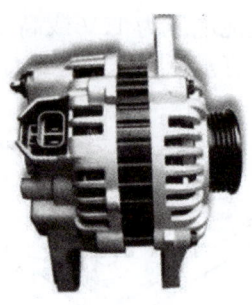

(a) 有刷　　　　　　　　　(b) 无刷　　　　　　　　　(c) 整体式

图 3-5　交流发电机外形

（2）交流发电机的电路图形符号　表 3-3 所示为交流发电机的电路图形符号。

表 3-3　交流发电机电路图形符号

名称	定子绕组为星形连接的三相绕组	定子绕组为三角形连接的三相绕组	定子绕组为星形连接的交流发电机	定子绕组为三角形连接的交流发电机	需外接电压调节器式交流发电机	内接有电压调节器式交流发电机
电路图形符号	⅄ 或 Y	☁ 或 △	Ⓖ 3~ ▷	Ⓖ 3~ ▷	Ⓖ 3~ ▷ U	Ⓖ 3~ ▷ U

3.3.2　交流发电机的类型

交流发电机的类型较多，根据分类方式的不同有多种形式，具体情况见表 3-4。不同的交流发电机内使用的整流二极管数量也有一定的差异。

表 3-4　交流发电机的类型

分类方式		说明
按总体结构分类	普通交流发电机	这类交流发电机由三相交流发电机与 6 个硅整流二极管组成，需要在外部另外配装电压调节器
	整体式交流发电机	这类交流发电机将电压调节器与普通交流发电机集成在一个壳体内形成一个整体，其外部不需要再另外配装电压调节器
	带泵交流发电机	这类交流发电机将汽车制动系统使用的真空助力泵与普通交流发电机集成在一个壳体内形成一个整体，多用于柴油发动机
	无刷交流发电机	这类交流发电机取消了电刷与集电环，其励磁绕组通过一个磁轭托架固定在后端盖上。两个爪极中只有一个爪极直接固定在发电机转子轴上，另一个爪极则用非导磁连接环固定在前述爪极上。当转子轴旋转时，一个爪极就带动另一个爪极一起在励磁绕组与定子绕组之间转动
	永磁交流发电机	这类交流发电机的转子磁极是采用永磁材料制成的
按整流器数量分类		也就是按交流发电机中使用的整流二极管的数量分类，通常有 6 管式交流发电机、8 管式交流发电机、9 管式交流发电机、11 管式交流发电机
按励磁绕组搭铁方式分类		主要有外搭铁交流发电机与内搭铁交流发电机两大类

3.3.3　交流发电机的结构

（1）普通交流发电机的结构　图 3-6（a）所示为普通交流发电机的结构，其主要由转子总成、定子总成、整流器、电刷组件、端盖、风扇和带轮等组成。

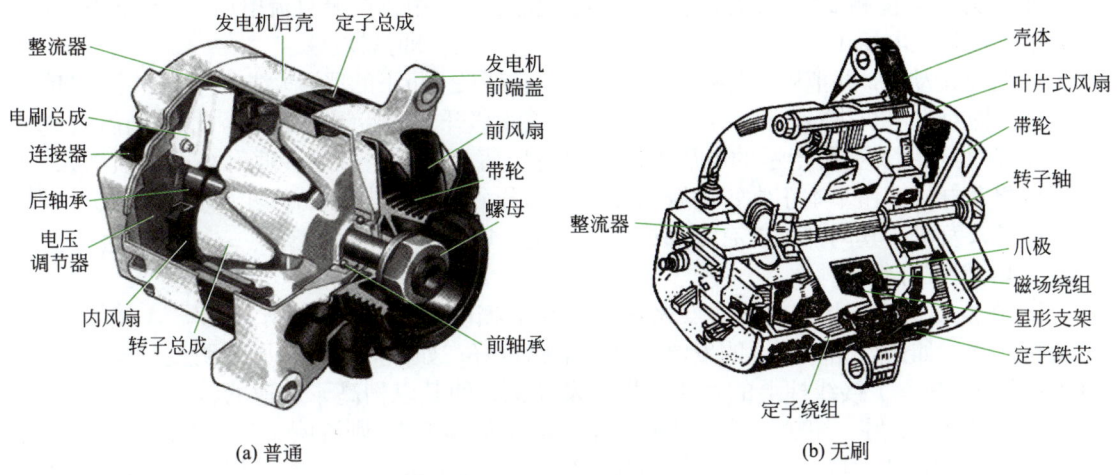

图 3-6 交流发电机的结构

（2）无刷交流发电机的结构　图 3-6（b）所示为爪极式无刷交流发电机的结构，其主要由转子总成、定子总成、整流器、磁轭、端盖、风扇和带轮等组成。

3.3.4　不解体判断交流发电机的好坏

交流发电机由转子、定子、整流器、端盖、带轮等组成。其中任一部件或零件异常均会导致发电机工作不良。由于发电机的拆卸和安装相当麻烦，故在分解发电机之前，一定要确认其确有故障后，方可解体进一步查找故障原因。确认发电机是否有问题的方法通常有以下几种。

（1）直观检查　交流发电机在解体前，可通过外观检查，初步判断出故障的可能部位，这样可有的放矢，会使检修速度加快。解体前的检查主要有以下几方面。

① 检查外观与间隙。检查外壳、挂脚等处有无裂纹及损伤等。手持带轮前后左右摆动，以判断前轴承轴向及径向的间隙是否变大。

② 检查阻力。转动转子，检查轴承阻力、噪声以及转子与定子之间有无摩擦噪声及异常响声。当发现阻力较大时，可拆除电刷再试，以确定阻力是来自电刷还是来自轴承。

③ 检查转子轴是否弯曲。转动转子轴，目测检查带轮的摆差（摆头）大小，以判断转子轴是否弯曲。

（2）手动判断

① 用一直流电源（6～12V）给发电机磁场线圈励磁（即将电源的负极接地，正极接发电机磁场接线柱）；并将电压表红、黑表笔也分别接到发电机电枢接线柱与地线间。

② 用手尽量高速转动发电机带轮并观察电压表。正常的发电机电压应达到 3～5V（12V 电系车型）或 5～8V（24V 电系车型）。

③ 用 1m 左右的尼龙绳绕在带轮上，将发电机夹持在台虎钳上，用力拉动绳子使发电机旋转，空载电压可达 10～12V（12V 电系车型）或 20V 以上（24V 电系车型）。

④ 如果检查结果符合上述规律，说明发电机正常，问题出在其他电路；反之则说明发电机本身确有问题，应解体进一步查找原因。

（3）万用表测压判断

① 先检查调整发电机皮带的张力，然后拆下发电机各接线柱上的导线，另用一根导线

将发电机电枢（"+"）和磁场（"F"）两接线柱连接起来。

②用万用表检测发电机的输出电压。其方法是将万用表拨至直流电压（0～50V）挡，红表笔接发电机电枢（"+"）接线柱，黑表笔接外壳，即搭铁。

③启动发动机，并把从发电机电枢（"+"）接线柱上拆下的那根火线碰一下磁场（"F"）接线柱，即对发电机进行励磁，约几秒左右将该线移开，开始缓缓地提高发动机转速。

④观察万用表上所指示的电压值。若该电压值会随发电机的转速升高而逐渐增大，则说明被测发电机工作基本正常，问题出在其他部分。若万用表指针不动（无电压值），则说明发电机未发电，其内部可能有零件或部件不良，应进一步解体检查。

（4）用试灯判断

①在发动机熄火状态，接通点火开关，用直流试灯的一端接磁场（"F"）接线柱，另一端接外壳。如试灯亮，则说明发电机励磁电路良好；如试灯不亮，则说明调节器有问题。拆下电枢（"+"）接线柱上的线头后启动发动机，使其以稍高于怠速的转速运转，再用试灯的一端触外壳，另一端触"+"接线柱。灯不亮或为暗红光，则说明交流发电机内部有问题。

②也可以将"+"与"F"接线柱上的线头都拆下，接上试灯后启动发动机并慢慢提高转速，观察试灯。如果试灯随发动机转速升高亮度也增强，则为调节器有问题；如果试灯一直发红或亮度无明显变化，则为交流发电机内部有故障，例如个别二极管损坏、定子绕组某相松脱、短路等，应进一步解体检查。

（5）整流电路的检测判断　将数字式（万用表）置于二极管挡或机械式万用表电阻挡，如图3-7（a）所示，红表笔接发电机"E"端，黑表笔接"B+"或"D+"，读数应小于1V。如果读数为0或∞，说明整流器损坏；交换表笔，读数应为∞，否则也表明整流器损坏。

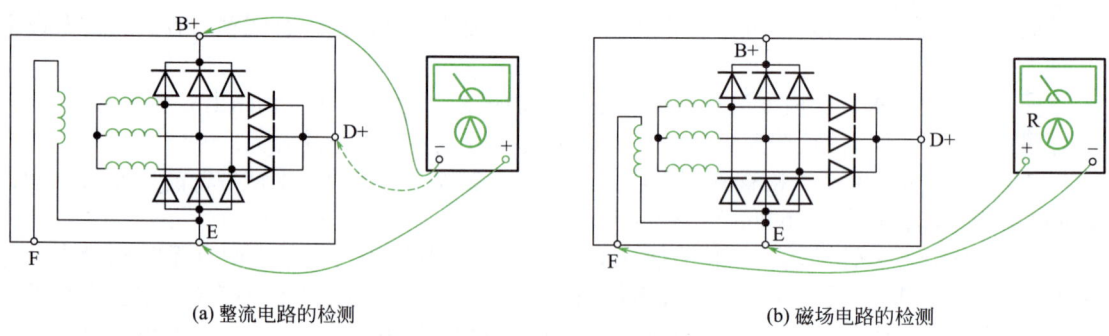

(a) 整流电路的检测　　　　　　　　　(b) 磁场电路的检测

图3-7　整流电路与磁场电路的检测

（6）磁场电路的检测判断　将万用表置于$R \times 1$挡，黑表笔测发电机"F"端[图3-7（b）]，红表笔测"E"端（对换表笔也一样），其正常电阻应为3～5Ω。如果阻值为0，说明磁场绕组短路或搭铁；如果阻值为∞，则说明磁场绕组断路、电刷与滑环间接触不良。

经采用上述方法检查后，如果是整流器、电刷、电刷架损坏，可在不解体的情况下更换整流器、电刷或电刷架。

3.3.5　交流发电机的拆卸与安装

经采用上述方法确认发电机有故障后，下一步就要对发电机本身进行拆卸（解体）了。交流发电机的安装是拆卸的逆过程，目前各种车型上使用的交流发电机的结构都有一定的差异，因此其拆卸顺序也不相同。

（1）交流发电机的分解图　图3-8所示为普通交流发电机的分解图，拆卸后清洗时，对绕组、散热板及全封闭轴承等宜用干净的棉纱擦拭去表面的尘土、污垢等。

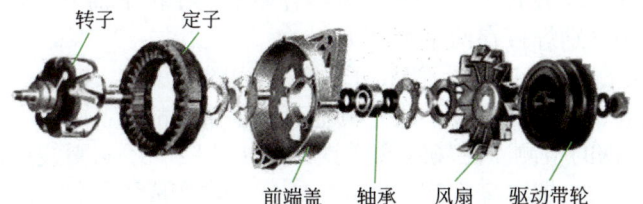

图 3-8 普通交流发电机的展开示意图

图 3-9 所示为无刷交流发电机的分解图，这类发电机的励磁绕组是不动的，故其励磁绕组的两端引出线是直接引出的，拆卸时应注意到这一点。

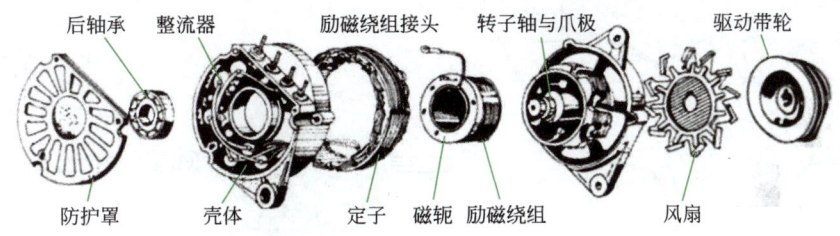

图 3-9 无刷交流发电机的展开示意图

（2）交流发电机的拆卸要点指导

① 清除发电机外部的灰尘和油污，并在前后端盖和铁芯上做出装配记号；拧下转子轴前端的固定螺母，拆下带轮和风扇。

② 拆下前端盖上的几个固定螺栓，用木锤轻轻敲击并拆下前端盖；拆下后端盖轴承油封盖，拧下轴子轴后端的固定螺母，使用专用工具将转子轴从后端盖上顶出。在取下转子总成时，注意不要让电刷弹簧从电刷架内弹出而丢失。

③ 拆下定子三相绕组与整流二极管之间的连接导线。其方法通常是用电烙铁将某些焊点熔化。例如有个别发电机定子绕组 A、B、C 的三线是用焊锡焊接在二极管中心柱上，此时应用电烙铁将线端头烫下来。但应注意定子三相绕组起端三根引线所接的位置。

④ 拆下整流元件板。元件板与后端盖之间的绝缘垫切不可拆坏或丢失；拆下电刷和电刷架。拆卸时，要注意磁场接线柱上的绝缘套不要丢掉。

3.3.6 转子总成

图 3-10（a）所示为转子总成外形，图 3-10（b）所示为转子总成分解图。转子总成用来在发电动机工作时建立磁场。它主要由爪极、磁场绕组、磁轭、滑环和转子轴组成。

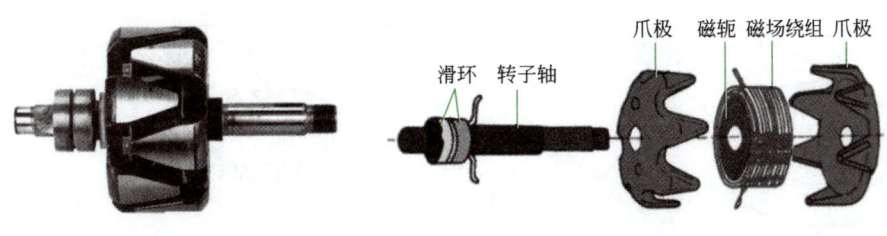

图 3-10 转子总成外形与分解图

（1）结构特点　两块由低碳钢制成的爪极压装在转子轴上，每块爪极上都有6个鸟嘴形磁极。两块爪极的中间装有磁场绕组。两个滑环压装在转子轴上，它们彼此绝缘并与轴绝缘，磁场绕组的两端分别焊接在两个滑环上。

（2）转子总成的检测与维修　当转子的磁场线圈有短路、断路、搭铁故障，或滑环污损时将会造成不充电、充电电流过小或充电电流不稳定的故障。

1）磁场线圈搭铁的检测　磁场线圈搭铁，是指线圈、线圈引线或滑环绝缘破坏，直接与转子轴或爪极相连通，把本来应该与外壳绝缘的部位变成了导体。检查时，将万用表置于 $R\times1k$ 或 $R\times10k$ 挡，如图3-11（a）所示，将两表笔分别接爪极和两个滑环中的任意一个，检测到的阻值应为∞。如阻值为0，则为搭铁故障。

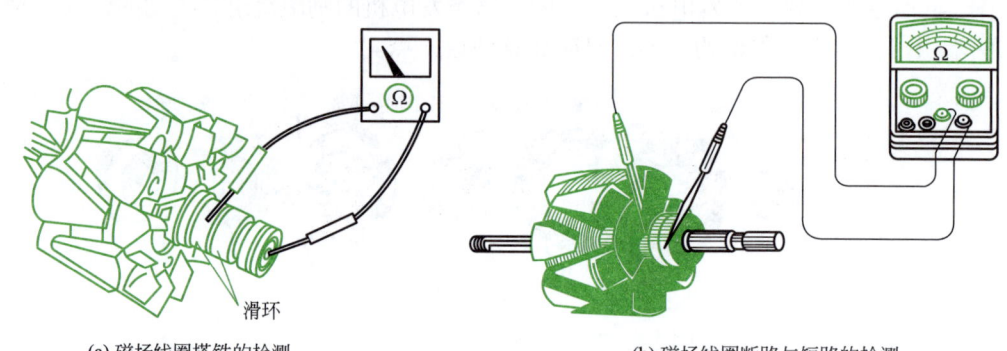

(a) 磁场线圈搭铁的检测　　　　(b) 磁场线圈断路与短路的检测

图 3-11　转子总成的检测

2）磁场线圈断路、短路的检测　磁场线圈断路是指线圈内部导线中断或引线折断、脱焊，使线路不通。磁场线圈短路是指线圈导线绝缘被破坏，造成部分线圈匝间相通，使线圈电阻值减小。磁场线圈的断路及短路可用万用表进行检查，检查时，用万用表置 $R\times1$ 挡，按图3-11（b）所示，用万用表两表笔测两滑环之间的电阻值，应在 $3\sim5\Omega$ 范围内（不同型号发电机有一定差异）。

如果电阻值为无穷大，表明磁场线圈断路；如果电阻值小于规定值，表明磁场线圈短路。磁场线圈出现断路与短路时应予修理或更换转子总成。

3.3.7　定子总成

硅整流发电机的定子也称电枢，是产生三相交流电势的部分，在发电机工作时，它与磁极磁场相互作用产生感应电势。

（1）组成与连接方式　硅整流发电机的定子总成主要由定子铁芯和三相定子绕组组成，固定在前、后端盖之间，其连接方式如图3-12所示。定子铁芯由内圆带槽的硅钢片叠成，在其槽内安放三相定子绕组。

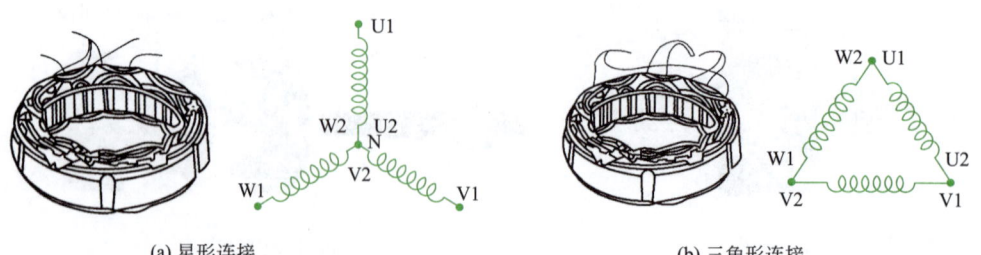

(a) 星形连接　　　　　　　　(b) 三角形连接

图 3-12　三相定子绕组连接方式

三相定子绕组可以按星形连接方式连接，即将三相绕组的首端U1、V1、W1分别引出与整流器相连，而将三相绕组的尾端U2、V2、W2接在一起作为交流发电机的中性点，记作N，如图3-12（a）所示。捷达、红旗轿车发电机就采用这种连接方式。

三相定子绕组也可以按三角形连接方式连接，即将三相绕组的首端依次与相邻三绕组的尾端相接，如图3-12（b）所示。神龙·富康轿车发电机就采种这种连接方式。

（2）定子总成的检测与维修　图3-13（a）所示为定子总成外形，先对定子总成进行检查，看定子铁芯有无碰损或擦伤。如果定子铁芯损坏严重，应更换定子总成。

(a) 外形　　　　　　　　　　　　　　(b) 绕组检测

图3-13　定子总成外形与绕组检测

1）定子绕组断路与短路的检测　定子绕组断路，是指绕组内部开路，或绕组引线折断、脱焊，使线路不通。定子绕组短路，是指绕组间导线绝缘破坏，致使部分线圈匝间相通，使线圈电阻值减小。定子绕组的断路或短路可先通过外观检查，仔细检查导线是否折断，各线头连接是否脱焊和烧焦。外部检查无问题时，再用万用表进行检查。

将万用表置于$R\times 1$挡，用烙铁先烫开定子绕组引线，如图3-13（b）所示，将万用表的一表笔接定子线圈中性点，另一表笔分别接在每相绕组的头（首）端，阻值一般不大于1Ω，且三相绕组阻值相等。若测得的电阻为0，则为绕组短路；若测得的电阻为∞，则为绕组断路。也可采用测两绕组间电阻的方法来判断故障原因。

2）定子绕组搭铁的检测　定子绕组搭铁，是指绕组导线绝缘层破坏，直接与定子铁芯相连通。定子绕组搭铁可用万用表电阻挡或交、直流试灯进行检查。采用万用表检测时，将万用表置于$R\times 1k$或$R\times 10k$挡，然后将万用表一表笔接定子铁芯，另一表笔分别与定子绕组各引线相接，其阻值应为∞。如电阻为0或有电阻值存在，则说明定子绕组有搭铁之处，应予修理或更换定子总成。

3.3.8　整流器

整流器的作用是利用整流二极管的单向导电性把交流发电机定子绕组输出的三相交流电变为直流电。

（1）整流器的外形和硅整流二极管的外形与符号　图3-14（a）所示为整流器的外形，整流器由整流板与整流二极管组成，最基本的整流器是由6个整流二极管（通常称其为6管）组成。这6个整流二极管中有3个为正极二极管[其外形与电路图形符号如图3-14（b）所示]，压装在同一块元件板上，称为正极板，另3个为负极二极管[其外形与电路图形符号如图3-14（c）所示]，安装在负极板上，也可直接安装在后盖上。

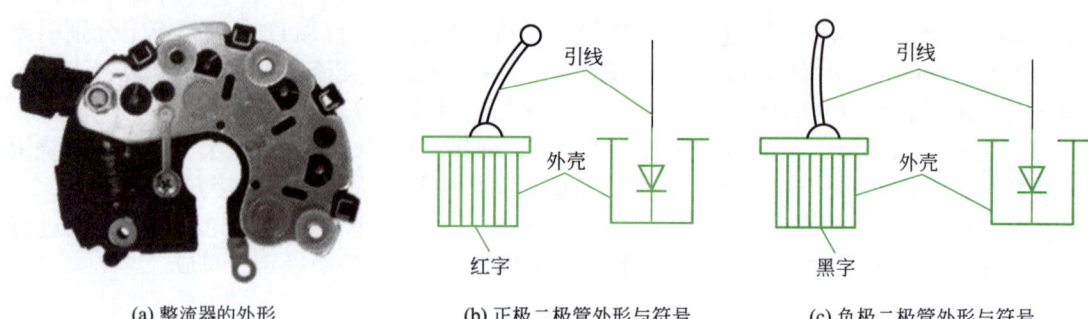

(a) 整流器的外形　　(b) 正极二极管外形与符号　　(c) 负极二极管外形与符号

图 3-14　整流器外形和整流二极管外形与符号

（2）硅整流器的类型与电路结构　硅二极管组成的整流器主要有 6 管型（6 个整流二极管，以下类推）、8 管型、9 管型及 11 管型。

1）硅二极管整流器为 6 管型　它是基本和常用的形式，它与交流发电机定子三相绕组之间的连接方式如图 3-15 所示，6 个管子组成三相桥式整流电路。

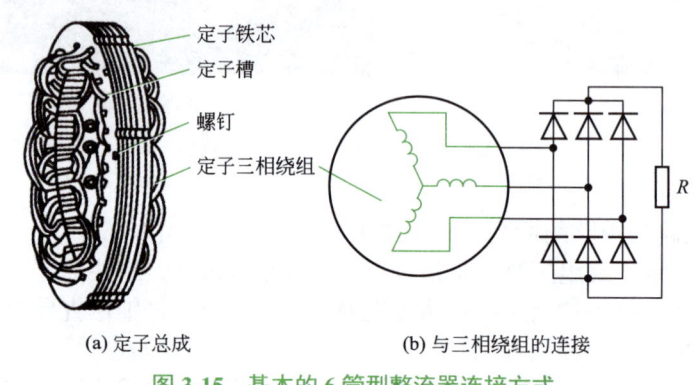

(a) 定子总成　　(b) 与三相绕组的连接

图 3-15　基本的 6 管型整流器连接方式

2）硅二极管整流器为 8 管型　8 管型利用 6 个管子组成三相桥式整流电路，另外 2 个管子作为发电机定子绕组中性点二极管，主要是利用发电机中性点电压来提高输出功率。具体连接方法如图 3-16（a）所示。

3）硅二极管整流器为 9 管型　9 管型利用 6 个管子组成三相桥式整流电路，另外 3 个整流二极管作为激励二极管，专门用来提供激励电流。具体连接方法如图 3-16（b）所示。

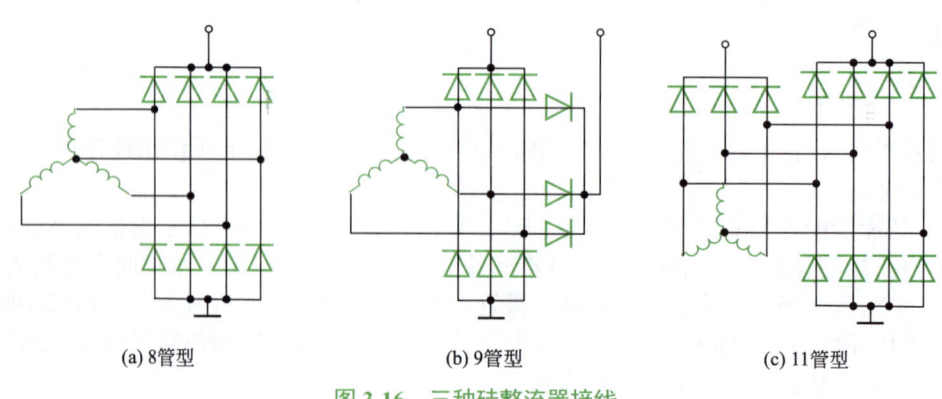

(a) 8管型　　(b) 9管型　　(c) 11管型

图 3-16　三种硅整流器接线

4）硅二极管整流器为 11 管型　11 管型利用 6 个管子组成三相桥式整流电路，另外 2 个二极管作为发电机定子绕组的中性点二极管，剩余 3 个二极管作为激励二极管。具体连接方法如图 3-16（c）所示。

（3）硅整流器二极管的检测

在检查整流二极管之前，应先将发电机定子三相绕组与二极管完全脱开，即用电烙铁将二极管烫开，然后再对其进行检查。

对二极管主要检查其是否出现短路（PN 结击穿）及断路故障。如果出现这些故障，二极管则不能保证其单向导电性。

在交流发电机中，由于发电机型号的不同，二极管安装的方法是不同的，有的把二极管中的正、负极管分别安装在元件板与后端盖上，也有的将其装在印制线路分开的正、负侧板（元件板）上，但对二极管的检查方法却基本相同。

1）正极型二极管

① 如图 3-17（a）所示，选用万用表"+"表笔接二极管的引线，"-"表笔接其外壳，此时万用表所指示的读数为反向电阻，应大于 10kΩ。

② 如图 3-17（b）所示，对换红、黑表笔，即用万用表的"+"表笔接二极管的外壳，"-"表笔接其引线，测量二极管的正向电阻，阻值应为 8～10Ω。

若使用不同规格、型号的万用表来测量，测得的电阻值可能有所不同，但其变化规律是相同的，均可参照上述结果来分析判断二极管的好坏。

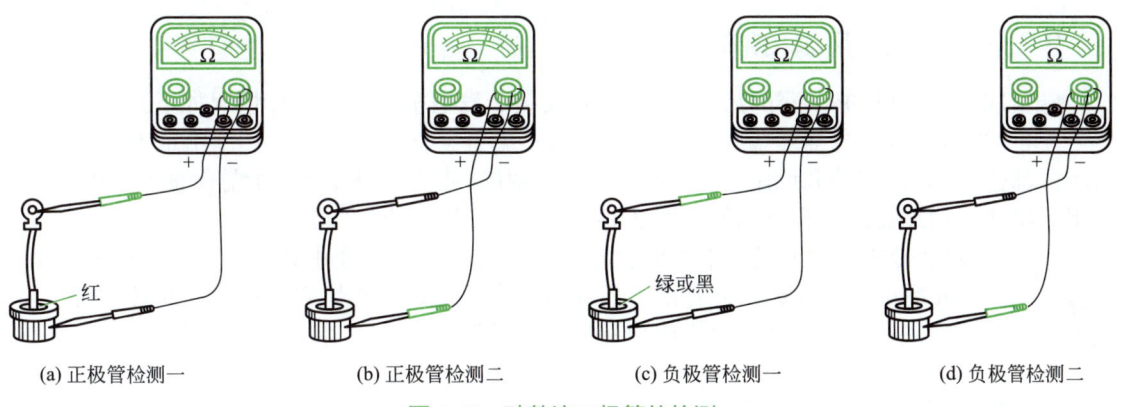

(a) 正极管检测一　　(b) 正极管检测二　　(c) 负极管检测一　　(d) 负极管检测二

图 3-17　硅整流二极管的检测

2）负极性二极管

① 如图 3-17（c）所示，用万用表负表笔接二极管的外壳，红表笔接其引线，此时万用表的读数为正向电阻，阻值为 8～10Ω。

② 如图 3-17（d）所示，对换红、黑表笔，再按上述方法测量，所测值为反向电阻，其值在 10kΩ 以上。

在对正、负极型二极管的正、反向检测时，若测得的电阻值均为 0，则说明该二极管击穿短路；若测得的正、反向电阻为无穷大，则表明该二极管断路。

3.3.9　电刷组件

图 3-18（a）与（b）所示为两种电刷组件。电刷组件通常安装在后端盖上，主要由电刷、电刷架、电刷弹簧及磁场接线柱等组成。

（1）电刷组件的结构形式　交流发电机电刷组件的结构形式主要有两种：一种为电刷

架可以直接从发电机的外部进行拆装,即外装式,这种方式的电刷拆装与更换在发电机的外部进行,十分方便,故应用相当广泛;另一种为电刷架不能从发电机外部进行拆装,即内装式,拆卸这类电刷架必须对发电机进行解体,拆装十分不便,故现在已经很少采用。

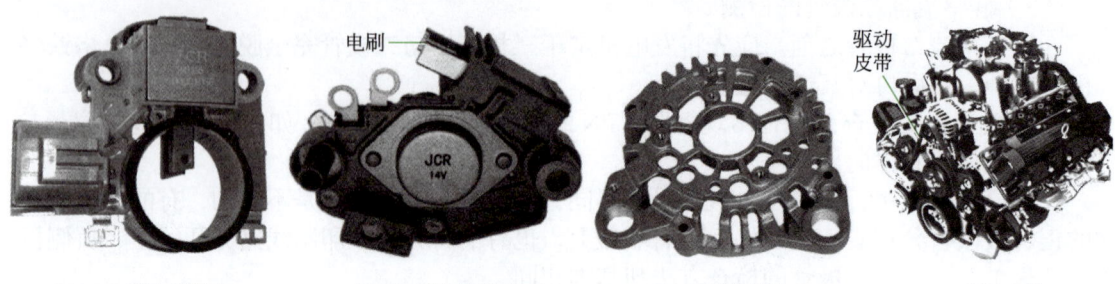

图 3-18　电刷组件、后端盖与驱动皮带

（2）电刷组件的检修

① 检查电刷架有无破损、裂纹,电刷在电刷架内活动是否自如。如有破损或裂纹,或发现电刷在电刷架内活动受阻,均应更换电刷架。

② 检查电刷弹簧是否变形、折断或老化失去弹性。如果弹簧变形、折断或老化失去弹性,则应更换新件。

3.3.10　端盖、风扇和带轮

端盖属于发电机的外壳部分,风扇和带轮安装于发电机前端,具体情况如下。

（1）端盖　端盖分前端盖（驱动端盖）和后端盖（整流端盖）。其作用是支撑转子并封闭内部构件,以便安装和调整。它们均由铝合金制成,中心有球轴承,外端有通风孔和3～4个组装螺孔。后端盖内装有电刷架。图 3-18（c）所示为后端盖外形。

（2）风扇及带轮　发电机前端外侧装有带轮。它由发动机通过驱动皮带［图 3-18（d）］进行传动,带轮后面装有风扇,并在前、后端盖开有通风口。当风扇随带轮一起转动时,空气便由后端盖通风口流入,经发电机内部从前端盖通风口流出,对发电机进行散热。

3.4　电子电压调节器

汽车上使用的电子电压调节器（简称电压调节器）通常是指集成电路调节器和晶体管调节器,以及由两者混合组成的调节器。

3.4.1　电子电压调节器外形与电路图形符号

无论是哪一种电子电压调节器,它们的工作原理基本相同,都是利用晶体管的导通或截止,来控制发电机的励磁电流,从而使发电机输出电压保持恒定。

（1）电压调节器外形　电压调节器有内搭铁与外搭铁两大类,与发电机的电压等级和搭铁形式必须匹配,也就是说,调节器与发电机的电压等级、搭铁形式必须一致,否则电源系统就不能正常工作。图 3-19（a）所示为两种电压调节器的外形。

（2）电路图形符号　电压调节器的电路图形符号如图 3-19（b）上图所示,它与转速调节器用同一图形,但图形中的标注字母不同,电压调节器用字母"U"表示［如图 3-19（b）上图所示］,转速调节器用字母"n"表示［如图 3-19（b）下图所示］。

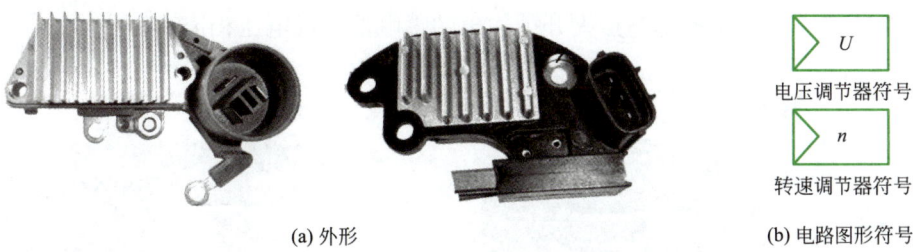

(a) 外形　　　　　　　　　　　　　　　　　(b) 电路图形符号

图 3-19　电压调节器的外形与电路图形符号

3.4.2　电子电压调节器好坏的判断

电子电压调节器损坏或不良时，就会使供电系统工作异常。下面介绍两种简单、有效的判断电子电压调节器好坏的方法。

（1）直观检查　如果发现汽车的前照灯灯泡经常烧坏，多为调节器失效致使发电机输出电压过高引起的；如果在前照灯工作时，按压电喇叭时，前照灯灯光会明显变暗，则说明充电系统没有工作、蓄电池亏电，这种情况多为调节器损坏引起的。

（2）测量判断

① 把万用表置于 25V 直流电压挡，万用表的红表笔连接在发电机输出电压端子上，黑表笔搭铁。

② 观察万用表指示的电压值，并记录下该电压值，此电压即为蓄电池的空载电压，正常值应在 12～12.6V 之间。

③ 启动发动机，然后逐渐踩下加速踏板使其转速升高。当发动机转速升高到高于怠速转速时，万用表指示的电压应高于蓄电池空载电压，并随转速升高而稳定在某一调节电压值不变。

④ 如果万用表指示的电压高于调节器的调节电压，且随发动机转速升高而升高，则说明发电机能发电，调节器或其线路有故障；若万用表指示的电压随发动机转速升高而保持蓄电池空载电压不变或低于蓄电池空载电压，则说明发电机或调节器有故障，此时可把发电机和调节器从车上拆下分别进行检测。

3.5　起动机

发动机借助外力由静止状态过渡到能自行运转的过程，称为发动机的启动。发动机启动方式主要有人力启动、辅助汽油机启动与电力启动三种方式，现在的车辆都采用电力启动方式。

3.5.1　起动机的外形与电路图形符号

使用在车辆上的起动机主要有传统式起动机与减速式起动机两大类。后者是在前者的基础上增加了减速装置后得到的。

（1）起动机的外形　图 3-20（a）所示为传统式起动机外形，图 3-20（b）所示为减速式起动机外形。

（2）起动机的电路图形符号　图 3-21 所示为起动机在电路中的图形符号，起动机通常有三个接线端，一个端子直接与蓄电池正极相连，另有一个端子与蓄电池负极相连（也就是接搭铁），还有一个端子与启动继电器的常开触点的一端相连，启动继电器常开触点的另一端与蓄电池正极（有些车辆则与点火开关输出的蓄电池正极电压相连）相连。

(a) 传统起动机　　　　　　　　　　(b) 减速起动机

图 3-20　两类起动机的外形

图 3-21（a）中的箭头表示电流流向。起动机电路图形符号圆圈中的继电器线圈符号，有的电路中将其两条短线省略，如图 3-21（b）所示。

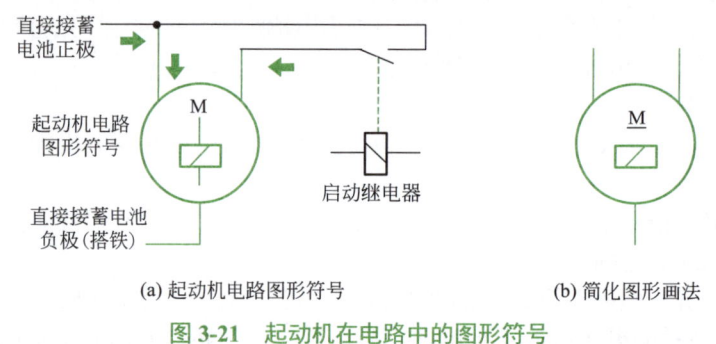

(a) 起动机电路图形符号　　　　　　(b) 简化图形画法

图 3-21　起动机在电路中的图形符号

3.5.2　起动机的基本构成

熟记了起动机的电路图形符号以后，为了能够熟练地对起动机进行分解与检修，还必须掌握起动机的基本结构。图 3-22（a）所示为传统起动机结构，其主要由直流串励式电动机、驱动齿轮传动机构与电磁开关三个部分组成。图 3-22（b）所示为起动机剖面。

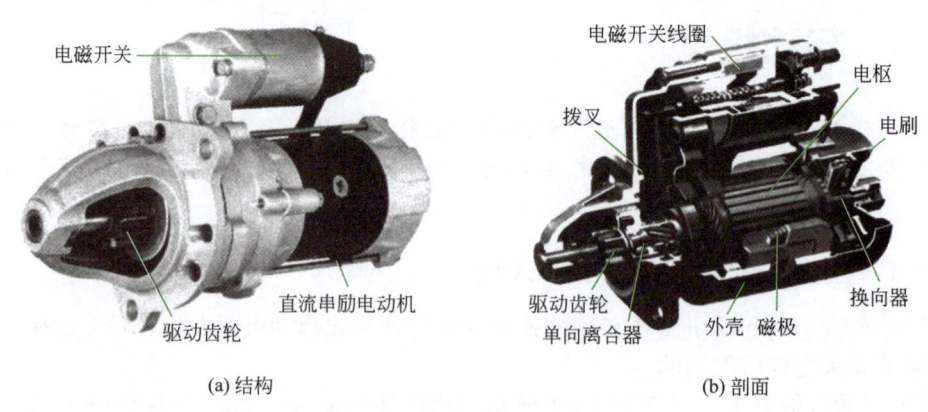

(a) 结构　　　　　　　　　　　　　(b) 剖面

图 3-22　起动机结构与剖面

3.5.3　起动机好坏的检测

对汽车启动系统故障进行检修时，往往会遇到对起动机性能进行判断的问题，以便确定是否需要解体对其进行修理。

（1）检测前的准备与注意事项　对起动机好坏的检测是在断开起动机接线柱上连接线的情况下进行的，并重新进行接线进行检测，但检测时所采用的连接线应尽可能粗一些，最好与原连接线粗细一样。检测时，被检测起动机与蓄电池的通电时间不能持续 10s 以上，以防损坏起动机。

（2）检测方法与步骤　对起动机好坏的检测，通常分为 4 个步骤进行，具体检测情况见表 3-5，注意每一步检测时，应按相应示意图中接线方式进行接线，不要接错。

表 3-5　检测起动机好坏的方法与步骤

步骤	检测要求与示意图	步骤	检测要求与示意图
1	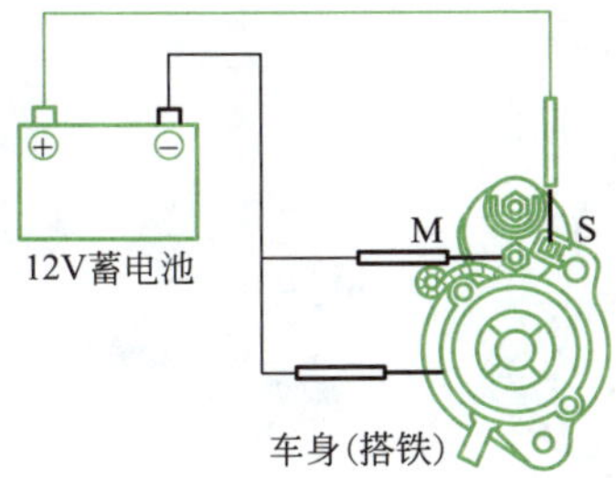 按上图把蓄电池连接好后，观察起动机小齿轮如果能够移出，则属正常	3	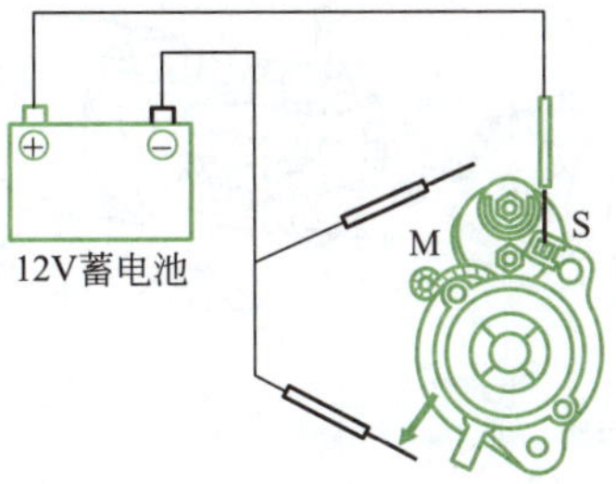 按上图把蓄电池负极从起动机壳体上断开，观察起动机小齿轮如果能够立即缩回，则属正常
2	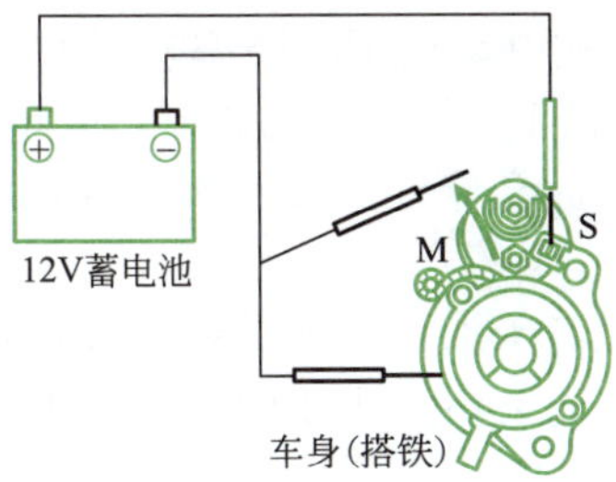 按上图把蓄电池负极从 M 端子上断开，观察起动机小齿轮如不缩回，则说明电磁开关的保持线圈工作正常	4	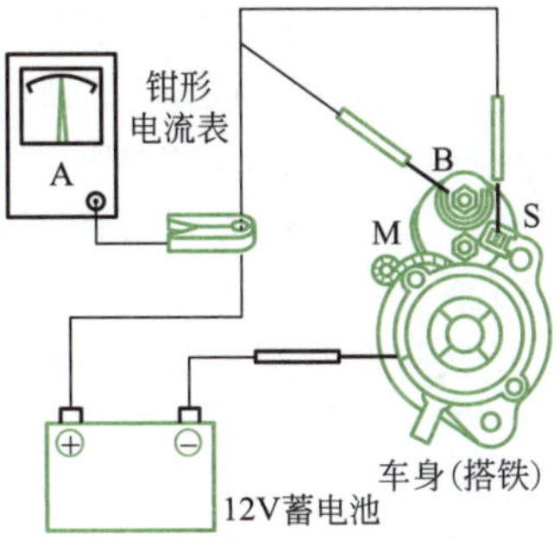 按上图把蓄电池连接好后，采用钳形电流表，在起动机通电时检测流过起动机中的电流，如果该电流在 50A 以下，则说明起动机没有局部短路现象存在

3.5.4　起动机的拆卸

图 3-23（a）所示为起动机的分解图。

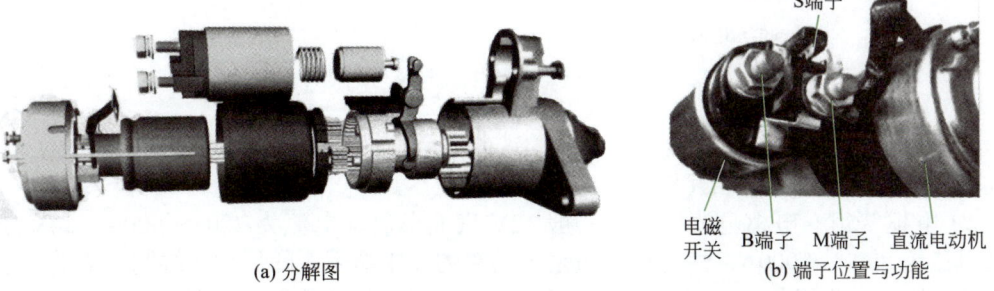

(a) 分解图　　(b) 端子位置与功能

图 3-23　起动机的分解图与电磁开关接线柱各端子位置和功能

在拆卸前应对其外部的灰尘和油污进行彻底清理，然后按以下步骤进行分解：从电磁开关［图3-23（b）］接线柱上拆开直流电动机与电磁开关的连接线→松开电磁开关总成的两个固定螺母，取下电磁开关总成→拆下两个紧固穿心螺栓，取下后端盖→拆下电刷架与定子总成→从起动机机壳上把起动机电枢总成与移动拨叉一起拉出来→从电枢轴上拆下电枢止推挡圈右半环、卡环、电枢止推挡圈左半环，拆下单向离合器总成。

3.5.5 直流串励式电动机

起动机直流串励式电动机的作用是把电能转换为机械能而产生电磁转矩。图3-24（a）所示为该电动机分解图，其主要由电刷和电刷架、换向器与电枢、磁极、机壳等组成。

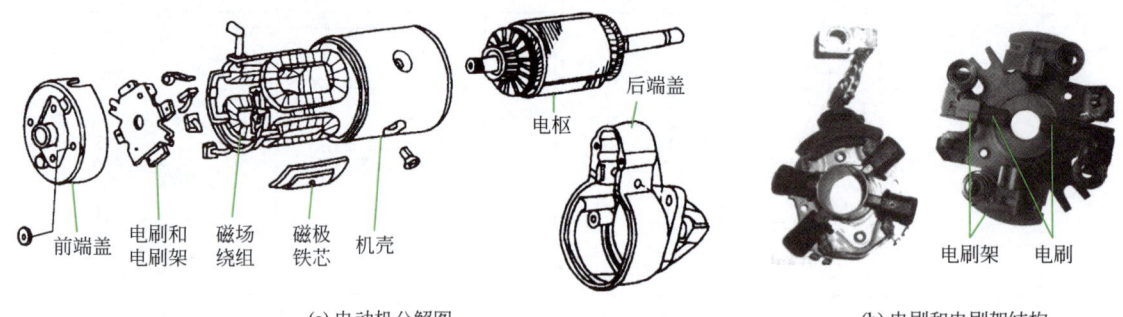

(a) 电动机分解图　　　　　　　　　　　　(b) 电刷和电刷架结构

图 3-24　直流串励式电动机与电刷和电刷架

（1）电刷和电刷架　电刷和电刷架是直流串励式电动机中故障率较高的部件，图3-24（b）所示为电刷和电刷架结构，电刷被弹簧压在换向器上。如果电刷磨损程度超过规定限度，弹簧的夹持力就会降低，与换向器的接触将变弱。由此会导致电流流动不畅，起动机就可能无法启动。

通常应检查电刷在电刷架内活动是否自如，应没有卡滞、歪斜现象；清洁电刷后测量电刷长度，磨损后的长度不应小于电刷原高度的1/2，通常不小于10mm，接触面积不得低于80%。

（2）换向器与电枢　图3-25（a）所示为直流串励式电动机中换向器与电枢外形。换向器与电枢组合在一根轴上。电枢又称转子，如图3-25（b）所示。

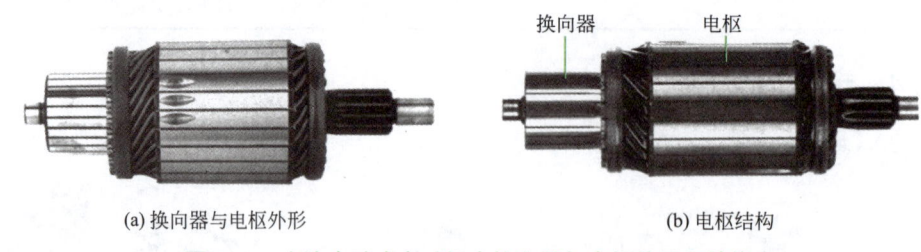

(a) 换向器与电枢外形　　　　　　　　(b) 电枢结构

图 3-25　直流串励式电动机中换向器与电枢外形和结构

1）电枢　由外圆带槽的硅钢片叠成的铁芯和绕在铁芯上的电枢绕组组成电枢，用来在起动机通电时与磁极磁场相互作用，产生电磁力矩。

2）电枢绕组　电枢电流极大，一般12V汽油车启动电流为200～600A，24V柴油车启动电流为800～1000A，故电枢绕组是由较粗的、矩形截面的裸铜线绕制而成的。它一般采用波形绕组。为了防止裸铜线绕组之间短路，在铜线与铁芯之间、铜线与铜线之间用绝缘纸隔开，并在槽口将铁芯轧纹挤紧。电枢绕组端头均焊在换向片上。

为了使起动机工作时能产生强大的电磁力矩，电枢绕组与磁场绕组一般采用串联方式连接，称为串励式直流电动机；或将磁场绕组并联后再与电枢绕组串联；或将主磁场绕组与电枢绕组串联，辅助磁场绕组与电枢绕组并联。

电枢绕组常见故障是匝间短路、开路或搭铁以及绕组接头与换向器铜片脱焊等。对于电枢绕组是否搭铁的检测，如图3-26（a）所示，采用万用表电阻挡检测换向器与电枢轴之间的电阻，正常情况下应不通。若导通，应更换新的电枢。对于电枢绕组开路故障，如图3-26（b）所示，采用万用表电阻挡检测换向片之间的电阻，正常情况下应导通。若换向片之间不导通，应更换新的电枢。

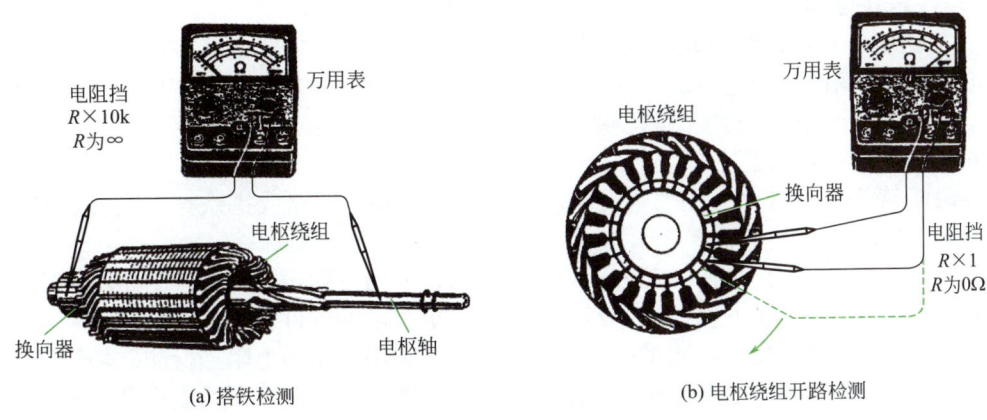

图 3-26　电枢搭铁与电枢绕组开路检测

3）换向器　图3-27（a）所示为各种换向器的外形。换向器由电刷和装在电枢轴上的整流子组成，用来连接磁场绕组与电枢绕组的电路，并使处于同一磁极下导体中的电流保持固定方向。

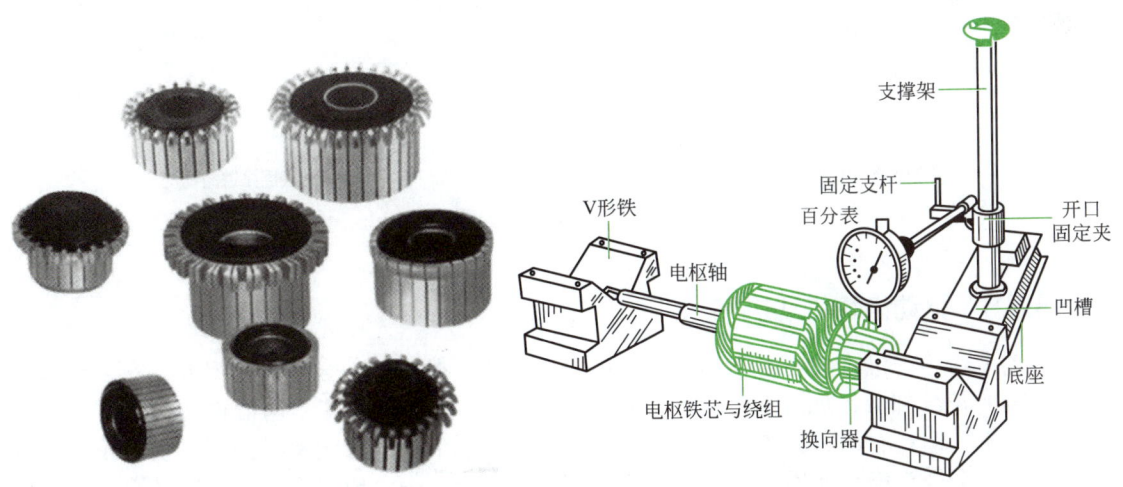

图 3-27　各种换向器的外形与换向器表面跳动量检测

换向器的结构与直流发电机的换向器基本相同，但作用正好相反。其区别在于起动机的铜片截面积增大了，每片之间的云母隔层不凹下，与电枢绕组线头的连接采用夹固加焊方式。

起动机换向器常见故障主要为表面烧伤、拉毛、偏心、失圆，各换向片之间绝缘不良，云母（绝缘）片凸起等。换向器表面如有轻度烧伤、拉毛现象，可用双零号砂纸或金相砂纸打磨光亮即可。如果换向器表面严重烧蚀或失圆（即误差大于0.25mm）时，可用车床将其表面车圆并磨光。换向器对轴颈的同轴度误差应不大于0.1mm，即电枢铁芯外圆表面的跳动量不应大于0.15mm，换向器表面的跳动量不应大于0.05mm。检查方法如图3-27（b）所示。应注意，经车削或修整后的换向片径向厚度不得小于2mm，否则需要更换整个换向器。

另外，检查换向器片间的切槽（凹槽）深度一般为0.4～0.8mm（最小深度为0.2mm）。如深度不够，则可用钢锯片将其切深。

4）电枢轴　电枢轴上压装有换向器和电枢铁芯，电枢绕组则嵌装在电枢铁芯内。电枢轴还伸出一定长度的花键部分，以便套装离合器总成。

（3）磁极　磁极即为电动机的磁场部分，常称为定子，主要由装在机壳上的磁极铁芯和固定在铁芯上的磁场绕组组成，用来在起动机工作时建立磁场。磁极一般为4个，大功率的多为6个。每个磁极上套装的磁场绕组为矩形截面积的铜条，外包绝缘层，按一定的绕向连接并利用外壳形成磁路。

① 磁场绕组常见故障：主要为接头脱焊及绕组短路、开路或搭铁等。接头脱焊故障在解体后就可直观看到。

② 磁场绕组开路的检测：如图3-28（a）所示，采用万用表电阻挡检测磁场绕组两端引线之间的电阻，正常情况下应导通。若不导通，应更换新的配件。

③ 磁场线圈搭铁的检测：如图3-28（b）所示，采用万用表电阻挡检测磁场绕组末端与磁极框架（外壳）之间的电阻，正常情况下应不通。若导通，应修理或更换新的配件。

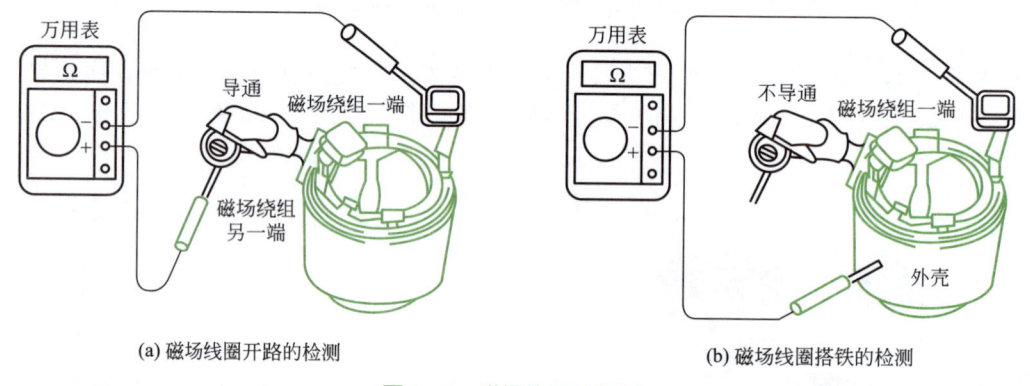

图3-28　磁场线圈的检测

3.5.6　驱动齿轮传动机构

驱动齿轮传动机构主要由驱动齿轮、单向离合器、拨叉、啮合弹簧等组成，安装在起动机电枢轴的花键部分，如图3-22（b）所示。启动时，传动机构使驱动齿轮与飞轮齿环啮合带动发动机起动；启动后，传动机构自动脱开。用游标卡尺或齿轮量具检测驱动齿轮的齿厚和齿长应符合规定值，如果不符合规定值或有缺损、裂痕等，应更换新件。拨叉以及啮合弹簧出现问题时，直观就可以看到。下面重点介绍单向离合器的工作情况及其故障检测与维修。

（1）单向离合器的工作情况　起动机单向离合器的工作原理是单向接合，反向脱开，具体工作情况如下。

① 发动机启动时：如图3-29（a）所示，拨叉动作把离合器推出，使驱动齿轮与飞轮齿环啮合，电动机通电后，通过单向离合器带动曲轴旋转，由于此时启动电动机的转速高于发

动机（发动机相对静止或在启动前转速很低）转速，从而达到了启动发动机的目的。

② 发动机启动后：如图 3-29（b）所示，当发动机启动运转之后，单向离合器的驱动齿轮在飞轮齿环的带动下被动旋转，由于发动机的转速大于启动电动机的转速，则飞轮齿环带动驱动齿轮高速旋转，驱动齿轮通过单向离合器相对于飞轮齿环就是反向转动，故将启动电动机与发动机的转动脱开，各自自由转动，起飞速保护作用，以免损坏启动电动机。

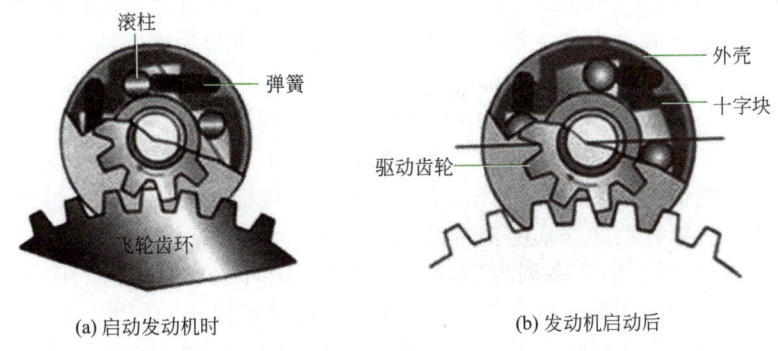

图 3-29 单向滚柱式离合器的工作原理

（2）单向离合器的检测与维修 图 3-30 所示为单向离合器的分解图，其主要由驱动齿轮、十字块、花键套筒、啮合弹簧、护套等组成。

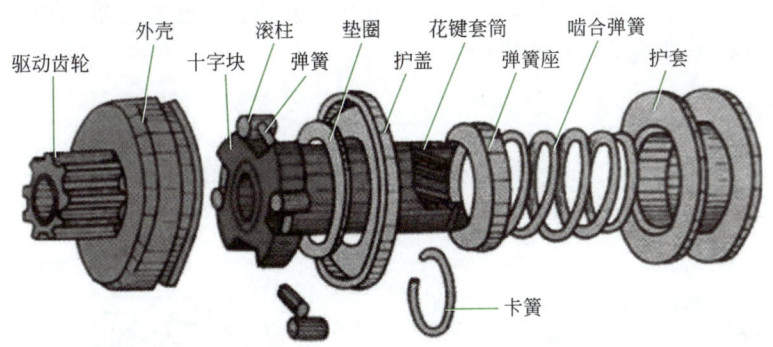

图 3-30 单向离合器的分解图

① 单向离合器是否有问题的判断：如图 3-31（a）所示，一只手握住单向离合器花键套筒，另一只手转动驱动齿轮，齿轮应在一个方向自由转动，另一个方向不能转动，如果两个方向均能转动，则说明已损坏，应更换。

图 3-31 单向离合器的检测

②测力矩检测单向离合器：主要是检查离合器是否打滑或卡滞，可按图 3-31（b）所示，把离合器驱动齿轮夹在台虎钳上，在花键套筒中套入花键轴，将力矩扳手接在花键轴上，测得力矩应大于规定值（通常在 24～26N 之间，不同车型有差别），否则说明离合器打滑。反向转动离合器应不卡滞，否则应进行修理或更换离合器总成。

（3）单向离合器常见故障

① 单向离合器有时无法和发动机飞轮啮合，有时又能够啮合，且只要能够啮合，就可以使发动机着火启动，故障出现无规律。这种故障的原因主要为单向离合器和电枢轴之间的滑道过脏、干涩缺油，应对单向离合器进行一次彻底清洗，并加适量机油或润滑脂，在寒冷的地区（如东北）冬季最好涂上适量的防冻机油或防冻润滑脂。

② 电磁开关可以动作，但单向离合器不能和发动机飞轮齿圈啮合。这种故障的原因主要为单向离合器和电枢轴间因滑道过脏、干涩缺油而出现抱死，应进行局部清洗并涂适量的润滑油，以保证单向离合器能够在电枢轴间活动自如。

③ 能够启动发动机，但单向离合器与发动机飞轮齿环会出现打齿的声音。这种故障如为单向离合器驱动齿轮的端部出现磨损或有毛刺，则最好更换新的配件。如一时无新件更换，则可用角磨机或油石对毛刺进行打磨，缺齿严重的可电焊后打磨。如故障为单向离合器的衬套间隙过大，则应更换新的衬套。如是单向离合器驱动齿轮与止推垫圈或限位螺母的间隙不对，则要按厂家的要求对各部分的间隙进行相应调整，使其满足要求。

（4）需要说明的问题　单向离合器驱动齿轮端面轻微缺损、齿面出现毛刺故障，通常可以进行修理；离合器衬套磨损超限，可以单独更换新件；对于离合器内部故障，通常不进行拆解，因拆解后很难修复，只能更换新件。

3.5.7　电磁开关

图 3-32（a）所示为电磁开关外形，图 3-32（b）所示为电磁开关结构，其主要由固定铁芯、活动铁芯、吸引线圈与保持线圈等组成。

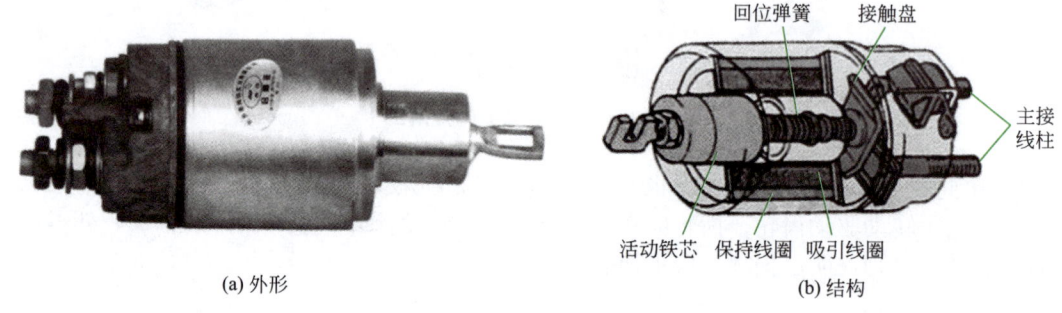

图 3-32　电磁开关外形与结构

（1）电磁开关的铁芯　电磁开关的固定铁芯固定不动，活动铁芯可在铜套里轴向移动。活动铁芯前端固定有推杆，推杆前端安装有开关接触盘，活动铁芯后段用调节螺钉和连接销与拨叉连接。铜套外面安装有复位弹簧，复位弹簧的作用是使活动铁芯等可移动部分复位。

（2）电磁开关的线圈　电磁开关的线圈有吸引线圈与保持线圈，吸引线圈用于把动铁芯吸向磁极，保持线圈在接触盘的主触点闭合后、无电流流经吸引线圈时，来维持动铁芯的固定位置。

（3）电磁开关接线柱字母的代号　电磁开关也称电磁式控制装置或磁力开关，有 12V

与 24V 两种电压规格，其接线柱有 3 引脚式与 4 引脚式两种，现在的车辆上大都使用 3 引脚式，如图 3-22（a）所示。各接线柱字母代号识别与连接位置见表 3-6。

表 3-6　电磁开关接线柱字母代号识别与连接位置

接线柱字母代号	B 或 30	M 或 C	S 或 50
连接位置	通常与蓄电池正极相连	通常与串励式电动机磁场绕组供电端相连	通常与启动继电器相连
接线柱特点	一般为 8mm 或 10mm 粗铜质螺栓		一般为 4 mm 或 5mm 粗铁质螺栓

（4）主接线柱与接触盘的检查与修理　电磁开关的主接线柱与接触盘的接触面应清洁，无烧损。若接触面脏污或轻微烧损，则采用双零号砂纸或金相砂纸进行打磨，损坏严重的接触盘可换个面继续使用。主接线柱可打磨，但修理后的接线柱端部厚度应相等，以保证接触盘与主接线柱有足够大的接触面积。

（5）电磁开关线圈与回位弹簧的检测　从电磁开关接线柱 M 上拆除起动机磁场绕组导线，在电磁线圈接线柱 S 和 M 之间接上 12V（或 24V）蓄电池，同时在蓄电池负极再另接一导线至起动机外壳，如图 3-33（a）所示。

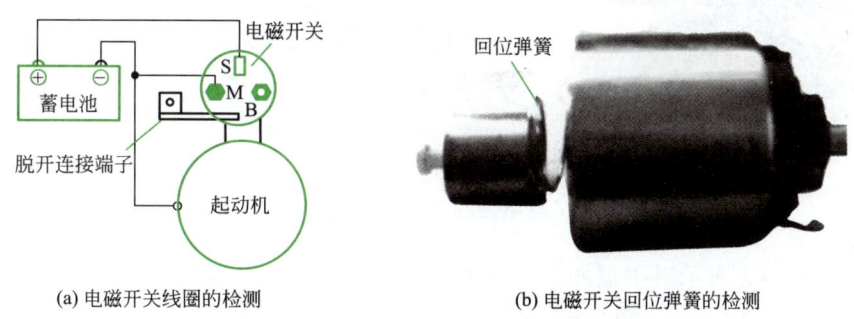

(a) 电磁开关线圈的检测　　　(b) 电磁开关回位弹簧的检测

图 3-33　电磁开关线圈与回位弹簧的检测

① 判断吸引线圈的好坏：接通电源后，能使起动机的驱动齿轮迅速推出至工作位置，说明电磁开关的吸引线圈工作良好。

② 判断保持线圈的好坏：在上述检测的基础上，迅速断开蓄电池负极接电磁开关接线柱 M 上的导线，若起动机的驱动齿轮保持在推出位置，说明保持线圈良好（注意，上述两项试验必须在短时间内完成，以防线圈烧坏）。

③ 判断回位弹簧的好坏：断开蓄电池正极接线柱 S 上的导线或蓄电池接起动机外壳的导线，驱动齿轮能迅速复位，说明电磁开关回位弹簧良好。

（6）电磁开关的拆卸方法　从后端抽出活动铁芯和弹簧，用烙铁烫开电磁开关盒子上连接片处的焊锡，使电磁开关线圈接头脱开，然后拧下开关盒的固定螺栓，将开关盒与线圈壳体分开，并将开关轴装配部件从壳体的挡铁上拔出来。

（7）电磁开关机械部分的检查　检查活动铁芯与开关轴及线圈壳体的配合应保证运动自如。开关内的触点表面和轴上的接触表面可用金相砂纸磨光，如已严重烧蚀和粘结应予修复或更换。对于单向离合器驱动齿轮无法及时退回而被飞轮齿环带动反拖故障，则应重点对电磁开关回位弹簧进行检测。如图 3-33（b）所示，这种情况多是由于回位弹簧经长时间使用后弹力减弱所致。

检查接触盘应平整，边沿翻卷应调平，轴端弹簧应完好，开关盒内两触点高度必须一致。

3.6 继电器

继电器是常用的一种汽车电器元器件，它是利用较小的电流来控制较大电流的一种电磁开关，在电路中起着自动操作、自动调节、安全保护等作用，广泛应用于充电系统、启动系统、电控燃油喷射系统、自动变速器系统、灯光信号系统以及ABS系统等。

3.6.1 继电器的外形、结构与电路图形符号

下面以启动继电器为例，来介绍与继电器有关的基本知识。

图3-34（a）所示为启动继电器外形，图3-34（b）所示为其结构。继电器一般由一个线圈、一组或几组带触点的簧片组成，此外还有铁芯、复位弹簧、衔铁等，线圈套在铁芯上。通常有4个端子，图3-34（b）中所注的"起动机"表示该端子与起动机相连，"电池"表示与蓄电池正极相连，"点火"表示与点火开关输出端相连。图3-34（c）所示为其内部电路。

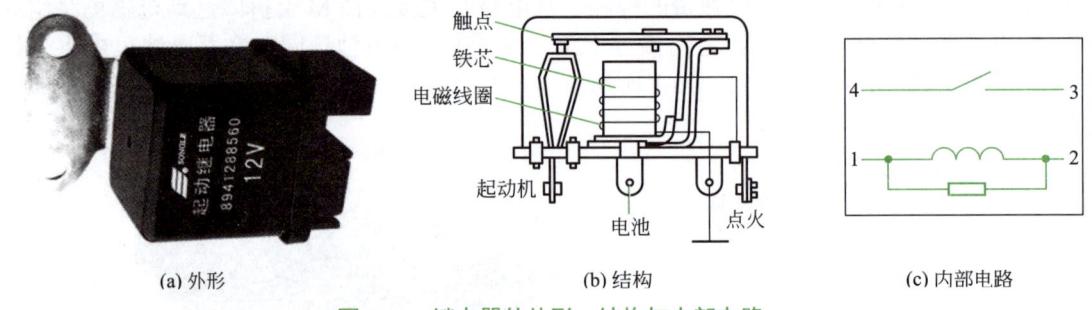

图 3-34　继电器的外形、结构与内部电路

在汽车电路中，表示继电器的符号只画出它的线圈和与控制有关的接点（又称触点），如图3-35所示，虚线表示线圈与触点同属一个组件，线圈对触点有控制关系。

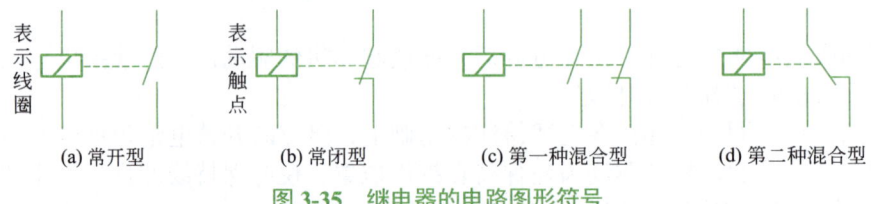

图 3-35　继电器的电路图形符号

① 常开继电器：图3-35（a）所示为触点常开的继电器符号，常开继电器平时触点是断开的，继电器线圈通电动作后触点闭合，故继电器动作时接通控制电路。

② 常闭继电器：图3-35（b）所示为触点常闭的继电器符号，常闭继电器平时触点是闭合的，继电器线圈通电动作后触点断开，故继电器动作时切断控制电路。

③ 混合型继电器：混合型继电器平时常开触点断开、常闭触点闭合，这种继电器有两种结构，第一种如图3-35（c）所示，第二种如图3-35（d）所示。

如图3-35（c）所示，这类混合型继电器有两组触点，一组为常开触点，另一组为常闭触点。当继电器线圈通电后，原常开触点变为闭合、原常闭触点变为断开。

如图3-35（d）所示，这类混合型继电器共有三个触点，中间是动触点，两边各有一个静触点。线圈不通电时，动触点和其中一个静触点断开与另一个静触点闭合。线圈通电后，动触点就移动，原来断开的变为闭合，原来闭合的变为断开，达到了触点转换的目的。

3.6.2 间歇刮水继电器的外形与电路图形符号

间歇刮水继电器主要用于汽车的雨刮器系统，用于控制刮水电动机进行间歇刮水。图3-36（a）所示为间歇刮水继电器的外形，图3-36（b）所示为间歇刮水继电器在电路中的图形符号。刮水器其他挡刮水功能基本正常，仅间歇刮水功能失效，则故障多为间歇刮水继电器本身损坏引起的，只要更换新的间歇刮水继电器，问题就可得到解决。

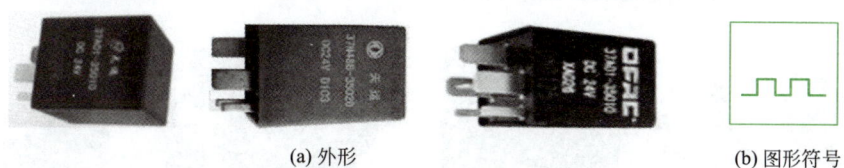

(a) 外形　　　　　　　　　　　　　　　(b) 图形符号

图3-36　间歇刮水继电器的外形与电路图形符号

3.6.3 转向闪光继电器的外形与电路图形符号

转向闪光继电器主要用于汽车的转向灯系统，用于控制转向灯指示汽车的行驶方向，便于交通指挥。图3-37（a）所示为转向闪光继电器的外形，图3-37（b）所示为转向闪光继电器在电路中的图形符号。当转向灯光亮不闪，则故障多为转向闪光继电器本身损坏引起的，只要更换新的转向闪光继电器，问题就可得到解决。

需要说明的是，脉冲发生器主要用于电子振荡电路中，其在电路图中的图形符号[图3-37（c）]与闪光继电器的电路图形符号十分相似，两者仅是相差一个方波波形。

(a) 闪光继电器外形　　　　　　(b) 闪光继电器符号　　(c) 脉冲发生器符号

图3-37　转向闪光继电器的外形与闪光继电器和脉冲发生器电路图形符号

3.6.4 继电器好坏的判断

虽然继电器的类型不同判断其好坏的方法有一定的差别，但判断的思路基本上是相同的，这里以常开型启动继电器为例，来介绍判断继电器好坏的思路。

（1）继电器线圈的检查　将万用表置于$R×1$挡，两表笔分别接端子1与2[图3-34（c）]，万用表应有一定的指示值。若万用表指示的电阻值为∞或为0，说明该线圈有断路或严重短路故障，应重绕线圈或更换新件。

（2）继电器触点的检查　将万用表置于$R×1$挡，两表笔分别接继电器端子3与4，应不通。若导通，则说明继电器触点烧结，应检修触点，必要时更换继电器。

（3）继电器工作性能的检查　在继电器端子1和2间加上蓄电池电压，用万用表检测端子3与4间应导通。若测得端子3、4间电阻为∞或有电阻存在，则可能是继电器线圈损坏或其触点氧化，应更换新的继电器。

3.7 电磁阀与电磁离合器

电磁阀的功能与继电器十分相似，两者均有电磁线圈，只不过继电器控制的是触点，而电磁阀控制的是阀门。

3.7.1 电磁阀的外形、类型与功能

图 3-38 所示为应用于汽车上的几种电磁阀的外形。汽车上使用的电磁阀有真空电磁阀、仪表电磁阀、变速器电磁阀、制动防抱死系统（ABS）使用的电磁阀、空调系统使用的电磁阀等。通常用来对液体的流通或关断进行控制。

图 3-38 应用于汽车上的几种电磁阀的外形

3.7.2 电磁阀与电磁离合器的电路图形符号

图 3-39（a）所示为电磁阀在电路中的一般图形符号。电磁阀与继电器一样，也有常开型与常闭型之分。

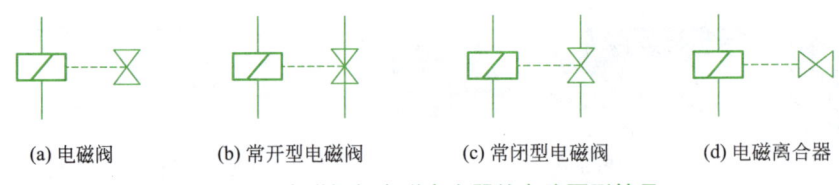

(a) 电磁阀　　(b) 常开型电磁阀　　(c) 常闭型电磁阀　　(d) 电磁离合器

图 3-39 电磁阀与电磁离合器的电路图形符号

如图 3-39（b）所示，常开型电磁阀平时的阀门是畅通的，液体可以从阀门中流过，电磁阀线圈通电动作后阀门关闭，液体就不能继续从阀门流过去。

如图 3-39（c）所示，常闭型电磁阀平时的阀门是阻断的，液体不能从阀门中流过，电磁阀线圈通电动作后阀门打开，液体就可以从阀门流过去。

电磁离合器在电路中的图形符号如图 3-39（d）所示，主要应用在汽车空调系统中对压缩机的工作进行控制。平时电磁离合器处于分离状态，压缩机不会工作；当电磁离合器线圈通电时，离合器动作后就会闭合，使压缩机进入工作状态。

3.7.3 典型的常闭式电磁阀——喷油器

喷油器是一种典型的常闭式电磁阀，分为主喷油器与冷启动喷油器两种，两者的结构十分类似，检测方法也基本相同，这里介绍主喷油器。

（1）喷油器的作用　喷油器是燃油电动喷油器的简称，又称为燃油电动喷嘴。用于在 ECU 输出信号的控制下，完成向发动机进气歧管或燃烧室喷油的任务，喷油量的大小，受喷油时间也就是 ECU 输出脉宽的控制。

（2）喷油器外形与总成安装　图 3-40（a）所示为几种不同形状喷油器的外形，形状虽然不同，但它们的功能基本相同，图 3-40（b）所示为喷油系统总成安装。

(a) 外形　　　　　　　　　　(b) 总成安装

图 3-40　喷油器外形与总成安装

（3）喷油器类型与结构　喷油器常见有轴针式喷油器、球阀式喷油器、片阀式喷油器、顶部供油型喷油器与侧部供油型喷油器等多种。根据驱动方式的不同有电压驱动高阻抗型、电压驱动低阻抗型、电流驱动低阻抗型三大类。图 3-41 所示为轴针式喷油器与球阀式喷油器的结构。

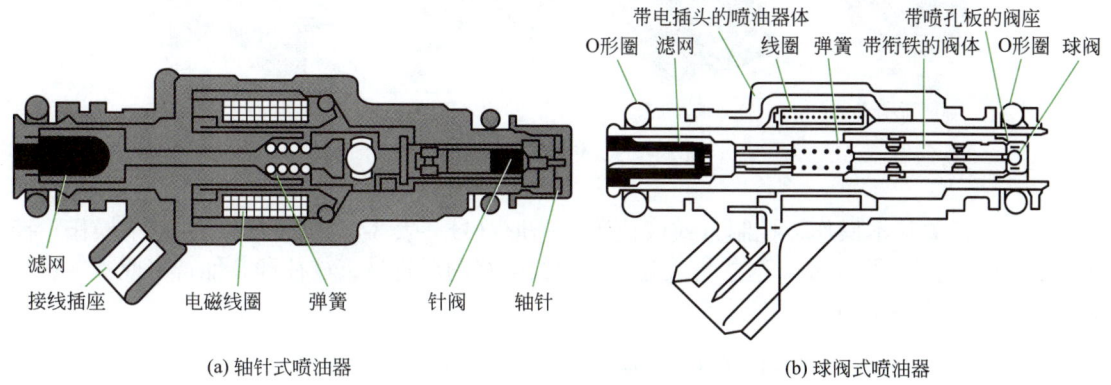

(a) 轴针式喷油器　　　　　　　　　　(b) 球阀式喷油器

图 3-41　轴针式喷油器与球阀式喷油器的结构

3.7.4　电磁阀的检测

以喷油器为例，在对电磁阀进行检测时，通常都是在确认其供电电压正常的情况下进行的。具体检测方法如下。

（1）判断故障部位　采用一只发光二极管，将其负极端与 ECU 控制端相连，另一端接喷油器控制线，用于判定 ECU 输出的控制信号是否正常。此时，观察启动发动机时发光二极管的工作情况，正常情况下应闪烁，说明 ECU 输出的控制信号正常。如果发光二极管不闪烁，则故障在电控单元 ECU，如果闪烁，则问题在喷油器。

（2）电阻检测　就是用万用表的直流电阻挡测量喷油器电磁线圈的电阻。具体检测方法：拔下喷油器线束插头，用万用表 $R×200$（数字式万用表）或 $R×1$（指针式万用表）挡测量喷油器两接线端间的电阻，如果两端子间导通，说明电磁线圈未断路，但应有一定的电阻，在 20℃时，各种类型喷油器的电阻范围参考值如表 3-7 中所列，如果测得的电阻值为 ∞，表明喷油器电磁线圈开路。

表 3-7　各种类型喷油器的电阻范围参考值

喷油器类型	电压驱动高阻抗型	电压驱动低阻抗型	电流驱动低阻抗型
电阻范围参考值 /Ω	12～16	3～5	2～3

3.8 开关

汽车上所有用电设备的接通和断开,都必须经开关控制。对开关的要求是坚固耐用、安全可靠、操作简便、性能稳定。

3.8.1 开关的作用、外形与电路图形符号

开关归纳起来基本上可分为自动式与手动式两大类。自动式开关为电控,手动式开关多为机械式控制。开关在电路中多是以其触点的状态来表示。

(1)开关的作用与外形 汽车上使用的开关品种较多,通常都是用于接通或断开供电或信号通路。几种常见的开关外形如图3-42所示。

(a)船形开关　　(b)后视镜开关　　(c)点火开关　　(d)使用在卡车上的开关

图3-42　几种常见的开关外形

(2)开关基本操作、控制方式或位置类图形符号 表3-8中列出了开关基本操作、控制方式或位置类图形符号。这些是最基本的开关电路图形符号,往往和其他符号或基本符号之间组合在一起来使用。

表3-8　开关基本操作、控制方式或位置类图形符号

图形符号	名称	图形符号	名称	图形符号	名称
	拉拔操作		一般手动控制	0 1 2	推拉多挡开关位置控制
	推动操作	$t°$	温度控制	0 1 2	钥匙开关(全部定位)
	旋转操作	P	压力控制		多挡开关,点火、启动开关,瞬时位置为2能自动返回至1(即2挡不能定位)
	一般机械操作	BP	制动压力控制	0 1 2	
	钥匙操作		凸轮控制		
	热执行器操作		液位控制		
		0 1 2	旋转多挡开关位置控制		

(3)两端子开关的图形符号 表3-9列出了两端子开关的图形符号,这类开关只有两个触点,有接通与断开两种工作状态。

表 3-9 两端子开关的图形符号

图形符号	名称	图形符号	名称	图形符号	名称
	动合（常开）触点		能定位的按钮开关	 $t°$	热敏开关动断触点
	动断（常闭）触点		旋转、按钮开关		热敏自动开关动断触点
	手动开关的一般符号		液位控制开关		热继电器触点
	定位（非自动复位）开关	 BP	机油滤清器报警开关		拉拔开关
	按钮开关	 $t°$	热敏开关动合触点		

（4）多端子开关的图形符号 表 3-10 列出了多端子开关的图形符号，这类开关有多挡开关、动断与动合混合开关、联动开关等。

表 3-10 多端子开关的图形符号

图形符号	名称	图形符号	名称
	先断后合的触点		单动断双动合触点
	中间断开的双向触点		双动断单动合触点
	双动合触点	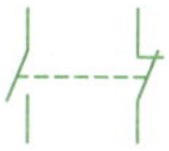	联动开关
	双动断触点		节流阀开关

3.8.2 点火开关的开关状态图识别方法

开关常见的两种状态为常开状态与常闭状态，两者的含义与继电器的常开和常闭触点基本相同。普通开关较为简单，而点火开关与组合开关较为复杂。

（1）点火开关外形与电路图形符号 图 3-43 所示为点火开关外形与电路图形符号。图 3-43（b）所示为四掷三挡点火开关图形符号，还有四掷四挡点火开关等，其画法基本相同，仅是挡位数量有一定差异。图 3-43（b）所示为一种钥匙开关（全部定位），属于多挡位点火与启动开关，瞬时位置为 2 能自动返回至 1（即 2 挡不能定位）。图形中的外方框实线表示这是一个组件，有的图纸上将该方框实线采用虚线代替。为了使图面整洁和使绘图简便，有的图纸上仅画出了实际使用触点的图形，对于没有使用的触点不画出。

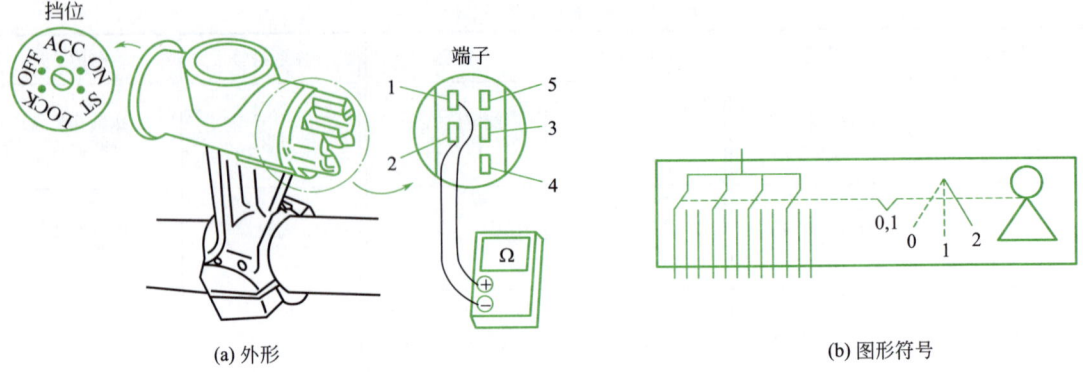

图 3-43 点火开关外形与电路图形符号

（2）点火开关提供的供电及其字母代号含义　点火开关提供的供电主要有 ACC、IG1、IG2、ST，这几种字母代号的含义见表 3-11。

表 3-11　点火开关挡位及其输出电压的字母代号含义

字母代号	ACC	ON	OFF	LOCK	IG1	IG2	ST
含义	通常接汽车音响等附属电路，为这些电路供电，一般可自行定位	点火挡，一般可自行定位	点火开关在该位置时，其输出端所接的用电设备全部断电	锁住转向盘轴，一般可自行定位	通常接点火继电器和电压调节器的正极接线柱，为它们供电	通常接点火线圈的正极接线柱，为点火系统供电	通常接启动继电器，为启动系统供电

（3）点火开关的状态图　点火开关在接线图中往往不能采用图形的方式画出所有触点，故大都采用状态图的方式来说明开关在不同工作位置时，各个触点的连接情况，点火开关的状态图是设计、安装、维修必备的资料。初学者一定要学会如何读懂它。

1）点火开关状态图指导　点火开关状态图如图 3-44，图中最上面的各个字母 LOCK、OFF、ACC、ON、ST 对应于点火开关的挡位，最左边的数字为点火开关的端子号），各个方框中的圆圈表示触点，凡是两圆圈之间有连接线的，就表示在该状态时这两个触点是接通的，多个圆圈之间均有连接线，则表示在该状态时这些触点均是接通的。

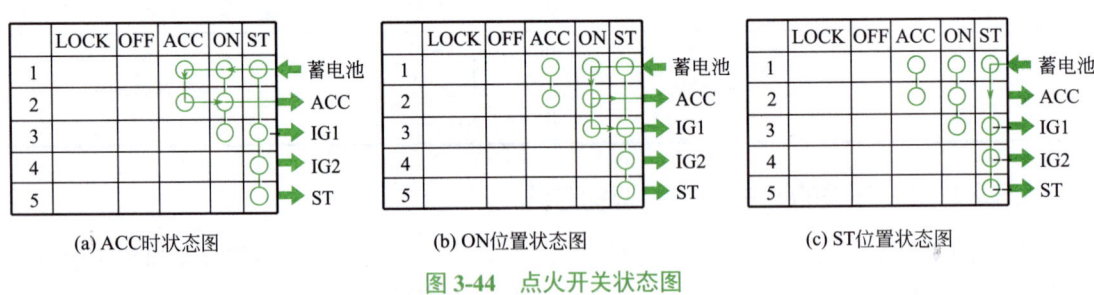

图 3-44　点火开关状态图

2）ACC 状态图的识读　当点火开关处于 ACC 状态时，等效于图 3-44（a）中的 1 与 2 端子间接通，向接在 ACC 输出端的用电设备供电。

3）ON 状态图的识读　当点火开关处于 ON 状态时，等效于图 3-44（b）中的 1、2、3 接线柱间均接通，向接在 ACC 和 IG1 输出端的用电设备供电。

4）ST 状态图的识读　当点火开关处于 ST 状态时，等效于图 3-44（c）中的 1、3、4、5 接线柱间均接通，向接在 IG1、IG2 和 ST 输出端的用电设备供电。

3.8.3 组合开关的开关状态图识别指导

组合开关是一种将多种开关功能集成在一起的特殊开关。组合开关在电路原理图与接线图中的表示方式与点火开关基本相同。但在电路原理图中往往根据实际情况把不同功能的触点分别画在相应控制功能电路处,也就是说,各个开关的触点以其开关的不同功能分开画出。至于接线图中开关状态的画法和识图方法,与点火开关基本相同,不再重述。

3.8.4 开关的检测方法

汽车普通开关的检测方法较容易,用万用表电阻挡直接检测其通断情况即可作出判断。对于点火开关与组合开关,可依据状态图来进行检查。若测得该通的未通、该断的不断,则说明所测开关有问题。

对于某些新换的点火开关或组合开关,用万用表检测它们在不同挡位时的通断情况,然后画成表的方式,就可得到该开关的通断状态图。

3.9 插接器

插接器又称插接器或插接件,通常由插头和插座两部分加上闭锁装置等组成。现在的汽车上插接器使用得相当普遍。

3.9.1 插接器(片)的符号

表3-12示出了插接器(片)的基本要素及其符号。对于多端子的插接器,各个端子往往分开画在不同的位置,然后采用字母与数字组合的方式,将它们联系起来。例如,在两处插接器图形符号旁边标注有T20-1(或T20/1)及T20-15(或T20/15)字样,这就表示它们同属一个T20插接器,前一导线与1端相连,后一导线与15端相连。其中T20为插接器的类型,在"-"或"/"后面的数字为端子号。

表3-12 插接器(片)的基本要素及其符号

新符号		旧符号	
名称	图形符号	名称	图形符号
插座的一个极		插座的一个极	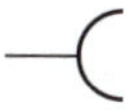
插头的一个极		插头的一个极	
插头和插座		插接器的一般符号	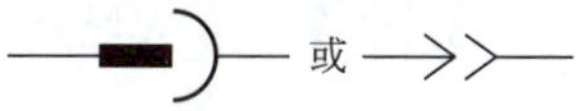 或
多极插头与插座(这里仅以三极为例)	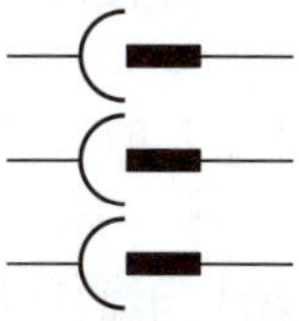	多极插头与插座(这里仅以三极为例)	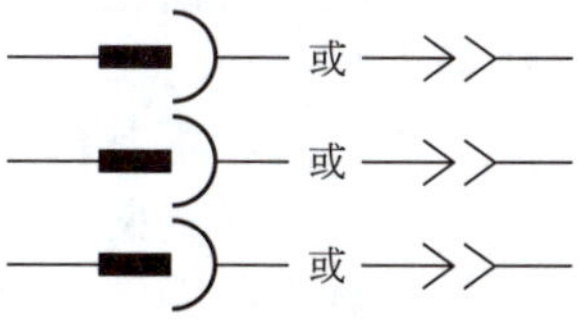 或
连通的连接片	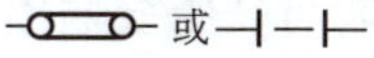 或	连接片	
断开的连接片		连接片	

在汽车电控单元（ECU）控制电路中，ECU 与外界的连接方式往往采用多个不同端子的插接器，对于这些插接器识别的基本原则是，凡是标注插接器类型的字母（如 A）或字母与数字组合（如 T20）相同的均属于同一个插接器，在"-"或"/"后面的数字即为其端子号。

3.9.2　插接器的拆卸方法

为了防止汽车在行驶过程中插接器脱开，所有的插接器均有闭锁装置。如图 3-45 所示。也就是在插接器两个端子上装有卡片，插接器插紧后，卡片把两端子锁住。当要拆开插接器时，只要同时压下闭锁装置，就可以把插接器拉开。没有同时压下闭锁装置时绝对不可用力猛拉导线，以免拉坏闭锁装置或连接导线。

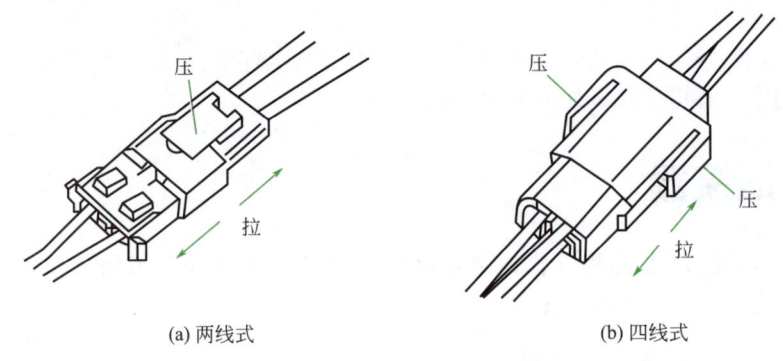

图 3-45　插接器的拆卸方法

3.9.3　插接器的检测与修理

在检查线路的电压或导通情况时，不必脱开插接器，可用万用表两表笔插入插接器尾部的线孔内进行检查即可。修理中如需要更换电线或取下插接器插头，应先把两端子分开，用小螺丝刀插入插接器，撬起电线锁紧凸缘，并将电线从后端拉出。安装时，将电线头推入，直至稳定锁住为止，然后向后拉动电线，以确认是否锁紧。

3.10　点火线圈

点火线圈实际上就是一种升压变压器，其作用是将蓄电池或发电机输出的低电压升高至 15～22kV，供火花塞产生高压火花。

3.10.1　点火线圈的外形与电路图形符号

点火线圈根据磁（铁）芯结构不同可分为开磁路和闭磁路两种，无论是哪一种类型，其结构原理基本相同。

点火线圈根据其内部集成的点火线圈数量的不同有多种封装方式，表 3-13 所示为几种点火线圈外形和点火线圈电路图形符号。

传统点火线圈属于单一封装方式，其初级线圈一端与车辆低压电源相连，另一端与点火控制器相连，次级线圈一端与初级线圈相连，另一端与高压线输出端连接并输出高压电。

没有分电器（DIS）点火线圈与传统点火线圈的区别在于 DIS 点火线圈的次级绕组没有连接到初级电路上。DIS 点火线圈产生的高压电从次级的正极流出，然后回到负极，没有经过蓄电池搭铁回路。

表 3-13　几种点火线圈外形和点火线圈电路图形符号

项目	传统点火线圈	DIS 点火线圈	三个双点火线圈	多个双点火线圈	点火线圈图形符号
外形和图形符号					

表 3-13 中画出了单个点火线圈的电路图形符号，封装有多个点火线圈的组件，其各个点火线圈的电路图形符号通常都分开画在各自的火花塞部位。

3.10.2　点火线圈的检测

点火线圈的初级线圈匝数较少，次级线圈匝数较多。在对点火线圈进行检测之前，应观察其外部是否有明显的损坏痕迹。如发现点火线圈胶木盖裂损，接线柱松动、滑丝，外壳变形，工作时温度过高等，均应更换新件。

（1）初级线圈的检测　如图 3-46（a）所示，采用万用表 $R×1$ 挡，测量点火线圈两低压接线柱间的电阻。初级线圈在 20℃ 时阻值一般在 $1.5 \sim 4Ω$ 范围内，若阻值很小，说明线圈内部短路，若阻值很大，说明线圈断路或接触不良。

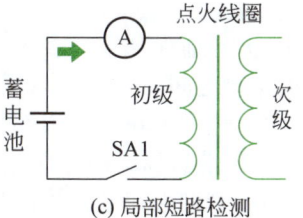

(a) 初级检测　　(b) 次级检测　　(c) 局部短路检测

图 3-46　点火线圈的检测一

（2）次级线圈的检测　如图 3-46（b）所示，采用万用表 $R×1k$ 挡测量点火线圈正极（+）和高压端之间的电阻，其阻值一般在 $5 \sim 15kΩ$ 之间，如小于上述值则为内部短路，如表针不动则为断路。

（3）点火线圈是否局部短路的检测　将蓄电池的两极与点火线圈两低压接线柱相连［电流表串接在蓄电池正极间，如图 3-46（c）所示］，正常时约有 6A 的电流通过线圈，若电流很大，说明线圈匝间短路，若电流很小或无电流，说明有断路或接触不良现象。

（4）绝缘性能的检测　如图 3-47 所示，用万用表 $R×10k$ 挡检测点火线圈绝缘性能时，将万用表两表笔分别接点火线圈初级绕组接线柱和外壳，正常情况下其绝缘电阻为∞，否则应更换新件。

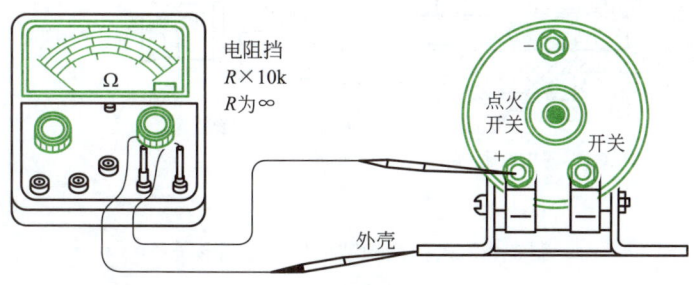

图 3-47　点火线圈的检测二

3.11 火花塞

火花塞用于将点火线圈次级产生的高压电引入发动机气缸,在其电极间形成火花,并点燃混合气。

3.11.1 火花塞的类型与外形

火花塞的尺寸较为统一,热值相同的火花塞,任何汽车上都可以通用,这为维修中的更换带来了很大的方便。表 3-14 中示出了几种不同类型火花塞的外形。

表 3-14 几种不同类型火花塞的外形

类型	普通火花塞	热型火花塞	冷型火花塞	铂金火花塞
外形				

(1)普通火花塞 多采用以氧化铝为基础的陶瓷制成,其裙部长度介于热型火花塞与冷型火花塞之间。

(2)热型火花塞 裙部长度较短,在相同工作条件下,这类火花塞受热面积小,传热路径短,散热容易,故工作温度低一些。

(3)冷型火花塞 裙部长度较长,在相同工作条件下,这类火花塞受热面积大,传热路径长,散热困难,故工作温度高一些。

(4)铂金火花塞 电极采用铂金材料,其寿命是普通火花塞寿命的 5 倍,其平均寿命通常能达到 16 万公里。同时也提高了发火性能与跳火性能,容易稳定在燃烧的最佳工作温度内。

3.11.2 火花塞的结构与电路图形符号

图 3-48(a)所示为火花塞的结构,其主要由接触头、瓷绝缘管、中心电极、侧电极和壳体等组成。图 3-48(b)所示为火花塞的图形符号。

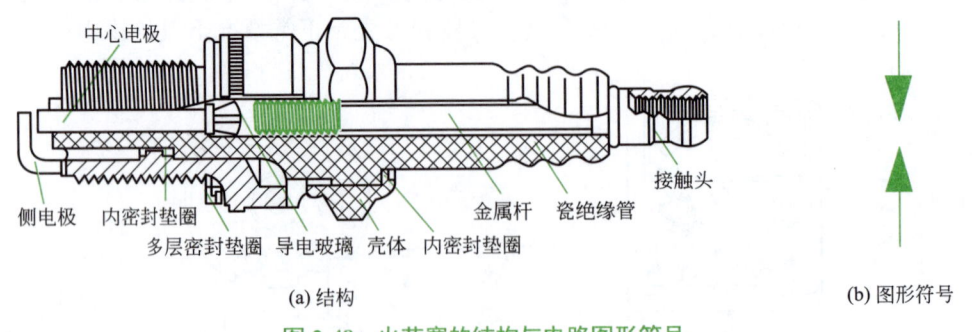

图 3-48 火花塞的结构与电路图形符号

3.11.3 火花塞的检测

火花塞是否正常,直接影响着汽车发动机的动力性和经济性。初学者应学会快而准确地判断火花塞的工作状态。

(1)短路检查 在发动机怠速或低速运转时,用螺丝刀将火花塞短路,也就是将火花塞上部的接线螺母直接与气缸接触。如果发动机的声音和振动等无变化,则说明被短路的火花塞有故障。

(2)温度感觉检查 将发动机运转约 10min 左右,立即熄火,然后用手逐一摸火花塞的瓷芯,感觉较凉的火花塞有故障。

3.12 分电器

分电器又称配电器总成、断电-配电器、分火器或分电盘等,用于准时切断点火线圈初级绕组中的电流,使其次级绕组产生足够高的高压电,按发动机的工作顺序,适时地将高压电准确地分配给各个气缸的火花塞。

3.12.1 分电器的外形与电路图形符号

分电器根据其使用的点火系统不同主要有三类,即传统点火系统分电器、霍尔分电器、集成电路分电器。

(1)分电器的外形 图 3-49(a)所示为分电器外形,其主要由配电器(分电器盖)、断电器、电容器和点火提前角调节装置等组成。

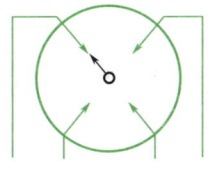

(a) 外形　　　　　　　　　　(b) 图形符号

图 3-49 分电器外形与电路图形符号

(2)分电器的电路图形符号 图 3-49(b)所示为分电器的电路图形符号,中间小圆孔相当于分电器盖的中心插孔,起分配高压电的作用,该插孔通过高压线与点火线圈相连,点火线圈的高压电则通过分电器盖上的中心电极传给分火头(中间箭头),分火头转动将高压电通过旁通电极(外侧四个箭头)和分缸高压线传递给各缸火花塞,从而点燃各缸的可燃混合气。

3.12.2 分电器的检测

在汽车点火系统中,分电器实质上就是一个转换开关,其开关触点(分火头)依次把高压电分配给各缸侧触点(也就是侧电极)。由此可见,分电器大部分元件都属于机械零件,对于机械零件的检查相对简单一些,主要应检查分电器轴及轴套配合间隙、分电器轴的弯曲度、分电器盖与分火头是否漏电以及分电器高压电线、离心调节装置与真空调节装置的状态是否正常等。

3.13 照明与信号装置

汽车上使用的照明与信号装置较多,通常可归纳为外部照明、内部照明与光信号装置三大类。

3.13.1 照明与信号装置电路图形符号

在汽车上,作为照明用的灯具通常以组件的方式出现,由连接线和插接件与线束进行连接。常见的照明与信号装置有前照灯、转向灯、雾灯、制动灯(又称刹车灯,包括高位制动灯)、位置灯(又称示宽灯、示廓灯、驻车灯)、仪表灯、顶灯、牌照灯、指示灯、报警灯等。表3-15列出了照明与信号装置电路图形符号。由于许多照明与信号装置使用的是普通灯泡,这些灯泡在电路图中的图形符号相同,故在看图时,还必须结合图中各灯图形符号旁的标注或说明来判断。

表3-15 照明与信号装置电路图形符号

名称	照明灯、信号灯、仪表灯、指示灯	预热指示器	双丝灯泡	三丝灯泡	荧光灯	组合灯
图形符号	⊗	⊙	⊗⊗	⊗⊗⊗	⎓	⊗⊗ ⊗

3.13.2 前照灯及其灯泡结构

汽车上故障率较高的就是前照灯,下面介绍几种较常见前照灯装置及其使用的灯泡结构。

(1)全封闭前照灯外形与结构 图3-50(a)所示为普通全封闭前照灯外形与结构,全封闭前照灯又称真空灯。其反射镜与配光镜制成一体,内部装有灯丝,并充有惰性气体。灯丝焊在反射镜底座上。反射镜的镜片为真空镀铝。这种结构的优点是可以完全避免反射镜受到污染。不足之处是一旦灯丝烧毁后,需要更换整个前照灯总成,使用成本较高。

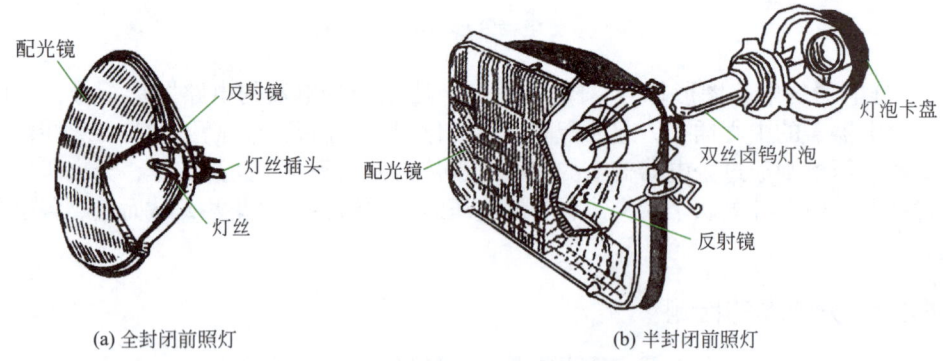

图3-50 普通前照灯外形与结构

(2)半封闭前照灯外形与结构 图3-50(b)所示为普通半封闭前照灯外形与结构,半封闭前照灯的配光镜是由反射镜边缘上的牙固定在反射镜上的,两者之间由橡胶圈或密封胶密封。灯泡可从反射镜后端进行拆装,维修方便,故使用十分普遍。在更换灯泡时,不要用手触摸灯泡玻璃壳部分，以免使灯泡使用寿命缩短。

（3）投射式前照灯外形与结构　图3-51（a）所示为投射式前照灯外形与结构。投射式前照灯的反射镜近似于椭圆形，具有两个焦点。第一个焦点处放置灯泡，第二个焦点是由光线形成的。凸形配光镜的焦点与第二个焦点是一致的。来自灯泡的光利用反射镜聚成第二焦点，再通过配光镜将聚集的光投射到前方。图3-51（b）所示为投射式前照灯的分解图。

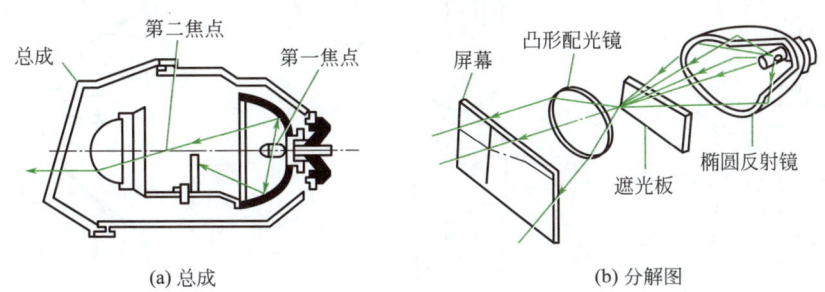

图 3-51　投射式前照灯外形与结构

投射式前照灯采用的灯泡为卤钨灯泡。在第二焦点附近设有遮光板，可遮挡上半部分光，形成明暗分明的配光。由于它的这种配光特性，也可用于雾灯。投射式前照灯反射镜采用扁长断面，光束横向分布效果好，结构紧凑，经济实用。

（4）气体放电式前照灯外形与结构　图3-52（a）所示为气体放电式前照灯外形，气体放电式前照灯又称弧光式前照灯，其结构如图3-52（b）所示。这种灯的灯泡里没有灯丝，取而代之的是装在石英管内的两个电极，管内充有氙气及金属卤化物，在电极上加5～12kV电压后，气体开始电离而导电。由气体原子激发到电极间少量的水银蒸气，最后转入卤化物弧光工作。弧光式前照灯的光色和日光灯相似，亮度和寿命均高于卤钨灯泡，可节能40%。

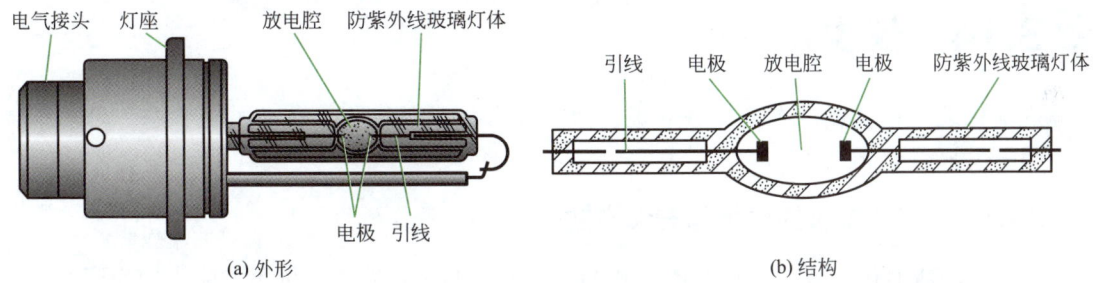

图 3-52　气体放电式前照灯外形与结构

（5）前照灯泡外形与结构　普通前照灯使用的灯泡多为双丝灯泡，图3-53（a）所示为双丝灯泡外形，图3-53（b）所示为卤钨灯泡外形。

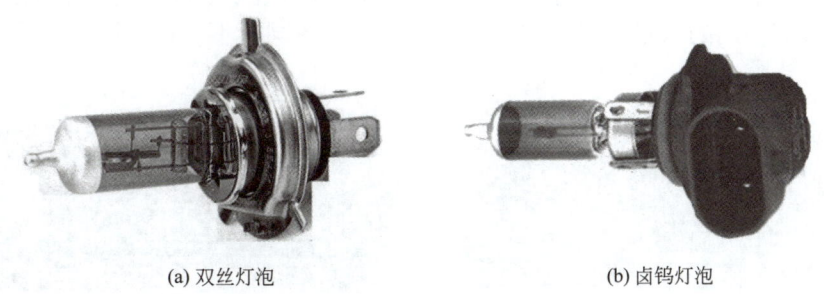

图 3-53　双丝灯泡与卤钨灯泡外形

1）充气灯泡　如图 3-54（a）所示，充气灯泡采用钨丝作为灯丝，灯泡内充满混合惰性气体。当灯泡工作时，由于惰性气体受热后膨胀会产生较大的压力，由此可减少钨的蒸发，提高了灯丝的温度，增强了发光效率，使灯泡寿命延长。

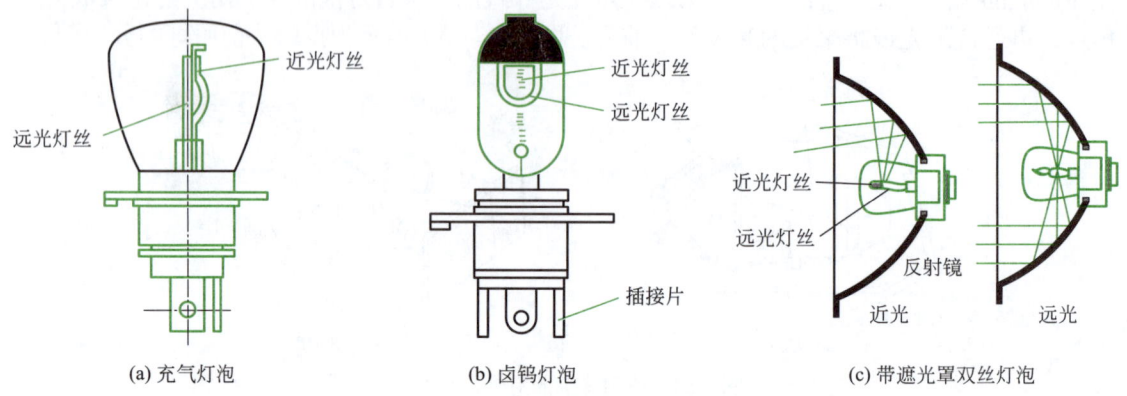

图 3-54　充气灯泡、卤钨灯泡与带遮光罩双丝灯泡

2）卤钨灯泡　如图 3-54（b）所示，卤钨灯泡使用寿命长，发光效率可进一步提高。在相同功率的情况下，卤钨灯泡的亮度为充气灯泡的 1.5 倍，寿命为充气灯泡的 2～3 倍。

3）带遮光罩的双丝灯泡　如图 3-54（c）所示，带遮光罩的双丝灯泡是为了克服在双丝灯泡中近光灯丝射向反射镜下部的光线经反射后，射向斜上方时仍会使对面驾驶员眩目而改进后得到的。

带遮光罩的双丝灯泡是在近光灯丝下方设置了遮光罩。当使用近光灯时，遮光罩可把近光灯射向反射镜下部的光线遮挡住，使其无法反射，从而提高了防眩目效果。

3.14　仪表

汽车仪表用来监测汽车的工作状况，供驾驶员随时了解各系统的工作状态，保证车辆可靠而安全地行驶。

3.14.1　汽车仪表的种类与安装方式

汽车仪表既有传统式的，也有电子式的。传统式的仪表在各类货车上应用相当广泛，电子式的仪表在一些高档轿车上应用越来越广泛。

无论是何种汽车，水温表、油压表、燃油表是必备的，车速里程表如采用软轴驱动，由于其无电路连接关系，故电路上通常未画出来。

汽车仪表在车辆上都以组合的方式（通常称为组合仪表）安装在驾驶室前端，各种组合仪表中显示仪表使用的数量、安装位置等，因车型的不同而不一样。图 3-55 所示为两种典型的组合仪表外形。

图 3-55　两种典型的组合仪表外形

3.14.2 汽车仪表的电路图形符号

表 3-16 列出了汽车仪表电路图形符号。

表 3-16 汽车仪表电路图形符号

图形符号	名称	图形符号	名称	图形符号	名称
Ⓐ	电流表	ⓝ	转速表	数字式显示	数字式电钟
Ⓥ	电压表	Ⓣ°	温度表	Ⓥ	车速里程表
Ⓥ/I	电压电流表	Ⓠ	燃油表	Ⓥ	带电钟车速里程表
Ⓞ	欧姆表	OP	油压表	Ⓥ	自记车速里程表
Ⓦ	功率表	⌐	电钟	Ⓥ	带电钟自记车速里程表

3.14.3 汽车仪表的检测

对汽车仪表好坏的检测方法基本相同，可用万用表检测其电阻值，看是否符合规定值。若测得的电阻值小于规定值，说明此表有短路故障；若测得阻值为∞，则表明表内部有断路或接触不良。

3.15 电动机

汽车上使用了大量的直流电动机，用于驱动不同的执行机构，不同车型使用的电动机数量和类型也不一样。

3.15.1 电动机的类型

汽车上的刮水与洗涤系统、空调系统、天窗系统、车门与车窗系统、后视镜系统、发动机冷却系统等都使用了不同类型的电动机。在汽车上使用的电动机常见的有同步直流电动机、直流伺服电动机、普通直流电动机。图 3-56 示出了几种直流电动机的外形。

(a) 玻璃升降电动机　　(b) 门锁电动机　　(c) 12V直流电动机　　(d) 鼓风机电动机

图 3-56　几种直流电动机的外形

3.15.2 电动机的电路图形符号

表 3-17 列出了电动机电路图形符号。

表 3-17 电动机电路图形符号

图形符号	名称	图形符号	名称	图形符号	名称
Ⓜ	直流电动机	Ⓜ	天线电动机	⌐⌐Ⓜ	串励式直流电动机
Ⓜ	永磁直流电动机	Ⓜ	燃油泵电动机、洗涤电动机	Ⓜ	并励式直流电动机
Ⓜ	刮水电动机	SM	直流伺服电动机	Ⓜ	复励式直流电动机

3.15.3 刮水电动机的外形与结构

刮水电动机是风窗玻璃刮水系统的主要部件，图 3-57（a）所示为刮水电动机外形，图 3-57（b）所示为刮水电动机结构。

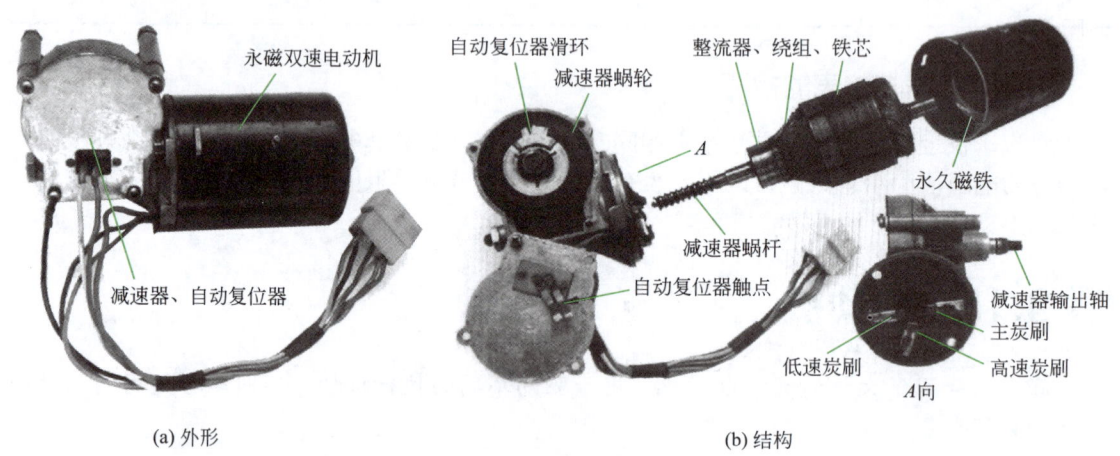

(a) 外形　　　　　　　　　　　　　　(b) 结构

图 3-57　刮水电动机的外形与结构

3.15.4 电动机的检测

对直流电动机的检测，最直观、有效的方法，就是给被检测的电动机直接通上与其工作电压相同的直流电压（也就是 12V 电动机连接 12V 的蓄电池电压，24V 电动机连接 24V 的蓄电池电压）。如果通电后电动机没有反应，则为电动机损坏，通常为断路故障；如果通电后电动机运转很慢或不能运转、且很快就严重发热，则多为其内部线圈有局部短路。

3.16　音响装置

车辆上使用的音响装置主要包括扬声器、收音机、收放机、防盗报警系统、电喇叭、电铃等。

3.16.1　音响装置的电路图形符号

表 3-18 列出了音响装置的电路图形符号，车辆上的蜂鸣器，有的厂家采用扬声器的符号，

有的则采用电铃符号。

表 3-18 音响装置的电路图形符号

图形符号	名称	图形符号	名称	图形符号	名称
◯	传声器的一般符号	⌒	电铃的一般符号	⌂	无线电话
⊳ 或 ⊳	电喇叭	⊻	收音机	⊲	防盗报警系统
Y	天线一般符号	⊻	发射机	▭	内部通信联络及音乐系统
⊲	扬声器	▭	收放机	△	报警器、电警笛

3.16.2 音响装置主要元件的外形

汽车喇叭有气喇叭、盆式电喇叭、蜗牛式电喇叭等多种，属于车辆的辅助装置，扬声器是汽车音响的发声元件，属于车辆的娱乐系统。

（1）电喇叭　图 3-58（a）所示为气喇叭外形，主要用于具有空气制动装置的重型载重汽车上，图 3-58（b）所示为蜗牛式电喇叭外形，图 3-58（c）所示为盆式电喇叭外形。后两者在各种车辆上均有应用。

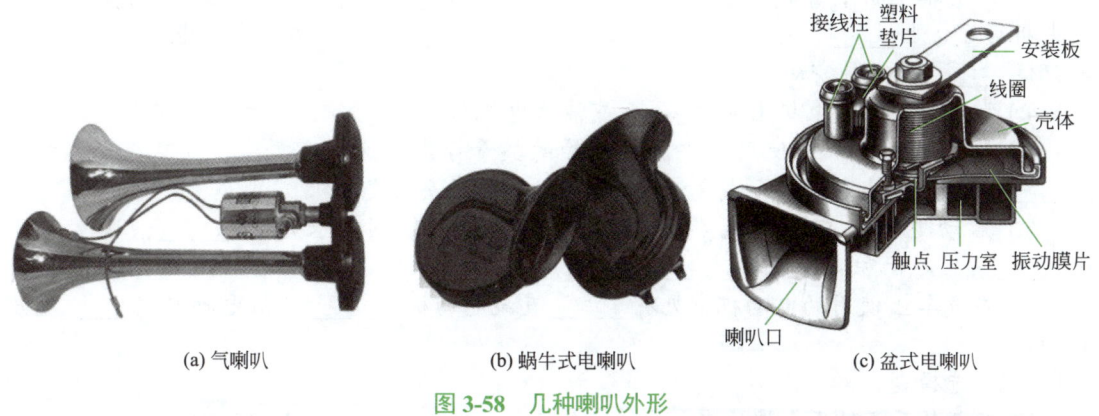

图 3-58　几种喇叭外形

（2）扬声器　汽车上使用的扬声器常见的主要有高音、中音、低音三大类，不同的车辆使用的扬声器数量也不一样。图 3-59（a）所示为几种不同型号扬声器的外形。

图 3-59　扬声器与蜂鸣器外形

（3）蜂鸣器　汽车上使用的蜂鸣器多为压电式，图3-59（b）所示为两种蜂鸣器的外形。

3.16.3　扬声器与蜂鸣器的检测

对扬声器与蜂鸣器的检测，均可采用指针式万用表来进行，但两者的检测方法不一样，具体检测方法如下。

（1）扬声器的检测　对扬声器的检测，既可以采用万用表进行检测，也可以给被检测的扬声器直接通上与其工作电压相同的直流电压。正常情况下可以听到"咯咯"响声，如果没有反应，则说明其损坏。

（2）蜂鸣器的检测　检测时，将万用表置于直流电压挡最小量程处，一表笔接触蜂鸣片的基片（即金属壳体），另一表笔接触压电片的镀银层，同时用小螺丝刀柄轻轻磕碰压电片的镀银层。此时，万用表的指针应有微微摆动。随磕碰压电片的节奏，指针摆动幅度越大，说明该压电片的灵敏度越高。如果反复磕碰压电片，指针摆动幅度很小或根本不摆动，则说明该蜂鸣器灵敏度很差或根本不能用。

习题3

（1）填空题

1）汽车上使用的安全熔断装置主要有_____与_____两大类。熔断器又称_____，易熔线简称为_____又称为_____电线。

2）车辆上使用的蓄电池主要为____蓄电池、____蓄电池与____蓄电池，它们都是利用_____反应原理进行工作的。

3）从汽车上拆下蓄电池时，先拆_____线，后拆_____线。对于有过桥线的情况，则应先拆两蓄电池_____线（_____线），最后再拆_____线。在拆卸蓄电池之前，一定要记住_____的解锁密码。

4）常见的交流发电机主要有_____交流发电机与_____交流发电机两大类。

5）按交流发电机中使用的整流二极管的数量分类，通常有_____式交流发电机、_____式交流发电机、_____式交流发电机、_____式交流发电机。

6）启动电动机中电刷磨损后的长度不应小于电刷原长度的_____，通常不小于_____，接触面积不得低于_____。

7）在汽车上使用的电动机常见有_____直流电动机、_____直流电动机、_____直流电动机。

（2）选择题

1）在点火开关的各个挡位中，通常可自行定位的挡位为：（a）ACC挡；（b）ON挡；（c）LOCK挡；（d）IG1；（e）IG2挡；（f）ST挡。

2）电解液是由_____和_____按一定的比例配制而成的。（a）工业用硫酸，蒸馏水；（b）工业用硫酸，非蒸馏水；（c）专用硫酸，非蒸馏水；（d）专用硫酸，蒸馏水；（e）专用盐酸，蒸馏水。

3）连接条的作用是将蓄电池的各个单格电池连接起来，+12V和+24V蓄电池各用了多少连接条？（a）5，10；（b）6，10；（c）5，11；（d）6，11。

4）把正、负极板各一片浸入电解液中，可获得几伏的电势？（a）1V；（b）1.5V；（c）2V；（d）3V。

5）蓄电池正极柱上通常涂____色，负极柱涂____色。（a）红、黑；（b）红、蓝；（c）红、绿；（d）蓝、黑；（e）蓝、绿。

6）蓄电池放电是将化学能转变为电能的过程，其电流流动方向为：（a）正极→负极→负载；（b）负极→负载→正极；（c）正极→负载→负极；（d）不确定。

7）负极性整流二极管的外壳为____极，中心引线为____极；正极性整流二极管的外壳为____极，中心引线为____极。（a）正极，负极，负极，正极；（b）负极，正极，正极，负极；（c）负极，正极，负极，正极；（d）正极，负极，正极，负极。

8）判断一整流二极管好坏时，红表笔接其管壳，黑表笔接中心引线，测得的电阻值约为9Ω左右，对换表笔测得电阻为∞，判断该二极管是否损坏，该二极管是正极管还是负极管？（a）否，负极管；（b）是，正极管；（c）否，正极管；（d）是，正极管。

9）下面用短路法判断火花塞工作状态的描述，哪一个是错的？（a）短接火花塞两端，发动机转速和声响变化明显，说明该缸工作越好；（b）短接火花塞两端，发动机转速和声响变化明显，说明该缸工作特性变坏；（c）短接火花塞两端，发动机声音和振动无变化，说明火花塞有故障。

10）如拆下的火花塞呈烟熏黑色，则故障原因可能为：（a）所在缸无火；（b）所在缸供油过多；（c）所在缸混合气过浓，机油上窜或火花塞冷、热型选错；（d）火花塞间隙失调。

（3）问答题

1）熔断器支架被氧化后对电路会产生什么影响？更换易熔线时应注意哪些问题？

2）蓄电池由哪几部分组成？简述各自的作用。可否用工业硫酸和蒸馏水来代替蓄电池中的电解液？为什么？

3）普通交流发电机与无刷交流发电机各由哪几部分构成？两者有什么不同？怎样判断其好坏？

4）汽车上使用的继电器常见的有哪几种类型？什么是常开型继电器？什么是常闭型继电器？怎样判断其好坏？

5）汽车上常用的电磁阀有哪些？什么是常开型电磁阀？什么是常闭型电磁阀？各有怎样的特点？以喷油器为例，怎样检测电磁阀的好坏？

6）什么是常开关？什么是常闭开关？在电路上它是如何表示的？有什么特点？

7）组合开关在电路上是如何表示的？如何判断其好坏？

8）在某电路图中，有两处插接器图形符号边标注有T20-1（或T20/1）、T20-15（或T20/15），表示什么含义？

9）点火线圈常见的有哪几种类型？如何判断点火线圈内部局部短路故障？

10）火花塞有哪几种类型？各有什么特点？如何选用？

11）分电器有哪几种类型？简述分电器的构成及特点。怎样对其进行检测？

12）前照灯有哪几种类型？各有怎样的特点？使用的灯泡有哪几种？各有怎样的特点？

13）汽车上使用的电喇叭、扬声器有哪些类型？怎样对其进行检测？

第4章

熟悉汽车电路组成、特点，掌握识图基本技能

本章导读

　　汽车电路图是汽车技术的语言，看不懂汽车电路图就无法修理汽车。想要维修汽车，首先必须要学会看懂汽车电路原理图（简称电路图，下同）。在识读电路原理图之前，除了要熟悉汽车电路的组成、特点，还必须掌握一些与识图有关的基本技能，这就是本章所要介绍的内容。

4.1　汽车电路的组成

　　图4-1所示为汽车直流电路最基本的结构，主要由电源、熔断器（保护装置）、控制开关、负载（这里以灯泡为例）和连接导线等组成。

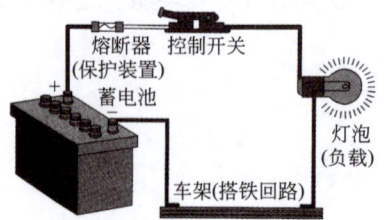

图4-1　汽车直流电路的组成

　　（1）电源　电源是将其他形式的能量转换为电能的装置，汽车上常用的电源为蓄电池和发电机。发电机受发动机带动进行发电。这两种电源的具体情况在第3章中做过介绍，不

再赘述。

（2）负载　负载是消耗电能的，用于将电能转换为其他形式的能量。汽车上的基本负载如表4-1中所列。

表4-1　汽车上的基本负载

基本负载	功能	基本负载	功能
起动机	用于将电能转换为机械能，启动发动机	电喇叭	用于将电能转换为声能，警告行人和其他车辆，以引起注意，保证交通安全
点火装置	用于将电能转换为热能，点燃发动机内的混合气	空调压缩机	用于驱动空调制冷循环系统的工作，保持车厢内的温度在一定范围内
照明灯、指示灯	用于将电能转换为光能，点亮各种照明灯、指示灯	辅助装置	最基本的辅助装置主要有电动刮水器、电动洗涤器、电动门窗、电动后视镜等

（3）控制开关　控制开关用于对电路的接通或断开进行控制，当开关接通时，电流通路形成，开关断开时，电流通路断开。

（4）导线　导线是用来连接电源和负载的，以构成电路（回路），还起着传输电能的作用。连接线路的导线电阻一般都很小。在进行电路分析计算时，一般将该电阻忽略不计（即视为0Ω）。在汽车上，为便于安装、连接和减少电路故障的发生率，通常都将同路径的很多导线包扎成电线束。

4.2　汽车电器电路的特点

汽车的种类很多，各种汽车用电设备的数量不等，其安装位置、接线方法等也各有差别。但无论是进口汽车还是国产汽车，也无论是大车还是小车，其电器电路的设计通常都遵循一定的规律。掌握了这些规律，对汽车电器电路识图与故障检修都有很大的帮助。

（1）汽车电路采用单线制连接方式　单线制就是利用汽车发动机和底盘、车身等金属机件作为各种用电设备的公用连线（俗称搭铁，即接地，以下同），而用电设备到电源只需另设一根导线。任何一个电路中的电流都是从电源的正极出发，经导线流入用电设备后，通过搭铁流回电源负极而形成回路。

采用单线制不仅可以节省材料（铜导线），使电路简化，而且也便于安装、检修，同时也使故障率大大降低。

（2）汽车电路采用电源负极搭铁　电源负极搭铁就是将蓄电池的负极用蓄电池搭铁线连接到发动机或底盘等金属体上。国家标准中规定发电机、蓄电池必须以负极搭铁。目前，世界各国生产的汽车大多采用负极搭铁方式。

采用负极搭铁方式的好处是，汽车车架和车身均不易锈蚀，汽车电器对无线电设备（如汽车音响、通信系统等）的干扰也较电源正极搭铁方式小得多。

（3）汽车上两个电源采用并联连接方式　两个电源是指蓄电池和发电机。前者在汽车未运行（发动机未运转）时可以向有关用电设备单独供电。后者在被发动机带动运转到一定转速后取代蓄电池向有关用电设备供电，同时也对蓄电池进行充电。两者互补可以有效地使用电设备在各种情况下都能够正常工作，同时也延长了蓄电池的供电时间。两个电源是并联连接进行工作的。

（4）汽车上的用电设备采用并联工作方式　用电设备并联是指汽车上的各种用电设备

都采用并联方式与电源连接，每个用电设备都由各自串联在其支路中的专用开关控制，互不产生干扰。

（5）汽车电器采用低压直流供电方式　在车辆上，汽车电源到各用电设备的距离通常不超过10m，控制各用电设备的开关常采用小电流控制的继电器绕组，线路输电能耗极小，所以从简化结构和保证安全方面考虑，汽车电器的电压可以设计得低些。目前，汽车电系的额定电压有6V、12V和24V三种。汽油机普遍采用12VDC（直流）电源，柴油车多采用24VDC电源（由两个12V蓄电池串联而成，也有的柴油车采用12VDC供电，但较少见）。汽车运行中的电压，一般12V系统为14V，24V系统为28V。

现代汽车发动机是靠起动机启动的，直流串励式电动机必须由蓄电池供给直流电，而向蓄电池充电又必须用直流电源，所以汽车电系都按直流电设计的。汽车上使用的硅整流交流发电机经整流后输出的也是直流电。低压供电取自蓄电池或发电机，两者的电压保持一致。12VDC由一节蓄电池或两节蓄电池并联（要求电流较大的情况）后提供，24VDC电压由两节12V蓄电池串联后提供。

（6）汽车电路装设有熔断安全保险装置　汽车上使用了大量的熔断装置，这类熔断装置主要有熔断器与易熔线两大类。这两类安全保险装置的具体情况在第3章中做过介绍，不再赘述。

（7）汽车上大电流用电设备的开关通常加中间继电器　汽车中大电流的用电设备，如起动机、电喇叭等，工作时的电流很大（例如通过起动机的电流一般为100～200A），如果直接用开关控制它们的工作状态，往往会使控制开关过早损坏。因此，对于大电流用电设备的控制开关，常采用加中间继电器的方法，即通过继电器触点的断开与闭合来控制大电流用电设备的工作状态。

（8）汽车上配有充、放电指示功能的仪表和指示灯　汽车上蓄电池的充、放电情况一般由电流表指示，有的用指示灯指示。对于前者，当蓄电池向外供电，发电机向蓄电池充电时，都可以从电流表上指示出来。对于后者，发动机未启动或低速转动时，发电机是受发动机带动的，蓄电池指示灯点亮，一旦发动机运转带动发电机转速超过1000r/min以上时，指示灯熄灭，以示蓄电池处于充电状态。

需要说明的是，由于起动机和电喇叭的用电量较大（十几安培至几百安培），故它们的工作电流一般不经过电流表。

（9）汽车上的导线具有颜色代码特征　随着汽车用电设备的增加，导线数目也在不断增多。为了便于识别和安装、检修汽车用电设备，汽车电路中的低压线通常由不同的颜色组成，并在汽车电路图上用表示颜色的字母代号标注出来。汽车电路配线上颜色缩写字母中英文对照如表4-2中所列。

（10）汽车上的线路、用电设备具有数字编码特征　线路编号（也称线路编码）没有统一的规定，一般由生产厂家统一编号，这些编号包括元器件（或零部件）、插接件、导线和支路等。

（11）汽车电器电路由单元电路组合而成　汽车电器电路尽管复杂，但都是由不同功能、相对独立的单元电路组合而成的。单元电路又分为基本单元电路和辅助单元电路。

1）基本单元电路　是汽车上必须具备的，通常又称为基本配置。这些电路包括供电电路、启动电路、点火电路、照明及仪表电路等。

2）辅助单元电路　因车型的不同，配置也不一样。常见的辅助单元电路有制动防抱死系统（ABS）电路、电动雨刮器与洗涤器电路、空调系统电路、巡航电子控制系统（CCS）电路、电动天窗电路、电动座椅电路、电动后视镜电路、SRS安全气囊电路等。

表 4-2 汽车电路配线上颜色缩写字母中英文对照

	缩写	英文	中文		缩写	英文	中文		缩写	英文	中文
中国	B	Black	黑色	日本	GY	Gray	灰色	欧洲	OR	Orange	橙色
	W	White	白色		LT Bu	Light Blue	浅蓝色		P	Pink	粉红色
	R	Red	红色		LT GN	Light Green	浅绿色		Pu	Purple	紫色
	G	Green	绿色		OG	Orange	橙色		GY	Gray	灰色
	Y	Yellow	黄色		PK	Pink	粉红色		SB	Sky Blue	天蓝色
	BR	Brown	棕色		PL	Purple	紫红色		CH	Chocolate	咖啡色
	BL	Blue	蓝色		RD	Red	红色		BL	Blue	蓝色
	GR	Gray	灰色		TN	Tan	褐色		BR	Brown	棕色
	V	Violet	紫色		VI	Violed	粉紫色		YE	Yellow	黄色
	O	Orange	橙色		WT	White	白色		GN	Green	绿色
	P	Pastel	粉色		B	Black	黑色		GR	Gray	深灰色
美国	BK	Black	黑色		W	White	白色		M	Maroon	褐红色
	Bu	Blue	蓝色		R	Red	红色		NE	Neutral	浅灰色
	BN	Brown	棕色		G	Green	绿色		RD	Red	红色
	CR	Clear	透明（无色）		L	Blue	蓝色		OG	Orange	橙色
	DK Bu	Dark Blue	深蓝色	欧洲	LG	Light Green	浅绿色		VI	Violet	粉紫色
	DK GN	Dark Green	深绿色		Y	Yellow	黄色		WT	White	白色
	GN	Green	绿色		BR	Brown	棕色		LBL	Light Blue	浅蓝色

4.3 汽车电子电路的特点

汽车电子电路是指将半导体分立器件、集成电路及微处理器等电子元器件与汽车结合起来完成某项控制功能的电路。汽车电子电路虽然也是由电子元器件组合而成的，具有普通电子电路的特点，但有其特殊性，归纳起来主要有以下几方面。

（1）机电一体化结合较紧密　汽车电子技术应用在实际电路上时，多与汽车上某些相关的机械系统结合起来去完成某项功能。电子电路通常是处理接收到的检测信号，然后根据检测到的信号发出相关的控制指令，由继电器等控制执行系统（或机构）去完成某项功能。这里的执行系统（或机构）都是由机械系统构成的。

例如，汽车电子点火控制电路就是接收点火信号传感器送来的检测到的信号，经处理后发出控制指令使点火线圈初级电流中断，其次级线圈产生的高压电由分电器按点火顺序分配至各气缸火花塞，使火花塞产生的高压电火花点燃可燃混合气。这里的电子点火控制电路提供的是控制信号，执行机械系统就是分电器。

（2）以组件方式应用在汽车上　特殊的工作条件（野外作业、环境条件恶劣等），汽车在不同等级的路面上行驶时会有不同的振动及冲击，同时发动机工作时的温度较高

（＞60℃），在这种环境下工作的电子电路，如不采取一定的措施，往往会使电子电路早期损坏或出现不稳定等现象。另外，电子电路遇水会造成电路短路。

因此，汽车上的电子电路多以组件方式应用，且组件采用密封方式，安装在通风较好的地方，如充电系统中的电子电压调节器、点火系统中的电子点火器、电子燃油喷射控制系统中的 ECU 组件、ABS（英文 Anti Lock Braking System 的缩写，意为制动防抱死系统）组件等。

（3）用以完成某项控制功能　汽车上使用的电子电路，除了极少数由大规模集成微处理器构成的组件具有多种控制功能外，多数都用以完成某项控制功能，故电路相对来说比较单一。

（4）使用的元器件类型较多　汽车电子电路中使用的电子元器件既有常用的晶体三极管、晶体二极管、阻容元件，又有专用的或通用的集成电路，如 555 时基电路和 L497 点火集成电路等，还有大规模微处理器集成电路，如发动机电控单元（ECU）、ABS ECU（制动防抱死电控单元微处理器）、CCS ECU（巡航电子控制微处理器）、SRS ECU（安全气囊电子控制微处理器）、ECT ECU（电子控制式自动变速器微处理器）等。

在所组成的（单元）电子电路中，既有全分立元器件方式，又有由集成电路组成的电路，还有采用分立元器件与集成电路组合在一起的混合电子电路。

为了缩小体积，汽车电子电路中所使用的元器件有的采用片状安装方式，如片状集成电路、片状电阻、片状电容、片状晶体管等。

4.4　汽车电路图的类型与特点

了解汽车电路图的类型及其内在的联系和组成特点，对于快速看懂电气线路图也会有很大的帮助。

（1）汽车电路图的基本类型　汽车电路有部分电路和整车电路之分，相应地，也就有部分电路图和整车电路图之分。

1）部分电路　即局部电路或称单元电路，通常有电源电路、启动电路、点火电路、照明电路、信号及仪表电路等。

2）整车电路　即汽车总电路，通常是将汽车上各种电气设备按照它们各自的工作特点和相互联系，通过各种开关、保险等装置，用导线把它们合理地连接起来而构成的一个整体电路。

常见的整车电路图有三种：一种是汽车电气布线图（也称为电气线路图），通常是根据汽车电气设备的外形，采用相应的图形符号进行合理布线；另一种是汽车电路原理图，根据国家或有关部门制定的标准，用规定的图形符号绘制的较简单的电路；还有一种就是线束图，线束图主要说明哪些电路的导线汇合在一起，与何处进行连接等。

（2）汽车电气线路图的特点　汽车电气线路图是电气设备之间用导线相互连接的真实反映，它所连接的电气设备的安装位置、外形和线路走的路径与实际情况一致，便于对汽车电气故障进行判断与排除。

汽车电气线路图在画法上，比较注重电气设备在汽车上的实际位置。例如，通常图左边代表汽车的前部，图右边代表汽车的尾部。同时，图中的电气设备大多以实物轮廓的示意形状表示，给人以真实感。对那些实际安装布置时走向相同的连接导线也尽可能画在一起。

汽车电气线路图类似于无线电设备的实物接线图。其优点是较好地再现了电路的实际情况，缺点是识读比较困难。

(3）汽车电路原理图的特点　汽车电路原理图也称汽车电路图，通常是由电气线路图简化而来的。这种图的作用是表达电路的工作原理和连接状态，不讲究电气设备的形状、位置和导线走向的实际情况。

汽车电路图类似于无线电设备的电原理图，图中电气设备均采用符号表示（较特殊的符号则辅以图例说明）。这种图对于了解汽车电气设备的工作原理或工作过程，以及分析判断故障的大概部位很有用处。

（4）汽车线束图的特点　汽车上导线的种类和数量较多，为保证安装可靠，走向相同的各类导线常被包扎成电缆，这种电缆又称线束。

汽车线束图反映的是已制成的线束外形，故也称线束包扎图，图中一般标明线束中每根导线所连接的电气设备的名称，有的还标注了每根导线的长度。

汽车线束图类似于无线电设备中的印制电路板图。在制作或安装线束时，使用这类图纸极为方便。

汽车线束图通常又分为主线束图和辅助线束图。主线束图又分为底盘线束图和车身线束图。辅助线束类型较多，多用于主线束的支路并与各种辅助电器相连接（通过插接器），如空调电线束、车灯电线束、电动车窗电线束、制动防抱死（ABS）电线束、自动变速器电线束、电动座椅电线束、电动门窗电线束、倒车雷达电线束等。

4.5　汽车电路图的识图要领

汽车上各种电气装置繁多，电路密集、纵横交错，如果不从电路原理图上掌握其连线规律，诊断电路故障就比较困难。要修好汽车电气设备，必须读懂和掌握汽车电路图。尤其是初学者，更要学会如何读汽车电路图。各类汽车电路图的识别通常有以下识图要领。

（1）认真读几遍图注　汽车电路图上的图注说明了该汽车所有电气设备的名称及其数码代号，通过读图注可以初步了解该汽车都装配了哪些电气设备。然后通过电气设备的数码代号在电路图中找到该电气设备，再进一步找出相互连接线、控制关系。这样就可以了解该汽车电路的特点及配置的基本电气设备。

（2）牢记电气图形符号　汽车电路图是利用各种电气图形符号来表示其构成和工作原理的。因此，必须牢记电气图形符号的含义，才能看懂电路原理图。对于汽车电气线路图，由于线路中零部件或元器件多以其外形轮廓的示意形状表示，因此，对于这些外形轮廓的形状也应熟记。

（3）熟记电路标记代号　为了便于绘制和识读汽车电路图，有些电气装置或其接线柱上都赋予不同的标记代号，如表4-3中所列。

表4-3　电气装置或其接线柱上赋予不同的标记代号举例

电气装置或其接线柱	标记代号	电气装置或其接线柱	标记代号
接至电源端的接线柱	B 或 "+"	发电机磁场接线柱	F
接至点火开关的接线柱	SW	发电机励磁电压输出端接线柱	D+
接至起动机的接线柱	S	发电机电枢输出端接线柱	B+
接至发电机中性点的接线柱	N	电子电压调节器充电指示灯接线柱	L

1）点火开关的接线柱标记　在汽车电路图上，不同类型、不同品牌的车辆，其点火开关接线柱上的标记也不一样，较常见的标记归纳起来如表4-4中所列。

表 4-4　汽车电路图上点火开关接线柱上较常见的标记

标记名称	常见标记代号	标记名称	常见标记代号
点火开关电源	1、30、B、B1、B2、B3、AM1、AM2	点火开关点火挡	2、5、11、13、15、IG
点火开关锁止挡	LOCK、OFF	点火开关预热挡	2、17、19、H、R1、R2
点火开关附件挡	3、A、15A、ACC	点火开关启动挡	4、50、C、Q、ST、ST1、ST2

2）国产汽车交流发电机电子电压调节器接线柱上的标记　电子电压调节器的端子不多，但如搞不清其接线柱上的标记功能，在识图时往往无法对其进行分析，也会影响故障检测、修理和代换。

国产汽车上常用的电子电压调节器大多为三个接线端，这三个接线端的标记及其含义如表 4-5 中所列。

表 4-5　国产汽车上常用的电子电压调节器三个接线端的标记及其含义

标记名称	常见标记代号	标记名称	常见标记代号
与蓄电池正极端相连的端子	⊕ 或 D+、E+	与搭铁（即接地线）端相连的端子	⊖ 或 D-、E-
与发电机磁场线圈相连的端子	F		

对于超过三个端子的电子电压调节器的识别，可先找出上述三个主要端子，然后再通过观察它与其他电气装置的连接情况来确定，一般有如表 4-6 中所列的规律。

表 4-6　国产汽车上常用的电子电压调节器其他接线端的标记及其含义

标记名称	常见标记代号	标记名称	常见标记代号
与充电指示灯相连的端子	L	作为取样电压输入端的端子	B 或 S

（4）牢记回路原则　在汽车电路中，任何一个完整的电路都是由电源、熔断器、开关、用电设备、导线等组成的。电流流向必须从电源正极出发，经过熔断器、开关、导线等到达用电设备，再经过导线（或搭铁）回到电源负极，构成回路。这样的电路才是正确的，否则就是读错了或查错了。

具体方法如下：可以沿着电路电流的流向，由电源的正极出发，顺藤摸瓜查到用电设备、开关等，回到电源负极；也可逆着电路电流的方向，由电源负极（搭铁）开始，经过用电设备、开关等回到电源正极，尤其是查寻一些不熟悉的电路，后者比前者更方便。

（5）牢记搭铁极性　一般规定汽车电路为负极搭铁。过去曾有采用正极搭铁的汽车，但这类车型现在已很少见到。

（6）掌握开关、继电器的初始状态　在汽车电路图中，各种开关、继电器都是按初始状态画出的，即按钮没有按下，开关未接通，继电器线圈没有通电，其触点未闭合（指常开触点）或没有打开（指常闭触点），这种状态称为原始状态。开关、继电器的初始状态及其识读方法简述如下。

1）按开关的工作状态进行分析　在识读汽车电路图时，往往不能完全按原始状态分析，否则很难理解电路的工作原理，因为大多数用电设备都是通过开关、按钮、继电器触点的变化而改变回路，进而实现不同的电路功能。所以，必须按开关的工作状态进行分析。例如，刮水器就是通过刮水开关挡位的变化来实现间歇、低速、高速刮水功能的，必须把三种工作状态的电流走向读通，这对于理解工作原理、轻松读懂电路图有很大的帮助。

2）多挡开关的识读方法　汽车大多数用电气设备都是通过开关或继电器的不同状态而形成回路，或改变回路实现不同的功能的。对于采用组合开关的电路，还应注意蓄电池（或发电机）电流是通过什么途径到达这个开关的，中间是否经过其他开关或熔断器，火线（即蓄电池正极）接在开关的哪个接线柱上；多挡开关共有几个挡位，开关内部有几个同时或分别动作的触点，在每一挡位各接通或关断哪些电器；组合开关由哪些开关或按钮组合而成，各通过哪些触点接通电路或改变回路的。

对多层多挡多接线柱的开关，要按层、按挡位、按接线柱逐级分析其各层各挡的功能。有的用电设备受两个以上单挡开关（或继电器）的控制，有的受两个以上多挡开关的控制，其工作状态比较复杂，如间歇刮水器电路。当开关接线柱较多时，首先抓住从电源来的一两个接线柱，再逐个分析与其他各接线柱相连的用电设备处于何种挡位，从而找出控制关系。对于组合开关，在线路图中是画在一起的，而在电路图中又按其功能画在各自的局部电路中，遇到这种情况必须仔细研究识读。

3）识读开关应特别关注的部位　开关是控制汽车电路通断的关键，一个主开关上往往汇集许多导线，所以在分析电路时应特别关注：蓄电池（或发电机）的电流是通过什么路径到达这个开关的，这个开关是手动的还是电控的，中间是否还经过其他开关和熔断器；开关的许多接线柱中，哪些是直通电源的，哪些又是接用电设备的，而接线柱旁是否有接线符号，这些文字符号是否常见；开关有几个挡位，每一挡哪些接线柱是常有电的，哪些是无电的；这个开关能控制哪些电器，受控电器有什么作用；在受控电器中，哪些应是经常接通的，哪些只是短暂接通的，其中包括哪些电器应先接通，哪些是后接通的，哪些是单独工作的，哪些又是同时工作的，哪些电器不允许同时接通进行工作。

（7）掌握电气装置在电路图中的位置　在汽车电气系统中，有大量的电气装置是机电合一的，如各种继电器，还有多层多挡组合开关。这些电气装置在电路图上表示时，厂家为了使画法既简单（便于画图）又便于识图，多根据实际情况采用集中表示法或分开表示法来反映电路的连接情况。

1）集中表示法　就是把一个电气装置的各组成部分在图上集中绘制的一种方法。此法仅适用于较简单的电路。

2）分开表示法　随着汽车电路日趋复杂，一个电气装置有较多的组成部分（如组合开关等），若集中画在一起，则容易引起线条往返和交叉线过多，造成识图和用图困难。再如继电器线圈、触点，有时绘制在一起也容易引起线条往返和交叉线过多，造成识图困难。这时多采用分开表示法，即把继电器的线圈、触点分别画在不同的电路中，然后用同一文字符号或数字符号将分开部分联系起来。

（8）通过局部电路及其连接关系识读整车电路　在读懂局部电路工作原理的基础上，再通过各局部电路的连接关系，尤其是电源电路的连接关系，也可弄清整车电路的工作原理。

（9）浏览全图，框画各个系统　要迅速读懂汽车电路图，还必须掌握组成电路的各个电气元件的功能和电气特性。根据电路图上的电气图形符号及文字符号，首先对全车电气设备的概况进行全面的了解。在大概掌握全图基本原理的基础上，再把一个个单独的电气系统（即局部电路，或称单元电路）框画出来（或单独画出来），这样就容易抓住每一部分的主要功能及特性。这样做的优点有以下两个方面。

1）发现特点　在同一局部（单元）电路中，各电气设备间的联系比较紧密，而与其他局部（单元）电路的联系较松散，通过这种框画以后，就比较容易发现其特点，便于进行工作原理的分析和确定故障的可能范围。

2）发现异同　许多汽车的某些局部（单元）电路是相同或大同小异的，这样只要略作比较，便可知道其异同，从而可以举一反三。

在框画各个系统时，应注意既不能漏掉各个系统中的组件，也不能多框画其他系统的组件，一定要遵守回路原则，其一般规律是：各电气系统只有电源和总开关是公共的，其他任何一个系统都应是一个完整的独立的电气回路，即包括电源、开关（保险）、用电设备（或电子线路）、导线等，并从电源的正极经导线、开关、熔断器至用电设备后搭铁，最后回到电源负极，否则所框画出的系统（单元电路）图就不正确。在看电路图时，应先找出电源部分，然后从电源火线到熔断器、开关，再往下找到用电设备，最后找搭铁点。

（10）熟记各局部电路之间的相互关系　如上所述，整车电路基本上由电源电路、充电电路、启动电路、点火电路、照明电路、辅助电器电路等单元电路组成。从整车电路来讲，各单元（局部）电路除电源电路公用外，其他单元电路都是相对独立的，但它们之间也存在着内在联系和相互影响。因此，识图时不但要熟悉各局部电路的组成、特点、工作过程和电流流经的路径，还要了解各局部电路之间的联系和相互影响。这是掌握汽车电路的一个重要环节，也是实现准确判断和迅速找出故障部位、排除故障的必要条件。

（11）识读汽车电路图时应顺着电流流向看图　任何汽车电路都应是一个完整的回路，其中包括电源、开关（或熔器）、用电设备（或电子线路）、导线和插接器等，并从电源正极经导线、开关（或熔断器）至用电设备后接地，回到同一电源的负极，这样的电路才是正确的，否则就是读错了或查错了回路。这个简单而重要的原则无论在读什么电路图时都是必须遵守的。

具体来讲，读汽车电路图时应注意，电流一定要能构成闭合回路；电源线有交点时，说明此处有并联支路；查看开关时，注意其不同挡位的通断以及各输出导线的走向；各系统电源线起点是不同的，如信号系统从点火开关得到电源，而照明系统一般从照明开关开始读图。在识读图时，还应找出各个系统的电源线，顺着电流的走（流）向找出该单元的控制开关和用电设备，最后到公共接地线为止。当然也可逆着电流的方向，从电源负极（接地）开始，经过用电设备、开关等回到电源正极。尤其是查寻一些不太熟悉的电路，后者比前者更为方便。

（12）熟悉线束色标、代号的规律　在通常情况下，汽车上导线用什么颜色，在电路图上就用相应的字母或标记标注什么颜色，两者一一对应。导线的颜色通常在应用时也有一定的规律，如红色线大多为控制火线，棕色或黑色线为搭铁线，白色或黄色线用于控制灯，蓝色线大多用于指示灯或传感器，绿色、红/黑色或绿/黑色线多用于脉冲式的用电设备等。各国汽车用导线的情况不太一样，这些内容在前面已介绍过，不再赘述。

对于大众系列车型来说，通常火线代号为30，搭铁线的代号为31，受控的大容量用电设备供电线的代号为X，受控的小容量用电设备供电线的代号为15。

掌握了以上这些规律，对识图很有帮助，也会使维修效率提高。

（13）先易后难各个击破　有些汽车电路图的某些局部电路可能比较复杂，一时难以看懂，可以暂时将其放一放，待其他局部电路都看懂后，结合已看懂的图中与该电路联系的有关信息，再来进一步识读这部分电路。

（14）解剖典型电路，以便于触类旁通　尽管目前市场上的汽车品种型号繁多，对于同一类型、同一系列、同一品牌的汽车来说，很多车型的许多局部电路都是相同或相近的；有些同一品牌、同一系列的局部电路甚至连标记代号都是相同的。通过解剖某些有代表性的典型电路，掌握其接线特点和原则，就可以了解到许多其他类似车型的电路，以此来达到触类旁通的目的。

（15）要善于请教和查找资料　新的汽车电气设备不断地出现和应用在汽车上，汽车电路图的变化很大。对于看不懂的电路要善于请教有关人员，同时还要善于查找资料，直至看懂或弄明白。

（16）了解电子控制系统电路接线的特点　随着现代汽车电子技术的进步和飞速发展，

电子控制装置逐渐增多，其电路也更为复杂化，故对电子装置电路的有关情况应有所了解、掌握。

1）了解电子控制装置的功能　首先要了解电子控制装置的功能，它控制哪些元器件，控制哪些物理量，有些 ECU 是控制点火系统的，有的是控制燃油喷射的，有些是控制自动变速器的，还有些是控制 ABS 的等。

2）掌握各种传感器的名称、安装部位、功用、结构原理及主要技术参数　例如断电状态下的阻值，通电状态下的电位高低、电流值等，以及各种传感器的信号电压是模拟量、脉冲量还是开关量。

3）找到各主要元件位置并了解其功能作用、连接特点

① 找到 ECU、各传感器、各执行器在车上的安装位置，区别插接器及其端子的排列序号，区别各元器件的外形特征。

② 了解 ECU 内部主要功能块的作用，掌握各传感器、执行器之间的接线端子序号、字母代号及各端子之间的正常电压或电阻值。

③ ECU 控制电路必须受点火开关控制，ECU 工作一般有开环与闭环两种控制模式。

④ ECU 必须由各种传感器随时输入工况信号，且具有自诊断功能。

（17）汽车线束图识图技能　汽车线束图是用于汽车制造上的安装指导图或维护修理工作中更换导线的接线图，图上每根导线所标明的颜色和编码，就是实际车上导线的颜色和导线端子所印制的数字，只要按标记将该导线对应安装在指定的相关用电装置的接线柱上，就可完成接线任务。因此，线束图在生产中使用非常广泛。

（18）汽车电气线路图识图技能　在识读汽车电气线路图时，要正确判断接点标记、线型和色码标示，标记颜色的字母因汽车生产国别不同而有区别，如我国、美国及日本采用英文字母，德国采用德文字母，俄罗斯采用俄文字母。

进口汽车一般只配有线路图，其原理图往往是汽车工程研究人员为研究、使用与检修而收集绘制的。由于这些图来源不同，收集整理时间不同，符号、惯例的变更等诸方面原因，在画法上有所差异，在阅读电路原理图时必须注意这一点。

（19）识读电路图时应注重了解的信息　识读汽车线路图、原理图、线束图的目的，往往是为了修车，故在读图时都要有所侧重地了解与所修车辆有关的相关信息，识图时通常应注重了解的信息如下。

① 对该车所使用的电气设备结构、原理有一定了解，知道它们的标准规格、编号、导线色码及其走向。

② 认真识读线路图，了解全车所用电气设备的名称、数量和实际安装位置，设备所用的接线柱数量、名称及插接器形式和数量等。

③ 识读电路原理图应了解主要电气设备的各端子和其他哪些电气设备的哪些端子相连；该设备的分线走向；分线路上开关、熔断器、继电器的作用；控制方式和工作基本过程。

④ 识读线束图应了解该车有多少束线束，各线束名称及在汽车上的安装位置；每一线束的枝叉通向哪个电气设备，每一分枝叉有几根导线及它们的颜色和标号，连接在哪些端子上；该车有哪些插接器以及它们之间的连接情况。

⑤ 了解各电器的接线柱极性，如蓄电池，是不能接错的，应特别注意。

⑥ 汽车电路中有许多部分是类似的，都是性质相同或基本相同的回路，不同的只有个别情形。所以识读时要抓住典型电路，触类旁通。

（20）识读汽车电路图要领总结　综上所述，识读汽车电路图时，如果不从电路原理上掌握其连线规律，诊断线路故障就比较困难。掌握以上这些识图的基本知识，只是为识读电路图打下一定的基础，想要快速、准确地找出汽车电路中的故障，还需要不断地学习与实践。

只有这样，在对汽车电气系统进行故障诊断时，才可以真正做到事半功倍。

习题 4

（1）填空题

1）汽车最基本的直流电路主要由____、____、____、____和____等组成。

2）在汽车电路图中，各种开关、继电器都是按初始状态画出的，即按钮____、开关____，继电器线圈____，其触点____（指常开触点）或____（指常闭触点），这种状态称为原始状态。

（2）选择题

1）汽车电气线路图类似于无线电设备的：（a）电路原理图；（b）印制电路板图；（c）实物接线图。

2）汽车电路图类似于无线电设备的：（a）电路原理图；（b）印制电路板图；（c）实物接线图。

3）汽车线束图类似于无线电设备的：（a）电路原理图；（b）印制电路板图；（c）实物接线图。

4）汽车上的用电设备采用什么方式与电源连接？（a）串联；（b）并联；（c）串、并联。

5）某发电机的一个接线柱标注有"D＋"符号，表示该接线柱为：（a）磁场接柱；（b）电枢输出接柱；（c）励磁电压输出接柱；（d）中性点接柱。

6）汽油轿车大多采用低压多少伏电压供电？柴油货车大多采用低压多少伏电压供电？（a）24V，12V；（b）24V，24V；（c）12V，24V；（d）12V，12V。

7）汽车充电指示灯在发电机未启动或低速时_____，发电机转速超过1000r/min以上，充电指示灯_____，以示处于_____状态。（a）熄灭，点亮，充电；（b）点亮，熄灭，放电；（c）点亮，熄灭，充电；（d）熄灭，点亮，放电。

8）起动机和电喇叭的工作电流是否经过电流表？（a）起动机经过、电喇叭不经过；（b）两者均经过；（c）起动机不经过、电喇叭经过；（d）两者均不经过。

（3）问答题

1）简述汽车电路组成以及各基本单元电路的作用。

2）汽车电路图有哪几类？简述各自的特点。

3）什么是汽车的单线制？

4）什么是负极搭铁和正极搭铁？负极搭铁有什么特点？

5）识读汽车电路图时，有哪些基本要领？

6）在汽车低压线路中，为什么有颜色和编号特征？常见的有哪些选用原则？

7）德国大众系列汽车线路编码有什么特征？如何识别？

8）汽车电器任何一个完整的基本电路都是由哪几部分构成？

9）在识读汽车电路图时应注重了解哪些信息？

第5章

学习框画汽车电路，读懂电流通路

本章导读

汽车电路原理图是一种用各种符号、图线来表示电气元器件之间的相互关系或连接关系，阐述电路工作原理、描述电气控制装置的构成和功能，指导各种电气控制设备、电气控制电路的安装接线、运行、维护和管理的语言。

汽车电路都是由基本单元电路组合而成的，各单元电路又由各种元器件或零部件根据不同功能的需要连接而成。因此，要读懂汽车电路原理图，不仅要掌握看图的基本知识，也就是要充分了解汽车电路图的构成、种类、特点，认识汽车电路图的图形符号、文字符号及其含义，还要了解绘制汽车电路图的一些规定，了解和掌握汽车电气制图的一般规则及看图的基本方法与步骤，以便快速、准确地看图。

汽车的基本单元电路大同小异，识读任何车辆的电路原理图时，均可一个单元电路一个单元电路地读通其电流走向，最终就会使整个原理图一目了然。这些就是本章所要介绍的内容。为了有一个完整性，本章以大众系列轿车整车电路原理图为例进行介绍。

5.1 汽车电路的特点与识读的基本思路

汽车上各种电气装置繁多，电路密集、纵横交错，如果不从电路原理上掌握其接线规律，诊断电路故障就比较困难。

5.1.1 整车电路组成特点

现在的汽车电气设备的数量日趋增多，电路复杂程度差异甚大，但总体看汽车电气系统都由以下基本部分组成：电源电路、启动电路、点火电路（汽油机）、仪表电路、照明电路、辅助电路等。上述各部分电路，遵循汽车电路特有的规律，相互连接组成一个完整的汽车电气系统。

5.1.2 识读整车电路的基本思路

整车电路也就是汽车的总线路，该线路虽因车型而异，但车上各种电气设备的连接均遵循一定的规律，这些规律一定要熟练掌握。这也是下面所要介绍的内容。

（1）识图应在熟练掌握元件图形符号的基础上进行 识读汽车整车电路应在熟练掌握电路图中各种元件图形符号的基础上进行，如果线路过于复杂，可以先找出基本电路，在此基础上再识读其他电路。

（2）识图可从电源部分看起 汽车的供电电源贯穿整车电路的每一个部分，可从蓄电池处看起，先看蓄电池正极的走向，看哪些元件与蓄电池正极直接相连，这些都属于不受控的蓄电池电源。再看去熔断器或经开关或继电器控制后输出的电源，凡是受开关或继电器控制后输出的蓄电池电源，均属于受控电源，尤其是看点火开关输出的电源，去了哪些地方。

（3）识图顺序 在识读汽车整车电路图时，可从上到下、从左到右来进行，电路图的上部多属于电源走线，电路图的下部多为接地线（也就是搭铁线），电路图的中部多为各种元件的连接方式、控制关系。

（4）画出单元电路 有些汽车整车电路较为复杂，必要时，可从电路图中找出所需要的部分单独将其画出，这样更有利于对故障原因进行分析。在修理某些没有图纸车辆的故障时，往往也需要根据车辆上电器实际连接情况画出所需要的电路来对故障进行分析。为了帮助读者掌握这方面的技能，下面在对整车电路图识读时，就是从怎样在整车电路中找出单元电路说起。

5.2 汽车电路常用导线标注识别

汽车电器之间是由线路进行连接的，用于连接的导线即为连接线。实际的连接线有粗有细，以线束的方式出现。

5.2.1 不同粗细导线的识别

为了区分不同电路的功能和便于查找，汽车电路在图纸上采用了不同方式来对导线的粗细加以区别，一般是与导线的颜色字母代号组合在一起标注在该导线的旁边。导线颜色与线径组合标注形式归纳起来常见有表 5-1 所列的几种方式。

表 5-1 导线颜色与线径组合标注形式

标注形式举例	1.25B	1.5BR	0.3GB/W
含义	表示该导线为黑色，直径为 1.25mm	表示该导线基准色为黑色，辅助色条为红色，直径为 1.5mm	表示该导线基准色为绿色，辅助色条为黑色，所加套管的颜色为白色（斜线下面的字母一般表示套管颜色），直径为 0.3mm

5.2.2 导线连接点图形的识别

在汽车电路图中，对导线连接点多采用图形来表示，具体情况如表 5-2 中所列。

表 5-2 导线连接点的识别方法

内容	典型图形		图形含义	说明
单T形	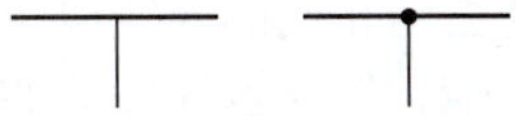 不加实心圆点	加实心圆点	左图均表示单T形连接导线	T形连接的导线加与不加实心圆点均可以
多T形	 不加实心圆点	加实心圆点	左图均表示多T形连接（这里以两T形连接为例）导线	多T形连接的导线加与不加实心圆点均可以
十字形	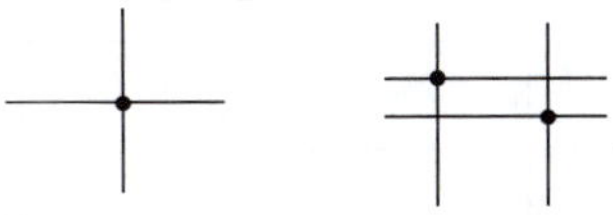 单十字	多十字	左图均表示十字形连接导线	十字形连接导线的连接点必须加实心圆点
十字形	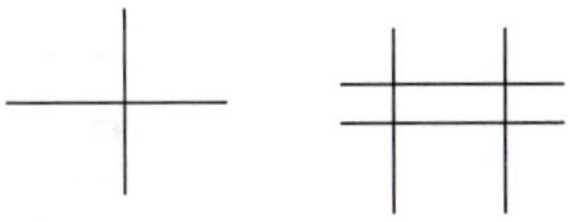 单十字	多十字	左图均表示十字形交叉导线	不连接的十字形交叉线，不能加实心圆点

5.2.3 连接导线去向的识别

在汽车电路图中，对导线去向采用图形来表示，具体情况如表 5-3 中所列。

表 5-3 连接导线去向的识别方法

典型图形	图形含义	实际图形	说明
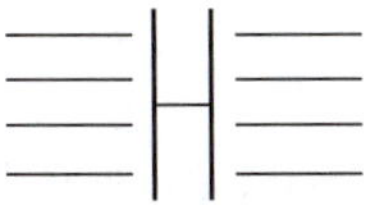	表示去向相同多根连接线的去向，它们的连接顺序相同，实际情况相当于右边图形所示	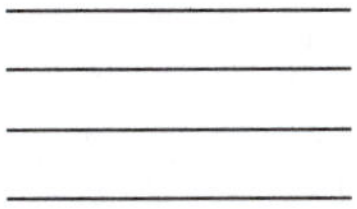	这种典型图形有些情况下为了防止接错，还标注有标记，只有在不会引起接错的情况下才省略标记
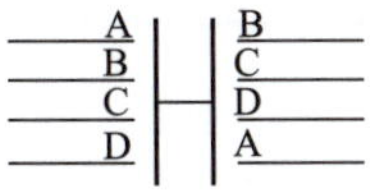	表示去向不相同多根连接线的去向，由于它们的连接顺序不相同，故加注了字母标记，实际情况相当于右边图形所示	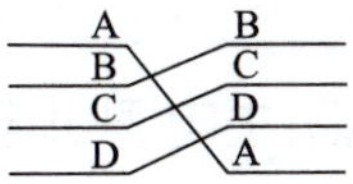	这种典型图形通常应用在导线组中的两端处于不同接线位置时的情况，通常都在导线两端分别标注相对应的文字符号
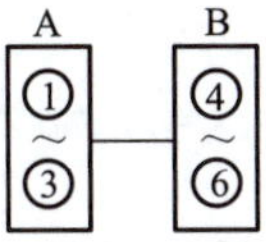	不同接线板或插接件等之间顺序连接方式，实际情况相当于右边图形所示	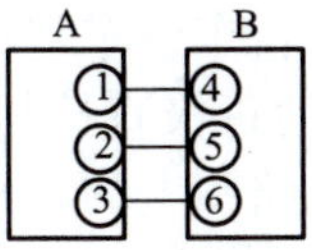	图中的 A 与 B 是两块接线板或插接件或其他连接插件，它们属于顺序连接方式。有的图形上的数字没有画圆圈
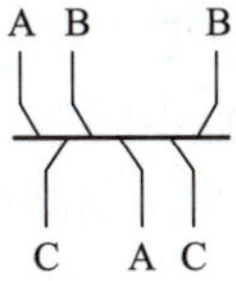	表示导线中途汇入、汇出的一组平行连接线，实际情况相当于右边图形所示	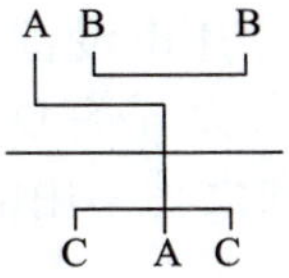	当导线中途汇入、汇出采用单线表示时，汇接处采用斜线表示导线的去向，连接线的末端加注有相同的标记符号

5.2.4 连接导线中断的识别

在汽车电路图中，对穿过图中符号较密集的区域，或从一张图纸连接到另一张图纸、或出现连接线较长的情况，往往采用中断表示方式，也就是把去向相同的导线组、元件端子连线及穿越图线较多区域的连接线中间处中断，以保证图面清晰，但在该连接线的中断处两端标记有相应的字母、文字或数字编号来表示该中断处是连接在一起的，具体情况如表 5-4 中所列。

表 5-4 连接导线中断的识别方法

典型图形	图形含义	实际图形
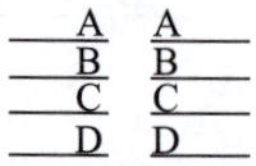	表示这一导线组在此中断	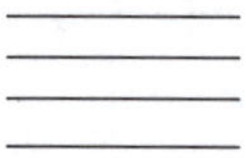
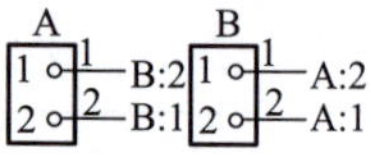	表示元件端子在此中断	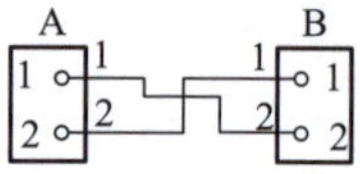
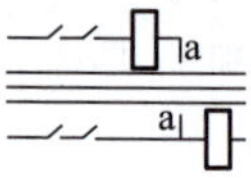	表示穿越图线时连接线中断	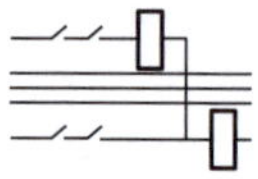

5.3 汽车电路的识读指导

大众轿车在我国拥有量很大，虽然由于配置不同，不同车型之间所使用的电子控制系统的数量不一样，但它们整车电路的基本部分却大同小异，有的仅是编号、字母代号或某些元件所画的位置不一样。下面以大众轿车整车基本电路为例，来说明识读整车电路的方法。

5.3.1 大众轿车整车基本电路

由于大众轿车整车基本电路较长，故这里将其分为两张图，其中的图 5-1（a）所示为大众轿车的电源、启动、预热、点火、仪表和信号、照明和信号电路原理图；图 5-1（b）所示为大众轿车的照明、信号、刮水与洗涤、电喇叭电路原理图。

5.3.2 大众轿车整车基本电路主电源供电情况

在拿到一张不熟悉的汽车电路图时，一定要先找出其主电源的供电情况，这样有利于纵观全局，对故障维修很有好处。大众轿车整车基本电路中的主电源供电主要分为以下三路。

（1）A 路供电　A 路是与蓄电池正极直接相连的 12V 电源线，在停车或发动机熄火状态下均有电，属于不受控的电源，电路图上的编号为 30 号线。

（2）B 路供电　B 路供电是在点火开关 D 处于 1 挡或 2 挡时，第 4 掷开关将 B 路电源接通，属于受控的电源，主要为小功率用电设备供电，电路图上的编号为 15 号线。

（3）C 路供电　C 路供电是在点火开关 D 处于 1 挡时，第 3 掷开关接通中间继电器 J59，由 A 路电源经 J59 闭合的触点向大功率用电设备供电，也属于受控的电源，电路图上的编号为 X 号线。

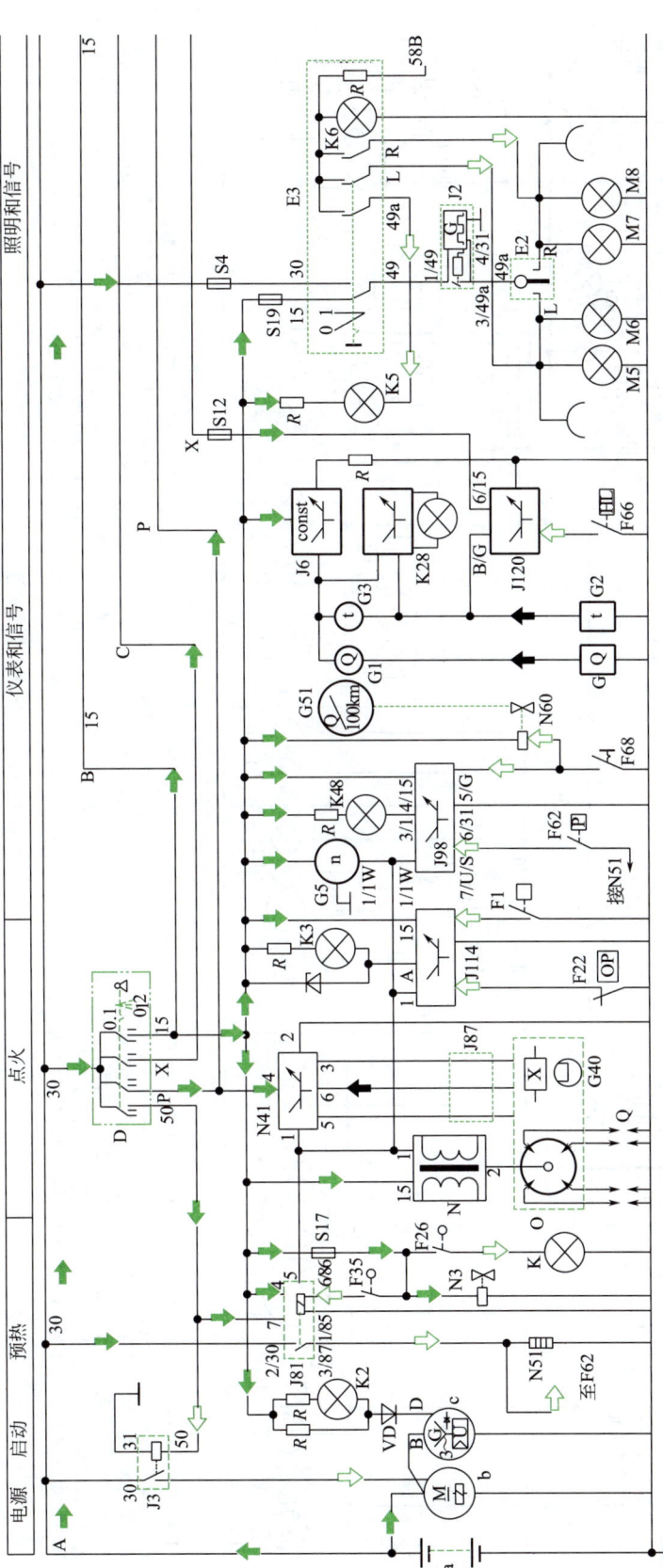

图 5-1

a—蓄电池；b—起动机；c—整体式交流发动机；D—点火开关；E2—转向灯开关；E3—危险警告灯开关；F1—高压油灯开关；F22—低压油灯开关；F26—自动阻风门温控开关；F35—进气管预热塞温控开关；F62—换挡指示灯真空开关；F66—霍尔传感器；F68—换挡油耗指示器变换开关；G1—燃油表传感器；G2—温度表；G3—温度表传感器；G5—转速表；G40—霍尔传感器；G51—油耗表；J2—闪光器；J3—启动继电器；J6—稳压器；J81—进气管预热继电器；J98—换挡指示器控制装置；J114—油压指示器（温度过高亮红灯）；J120—冷却液温度/液位指示指示器；K2—充电指示灯；K3—油压指示灯；K5—转向指示灯；K6—报警闪光指示灯；K28—冷却液温度/液位指示指示器；K48—换挡指示器的加热电阻；M5—左前转向信号灯；M6—左后转向信号灯；M7—右前转向信号灯；M8—右后转向信号灯；N—点火控制器；N3—循环式空气截止阀；N41—点火控制器；N51—进气管预热塞的加热电阻；N60—油耗表电磁阀；O—内装霍尔式点火信号发生器的分电器；Q—火花塞

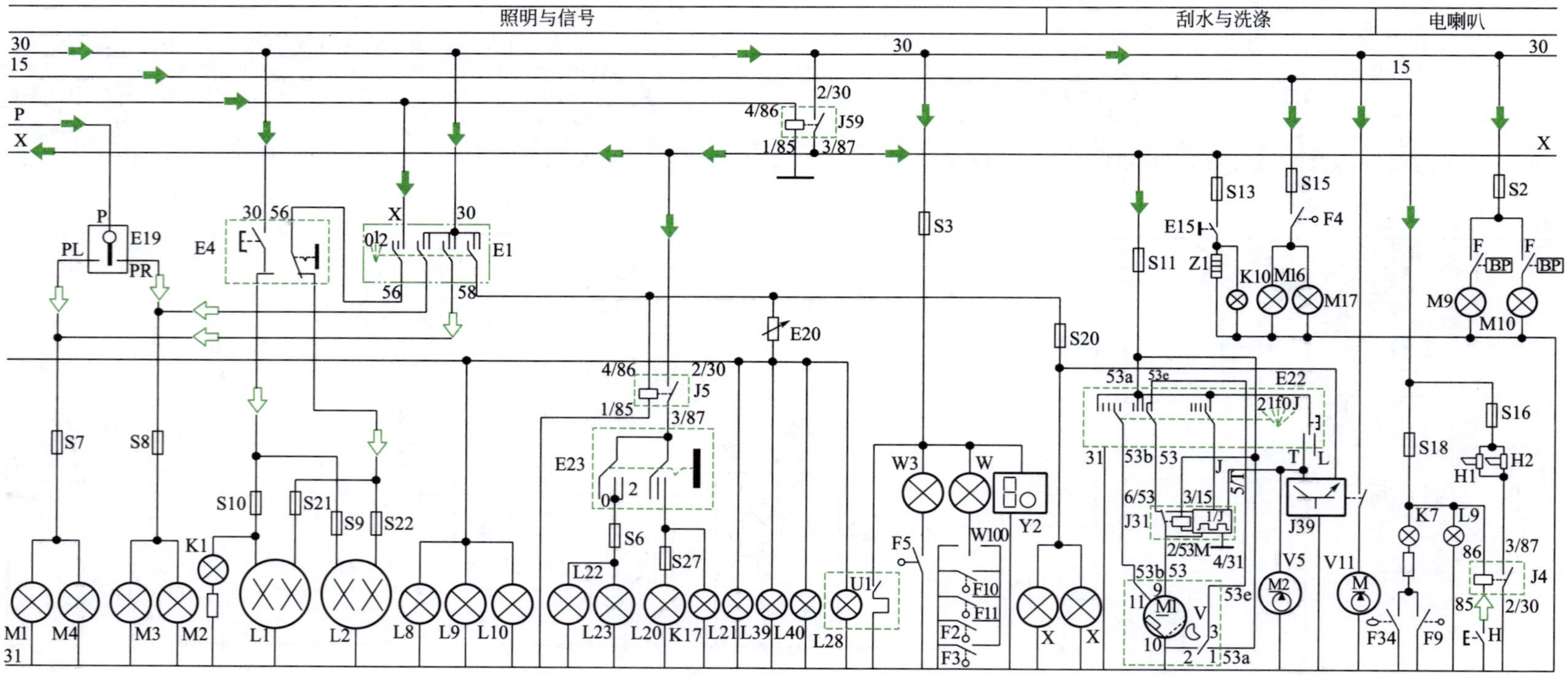

图 5-1 大众系列轿车整车电路原理图

E1—车灯开关；E4—变光和超车灯开关；E15—后风窗电热器开关；E19—停车灯开关；E20—仪表灯调光电阻；E22—刮水器开关；E23—前、后雾灯开关；F2、F3、F10、F11—顶灯门控开关；F4—倒车灯开关；F5—行李箱照明灯开关；F9—手制动指示灯开关；F34—制动液液位警告灯开关；H1、H2—双音盆形电喇叭；J4—喇叭继电器；J5—雾灯继电器；J31—洗涤器和间歇刮水器继电器；J39—前照灯洗涤器继电器；J59—中间继电器(减荷继电器)；K1—远光指示灯；K10—后风窗电热器指示灯；K17—后雾灯指示灯；L1—左前照灯；L2—右前照灯；L8—时钟照明灯；L9—灯光开关照明灯；L10—仪表照明灯；L21—空调开关板照明灯；L22—左前雾灯；L23—右前雾灯；L28—点烟器照明灯；L39—后风窗除霜器开关照明灯；L40—前后雾灯开关与小灯；M1~M4—合用的停车灯与小灯；M9、M10—左、右倒车灯；M16、M17—左、右制动灯；PR—行李箱照明灯；S7—雾灯开关；S8—后雾灯指示灯；S10—前照灯和间歇刮水器开关；S11—洗涤器开关；S13—后风窗除霜器开关；V5—前风窗洗涤泵；V11—前照灯洗涤泵；W3—行李箱照明灯；W100—顶灯开关；X—牌照灯；Y2—数字式电钟；Z1—后风窗电热器

5.3.3 大众轿车电源电路的识读

汽车供电电路通常都是由蓄电池与交流发动机并联组成。但这部分电路在电路原理图中一般不会单独画出，而与其他电路画在一起。由于汽车电路图大多较复杂，初学者在维修过程中刚开始看图时，可以先把供电部分的电路单独画出来，这样虽麻烦一些，但可以做到心里有数，会使后期的维修更加方便，可使检修速度加快。

（1）划分供电电路的基本原则
① 找出蓄电池（电源）与发电机之间的连接（包括电源总开关）关系。
② 找到交流发电机、电子电压调节器（对于整体式交流发电机则在发电机内部）、充电指示灯、蓄电池充电主回路。从交流发电机"+"→蓄电池"+"→接地（搭铁）→发电机"−"这一充电电路是全车电路的主干，它确立了两个直流电源之间的关系。
③ 找出励磁电路，交流发电机的励磁电路通常是由点火开关来控制其通、断的。

（2）画出供电电路的方法　寻找汽车基本电路[图 5-1（a）]中与充电系统有关的元器件时，应围绕交流发电机进行。与交流发电机有关的元器件有电压调节器、点火开关、充电指示灯、隔离二极管、限流电阻及蓄电池等。将所找到的元器件按原理图中的连接关系单独画出，就得到了如图 5-2（a）所示的大众轿车电源的简化原理图。

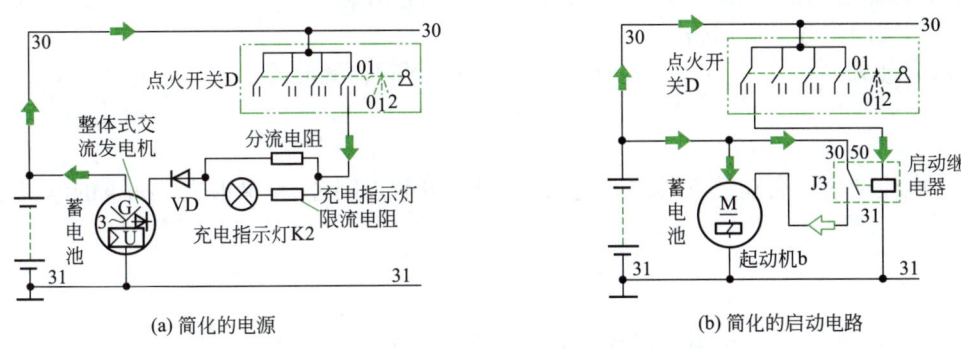

图 5-2　大众轿车简化的电源与启动电路原理图

（3）画无图纸汽车供电电路的方法
① 对于没有图纸的车辆，在画其供电电路时，也可以围绕蓄电池、交流发电机与电子电压调节器这三个核心元件来进行，可以从它们的接线端子顺着线束来查找其去向，如果没有把握，还可以采用万用表测电阻的方法来查找导线的去向，导线两端导通时，万用表的示值应近于零。每查找一个接点，就应及时将该接点连接的导线去向记录下来。
② 当将蓄电池、交流发电机与电子电压调节器这三个核心元件所有端子的连接导线去向都查清楚记录下来以后，就可以结合电源的简化原理图[图 5-2（a）]来进行整理了。虽然不同车辆的供电电路有所差别（例如轿车的充电系统采用充电指示灯 LED 代替了电流表，又如有的电子电压调节器有多个端子等），但它们最基本的连接方式还是一样的或大同小异。对于有多个端子的电子电压调节器，通常都有三个主要端子（搭铁端"−"、B+ 电源端、F 励磁端），应先画出这三个端子的连接线路，其他端子多属于辅助或保护功能用，可根据其连接去向来确定端子功能，但对于供电系统的检修来说，可以暂时不考虑。

（4）电流通路的识读　当点火开关 D 置于 1 挡、发动机转速低于 1200r/min 时，由于蓄电池电压高于发电机电压一定的数值，则充电指示灯 K2 点亮，其电流通路为：
蓄电池正极输出的电流→点火开关 D 第 4 掷闭合的触点→充电指示灯限流电阻→充

指示灯 K2→隔离二极管 VD→发电机磁场绕组→电压调节器内部控制磁场绕组励磁电流的、导通的大功率管 c-e 结→搭铁→蓄电池负极

当发动机带动发电机的转速达到或高于 1200r/min 时，发电机输出的电压高于蓄电池电压并向蓄电池充电。此时，由于二极管 VD 截止，从而导致了充电指示灯 K2 熄灭，以示发电机工作状态良好，处于充电状态。

5.3.4　大众轿车启动电路的识读

汽车的启动电路通常主要是由起动机与启动继电器等组成，但有的车辆上没有使用启动继电器，而直接用点火开关控制起动机的工作。启动电路在电路图中一般不会单独画出，而与其他电路画在一起。

（1）划分启动电路的基本原则　划分汽车基本电路［图 5-1（a）］中与启动系统有关的元器件时，应围绕起动机进行，和起动机有联系的就属启动系统元器件。与启动系统有关的元器件有蓄电池、起动机、启动继电器、点火开关等。

（2）画出启动电路的方法　将所找到的元器件及其之间的连接关系按原理图上的画法单独画出，就得到了如图 5-2（b）所示的启动电路简化原理图。

（3）电流通路的识读　起动机 b 受启动继电器常开触点的控制，而由点火开关来控制启动继电器线圈中的电流通路。

当点火开关 D 置于图 5-2（b）所示的第 2 挡位置时，就形成了如下的电流通路：

蓄电池正极→点火开关 D 第 2 挡闭合的触点→启动继电器 J3 的电磁线圈→搭铁→蓄电池负极

这一电流通路使启动继电器 J3 得电吸合，其常开触点闭合后，又形成了如下的电流通路：

蓄电池正极→启动继电器 J3 常开已闭合的触点，电压加到起动机 b 上，使起动机内的电磁开关线圈得电工作，驱动开关铁芯带动拨叉，使起动机驱动齿轮与发动机飞轮齿环相啮合

与此同时，蓄电池正极电流经导线向起动机输送强电流产生的大转矩，通过单向离合器驱动发动机。

一旦发动机被启动工作后，单向离合器开始打滑，此时点火开关在自动复位机构的作用下立即回到 1 挡，起动机内的电磁开关断电切断了起动机电源，起动机驱动齿轮在传动叉销回位弹簧的作用下，脱开了发动机的飞轮齿环而复位。

5.3.5　大众轿车点火电路的识读

汽车上使用的点火系统类型较多，早期采用的传统点火系统（又称蓄电池点火系统）现在已经不再使用，现在采用的是电子点火系统。电子点火系统有多种类型，大众轿车的点火系统也有好几种类型，最常见的是霍尔分电器式与无分电器微电脑控制式两种。后者是把前者电路中的点火开关放大器等有关部分也集成到发动机电控单元（ECU）中，并由 ECU 中的电子电路进行分电而取代了分电器后形成的。故只要搞懂了前者的原理，对于后者的理解也就不难了。

（1）划分点火电路的基本原则　寻找汽车基本电路［图 5-1（a）］中与点火系统有关的元器件时，应围绕点火线圈 N、内装霍尔式点火信号发生器的分电器 O 来进行。除此之外，与它们有联系的元器件还有火花塞 Q、点火控制器 N41、点火开关 D 及蓄电池 a 等。

（2）画出点火电路的方法　将所找到的元器件按原理图中的连接关系单独画出，就得到了如图 5-3 所示点火系统的简化原理图。

第 5 章 学习框画汽车电路，读懂电流通路

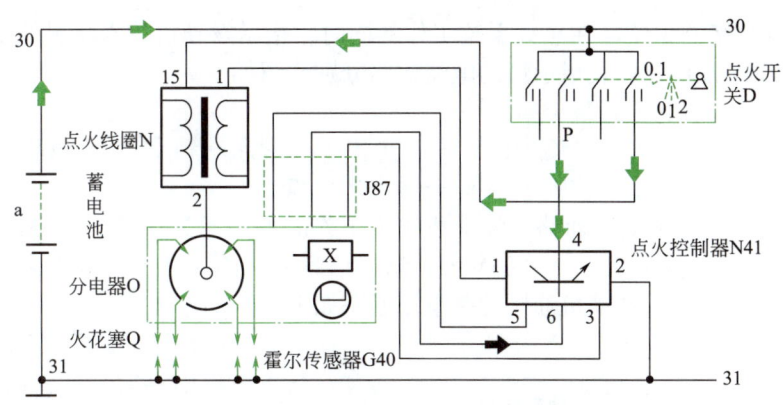

图 5-3 大众轿车简化的点火系统电路原理图

（3）电流通路的识读　当点火开关 D 置于 1 挡时，点火线圈初级线圈得电，其电流通路为：
蓄电池正极→点火开关 D 的第 4 掷闭合的触点→编号为 15 的线路→点火线圈 N 的初级线圈→点火控制器 N41→搭铁→蓄电池负极

当发动机凸轮轴驱动霍尔传感器 G40 的转子转动时，传感器发出的脉冲信号加至点火控制器 N41 上，控制 N41 周期地接通与切断点火线圈 N 中的初级电流，以使点火线圈次级产生的感应高压电，由分电器 O 按照点火顺序使相应气缸上的火花塞跳火点燃混合气。

5.3.6　大众轿车仪表与指示灯电路的识读

仪表与指示灯电路属于汽车信息显示系统的一部分，这部分电路既有传统方式的，也有电子方式的。传统方式的信息显示系统电路在各类货车上应用相当广泛，电子方式的信息显示系统电路在一些高档轿车上应用越来越广泛。

（1）划分信息显示系统电路的基本原则　寻找基本电路［图 5-1（a）］中与信息显示系统有关的元器件时，应围绕水温表、油压警告表、发动机转速表、燃油表、油压表等来进行。与这些仪表有联系的元器件还有相关的传感器、点火开关、蓄电池等。

（2）画出仪表与指示灯电路的方法　将所找到的元器件按原理图中的连接关系单独画出，就得到了如图 5-4 所示的仪表与指示灯电路的简化原理图。

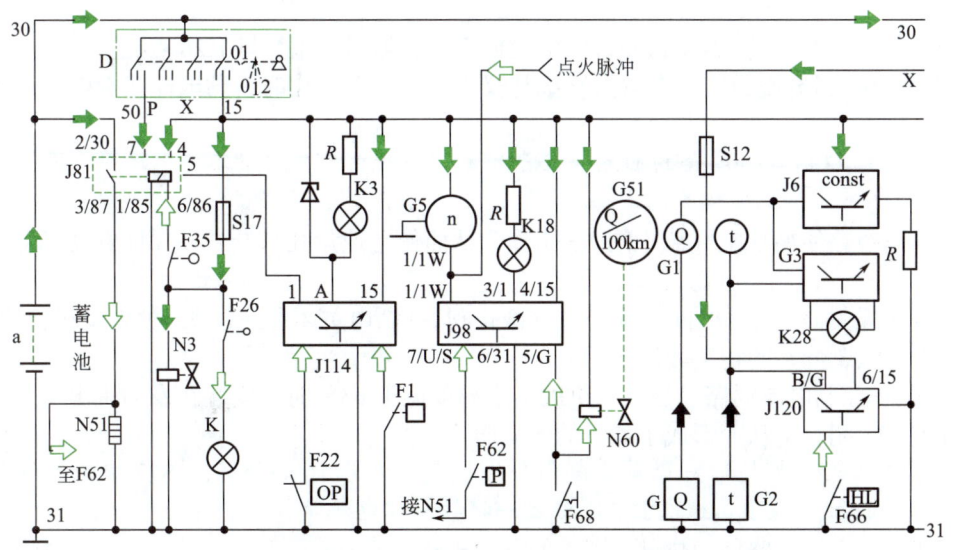

图 5-4 大众轿车简化的仪表与指示灯电路原理图

（3）电流通路的识读　在点火系统工作的同时，指示发动机技术状况的仪表与指示灯电路也同步工作，各种仪表及指示灯的电流通路分别介绍如下。

1）发动机转速表电流通路

蓄电池或发电机正极→点火开关 D 第 4 挡闭合的触点→编号 15 的线路→发动机转速表 G5→换挡指示器控制装置 J98→搭铁→蓄电池负极

2）发动机油压控制电流通路　发动机正常工作时的油压为 0.15～0.4MPa，当油压传感器检测到机油压力低于 0.03～0.05MPa，这一信息就在油压表上反映出来，以告知驾驶员发动机不能加载运行。发动机油压控制电流通路如下：

蓄电池或发电机正极→点火开关 D 第 4 挡闭合的触点→编号 15 的线路→油压指示灯限流电阻→油压指示灯 K3→油压检查控制器 J114 ┌高压油压开关 F1→搭铁→蓄电池负极
└经低压油压开关 F22→搭铁→蓄电池负极

当低压油压开关 F22 检测到油压低于 30kPa 后，就会自动闭合，等效于将油压检查控制器 J114 接地；而当发动机正常工作时的高压油压达不到 180kPa 时，高压油压开关 F1 仍断开，但油压指示灯 K3 会点亮，以示润滑系统有故障。若加大油门使发动机转速高于或等于 2000r/min 油压仍不正常时，则油压检查控制器 J114 就会发出蜂鸣报警声，此时应停车进行检查。

3）燃油表控制电流通路

蓄电池或发电机正极→点火开关 D 第 4 挡闭合的触点→编号 15 的线路→稳压器 J6→燃油表 G1→燃油表传感器 G→搭铁→蓄电池负极

4）冷却液温度表电流通路　发动机工作时的最佳水温为 75～90℃，通过水温表可监视发动机工作时的热状况，使汽车具有良好的动力性与经济性。冷却液温度表电流通路如下：

蓄电池或发电机正极→点火开关 D 第 4 挡闭合的触点→编号 15 的线路→稳压器 J6→冷却液温度表 G3→冷却液温度表传感器 G2→搭铁→蓄电池负极

5）液位报警灯电流通路

蓄电池或发电机正极→点火开关 D 第 4 挡闭合的触点→编号 15 的线路→稳压器 J6→冷却液温度指示灯 K28 ┌冷却液温度表传感器 G2→搭铁→蓄电池负极
└冷却液不足指示控制器 J120→冷却液不足指示开关 F66→搭铁→蓄电池负极

当冷却液温度超过 124℃或冷却液液位低于限制值时，报警灯 K28 点亮。

6）急速控制电流通路　在点火系统与仪表电路通电工作时，蓄电池或发电机正极输出的电流通路：

点火开关 D 第 4 挡闭合的触点→S17 熔断器→循环空气截止阀 N3 线圈→搭铁→蓄电池负极

该电流通路使循环空气截止阀 N3 工作，从而使急速量孔打开，以保证发动机急速时运转稳定。

当点火开关 D 置于空挡时，循环空气截止阀 N3 断电关闭急速量孔，使发动机很快熄火，以减少发动机燃烧室的积炭和排气污染。

7）预热控制电流通路　当发动机的出水温度低于 65℃时，安装在发动机出水管上方的温控开关 F35 闭合，从而形成了如下的电流通路：

蓄电池正极→点火开关 D 第 4 挡闭合的触点→编号 15 的线路→S17 熔断器→温控开关 F35 闭合的触点→预热继电器 J81 线圈→搭铁→蓄电池负极

上述这一电流通路使预热继电器 J81 内常开触点闭合，从而又形成了以下的电流通路：

蓄电池正极→预热继电器 J81 内闭合的触点→位于进气管内的加热器加热电阻 N51→搭铁→蓄电池负极

该电流通路使加热电阻 N51 通电加热混合气，以改善发动机冷车工作状况。当发动机出水温度高于 65℃时，温控开关 F35 自动断电，加热电阻 N51 断电停止工作。

8）油耗表电流通路　F68 为换挡油耗指示器变换开关，当其接通时，就形成了如下的电流通路：

蓄电池正极→点火开关 D 第 4 挡闭合的触点→编号 15 的线路→油耗表电磁阀 N60→换挡油耗指示器变换开关 F68→搭铁→蓄电池负极

该电流通路使油耗表电磁阀 N60 线圈得电工作，由其控制油耗表 G51 来指示出耗油量。

5.3.7　大众轿车灯光电路的识读

不同汽车照明与灯光信号系统是不完全相同的，但前照灯、转向灯、制动灯、雾灯等一些照明与灯光是必备的。

（1）识读照明与灯光信号电路图指导　汽车照明与灯光信号电路在电路图中一般大部分会单独画出，只有少量与其他电路有关而画在别处，例如仪表指示灯、汽车音响指示灯等。

1）识读汽车照明与灯光信号电路入门提示　由于汽车照明与灯光信号电路大多较复杂，初学者在维修过程中刚开始看图时，可以先把照明与灯光信号电路单独画出来，这样虽麻烦一些，但可以做到心里有数，会使后期的维修更加方便，可使检修速度加快。

2）汽车照明与灯光信号电路结构特点　各种汽车的照明与灯光信号电路在结构上基本相同，均由各种开关控制着相应的灯泡或指示灯及灯光信号装置，工作原理十分简单，一般都是开关按下后使相应灯泡电流回路形成而点亮或工作。

3）读图的特点　识读汽车照明与灯光信号电路时，首先找到车灯总开关，按接线符号分别找到电源火线、大灯远近光、变光器、小灯、仪表灯与尾灯、预热灯及其他灯等。新增加的特殊用途灯常经备用熔断器引出，单独开关控制。由于汽车电路中灯线多而长，若将照明与灯光信号系统改用原理图来表达，看图与查线就会很方便。

4）信号警示装置连接特点　一般汽车都应具有转向信号灯、制动信号灯（也包括电喇叭）。信号装置属于随时可以使用的短暂工作的电器，都是接在常有电的接线柱上的，只受开关（或按钮）控制，以免耽误信号警示的发出。

（2）画汽车照明与灯光信号电路图的基本原则和方法　寻找汽车基本电路（图 5-1）中与照明系统有关的元器件时，应围绕车灯开关、转向灯、前照灯（又称大灯，包括远光和近光）、雾灯、倒车灯、室内灯及制动灯等进行。与这些灯具有关的元器件按原理图上的画法单独画出，就可得到所需简化的原理图。

（3）画大众轿车简化的灯光电路注意事项　大众轿车基本电路图 5-1 中的灯系包括大灯、报警灯、转向灯、牌照灯、雾灯、车顶灯、行李厢照明灯、仪表照明灯、时钟照明灯、点烟器照明灯、空调开关板照明灯、除霜器开关照明灯、小灯、尾灯以及停车灯等。由于许多灯的电路图形符号一样，这就需要结合各灯旁标注的字母代号及其说明来确认其类型。

（4）简化的报警灯和转向灯电路　图 5-1 中转向信号系统主要由报警灯开关、闪光器、转向灯开关、转向灯以及熔断器等构成。围绕这些元器件以及与其有联系的电路元件，按原理图上的画法单独画出，就得到了图 5-5 所示简化的报警灯和转向灯电路原理图。

图 5-5 中的报警灯和转向灯合用一组灯泡和一个闪光器，左前、右前灯为 M5、M7，左后、右后灯为 M6、M8。

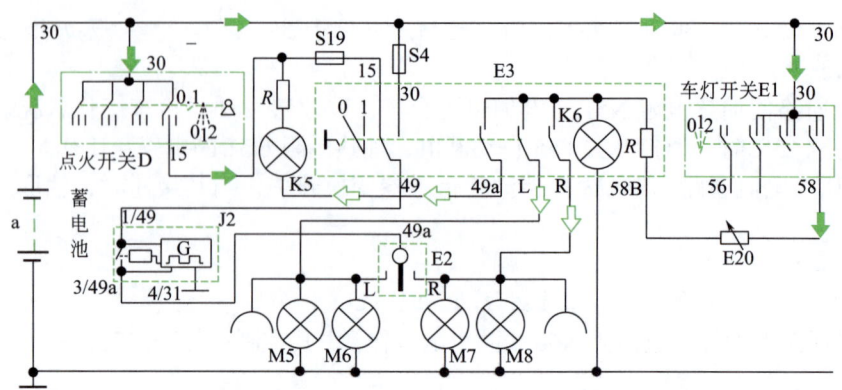

图 5-5 大众轿车简化的报警灯和转向灯电路原理图

1）报警灯电流通路　当车灯开关 E1 在 1 挡或 2 挡时，如图 5-5 所示，E1 的第 4 掷将编号 30 线上的电源引到仪表灯调光电阻 E20 及危险警告灯开关 E3 接线柱，其电流通路为：

蓄电池正极→车灯开关 E1 第 4 掷 1 挡或 2 挡闭合的触点→E20→危险警告灯开关 E3 内指示灯限流电阻 R→报警闪光器指示灯 K6→搭铁→蓄电池负极

这一电流通路使报警闪光器指示灯 K6 点亮。

2）危险警告灯开关 E3 在 "0" 挡（空挡）　当危险警告灯开关 E3 在空挡时，经转向灯开关 E2 控制转向灯，其电流通路为：

蓄电池正极→30 号线→点火开关 D 第 4 掷→点火开关输出 15 号线→中央接线盘 G2 接线柱（图 5-5 中未画出中央接线盘，以下同）→熔断器 S19→中央接线盘 A13 接线柱→危险警告灯开关 15 接线柱→危险警告灯开关 E3 49 接线柱→中央接线盘 A18 接线柱→闪光器 1/49 接线柱→闪光器 J2→3/49a 接线柱→中央接线盘 A10 接线柱

此时，由于报警灯开关处于断开位置，故进一步的电流通路应根据转向灯开关 E2 所处的位置来分析。

① 左转向电流通路：

转向灯开关 49a 接线柱→转向灯开关 L 接线柱→中央接线盘 A20 接线柱→中央接线盘 E6 接线柱→中央接线盘 C19 接线柱→左边前、后转向灯 M5、M6→搭铁→蓄电池负极

② 右转向电流通路：

转向灯开关 49a 接线柱→转向灯开关 R 接线柱→中央接线盘 A7 接线柱→中央接线盘 E11 接线柱→中央接线盘 C8 接线柱→右边前、后转向灯 M7、M8→搭铁→蓄电池负极

3）危险警告灯开关 E3 在 "1" 挡　当危险警告灯开关 E3 在 1 挡时，就形成了如下的电流通路：

蓄电池正极→30 号线→熔断器 S4→中央接线盘 B28 接线柱→危险警告灯开关 30 接线柱→危险警告灯开关 E3 第 1 掷闭合的触点→危险警告灯开关 49 接线柱→中央接线盘 A18 接线柱→闪光器 1/49 接线柱→闪光器 J2→3/49a 接线柱→中央接线盘 A10 接线柱→转向灯开关 49a、L、R 接线柱→中央接线盘 A7、A20 接线柱→中央接线盘 E1、C8、E6、C19 接线柱→转向灯 M5、M6、M7、M8→搭铁→蓄电池负极

上述这一电流通路使四个转向灯同时闪光，以示报警。报警闪光器指示灯 K6 和转向指示灯 K5 也工作。其中危险警告灯开关 E3 内的指示灯 K6 是经仪表灯调光电阻 E20 通电的，平时较暗，当接通报警灯时，灯泡亮度变亮。

4）灯泡损坏报警电路　灯泡损坏报警由闪光器来控制和实现。闪光器 J2 通常为三接线柱及带集成电路的有触点式继电器。当转向灯工作而有一个灯泡损坏时，就会使闪光器的闪

（5）简化的大灯电路　寻找基本电路［图 5-1（b）］中与大灯电路有关的元器件时，应围绕大灯进行。图 5-1（b）中两灯式前大灯的简化电路原理图如图 5-6（a）所示。大灯 L1、L2 受车灯开关 E1 及变光和超车灯开关 E4 的控制。

1）超车灯控制电流通路　当向上拨动变光和超车灯开关 E4 手柄时，开关 E4 接通 30 号线上的电源，其电流通路为：

蓄电池正极→编号 30 线→开关 E4 接通的触点→
┬熔断器 S9→右前照灯 L2 远光灯丝→搭铁→蓄电池负极
└熔断器 S10┬左前照灯 L1 远光灯丝→搭铁→蓄电池负极
　　　　　　└远光指示灯 K1→远光指示灯限流电阻→搭铁→蓄电池负极

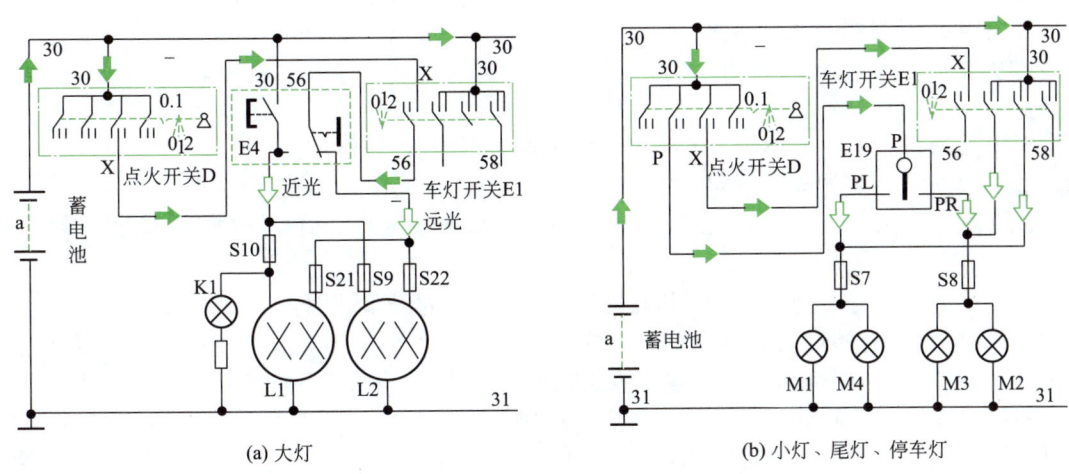

图 5-6　简化的大灯与小灯、尾灯、停车灯电路原理图

上述电流通路使 L1、L2 前照灯中的远光灯丝及远光指示灯 K1 点亮。当松开组合开关手柄时，开关 E4 在回位弹簧的作用下自动断电，此为点动作用，以满足超车时灯光的要求。

2）大灯灯光控制电流通路　当车灯开关 E1 处于图 5-6（a）中的 2 挡时，就形成了如下的电流通路：

蓄电池正极→编号 30 线→点火开关 D 的第 3 掷→编号 X 的线路→车灯开关 E1 第 1 掷 2 挡闭合的触点→开关 E4 中的变光开关中间触点，进一步由该开关来选择是近光还是远光。

① 近光：

开关 E4 中变光开关输出电源→S22、S21 熔断器→L1、L2 前照灯中近光灯丝→搭铁→蓄电池负极

② 远光：

开关 E4 中变光开关输出电源→S10、S9 熔断器→L1、L2 前照灯中远光灯丝→搭铁→蓄电池负极

（6）简化的小灯、尾灯、停车灯电路　寻找基本电路［图 5-1（b）］中与小灯、尾灯、停车灯电路有关的元器件时，应围绕这些灯的电路图形符号，并结合各灯旁标注的字母代号来进行。将与这些灯有关联的元件，按原理图上的画法单独画出，就得到了如图 5-6（b）

所示简化的小灯、尾灯、停车灯电路原理图。小灯和尾灯受车灯开关 E1 的控制，停车灯受停车灯开关 E19 的控制。

1）小灯与尾灯电流通路 当车灯开关 E1 处于 1 挡或 2 挡时，就有电流流经 M1～M4 灯泡，其电流通路为：

蓄电池正极→ 30 号电源线→车灯开关 E1 的第 2 掷和第 3 掷闭合的 1 挡或 2 挡触点→熔断器 S7、S8 → M1、M4 与 M3、M2 小灯和尾灯→搭铁→蓄电池负极

该电流通路使小灯和尾灯均点亮。当车灯开关 E1 处于空挡位置时，小灯与尾灯同时熄灭。

2）停车灯电流通路 当汽车停止行驶时，点火开关 D 处于空挡位置，如图 5-6（b）所示。此时有一路电流加到停车灯开关 E19 的中间触点 P 上，其电流通路为：

蓄电池正极→ 30 号线电源→点火开关 D 的第 2 掷 "0" 挡闭合的触点→ P 号线→ 1 掷 3 位的停车灯开关 E19 的共用端 P

此时根据停车灯开关 E19 选择是左侧灯点亮还是右侧灯点亮。由此就形成了如下的电流通路。

① E19 拨至左侧的电流通路：

E19 共用端上的电压经闭合的左触点 PL →熔断器 S7 → M1 和 M4 →搭铁→蓄电池负极

该电流通路点亮左侧小灯 M1 和左尾灯 M4，可作为停车灯用。

② E19 拨至右侧的电流通路：

E19 共用端上的电压经闭合的右触点 PR →熔断器 S8 → M3 和 M2 →搭铁→蓄电池负极

该电流通路点亮右侧小灯 M3 和右尾灯 M2，可作为停车灯用。

（7）简化的牌照灯与雾灯电路 寻找基本电路［图 5-1（b）］中和牌照灯与雾灯电路有关的元器件时，应围绕牌照灯与雾灯的电路图形符号，并结合各灯旁标注的字母代号来进行。将与这些灯有关联的元件，按原理图上的画法单独画出，就得到了图 5-7 所示简化的牌照灯与雾灯电路原理图。牌照灯 X 受车灯开关 E1 的控制，雾灯（左前雾灯 L22、右前雾灯 L23、后雾灯 L20）受雾灯开关 E23 的控制。

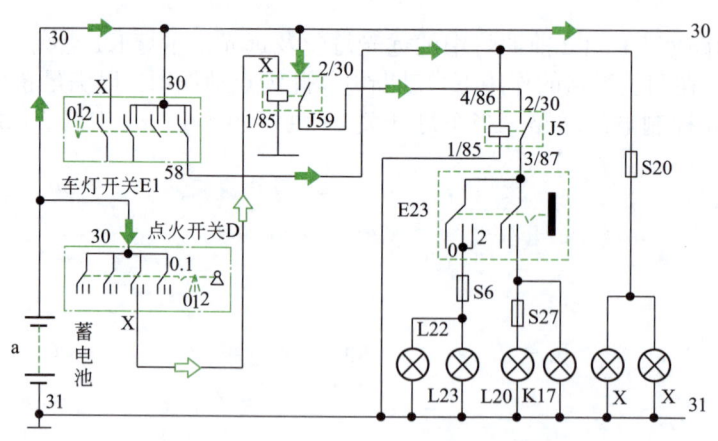

图 5-7 简化的牌照灯与雾灯电路原理图

1）牌照灯电流通路 当车灯开关 E1 处于 1 挡或 2 挡位置时，即可点亮牌照灯 X，其电流通路为：

蓄电池正极电流→ 30 号线→车灯开关 E1 第 4 掷 1 挡或 2 挡闭合的触点→熔断器 S20 →两个牌照灯 X →搭铁→蓄电池负极

该电流通路使牌照灯 X 点亮。当车灯开关 E1 处于空挡时，牌照灯熄灭。

2）雾灯电流通路　雾灯电路受控于点火开关 D，当点火开关处于 1 挡时，就形成了如下的电流通路：

蓄电池正极电流→30 号线→点火开关 D 第 3 掷 1 挡闭合的触点→X 号线→中间继电器 J59 线圈→搭铁→蓄电池负极

上述这一电流通路使 J59 的常开触点闭合，由此就使 30 号线上的电压经 J59 闭合的触点加到雾灯继电器 J5 内常开触点的上端（图 5-7）。这样，当车灯开关处于 1 挡或 2 挡时，就形成了如下的电流通路：

蓄电池正极电流→30 号线→车灯开关 E1 第 4 掷 1 挡或 2 挡闭合的触点→雾灯继电器 J5 线圈→搭铁→蓄电池负极

该电流通路使雾灯继电器 J5 内常开触点闭合，由此就将加在该继电器触点上端的电压通过闭合的触点送给雾灯开关 E23。E23 开关具有 3 挡，各挡电流通路分别如下。

① E23 处于"0"挡。在该挡时，由于雾灯的电流通路无法形成，故雾灯不会点亮。

② E23 处于"1"挡。在该挡时，电流通路为：

加至 J5 继电器上端的电压→雾灯开关 E23 第 1 掷 1 挡闭合的触点→S6 熔断器→L22 和 L23→搭铁→蓄电池负极

该电流通路使左前雾灯 L22 和右前雾灯 L23 均点亮。

③ E23 处于"2"挡。在该挡时，L22 和 L23 的电流通路仍然存在，故这两个前雾灯仍然点亮。同时又形成了如下的电流通路：

加至 J5 继电器上端的电压→雾灯开关 E23 第 2 掷 2 挡闭合的触点→

┬→S27 熔断器→L20→搭铁→蓄电池负极
└→后雾灯指示灯 K17→搭铁→蓄电池负极

上述电流通路又使后雾灯 L20 和后雾灯指示灯 K17 也同时点亮。

（8）简化的车顶灯与行李厢照明灯电路　寻找基本电路［图 5-1（b）］中与车顶灯与行李厢照明灯电路有关的元器件时，应围绕车顶灯与行李厢照明灯的电路图形符号，并结合各灯旁标注的字母代号来进行。将与这些灯有关联的元件，按原理图上的画法单独画出，就得到了图 5-8（a）所示简化的车顶灯与行李厢照明灯电路原理图。前顶灯 W 受 1 掷 3 位的顶灯开关 W100 的控制，行李厢照明灯 W3 受行李厢盖结合处的行李厢照明灯开关 F5 的控制。

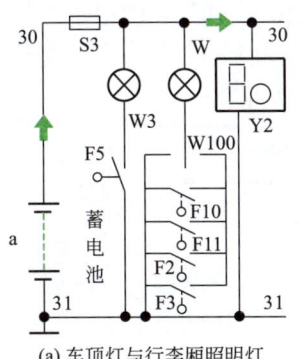

(a) 车顶灯与行李厢照明灯

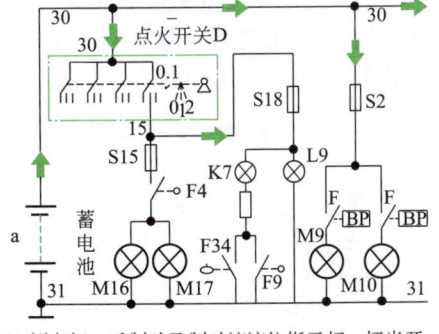

(b) 倒车灯、手制动及制动液液位指示灯、灯光开关照明灯、制动灯

图 5-8　简化的车顶灯与行李厢照明灯和倒车灯、手制动及制动液液位指示灯、灯光开关照明灯、制动灯电路原理图

1）车顶灯电流通路　平时一直通蓄电池正极的 30 号线上的电源，经熔断器 S3 加到前顶灯 W 上端，其下端的电流通路由 1 掷 3 位的顶灯开关 W100 控制走哪一路。

① W100 拨至左侧：当该开关拨至左侧位置时，灯 W 的下端接地（蓄电池负极），从而使前顶灯点亮。

② W100 拨至中间：当该开关拨至中间位置时，灯 W 的电流通路无法形成，故前顶灯不会点亮。

③ W100 拨至右侧：当该开关拨至右侧位置时，灯 W 是否点亮则由 4 个并联的门控开关 F2、F3、F10、F11 控制，当任一扇车门打开时，相应的门控开关闭合，则前顶灯就会点亮。当所有的车门全部关闭，也就是门控开关 F2、F3、F10、F11 全部断开后，前顶灯才会熄灭。

2）行李厢照明灯电流通路　行李厢照明灯 W3 由行李厢盖结合处的开关 F5 控制。当行李厢盖打开时开关 F5 闭合，形成了如下的电流通路：

蓄电池正极→30 号线→熔断器 S3 → W3 →开关 F5 →搭铁→蓄电池负极

该电流通路使行李厢照明灯 W3 点亮。当行李厢盖关闭时，F5 断开，W3 熄灭。

（9）简化的倒车灯、手制动及制动液液位指示灯、灯光开关照明灯、制动灯电路　寻找基本电路［图 5-1（b）］中与倒车灯、手制动及制动液液位指示灯、灯光开关照明灯、制动灯电路有关的元器件时，应围绕这些灯的电路图形符号，并结合各灯旁标注的字母代号来进行。

1）简化电路　将与这些灯有关联的元件按原理图上的画法单独画出，就得到了图 5-8（b）所示的简化的倒车灯（左、右倒车灯 M16、M17）、手制动及制动液液位指示灯（K7）、灯光开关照明灯（L9）、制动灯（左、右制动灯 M9、M10）电路原理图。

2）电流通路　左、右倒车灯受倒车灯开关 F4 的控制，电压取自 15 号线，经 S15 熔断器后得到；手制动及制动液液位指示灯分别受控于手制动指示灯开关 F9 和制动液液位警告灯开关 F34，电压取自 15 号线，经 S18 熔断器后得到，L9 电压也取自此路；左、右制动灯受控于制动灯开关 F，电压取自 30 号线，经 S2 熔断器后得到。各灯电流通路较简单，读者可自行分析。

（10）简化的仪表板、时钟、点烟器、除霜器开关与空调开关板照明灯电路　寻找基本电路［图 5-1（b）］中与仪表板、时钟、点烟器、除霜器开关与空调开关板照明灯电路有关的元器件时，应围绕这些灯的电路图形符号，并结合各灯旁标注的字母代号来进行。

1）简化电路　把与这些灯有关联的元件按原理图上的画法单独画出，就得到了图 5-9 所示简化的仪表板（仪表板照明灯有两个，代号均为 L10）、时钟（照明灯代号为 L8）、点烟器（照明灯代号为 L28）、除霜器开关（照明灯代号为 L39）与空调开关板照明灯（代号为 L21）电路原理图。这几种照明灯均受车灯开关 E1 的控制。

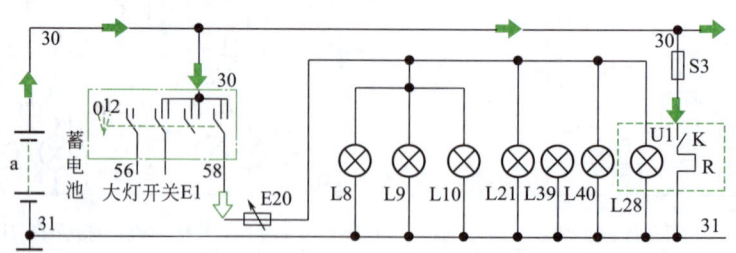

图 5-9　简化的仪表板、时钟、点烟器、除霜器开关与空调开关板照明灯电路原理图

2）电流通路

蓄电池正极电流→30 号线→车灯开关 E1 第 4 掷 1 挡或 2 挡→仪表灯调光电阻 E20 → L8、L9、L10、L21、L39、L40、L28 →搭铁→蓄电池负极

该电流通路使仪表板照明灯 L10、时钟照明灯 L8、点烟器照明灯 L28、除霜器开关照明灯 L39、雾灯开关照明灯 L40、空调开关板照明灯 L21 同时点亮。调整仪表灯调光电阻 E20 的电阻值，可同时改变上述各指示灯的亮度，以满足要求。

5.3.8 大众轿车点烟器电路的识读

点烟器在基本电路中较为简单，只要认识其在电路中的图形符号［点烟器在电路图中的图形符号如图 5-10（a）所示］，再找出与点烟器有关联的元件，就可以画出其简化的电路原理图，如图 5-9 所示，其结构如图 5-10（b）所示。点烟器的主要部件有带电热圈的插头、带双金属片温度开关的插座、带接搭铁线的外壳以及安装托架、电线组件等。

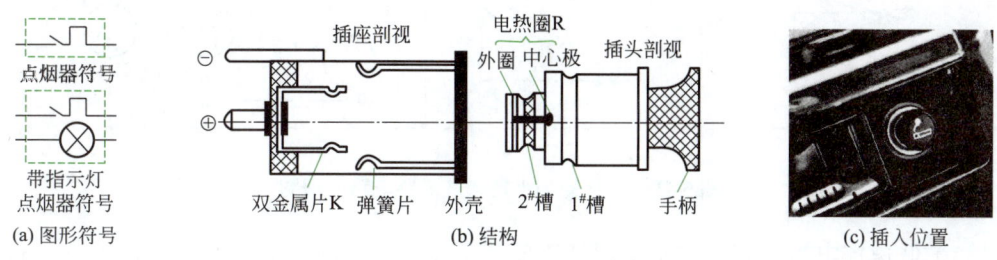

图 5-10　点烟器电路图形符号及其结构与插入位置

（1）未点烟　点烟器插入位置如图 5-10（c）所示，当未点烟时，点烟器插头被插座内弹簧片夹住，此时电热圈 R 中心极即与外壳接通，也就是与蓄电池负极连接。

（2）点烟　当需要点烟器点烟时，将插头再用力下插，则双金属片弹片把电热圈外圈夹住，电热圈便开始发热。此时的电流通路为：

蓄电池正极电流→30 号线→S3 熔断器→双金属片弹片→电热圈外圈→电热圈中心极→外壳→搭铁→蓄电池负极

该电流通路通电十几秒后，电热圈通电发热到 180℃左右，它发出的热量使双金属弹片发热变形，夹口伸展直到松开电热圈外圈，插头内弹簧片便将插头弹回，电热圈同时断电，使用者可以听到"咔嗒"一声。拔出点烟器，用红热的电热圈可以点燃 2～3 支香烟。

5.3.9 大众轿车刮水器和洗涤器电路的识读

寻找基本电路［图 5-1（b）］中与刮水器和洗涤器电路有关的元器件时，应围绕刮水器和洗涤器的电路图形符号来进行。把与刮水器和洗涤器有关联的元件按原理图上的画法单独画出，就得到了图 5-11 所示的简化的刮水器和洗涤器电路原理图。通常刮水器和洗涤器组合在一起，受刮水器开关 E22 的控制，E22 开关有 5 挡，1 挡为刮水器低速挡、2 挡为高速挡，f 为点动挡，0 为复位（停止）挡，J 为间歇挡。

（1）刮水器和洗涤器电路的供电通路

蓄电池正极电流→30 号线→中间继电器 J59 内闭合的触点（此时点火开关 D 处于 1 挡，使 J59 线圈电流通路形成）→熔断器 S11→提供给刮水器和洗涤器电路作供电电源

（2）高速挡电流通路　在刮水器处于高速工况时，三掷五位刮水器开关 E22 处于 2 挡，其电流通路为：

熔断器 S11 输出的电流→E22 开关第 1 掷闭合的第 1 触点→高速电刷 11→电机 M1→接触电刷 10→搭铁→蓄电池负极

由于电刷 11 比电刷 9 偏转了 30°，使电枢磁通发生歪曲，其合成磁场削弱，刮水器电

机 M1 则以 62～80r/min 的转速高速旋转。

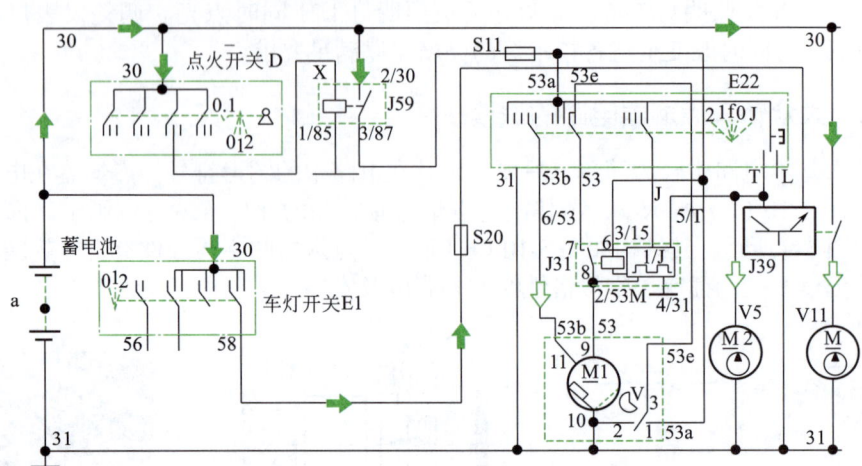

图 5-11　简化的刮水器和洗涤器电路原理图

（3）低速挡电流通路　在刮水器处于低速工况时，三掷五位刮水开关 E22 处于 1 挡，其电流通路为：

继电器 J59→熔断器 S11→E22 开关第 2 掷闭合的第 2 触点→继电器 J31 控制触点 7 和 8→低速电刷 9→刮水器电机 M1 的电枢绕组→接触电刷 10→搭铁→蓄电池负极

刮水器电机 M1 的电刷 10 与电刷 9 正好相差 180°，电枢磁通正常，合成磁场增强，刮水器电机 M1 则以 42～52r/min 的转速低速旋转。

（4）点动挡电流通路　开关 E22 在 f 挡时为点动工作状态。驾驶员手按开关 E22 在 f 挡，与 2 挡时的工作状态相同。但当驾驶员放松刮水器开关 E22 手柄时，在开关弹簧的作用下，刮水器开关 E22 会自动回到 0 挡。由于刮水器开关 E22 的 0 挡为空挡，故在此挡时刮水器不工作。由此实现了随驾驶员意志而变的点动工况。

（5）间歇挡电流通路　在间歇工况时，三掷五位刮水开关 E22 处于 J 挡，E22 开关的第三掷将继电器 J31 的电流接通，继电器 J31 的触点 6、8 接通一次，刮水器电机曲轴旋转一周，间歇地工作（即清洁挡风玻璃），以使视线良好，保证车辆在雨天或雾天安全行驶。

（6）复位挡电流通路　当开关 E22 推至空挡时，若刮水片未停到挡风玻璃的右下端适当位置，刮水器内部的机械自动停止 2 掷开关 V（一掷二位自动开关）处于 1 与 3 触点间接通状态，其电流通路为：

J59 输出的电流→熔断器 S11→刮水器开关 V 接通的触点 1 与 3→开关 E22 第二掷的 0 挡触点→继电器 J31 闭合的触点 7 与 8→低速电刷 9→刮水器电机 M1 的电枢绕组→接触电刷 10→搭铁→蓄电池负极

上述这一电流通路使电机 M1 继续转动，直至刮水片运转到挡风玻璃右下端时，开关 V 处于 2 与 1 触点间接通状态，由此又构成了下列电流通路：

接触电刷 10 经开关 V 接通的触点 2 与 1→E22 开关第二掷的 0 挡触点→继电器 J31 闭合的触点 7 与 8→低速电刷 9

此时，刮水器电机断电，且上述电流通路短路了电机电枢绕组。由于电枢惯性转动，在电枢绕组中产生感生电流，由此产生的电磁制动力矩，使电机迅速制动，停止运转，刮水片正好停在挡风玻璃不影响驾驶员视线的位置上。

（7）洗涤器电流通路　当向上拨动开关 E22 手柄时，组合开关中的点动触点接通洗涤泵电机 M2 的电源，位于发动机盖上的 4 个喷头同时向前挡风玻璃喷洒洗涤液。与此同时，也接通了继电器 J31 的触点 6 与 8，使刮水器电机 M1 运转。

当驾驶员松开开关 E22 手柄时，点动触点自动切断洗涤泵 V5 电机 M2 的电源，M2 电机停止转动，继电器 J31 也停止工作，触点 6 与 8 断开、7 与 8 接通，刮水器电机 M1 继续旋转，直至刮水片运转到挡风玻璃右下端，开关 V 处于 2 与 1 触点接通位置时，M1 电机才停止工作。

此外，开关 E22 处于任何位置时，点动开关都能独立地工作，不会相互干扰。安装曲柄时，应先将刮水器电机转到极限位置后再装上曲柄，并调整到仍能看见管内螺钉为止。

5.3.10　大众轿车后风窗电热器电路的识读

寻找基本电路［图 5-1（b）］中与后风窗电热器电路有关的元器件时，应围绕后风窗电热器的电路图形符号来进行。

（1）简化电路　把与后风窗电热器有关联的元件，按原理图上的画法单独画出，就得到了图 5-12（a）所示的简化的后风窗电热器电路原理图。后风窗电热器电路由后风窗电热器开关 E15、后风窗电热器指示灯 K10、后风窗电热器 Z1 等组成。

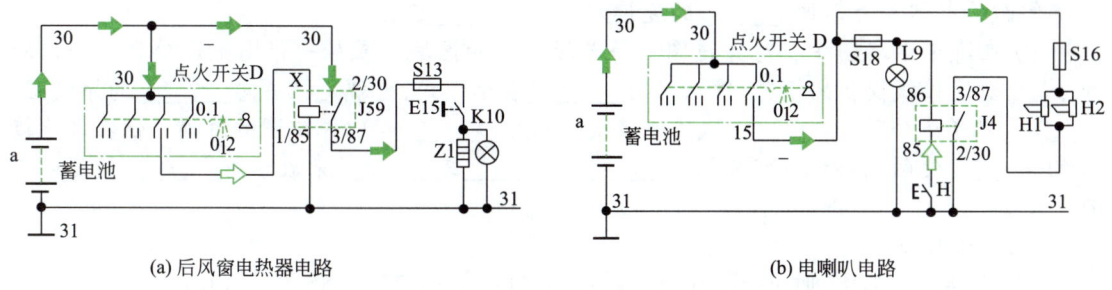

(a) 后风窗电热器电路　　　　(b) 电喇叭电路

图 5-12　简化的后风窗电热器与电喇叭电路的电路原理图

（2）电流通路

蓄电池正极→30 号线→中间继电器 J59 闭合的触点→3/87 连接点→熔断器 S13 →后风窗加热器开关 E15→┬→后风窗电热器指示灯 K10→搭铁→蓄电池负极
　　　　　　　　　　　　└→后风窗电热器 Z1→搭铁→蓄电池负极

上述电流通路一方面使指示灯 K10 点亮，另一方面使加热器加热，以除去后风窗上的霜层，保证行车视线清晰。但这是一种手动除霜方式，当电热器开关 E15 断开时，电热器电路将停止工作。

5.3.11　大众轿车电喇叭电路的识读

寻找基本电路［图 5-1（b）］中与电喇叭电路有关的元器件时，应围绕电喇叭电路图形符号来进行。

（1）简化电路　把与电喇叭有关联的元件按原理图上的画法单独画出，可得到图 5-12（b）所示的简化的电喇叭电路原理图。电喇叭电路由双音盆形电喇叭 H1 与 H2、喇叭按钮 H、喇叭继电器 J4 等组成。

（2）电流通路　当按下喇叭按钮 H 后，就形成了如下的电流通路：

15 号线上的电源→熔断器 S18 →喇叭继电器 J4 线圈→喇叭按钮 H 闭合的触点→搭

铁→蓄电池负极

该电流通路使继电器 J4 内的常开触点闭合，从而又形成了如下的电流通路：

15号线上的电源→熔断器 S16→电喇叭 H1、H2→喇叭继电器 J4 内闭合的触点→搭铁→蓄电池负极

该电流回路使电喇叭发出声响。由于喇叭的大电流是通过继电器触点的，通过按钮开关 H 触点的电流较小，因此故障率较低。

习题 5

（1）填空题

1）汽车电路原理图是一种用各种＿＿＿、＿＿＿来表示＿＿＿之间的相互关系或连接关系，阐述电路＿＿＿、描述＿＿＿装置的构成和功能，指导各种＿＿＿、＿＿＿电路的安装接线、运行、维护和管理的＿＿＿。

2）汽车电路都是由基本＿＿＿电路组合而成的，各＿＿＿电路又由各种＿＿＿或＿＿＿根据不同功能的需要连接而成。

3）在识读汽车电路图时，可从＿＿＿到＿＿＿、从＿＿＿到＿＿＿来进行，电路图面的上部多属于＿＿＿走线，电路图面的下部多为＿＿＿线（也就是＿＿＿线），电路图面的中部多为各种＿＿＿的连接方式、＿＿＿连接线。

4）在汽车电路图中，对穿过图中符号较密集的区域，或从一张图纸连接到另一张图纸、或出现连接线较长的情况，往往采用＿＿＿表示方式，也就是把去向＿＿＿的导线组、＿＿＿端子连线及＿＿＿区域的连接线中间处＿＿＿，以保证图面清晰，但在该连接线的＿＿＿处两端标记有相应的＿＿＿、＿＿＿或＿＿＿来表示该＿＿＿处是连接在一起的。

（2）选择题

1）发动机工作时的最佳水温通常为：（a）25～55℃；（b）55～75℃；（c）75～90℃；（d）90～100℃。

2）发动机正常工作时的油压通常为：（a）0～0.15MPa；（b）0.15～0.4MPa；（c）0.03～0.05MPa。

3）图 5-4 电路中温控开关 F35 在什么情况下才会闭合？（a）水温低于65℃；（b）水温低于75℃；（c）水温低于85℃；（d）水温低于50℃。

4）如果大众轿车的某一大灯近光不亮，则应检查图 5-6（a）中的：（a）S22；（b）S21；（c）L1 近光灯丝；（d）L2 近光灯丝；（e）E4；（f）S10；（g）S9。

5）在图 5-8（a）中，当 W100 开关拨至右侧，要使前顶灯熄灭，则门控开关 F10、F11、F2、F3：（a）某一个断开；（b）某两个断开；（c）某三个断开；（d）全断开。

6）某汽车电路原理图中有一根导线旁标注有 0.3GB/W，其含义为：（a）表示该导线为黑色、直径为0.3mm；（b）表示该导线为白色、直径为0.3mm；（c）表示该导线基准色为黑色、辅助色条为红色、直径为0.3mm；（d）表示该导线基准色为绿色、辅助色条为黑色、所加套管的颜色为白色、直径为0.3mm。

（3）问答题

1）汽车基本电路通常包括哪些部分？

2）充电系统通常由哪些部分构成？简述其电流通路。

3）启动系统通常由哪些部分构成？简述其电流通路。

4)点火系统通常由哪些部分构成？简述其电流通路。
5)图5-4电路中K3指示灯在什么情况下会点亮？
6)简述图5-5中报警灯工作时的电流通路。
7)简述点烟器的结构特点及其工作原理。
8)如图5-11所示，简述大众轿车刮水器自动复位过程及其电流通路。
9)如图5-11所示，简述大众轿车洗涤器的工作过程及其电流通路。
10)如图5-12所示，简述大众轿车后风窗电热器的工作过程及其电流通路。

第6章

怎样看懂实际电控系统电路（上）

本章导读

　　汽车电子控制系统电路简称汽车电控电路。汽车电控系统类型较多，常见的有电控发动机燃油喷射系统、电控变速器系统、电控制动防抱死系统、电控悬架系统、电控巡航系统、电控安全气囊系统、电控动力转向系统、电控空调系统、电控组合仪表系统等。不同汽车厂家生产的车辆上配置的电控系统数量、型号等不完全相同，即使是同一类电控系统，不同厂家车辆的电路差异也较大，怎样能够顺利、迅速地读懂不同厂家车辆上每一种电控电路，这是一大难点。根据笔者的经验，对于任一类型的电控电路，可以认认真真地搞懂、读通某一个较为典型的实际电路，有了这个基础，再读其他车辆同类电控电路时就不困难了。在识读其他电路之前，由于不同汽车厂家的电路图形符号有一定差异，故只要了解了该电路中各种元器件或零部件的电路图形符号，进一步读懂它就没什么难度了。本章就是根据这一思路，对于每一类电控系统，在介绍完其功能、特点之后，都选择一个较为典型的实际电路，并对该电路的识图进行指导，以帮助读者尽快掌握这方面的技能。本章介绍电控燃油喷射系统、电控自动变速器系统、电控电动助力转向系统、电控悬架系统、电控空调系统。

6.1 电控燃油喷射系统

　　汽车电子控制式燃油喷射（EFI，Electronic Fuel Injection）主要用于汽油发动机，通常还称其为电控燃油喷射或电控汽油喷射。

6.1.1 电控燃油喷射系统的控制功能

　　电控燃油喷射系统通常具有下列控制功能：汽油供油量的喷射控制；点火时刻（点火正

时）的准确控制；怠速转速控制；废气再循环的排放控制；功率阀控制；燃油泵控制；备用与安全保护控制；故障自诊断控制等。

（1）控制内容　电控燃油喷射系统尽管种类繁多，但控制的核心是计算机系统，以计算空气流量和发动机转速为基础，以喷油器、点火器和怠速空气调节器等为控制重点，使发动机在各种工况下都能获得最佳混合气，达到最佳工作状态，产生最大动力输出。

（2）最大优点　电控燃油喷射系统最大的优点是，解决了混合气在进气歧管中的分配和燃油雾化等问题，并能精确准时地提供给发动机工作时所需的最佳混合气。一般可提高发动机输出功率约5%，节省燃油5%～20%。此外，发动机的启动性能和加速性能也都得到了改善，特别是有害气体的排放得到了有效抑制。

6.1.2　电控燃油喷射系统电路的基本组成

发动机电控系统通常主要由输入信号装置、电控单元与执行器三大部分组合而成。电控单元是整个控制电路的核心。

（1）输入信号装置　输入信号通常包括传感器信号与开关信号两个方面。输入信号装置在发动机运行时检测反映发动机工况的信息，输入到电控单元，作为电控单元进行运算的依据或控制的基准。

常用的传感器主要有发动机转速和曲轴位置传感器、凸轮轴位置传感器、大气压力传感器（用于在不同海拔高度时感知外界压力，从而对点火正时和喷油量进行修正）、进气温度传感器、空气流量传感器、压力传感器、冷却液温度传感器、氧传感器、爆震传感器、节气门位置传感器、车速传感器、加速踏板位置传感器。

常用的开关信号主要有启动开关信号（STA）、空调启动开关信号（NSW）、空调开关信号、制动踏板开关信号、离合器踏板开关信号、制动灯开关信号、循航车速控制开关信号等。

（2）电控单元　电控单元（ECU）是发动机电喷系统的核心部分，由微处理器（CPU）、存储器（ROM和RAM）、输入/输出接口（I/O）、模/数转换器（A/D）、信号整形与处理电路、时钟、电源、备用系统、保护系统及自诊断系统等组成。

1）电控单元存储器存放的数据　电控单元的存储器中存放了与发动机转速、负荷等信号有关的基本控制参数，如点火提前角、基本喷油量等原始数据，存放着与发动机工况有关的各种修正值，如怠速、加速、暖车及不同温度时的各种修正系数或修正方法，还存放着实现系统控制的全部程序。

发动机工作时，电控单元根据各种传感器提供的信号，按存储器中存放的程序和规定的计算方法，计算出控制发动机工作的各种参数的最佳值，如喷油量、点火正时等，并将计算的结果转变为控制发动机工作的各种控制信号，通过执行结构控制发动机运行。

2）自诊断系统　发动机工作期间，自诊断系统监测各传感器、执行机构和电控单元自身的工作情况。发生故障时，将所发生的故障转变成相应的代码，存储到专用存储器中，同时接通仪表板附近的故障报警灯，以告知驾驶员车辆处于故障状态，并自动采取保护措施而进入备用或保护状态。

3）其他控制功能　在有些车型上，发动机电喷系统中的电控单元还执行自动变速器的控制（ECT ECU）。

4）控制功能连接方式　发动机电喷系统电控单元由各种集成电路芯片和辅助元件组成，通过内部总线连接成一个完整的微型计算机，并通过多路插接器与各传感器、执行机构和电源连接。

5）其他说明　由于不同车型电控单元的组成、功能、软件和硬件的结构不同，因此不可以互换。由于ECU插接器各端子的作用不同，因此在进行故障检查和测试时应按规定的方法进行。

（3）执行器　在发动机电喷系统中，执行器在电控单元输出信号的作用下完成规定的动作。由于各车型电喷系统的功能不同，所设置执行机构的数量、结构、工作方式也不相同，故在识读电路原理图时，应对不同的车型进行具体分析。常见的执行器主要有喷油器、冷启动喷油器、急速控制执行机构、燃油泵控制装置、活性炭罐电磁阀、进气歧管转换阀、凸轮轴调整电磁阀、二次空气进气阀等。

6.1.3　电控燃油喷射系统常用传感器的作用

传感器的作用是给电控单元提供各种监测到的信息，以保证发动机正常工作。任一传感器发生故障，发动机都会出现异常或不能发动等现象。电控燃油喷射系统使用的传感器在6.1.2中介绍过，不再赘述。

6.1.4　电控燃油喷射系统常用执行器的作用

发动机电控燃油喷射系统电路常用执行器较多，这里仅介绍几种主要执行器的作用。喷油器在3.7.3中介绍过，这里不再赘述。

（1）冷启动喷油器　冷启动喷油器又称辅助喷油器或冷启动电动（磁）阀，它是为改善发动机低温启动性能而设置的，用于发动机在低温启动时增加所需的燃油量。常见的冷启动喷油器主要有单孔与双孔两种类型。

1）单孔式冷启动喷油器　图6-1（a）所示为单孔式冷启动喷油器，锥形阀包覆在柱塞端部，在弹簧作用下，阀压紧在阀座上。启动时，将点火开关置于启动（START）位置，冷启动喷油器电源电路接通，电磁线圈通电，可动磁芯（柱塞）在电磁力的作用下克服弹簧作用力而左移，阀门打开，压力燃油冲出阀口。由于喷油器结构所致，燃油在喷出时不但具有较大的喷射锥角（约70°以上），而且在喷油嘴处形成旋转运动，从而改善了燃油的雾化特性，并呈雾状从喷孔中喷出。

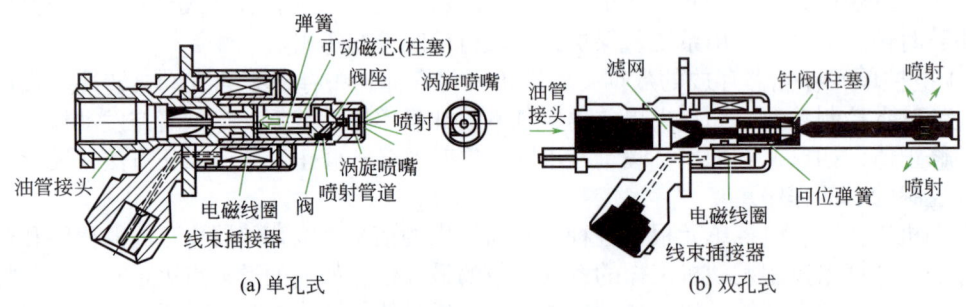

图6-1　两种冷启动喷油器

当启动结束后，点火开关离开启动（START）位置，冷启动喷油器电源被切断，线圈断电，可动磁芯（柱塞）在弹簧力作用下推动橡胶阀向阀座方向移动，将阀门关闭，喷油器停止喷油。

2）双孔式冷启动喷油器　图6-1（b）所示为双孔式冷启动喷油器，当点火开关置于启动（START）位置时，冷启动喷油器电源电路接通，电磁线圈通电，针阀（柱塞）在电磁力作用下克服弹簧作用力向左移动，阀门打开，压力燃油冲出阀孔，呈雾状从两喷孔喷出。

当启动结束后，点火开关离开启动（START）位置，冷启动喷油器电源电路切断，电磁线圈断电，针阀在弹簧力的作用下向阀座方向移动，将阀门关闭，喷油器停止喷油。

（2）受热时间开关　图6-2（a）所示为受热时间开关结构，它是通过监测发动机冷却水的温度，以控制冷启动喷油器。

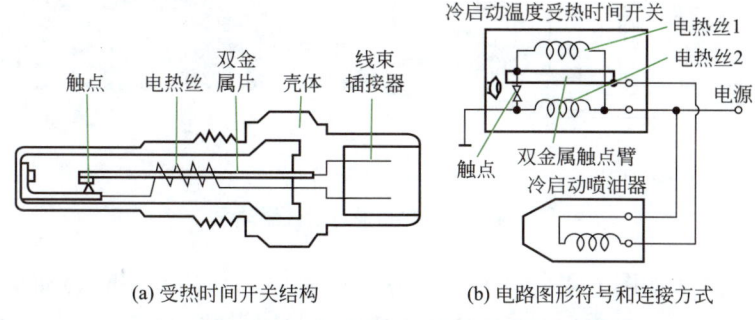

图 6-2　受热时间开关结构与电路图形符号和连接方式

1）工作情况　受热时间开关是用于控制冷启动喷油器动作的一种电热式开关，也称为节温定时开关或冷启动温度时间开关、热敏时控开关等。工作时，受热时间开关串联在冷启动喷油器的控制电路中。冷启动时，其常闭触点保持闭合状态，冷启动喷油器有电流通过而开始喷油。暖机后，电流则通过加热线圈使双金属触点臂受热变形，将常闭触点打开，切断了冷启动供电电源，冷启动喷油器停止喷油，从而保证了冷启动喷油器在发动机正常运转时不喷油。

2）控制电路　图6-2（b）所示为受热时间开关电路图形符号（图中方框部分）及其与冷启动喷油器之间的连接方式。该开关安装在冷却水道上，使双金属触点臂受冷却水加热，因此冷启动喷油器的喷油持续时间，取决于受热时间开关加热丝的电流和冷却水的温度。一般车辆在水温35℃或更低时，受热时间开关的双金属触点闭合，控制冷启动喷油器工作，有些车辆规定为22℃。发动机热状态下，双金属触点分开，此时启动时冷启动喷油器不会工作。

（3）燃油压力调节器　图6-3（a）所示为燃油压力调节器外形，图6-3（b）所示为燃油压力调节器结构。燃油压力调节器主要用来调节燃油泵泵出的汽油压力，使其保持在0.196MPa左右的恒定值，以确保发动机在各种负荷和转速下精确地进行喷油。

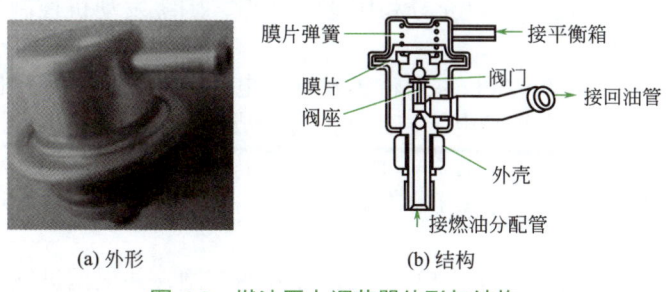

图 6-3　燃油压力调节器外形与结构

（4）电动燃油泵　电动燃油泵又称电动汽油泵，是用来将汽油从油箱内泵入燃油管路，并使燃油保持一定的压力提供给燃油喷嘴和冷启动阀。

1）涡轮燃油泵　图6-4（a）所示为涡轮燃油泵，该泵叶轮与电机一起转动时，由于转子的外圈有很多齿槽，在其前后因摩擦而产生压力差，重复运转则泵内产生涡流而使压力上升，由泵室输出。涡轮燃油泵最大泵油压力达600kPa，当压力达到400～600kPa时，泄压阀打开，高压燃油直接流回油箱，泄压阀可防止燃油压力升高，保护电机。

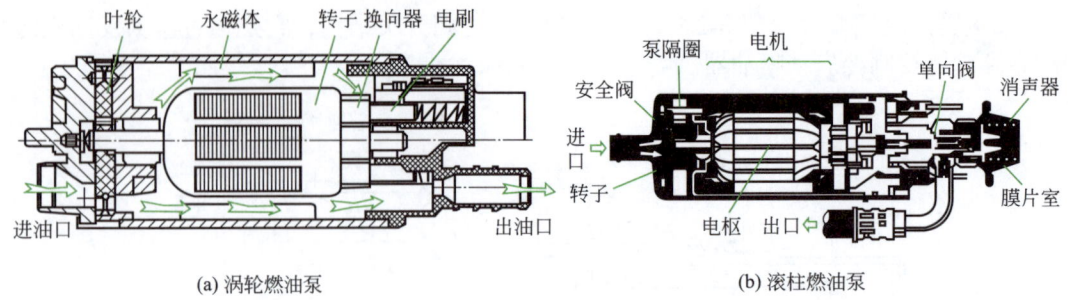

图 6-4 涡轮燃油泵与滚柱燃油泵

2）滚柱燃油泵　如图 6-4（b）所示，滚柱燃油泵的作用与涡轮燃油泵相同，主要由壳体、圆柱形滚柱和转子等组成。滚柱在转子槽内可径向滑动，转子与壳体存在一定的偏心。转子在直流电机的驱动下进行旋转，在离心力作用下，滚柱紧压在泵体内圆表面上形成 5 个相对独立的密封腔。旋转时，每个密封腔的容积不断发生变化，在进油口时，容积增大，形成一定的真空，把经过过滤的汽油吸入泵内。在出油口处，容积减小，压力升高，汽油穿过直流电机推开单向阀输出。

如果输油管路或汽油滤清器出现堵塞，使汽油压力超过规定值时，限压阀就会打开，使汽油流回进油侧。在发动机熄火后，单向阀关闭，以防输油管路中的汽油倒流，保持油路中有一定的残余压力，以便于发动机再次启动。

6.1.5　电路实例识图指导

掌握了以上这些基础知识，就为进一步识读电控燃油喷射系统实际电路打下了良好的基础。下面以奥迪 A6/A6L 系列轿车发动机电控燃油喷射系统为例，来介绍电控燃油喷射系统电路的识图方法。相关电路如图 6-5 所示。

（1）电路原理图说明　图 6-5 所示电路由发动机电控单元（ECU）为核心构成，整个电路由三张图共同构成，图中各种箭头是笔者所加，各箭头的含义见本书前言中的说明。电路虽然看起来有些复杂，但所有外围元器件或零部件均围绕发动机控制单元 J220 进行连接，这是各种不同车辆发动机电控燃油喷射系统电路共同的特点。因此，在识读发动机电控燃油喷射系统电路图时，可以充分利用这一特点，围绕发动机控制单元来对各部分电路进行识图。

（2）电路组成　奥迪 A6/A6L 系列轿车发动机电控燃油喷射系统电路主要由空气供给系统、燃油供给系统、点火系统和电子控制电路等构成。该电路的原理方框图如图 6-6 所示。

1）空气供给系统　由空气滤清器、节气门位置传感器 G187、进气歧管转换阀 N156、二次空气进气阀 N112、二次空气泵继电器 J299、节气门驱动电动机 G186、进气温度传感器 G42 等构成。

正常工作时，发动机的进气量受电控单元 J220 的控制，并根据进气温度传感器 G42 的信号对进气量进行修正，然后控制空气供给系统对进入的空气温度进行调整。

2）燃油供给系统　主要由燃油箱、燃油泵、燃油滤清器、燃油压力调节器、燃油总管、喷油器等组成。正常工作时，燃油泵进入工作状态，从燃油箱内将燃油泵出，然后经燃油滤清器、燃油总管，提供给发动机各缸喷油器。喷油器的喷油量（也就是喷油持续时间）受电控单元 J220 输出信号的控制，而 J220 是根据发动机各种工况时传感器提供的信息，输出相应的指令使燃油适量。燃油压力调节器用来对燃油系统中的油压进行调整。当系统中的油压升高时，燃油压力调节器会将多余的燃油进行调节，使其返回燃油箱。

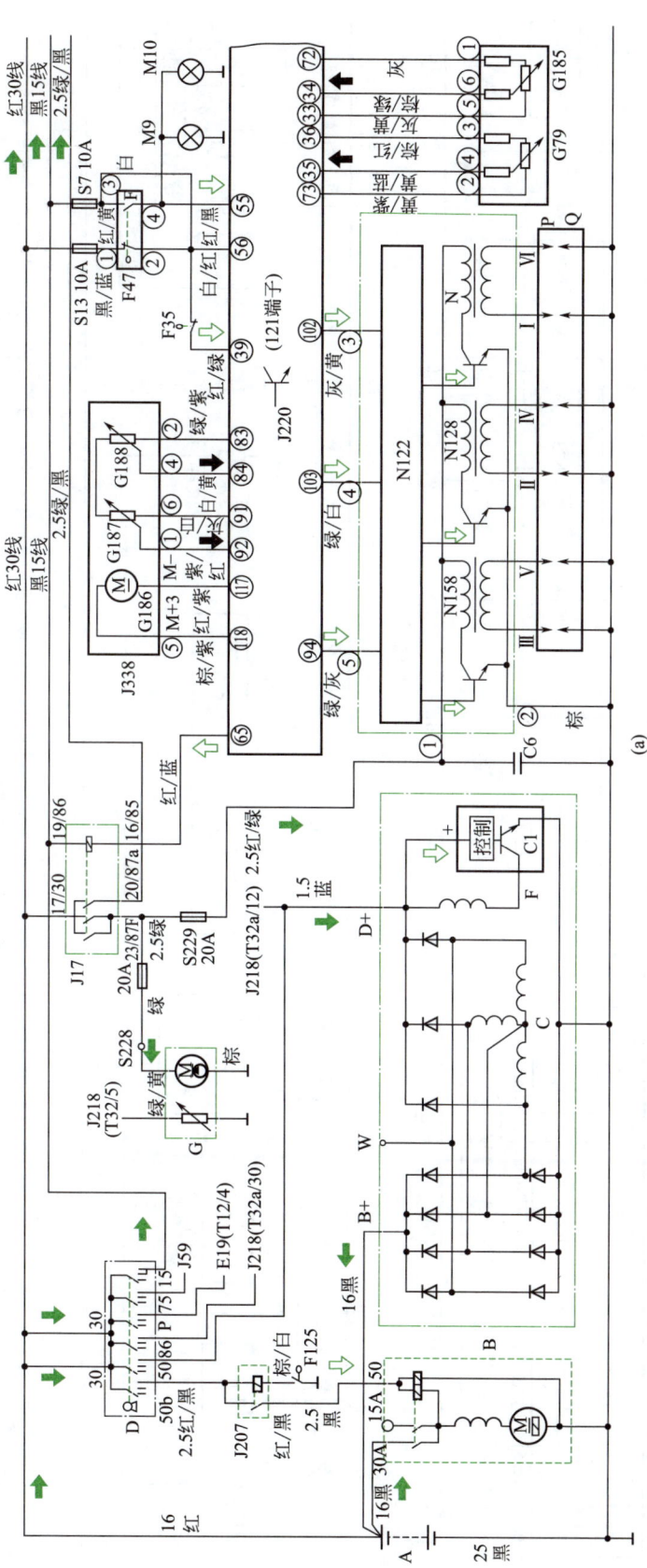

图 6-5

A—蓄电池；B—起动机；C—交流发电机；C1—内装电压调节器；C6—点火线圈电容器；D—点火开关；E19—驻车灯开关；F—制动灯开关；F35—离合器踏板开关；F47—巡航制动踏板开关；F125—自动变速器挡位开关；G—燃油泵；G185—加速踏板位置传感器；G186、G187—节气门操纵机构（电子油门操纵机构）；G188—节气门位置传感器（电子油门操纵机构）；J17—燃油泵、点火线圈继电器；J59—X线圈即继电器；J207—启动锁止继电器；J218—带显示器仪表控制单元；J220—电喷发动机控制单元；J338—节气门控制单元（节气门体）；M9、M10—制动灯；N—1、6缸点火线圈；N122—点火模块；N128—2、4缸点火线圈；N158—3、5缸点火线圈；P—火花塞插头；Q—火花塞

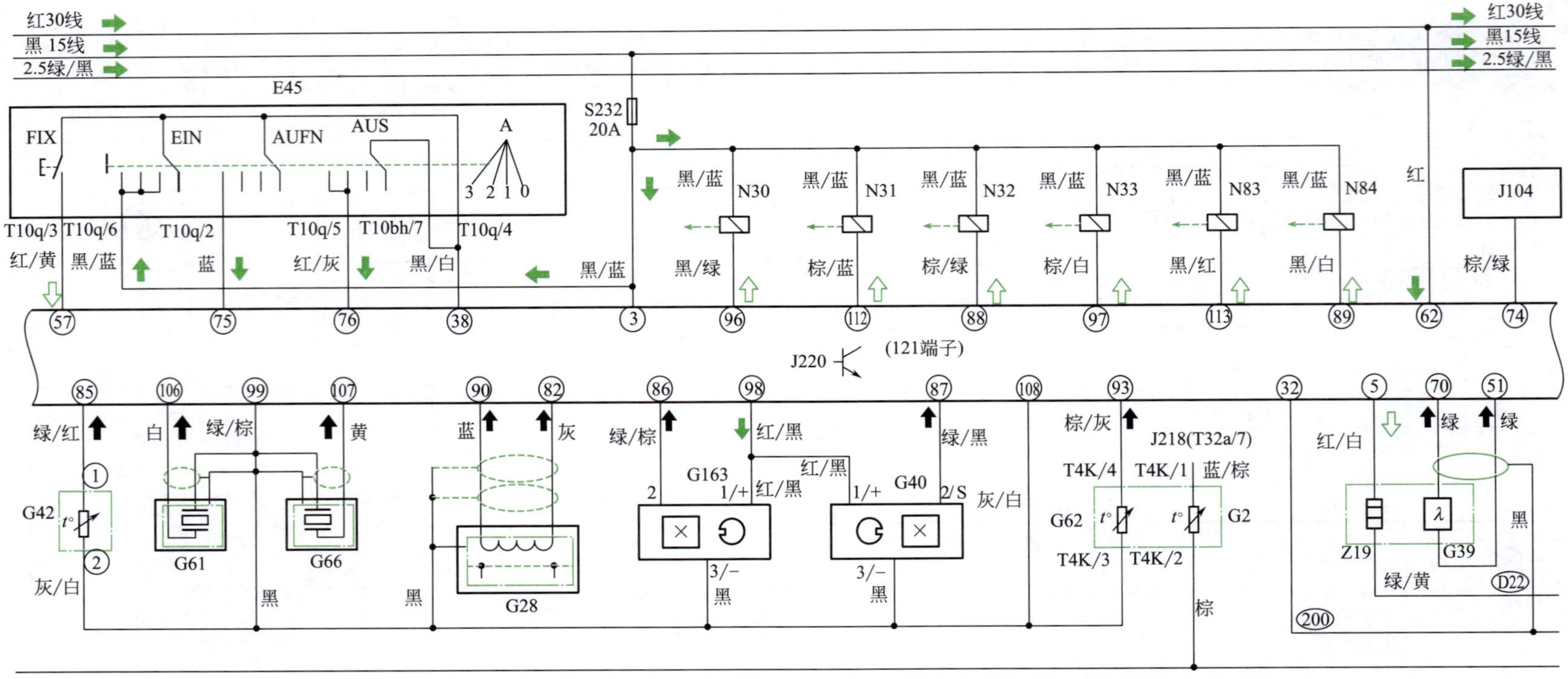

(b)

E45—巡航车速控制开关；G2，G62—冷却液温度传感器；G28—发动机转速及上止点传感器；G39—氧传感器；G40—右凸轮轴位置(霍尔)传感器；G42—进气温度传感器；
G61，G66—爆震传感器；G163—左凸轮轴位置(霍尔)传感器；J104—ABS电子控制单元；J218—组合仪表控制单元；J220—电喷发动机控制单元；N30—1缸喷油器；
N31—2缸喷油器；N32—3缸喷油器；N33—4缸喷油器；N83—5缸喷油器；N84—6缸喷油器；Z19—G39的加热电阻

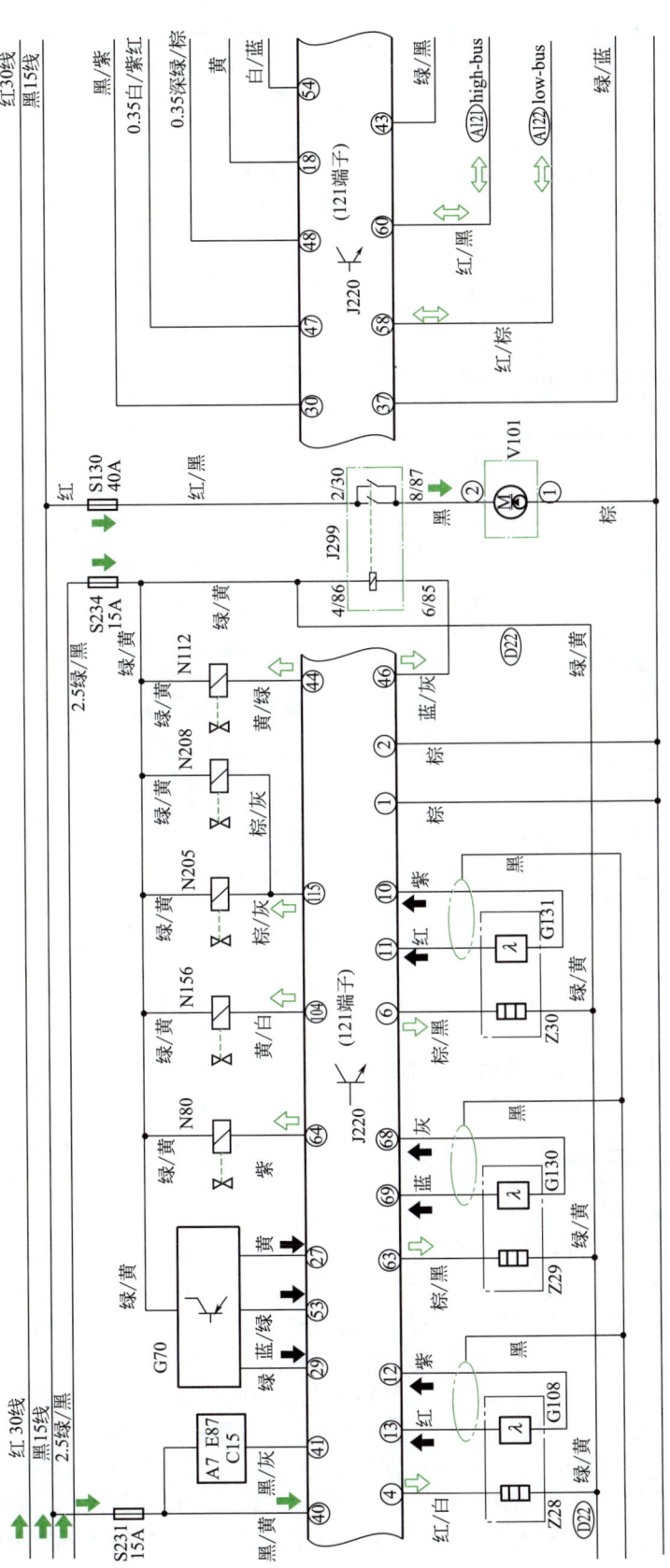

图 6-5 奥迪 A6/A6L 系列轿车发动机电控燃油喷射系统电路原理图

E87—带显示屏的空调控制单元；G70—空气流量传感器；G108—氧传感器；G130、G131—催化转换器后的氧传感器；J220—电喷发动机控制单元；J299—二次空气泵继电器；N80—活性炭罐电磁阀；N112—二次空气阀；N156—进气歧管转换阀；N205—凸轮轴调整电磁阀1；N208—凸轮轴调整电磁阀2；V101—二次空气泵电动机；Z28—G108的加热器电阻；Z29—G130的加热器电阻；Z30—G131的加热器电阻

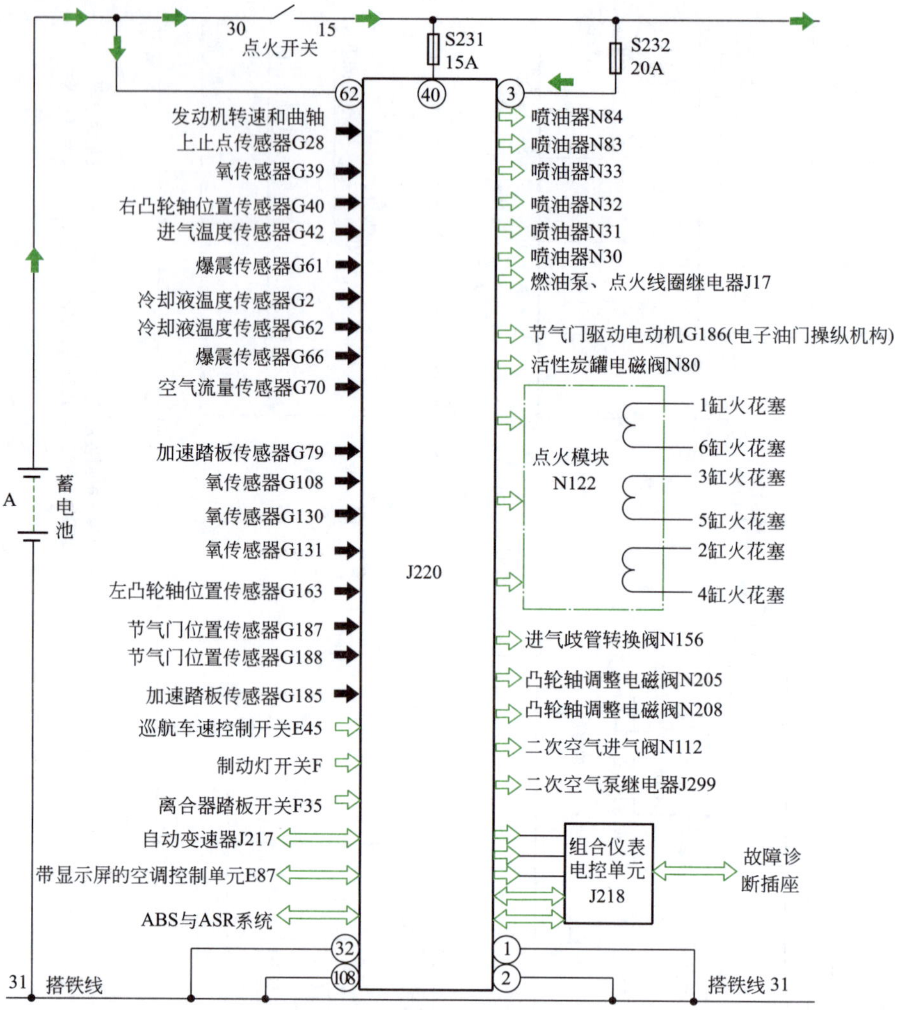

图 6-6　奥迪 A6/A6L 系列轿车发动机电控系统原理方框图

3）点火系统　采用无分电器微电脑控制点火方式，是一种由三个点火线圈同时为发动机点火，受发动机电控单元 J220 控制的点火系统。该系统主要由反映发动机工况的各种传感器、点火模块 N122、J220 内部的点火控制部分（点火电路）、点火线圈（N128、N158、N）以及火花塞 Q 等组成。用于适时地控制点火线圈产生高压电，使火花塞跳火点燃混合气，使发动机做功驱动车辆行驶。

（3）识图指导　识读图 6-5 所示电路时，由于电路较复杂，可先根据发动机电控单元 J220 的主要功能及其所连接的元器件或零部件的作用进行分解，找出哪些元件属于点火系统，哪些元件属于电控燃油喷射元件，哪些元件属于信号输入部分，哪些属于执行器等，再找出 J220 的供电与搭铁端子，就可以画出该系统的原理方框图了。在图 6-6 中，发动机电控单元 J220 的左端是各种输入信号传感器和开关，分别向发动机电控单元 J220 输送数字信号、模拟信号和开关信号，右端是各种执行器元器件及其与相关电路的连接情况。

不同车型发动机电控系统的组成、结构、安装部位及控制功能和工作方式等有很大差异，但基本原理十分相似，都可以采用图 6-6 所示的方框图来表示，仅是使用的传感器与执行器的数量、功能有一定的差别。故在识读不同厂家的电路图时，先应搞清不同厂家电路图中各种图形符号的含义，有了上述识图的基础，进一步读懂其电路也就不难了。

6.2 电控自动变速器系统

自动变速器通常是由液力变矩器和齿轮式自动变速器组合而成的。根据各构成件的功能，归纳起来可分为液力变矩器、变速齿轮机构、供油系统与自动换挡控制系统几个部分。

6.2.1 电控自动变速器组成件的基本功能

电控自动变速器组成件的基本功能见表 6-1。

表 6-1 电控自动变速器组成件的基本功能

名称	组成件	功能说明
液力变矩器	泵轮、涡轮、导轮等	液力变矩器通常设置在自动变速器的最前端，安装在发动机飞轮上，用于将发动机的动力传递到自动变速器的输入轴，还可根据汽车行驶阻力的变化，在一定范围内自动、无级地改变传动比和转矩比，具有一定的减速增矩作用
变速齿轮机构	离合器、行星齿轮机构、制动器、单向离合器	行星齿轮机构属于变速机构，速比的改变是通过以不同的元件作主动件和限制不同元件的运动而实现的。在改变速比的过程中，整个行星齿轮组还存在运动，动力传递没有中断，因此实现了动力的换挡
供油系统	油泵、滤清器、调压阀、管道等	在发动机运行过程中，无论汽车是否行驶，油泵均处于运转状态，以便为自动变速器中的变矩器、换挡执行机构、自动换挡控制系统提供一定压力的液压油，该油压是由调节阀来调整的
自动换挡控制系统	液压控制系统	液力控制阀、油路	依据手动阀的位置和节气门的开度、车速、控制开关的状态等因素，利用液压自动控制原理，按照一定的规律来控制行星齿轮变速器中的换挡执行机构的工作，以实现自动换挡
	电子控制系统	电控单元、传感器、电磁阀等	自动变速器电控单元（ECU）通过控制电磁阀的工作，来控制换挡执行机构的工作，以实现自动换挡功能

6.2.2 电控自动变速器系统控制原理

电控自动变速器（ECT）利用车速传感器和节流阀开度传感器，将车速和节流阀开度转换成电信号后，作为电控单元（ECU）的输入信号，经 ECT 的 ECU 计算处理，再适时地输出信号给电磁阀，利用这些电磁阀来控制油路，以此来实现换挡的目的。

（1）电控自动变速器基本工作过程 在汽车运行时，电控自动变速器控制单元不断监视各传感器输入的反映发动机工况和驾驶员指令的信号，如发动机的转速、节气门电位计（又称节气门位置传感器）的信号、变速杆的位置、程控开关所选择的运行模式、低挡开关信号以及车轮转速传感器输入的反映各车轮实际运行情况的信号，根据存储器中存放的程序和不同运行模式下的换挡曲线，确定所需挡位，并转变为控制信号，控制各电磁阀的工作，通过对各离合器、制动器和单向离合器的控制，完成换挡操作。

（2）电控自动变速器其他控制过程

① 防止滑动控制：在换挡过程中，控制系统通过对发动机运行状况、空调和巡航系统的适当控制，使换挡中的摆动降低到最低程度。在装有变矩器电磁离合器的车型上，汽车在 3 挡或 4 挡高速行驶时，还通过对变矩器电磁离合器的控制，使电磁离合器接合，变矩器的涡轮与泵轮机构连接，以防止变矩器打滑。

② 前、后桥速度不等锁止功能：在一些前、后驱动的车型中，通常还设置有差速器锁

止机构,在前、后桥速度不等时,ECU将输出控制信号使电磁阀通电,将离合器锁止。

(3) 电控自动变速器自诊断工作过程　自动变速器的电控系统具有故障自诊断功能。在汽车运行时,该系统监测电控系统中各传感器和执行元件的工作情况,当发生故障时,将所发生的故障转变为相应的故障代码存入存储器中。由于不同车型自动变速器电控系统的功能和工作方式不同,利用自诊断系统进行故障诊断时的操作方法、故障代码的含义及其调用和清除方法也不相同。

(4) 电控自动变速器挡位变换方式　电控自动变速器的换挡规律是预先确定的,可能不能完全满足汽车使用性能的要求,因此有时还需要人为地进行调节,即由驾驶员在汽车运行中通过程序开关或变速杆适时地加以控制。

装有电控自动变速器的车辆,在驾驶室内装有图6-7所示的变速杆和程序开关(即模式选择开关),用来选择变速器的挡位和车辆的运行模式。

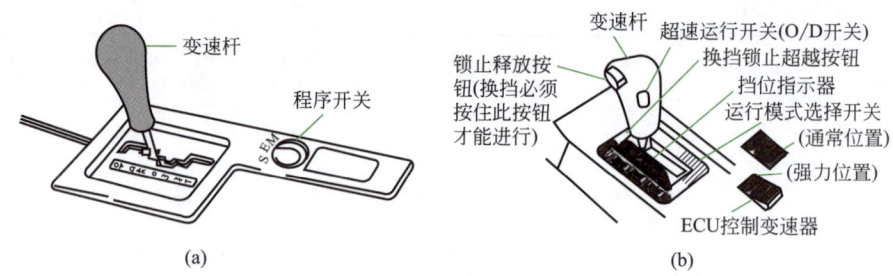

图6-7　自动变速器变速杆

由于不同车型自动变速器的结构和控制方式的差异,挡位设置和运行模式的设置也不完全一样。现在的轿车上使用的电控液力自动变速器一般都具有4个前进挡和1个倒挡。除德国奔驰汽车公司外,其他厂家生产的自动变速器第4挡均为超速挡。

(5) 电控自动变速器换挡规律　在装有自动变速器的车辆上,从低挡向高挡的自动升挡和从高挡向低挡的自动降挡,与节气门开度和车速之间有确定不变的关系,即在一定的节气门开度下,必须将车辆加速到一定车速时,才会自动升入高挡(或降入低挡)。换挡车速即升挡和降挡时的车速与节气门开度的关系称为换挡规律。不同车速的自动变速器具有不同的换挡规律,但它们的共同特点如下:小油门、低车速时,低速就换挡;中油门、中车速时,中速就换挡;大油门、高车速时,高速才换挡。

6.2.3　电控自动变速器常用液压电磁阀

(1) 电控自动变速器液压系统电磁阀的分类

1) 根据控制信号不同分类　自动变速器液压系统的电磁阀根据其控制信号不同主要有开关型、比例型以及占空比型三大类。

开关型电磁阀通常由ECT ECU输出的开关信号控制,电磁阀的状态有通、断两种位置。开关型电磁阀通常主要用于换挡油路控制、锁止离合器控制。

比例型电磁阀常见的多为比例电磁铁控制节流阀,该类节流阀的输出压力与电磁铁的输入电流呈线性比例关系。

占空比型电磁阀是由ECT ECU输出的占空比信号控制,该类电磁阀的阀芯伸缩有无数个位置。比例型或占空比型电磁阀用于换挡油路、主油压、蓄压器背压等液压控制。

2) 根据控制液压油的流向分类　自动变速器液压系统的电磁阀根据其控制液压油的流向分类,可分为二通型和三通型。

二通型电磁阀用来控制某一油路的保压或排空,故又分为常保压式和常排空式两种。常保压式二通型电磁阀指当该电磁阀断电时,将其控制的油路与给压油路导通,使压力升高;当该电磁阀通电时,将其控制的油路与泄压油路导通,使其排空。常排空式二通型电磁阀指当该电磁阀通电时,将其控制的油路与给压油路导通,使压力升高;当该电磁阀断电时,将其控制的油路与泄压油路导通,使其排空。

三通型电磁阀用来控制某一油路的换向。当电磁阀接通或断开电源时,阀芯打开一个油孔,同时关闭另一个油孔,使控制油路与打开的油孔相通。

(2)压力调节电磁阀与变矩器锁止电磁阀 压力调节电磁阀(EVM)简称调压电磁阀,如图6-8(a)所示。变矩器锁止电磁阀(EVLU)简称锁止电磁阀,其外形结构与调压电磁阀基本相同,如图6-8(a)所示。

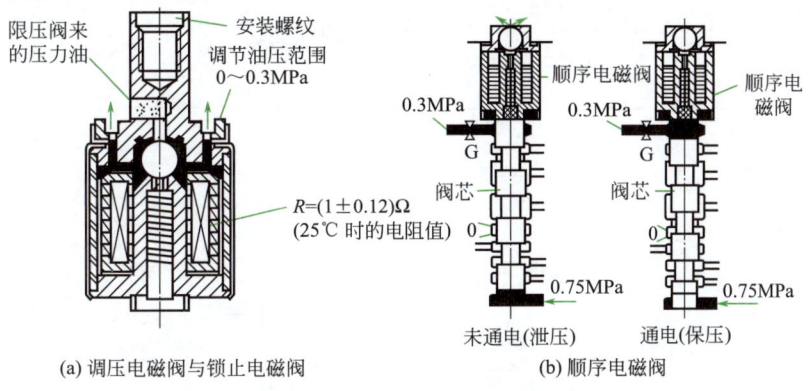

(a)调压电磁阀与锁止电磁阀　　　　　(b)顺序电磁阀

图 6-8　调压电磁阀、锁止电磁阀与顺序电磁阀

(3)顺序电磁阀 顺序电磁阀是一种开关型二通电磁阀,其典型结构及工作过程如图6-8(b)所示。

6.2.4　电路实例识图指导

以大众公司的01M型自动变速器为例。这种自动变速器在宝来、帕萨特、捷达等系列轿车上均有应用,是一种较为典型的自动变速器,相关电路如图6-9所示。

(1)输入信号装置　01M型自动变速器电控系统使用的传感器包括节气门位置传感器G69、车速传感器G68、发动机转速传感器G28、变速器转速传感器G38、变速器油温传感器G93等。节气门位置传感器与发动机转速传感器属于发动机电控系统传感器。由于发动机电控单元J220与自动变速器电控单元J217之间采用数据总线连接方式,故节气门位置传感器与发动机转速传感器信号是通过数据总线输送给自动变速器电控单元的。

1)节气门位置传感器G69　它是一种电位计式传感器,用于根据节气门位置的不同,向发动机电控单元(ECU)输送一个电压信号,发动机ECU再将该信号传输给变速器电控单元(ECU)。变速器ECU不仅通过该信号得知节气门的开度,还可以得到节气门开度的变化速度,也就是踩下加速踏板的加速度,该速度反映了驾驶员的驾驶要求,ECU识别了驾驶员的这一要求后,就会进行"模糊控制"。该信号有两个作用:一个作用是确定换挡曲线;另一个作用是进行油压控制。如果该信号消失,变速器ECU就会进入中等负荷工作状态。

2)变速器转速传感器G38　它是一种电磁式传感器,用于检测变速器内太阳轮的转速。该信号有两个作用:一是识别换挡时刻,在换挡过程中推迟点火提前角,以降低发动机转矩,减小换挡冲击;二是在换挡过程中控制相关离合器的油压,以使换挡平顺。如果该信号消失,则ECU没有替代值,车辆进入应急状态。

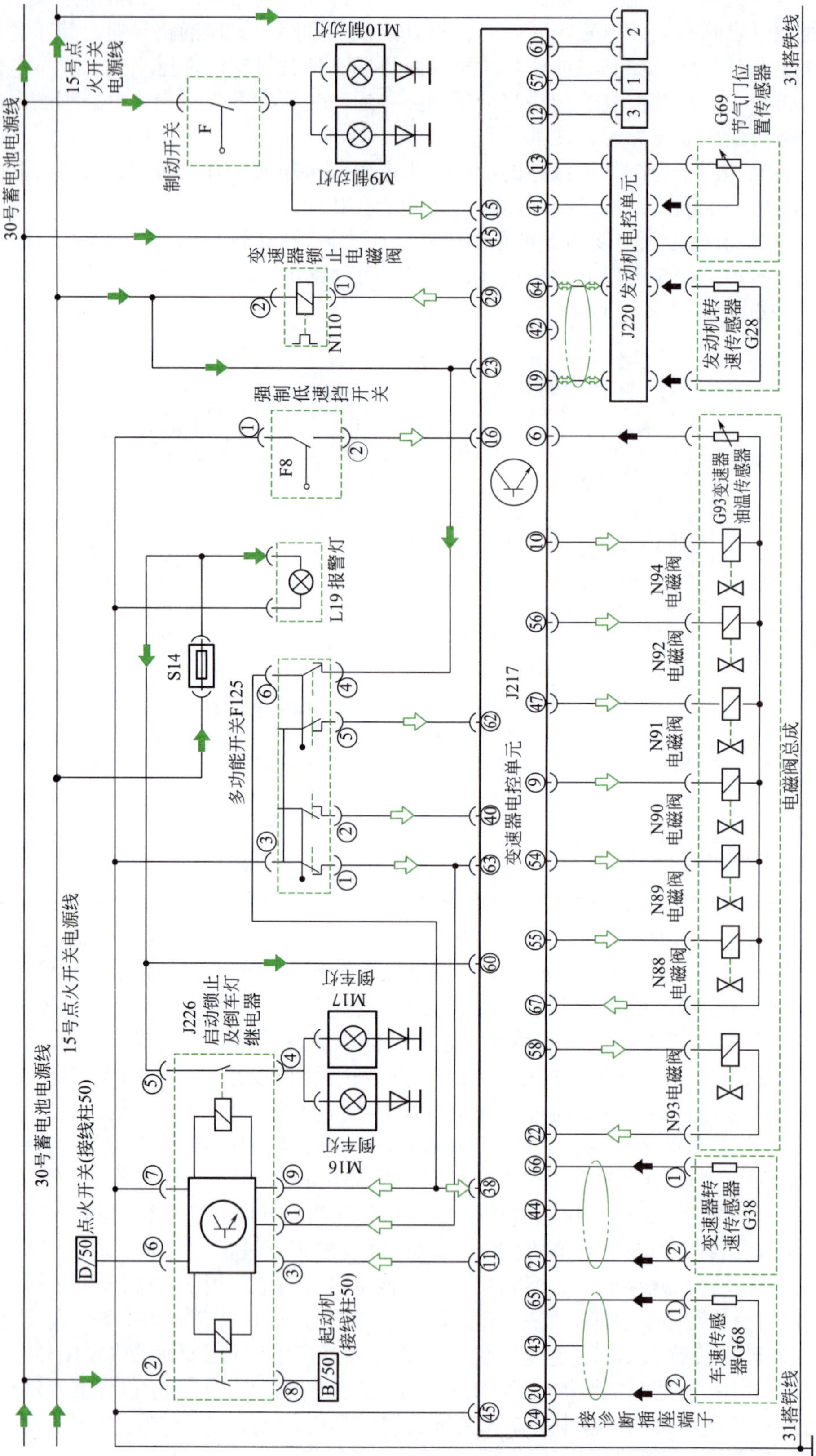

图 6-9 大众公司的 01M 型自动变速器电路原理图

3）车速传感器 G68　这是一种电磁式传感器，用于检测变速器内主动齿轮（也就是齿圈、行星齿轮机构的输出端）的转速。该信号有两个作用：一是与 G69 一起确定换挡曲线；二是检测锁止离合器的滑差。如果该信号消失，变速器 ECU 就会以发动机转速传感器 G28 的信号作为参考信号，不进入应急状态，但锁止离合器不能锁止。

4）发动机转速传感器 G28　该传感器安装在发动机缸体后部，也为电磁式传感器，用于将发动机转速信号先提供给发动机电控单元 J220，再由 J220 传输给变速器控制单元 J217，J217 将该信号与车速信号进行比较，根据转速差，识别出锁止离合器的打滑状态。如果滑动过大，亦即转速差过大，J217 就会增大锁止离合器压力，使滑动相对减小，故 G28 的作用与 G68 相近。

5）变速器油温传感器 G93　该传感器位于变速器内滑阀箱的传输线上，用于检测变速器内的机油温度。G93 是一种负温度系数的热敏电阻，随着温度的升高，其电阻值会降低。其作用是控制变速器的工作温度，当变速器油温高于 150℃时，变速器 ECU 控制锁止离合器接合，如果油温还降不下来，ECU 控制变速器降低一个挡位。G93 短路后，就会使油温过高，变速器无法升入高挡；如果 G93 断路，会使油温过低，进而导致换挡迟缓。

6）制动开关 F　该开关安装在制动踏板上，当变速器电控单元 15 端子收到制动信号后，其 29 端子搭铁，变速器锁止电磁阀 N110 接通，锁止解除，变速杆方可从 P 位移出，挂入其他挡位。对于装有自动定速巡航装置的车辆，该信号还用于解除定速巡航。如果该信号消失，变速杆就不能移出，但故障存储器中没有故障记录。

7）强制低速挡开关 F8　该开关与节气门拉索为一体，当加速踏板踩到底时触动此开关，变速器 ECU 的 16 端子收到该信号后，在车速低于 120km/h 时，降低一个挡位，以增大转矩；当车速低于 80km/h 时，切断空调使其停止工作 8s。

如果强制低速挡开关 F8 信号中断，当加速踏板开度达 95% 时，就会有强制低速挡开关 F8"不可靠信号"故障代码产生。

8）多功能开关 F125　该开关位于变速器壳体内，由变速杆拉索控制，用于检测变速杆的位置，并将状态信号提供给变速器控制单元 J217 和启动锁止及倒车灯继电器 J226。该信号有两个作用：一是当变速杆位于 R 位时，接通倒车灯；二是当变速杆位于 P 或 N 以外的挡位时，防止起动机工作。

（2）变速器电控单元 J217　如图 6-9 所示，变速器电控单元 J217 的常通供电通路为：

蓄电池正极→30 号导线→J217 的 45 端子

受控电源通路为：

蓄电池正极→点火开关→受点火开关控制后的 15 号导线→J217 的 23 端子

变速器电控单元 J217 的搭铁电路为：

变速器电控单元 J217 的 1 端子→导线→变速器线束内搭铁点→流水槽中部搭铁点

（3）执行器（电磁阀）控制电路　变速器电控单元 J217 接收到与换挡有关的传感器信息后，经计算向位于滑阀箱上的电磁阀发出动作指令，电磁阀操纵滑阀箱内的滑阀运动，从而控制各离合器和制动器动作，各电磁阀的作用、类型、工作条件见表 6-2。

表 6-2　各电磁阀的作用、类型、工作条件

电磁阀	作用	类型	工作条件	电磁阀	作用	类型	工作条件
N88	控制离合器 K1	开关阀	断电工作	N92	控制换挡平顺	开关阀	供电工作
N89	控制离合器 K2	开关阀	供电工作	N93	控制主油压	渐进法	供电工作
N90	控制离合器 K3	开关阀	断电工作	N94	控制换挡平顺	开关阀	供电工作
N91	控制锁止离合器	渐进法	供电工作				

1）电磁阀 N88、N89、N90、N91、N92、N94 控制电路　电磁阀 N88、N89、N90、N91、N92、N94 通过变速器电控单元 J217 的 67 端子→导线→ 12 端子插接件的 T12/1 提供电压。变速器电控单元 J217 分别对电磁阀的搭铁回路进行控制，相应控制端子分别为

电磁阀 N88→变速器电控单元 J217 的 55 端子、电磁阀 N89→变速器电控单元 J217 的 54 端子、电磁阀 N90→变速器电控单元 J217 的 9 端子、电磁阀 N91→变速器电控单元 J217 的 47 端子、电磁阀 N92→变速器电控单元 J217 的 56 端子、电磁阀 N94→变速器电控单元 J217 的 10 端子

电磁阀 N93 是压力调节阀，其工作电路为：

变速器电控单元 J217 的 58 端子→导线→ 12 端子插接件的 T12/8 → 12 端子插接件的 T12/2 →导线→变速器电控单元 J217 的 22 端子

2）变速器锁止电磁阀 N110 控制电路　变速器锁止电磁阀 N110 位于变速杆上，用于锁止挡位，其工作电路为：

点火开关 15 接线柱→导线→电磁阀 N110 →变速器电控单元 J217 的 29 端子

踩下制动踏板时，变速器电控单元 J217 输出的控制信号使电磁阀 N110 搭铁，变速器锁止被解除。

（4）画自动变速器电控系统原理方框图　将以上分析的情况总结归纳得到如图 6-10 所示的自动变速器电控系统原理方框图。该方框图虽然是针对 01M 型自动变速器的电控系统电路（图 6-9）画出的，但具有普遍意义，任何不同车辆、再复杂的自动变速器电控系统电路，均可以用这类方框图来表示，区别仅在于使用的元器件或零部件数量、型号、安装位置等方面的不同。从图 6-10 所示的方框图可以一目了然地看出 01M 型自动变速器的控制过程、各元件的连接关系以及各种信号的流向，这对于判断故障的大概部位以及确定检修时的入手点有极大的帮助。

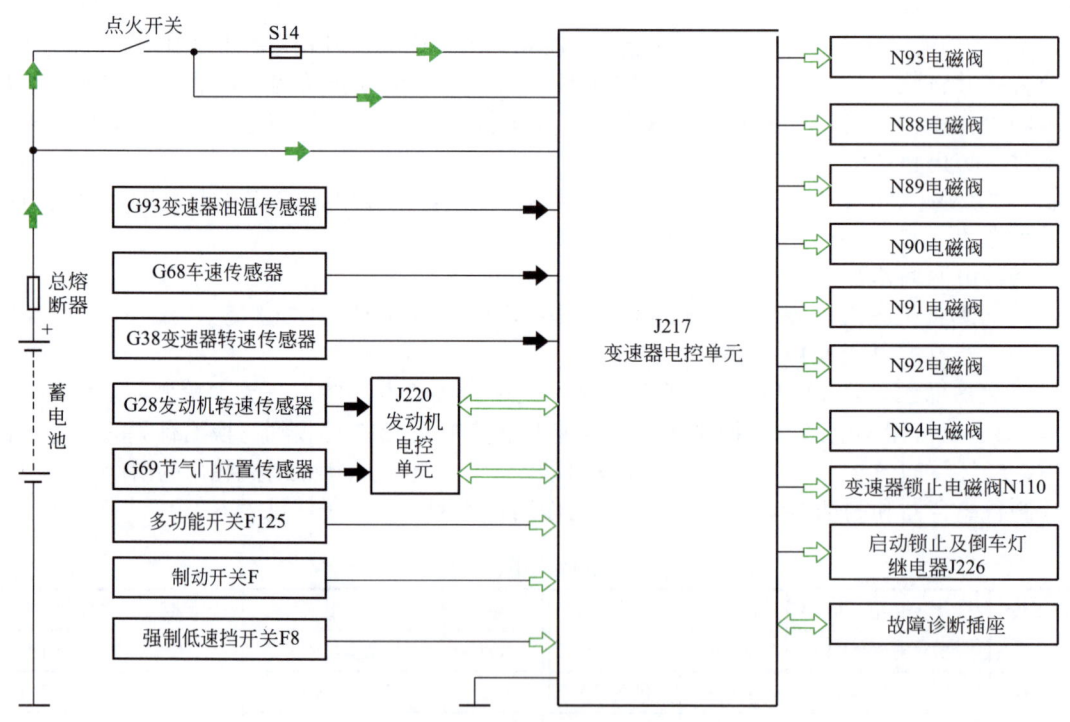

图 6-10　自动变速器电控系统原理方框图

6.3 电控电动助力转向系统

6.3.1 电控电动助力转向系统类型与特点

由于液压助力转向系统助力特性不能调节;油泵一直工作,能量消耗较大;存在漏油和低温工作特性较差等不足,故逐渐被电动助力转向系统取代。

电控电动助力转向(EPS,Electronic Power Steering)系统在驾驶员的控制下借助电力,将电能转换成机械能进行助力,从而实现汽车的转向运动。

电控电动助力转向系统能在各种不同车速转向时利用微电脑自动调节转向助力的大小,在低速行驶时,驾驶员只需用较小的操纵力就可以灵活地转向,能克服低压宽胎在低速行驶时大的转向阻力;而在高速行驶时,自动控制转向的阻力,使其逐渐减小。电控电动助力转向系统既提高了驾驶的舒适性及转向灵活性,又提高了转向的安全性和稳定性。

6.3.2 电控电动助力转向系统的基本组成

虽然各大汽车生产厂家使用的 EPS 系统在结构上有一定的差异,但工作原理基本相同,通常多由转向器输入端的转矩传感器、车速传感器、EPS 电控单元(EPS ECU)、电动机以及减速机构等组成。

6.3.3 电控电动助力转向系统的工作原理

电控电动助力转向系统是在常见的机械转向机构内设置了一台直流电动机,由电控单元(ECU)依据转向盘转向的转矩信号和车速传感器送来的车速信号,经过判断和处理后,根据事先确定好的助力特性输出控制信号,控制电动机的输出助力转矩,帮助驾驶员转向,进而对助力大小进行控制。

6.3.4 电路实例识图指导

昌河北斗星系列轿车装配的电控电动助力转向系统,主要由一套机械转向系统与 EPS 控制系统配合共同构成。EPS 控制系统主要由 EPS ECU、转矩传感器、车速传感器、控制电动机、EPS 故障指示灯及 EPS 故障自诊断接口等部分组成。相关电路如图 6-11 所示。

(1)转矩传感器信号 安装在转向器输入端,用来检测作用在转向盘上的转矩大小和方向,也就是将转动转向盘时转矩杆的转角变换为转向信号输送给电控单元(ECU)的 A 插件 8 端子(主信号)及 10 端子(辅助信号)。EPS 系统的转矩传感器有接触式和非接触式两种。

1)非接触式转矩传感器 有一对磁极环,当输入轴与输出轴之间发生扭转角度时,磁极环之间的空气间隙发生变化,进而引起了电磁感应系数的变化。并将其转换为电压信号提供给 EPS ECU 电路。非接触式转矩传感器的优点是体积小、精度高,但其成本较高。

2)接触式转矩传感器 主要由扭杆、电位计、滑块、环、钢珠、球套等组成。昌河北斗星系列轿车电控电动助力转向 EPS 系统就采用这类传感器。

① 结构特点:接触式转矩传感器通常安装在转向轴上,用来检测转向盘操作力的大小和方向,然后将其变换为相应的电压值提供给 EPS ECU。

钢珠固定在由输入轴外侧和滑块内侧共同形成的螺旋球道内。滑块相对于输入轴可以在螺旋方向移动。同时,滑块通过一个销子安装在输出轴上,使其只可以相对于输出轴在轴线方向移动。

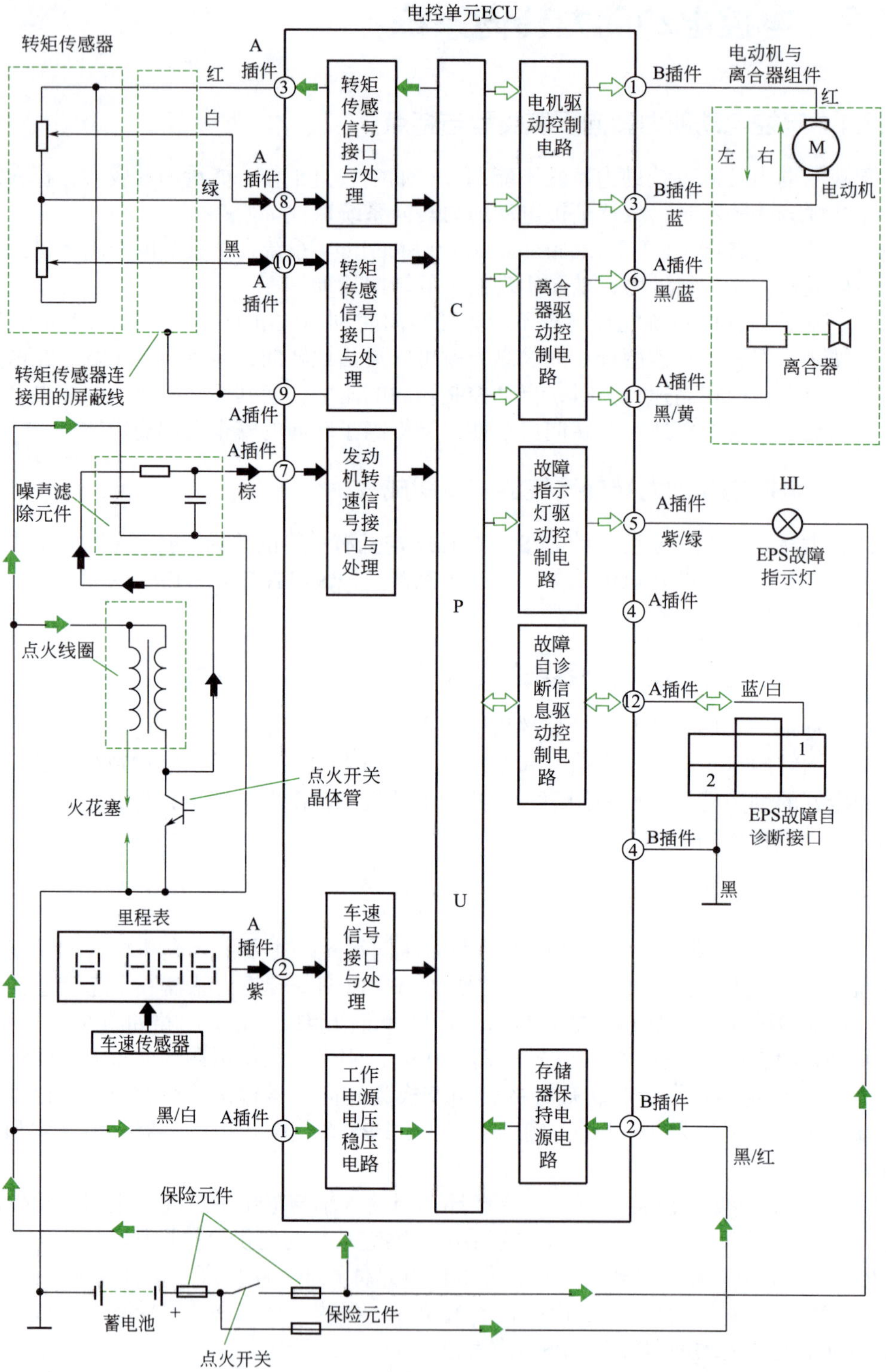

图 6-11　昌河北斗星系列轿车电控电动助力转向（EPS）系统电路原理图

② 工作原理：当转动转向盘时，输入轴相对于输出轴转动，滑块就会在轴线方向移动；同时，滑块通过其外表面的槽带动电位计的杠杆沿杠杆的轴线方向转动。这样，电位计里的触针就会随着在电位计上滑动。转向力矩越大，扭杆变形越大，电位计的杠杆转动角度就越

大。接触式转矩传感器就会将转向盘的力矩和方向信号变换为电位计的电压信号,提供给电控单元(ECU)的 A 插件 8 端子与 10 端子。

接触式转矩传感器内设置了两个电位计,用于同时向 EPS ECU 输送主、辅信号,EPS ECU 对这两个信号进行对比,以确认转矩信号是否正确。设置两个电位计的目的,主要是为了保证接触式转矩传感器信号的可靠性。

3)转矩传感器的输出特性 转矩传感器扭杆的扭转有一固定的角度,而且由于采用蜗轮、蜗杆机构,故可使转矩传感器的检测精度提高。转矩传感器的输出特性(电动机电压与转角的关系)可由图 6-12(a)所示的曲线来表示。

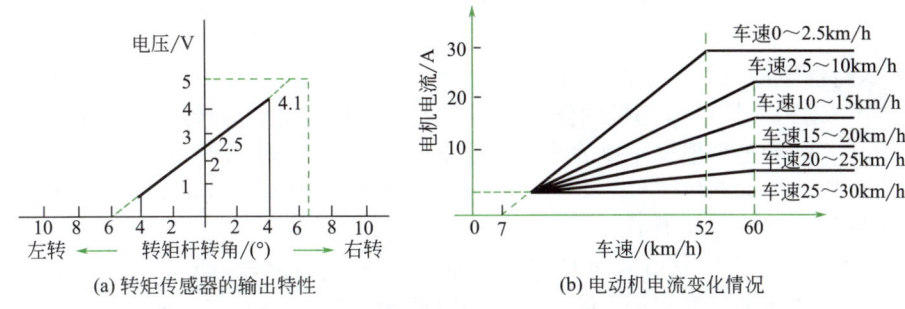

图 6-12 转矩传感器的输出特性曲线与电动机电流变化情况

4)转矩传感器的正常电阻值 转矩传感器在路时转向盘在不同位置时的电阻值见表 6-3,供判断转矩传感器好坏时参考。

(2)车速传感器信号 车速传感器安装在变速器输出轴上,是一种电磁感应式传感器。该传感器可以产生频率与车速成正比的正弦脉冲信号,该信号经里程表相关电路处理后得到的方波信号,一路提供给里程表进行里程数累计,另一路加到 EPS ECU 的 A 插件 2 端子,为电控单元提供车速信号,该信号的高低被 EPS ECU 解析后,决定了电动助力的大小,以保证低速时助力大,转向轻,高速时助力小,提高路感及操纵的稳定性。

表 6-3 转矩传感器在路时转向盘在不同位置时的电阻值

转矩传感器电源端 A 插件的端子	检测条件	电阻值 /Ω	说明
3 与 9 端子之间	—	1.1	
8 与 3 端子之间	转向盘处于汽车直行位置	0.8	主信号
	转向盘处于转向最左端位置	1	
	转向盘处于转向最右端位置	0.5	
10 与 3 端子之间	转向盘处于汽车直行位置	0.8	辅助信号
	转向盘处于转向最左端位置	0.5	
	转向盘处于转向最右端位置	1	

(3)发动机转速信号 昌河北斗星(CH7100A)系列轿车点火系统采用电子式点火方式,发动机正常工作时,点火线圈初级绕组中的电流回路受点火开关晶体管的控制处于接通与断开状态,发动机转速越高,接通与断开的频率也越高。由此,在点火开关晶体管集电极与点火线圈相连接点上,就会有频率与发动机转速成正比的脉冲电压,该电压经噪声滤波元件去除干扰信号后,加到 EPS ECU 插件 A 的 7 端子,作为发动机的转速信号。EPS ECU 根据发

动机转速信号来判断发动机是否工作，以便确定 EPS 系统是否投入工作，当发动机熄火时，EPS 系统也会停止工作，但手动转向功能仍可起作用。

有的车辆 EPS 系统（例如日本三菱公司生产的车型等）是否投入工作，是利用交流发电机的 L 端输出的信号进行控制的，当交流发电机工作时，L 端就会向 EPS ECU 输送 EPS 系统工作的信号；当交流发电机停止工作时，EPS 系统也会停止工作。

（4）电控单元　EPS 电控单元（EPS ECU）是整个控制系统的核心，主要由一块 8 位单片微电脑芯片及其外围的相关电路构成，用于接收车速传感器、转矩传感器、发动机转速等信号，然后输出控制信号去执行器元件（电磁离合器、直流电动机、故障指示灯等）。电控电动助力转向系统的工作过程可由以下顺序来表示：传感器→电子控制单元（ECU）→执行器。

（5）执行器电动机与离合器组件

1）控制电动机　控制电动机的作用是在适当的时候提供助力转矩，帮助驾驶员进行转向。电控单元（ECU）是根据车速的快慢来控制电动机电流的，车辆在低速状态下电动机电流大，助力作用大。电动机产生的助力经离合器传动齿轮减速后，起到助力作用。电动机是利用蜗轮蜗杆机构来传递动力的。

由于 EPS 系统要求控制电动机具有低转速、大转矩、转矩波动小、转动惯性小、尺寸小等特点，而且还要求其具有较高的可靠性和可控性。为此，EPS 系统中使用的电动机结构通常都采用了特殊设计，例如沿转子的表面开出斜槽或螺旋槽，定子磁铁设计成不等厚等。

目前，EPS 系统采用的电动机主要有直流有刷永磁式电动机以及直流无刷永磁式电动机两种。前者可靠性差，但控制方式简单；后者可靠性高，但控制方式复杂。现在的 EPS 系统大多采用直流有刷永磁电动机，如昌河北斗星（CH7100A）系列轿车等。

2）离合器　EPS 系统使用的离合器连接在 EPS ECU 的 A 插件 6 端子与 11 端子之间，其作用是在 EPS 系统出现问题时，由电控单元（ECU）控制离合器分离，以避免更大的损失，此时普通手动转向功能仍然起作用。

（6）减速机构　作用是用来减速和增大转矩。减速结构的常见结构有蜗轮蜗杆式、双排行星齿轮式以及球螺旋机构三种。昌河北斗星（CH7100A）系列轿车的 EPS 系统采用了蜗轮蜗杆式减速机构。

（7）EPS 系统工作原理　电控电动助力转向系统工作时，电控单元（ECU）根据车速和操纵力驱动转向齿轮箱内的电机，实现助力控制。当车速高于设定速度时，就变成了普通的转向系统。其工作过程如下。

点火开关接通时，蓄电池电压加到 EPS ECU 插件 A 的 1 端子以及 EPS 系统的其他控制部件上，使电动助力转向系统进入待工作状态。

发动机工作后，点火线圈负接线柱上的脉冲电压信号输入至 EPS ECU 插件 A 的 7 端子上，告知发动机处于运行状态，电动助力转向系统可以进入工作状态。

电控单元（ECU）输出电磁离合器信号后，通过电动机输出轴和蜗轮蜗杆式减速机构使系统处于可以助力的状态，并根据转矩信号向电动机输出电流。行车时，按不同车速下的转向盘转矩控制电动机电流，并完成电控转向与普通转向的转换。各种车速下电动机的电流变化情况如图 6-12（b）所示。

1）车速高于约 30km/h　当车速高于约 30km/h 时，电控单元（ECU）没有离合器电流及电动机电流输出，离合器被分离，电控电动助力转向变为普通手动转向。

2）车速低于约 27km/h　当车速低于约 27km/h 时，电控单元（ECU）输出离合器电流和电动机电流，使系统由普通手动转向变为电控电动助力转向的工作方式。

（8）EPS 系统的故障自诊断功能　昌河北斗星（CH7100A）系列轿车电控电动助力转

向系统还具有故障自诊断功能和完善的自我保护电路，当系统有元件发生故障时，保护电路起作用，自动断开电动机的输出电流，使系统处于普通的转向方式；同时，自诊断系统还将故障类型转变为代码的形式存储到 EPS ECU 的存储器中，并控制仪表盘上的 EPS 故障指示灯持续闪烁，以告知驾驶员动力转向系统发生了故障。正常情况下，点火开关置于 ON 位置后，EPS 故障指示灯点亮约 2s 后会自动熄灭。

（9）电控电动助力转向系统原理方框图　将以上分析的情况总结归纳得到图 6-13 所示的电控电动助力转向系统原理方框图。该方框图虽然是针对昌河北斗星（CH7100A）系列轿车的电控系统电路（图 6-11）画出的，但具有普遍意义，任何不同车辆、再复杂的电控电动助力转向系统电路，均可以用这类方框图来表示，区别仅在于使用的元器件或零部件数量、型号、安装位置等方面的不同。从图 6-13 所示的方框图可以一目了然地看出昌河北斗星（CH7100A）系列轿车电控电动助力转向系统的控制过程、各元件的连接关系以及各种信号的流向，这对于判断故障的大概部位以及确定检修时的入手点有极大的帮助。

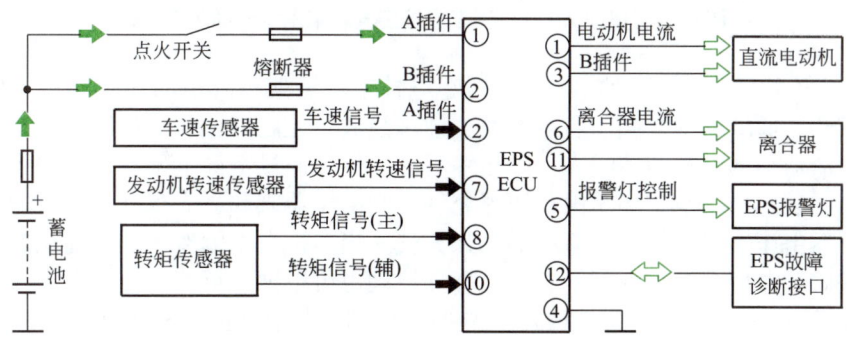

图 6-13　电控电动助力转向系统原理方框图

6.4　电控悬架系统

现在有许多高档轿车不再采用普通的减振器，而是采用电控半主动悬架或电控主动悬架。汽车电控悬架（AAS）系统，全称为电子自动调节悬架控制系统。

6.4.1　电控悬架系统功能与类型

汽车电控悬架系统可自动调节减振器的阻尼力和车身高度，可有效地减小汽车高速行驶时的重心变化、颠簸或突然减速而产生的不良影响。

（1）悬架系统功能　悬架系统用于保证汽车行驶安全，提高汽车乘坐的舒适性和操纵稳定性。该系统可抗侧倾、抗后坐前仰、抗前俯后仰、抗高速效应、抗坏路、振动感应，还可自动控制车身高度并对停车时的车高进行控制。

（2）悬架系统类型　电控主动悬架分为电控空气悬架与电控液压悬架两大类。前者以高压气体为能量，采用空气压缩机等为系统提供动力；后者以高压液体为能量，采用液压缸等为系统提供动力。应用较多的是电控空气悬架。

6.4.2　电控空气悬架气动工作过程

不同车辆电控空气悬架的气动工作过程大同小异，下面以奥迪 A6 系列轿车电控空气悬架系统（下同）来说明其气动工作过程（图 6-14）。

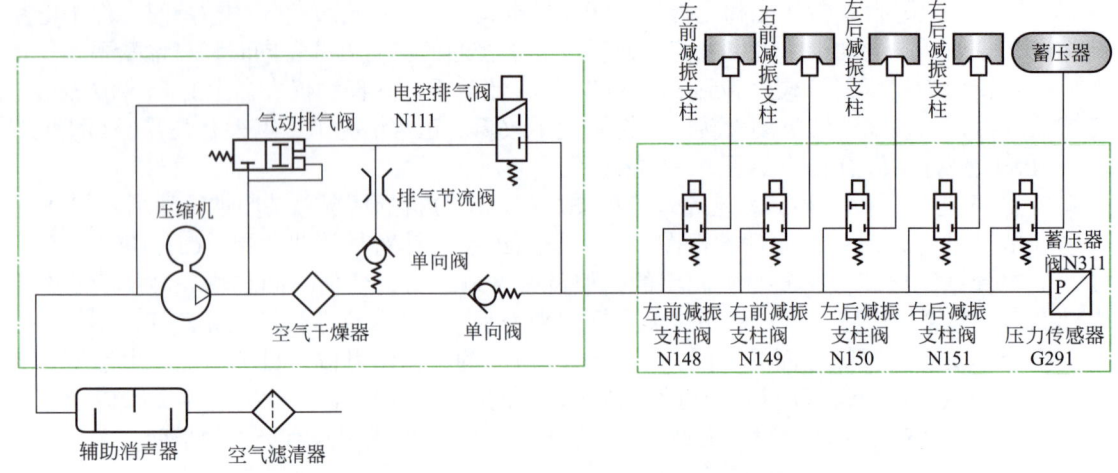

图 6-14 奥迪 A6 系列轿车电控空气悬架系统气动工作过程

（1）压力建立过程　奥迪 A6 系列轿车电控空气悬架系统中的左前减振支柱阀、右前减振支柱阀和左后减振支柱阀、右后减振支柱阀是成对控制的（前桥和后桥）。空气由压缩机经空气滤清器与辅助消声器吸入。经压缩后的空气，通过空气干燥器、单向阀与减振支柱阀进入空气弹簧。如果空气弹簧由蓄压器充气，则蓄压器阀和相应车桥上的减振支柱阀就会打开。蓄压器由压缩机经打开的蓄压器阀来充气。当车辆发生侧滑时，左前减振支柱阀、右前减振支柱阀和左后减振支柱阀、右后减振支柱阀也可单独进行调节。

（2）泄压过程　当控制系统使左前减振支柱阀、右前减振支柱阀和左后减振支柱阀、右后减振支柱阀以及电控排气阀打开，气流流经电控排气阀使气动排气阀被打开后，就会经气动排气阀、辅助消声器与空气滤清器离开系统。当气流流经空气干燥器时，干燥剂被还原。蓄压器的作用是用尽可能小的能量消耗来保证系统的功能要求，以减少压缩机接通工作的时间。为了保证调节过程仅由蓄压器来进行，蓄压器与空气弹簧之间必须存在 0.3MPa 的压力差。

6.4.3　电路实例识图指导

奥迪 A6 系列轿车电控空气悬架系统电路原理图如图 6-15 所示，该电路的工作情况可从以下几个方面来进行分析说明。

（1）电源与搭铁

① 常通供电电流通路：

蓄电池正极→ S132 熔断器→ SC11 熔断器→ J197 的 A1/30 端子

为其内部存储器提供存储保持电压，以保证存储的数据不会被丢失。

② 点火开关控制后的供电电流通路：

蓄电池正极→ J329 总线端 15 供电继电器的 2/87 端子→ SC5 熔断器→ J197 的 A6/15 端子

为其内部电路提供工作电源。

③ 搭铁电路：水平高度调节系统控制单元 J197 的搭铁端为 A3/31，其搭铁点处标号为 373。

（2）传感器　奥迪 A6 系列轿车电控空气悬架系统使用的传感器主要有压缩机温度传感器、水平高度调节系统压力传感器、车辆高度传感器与车身加速度传感器。

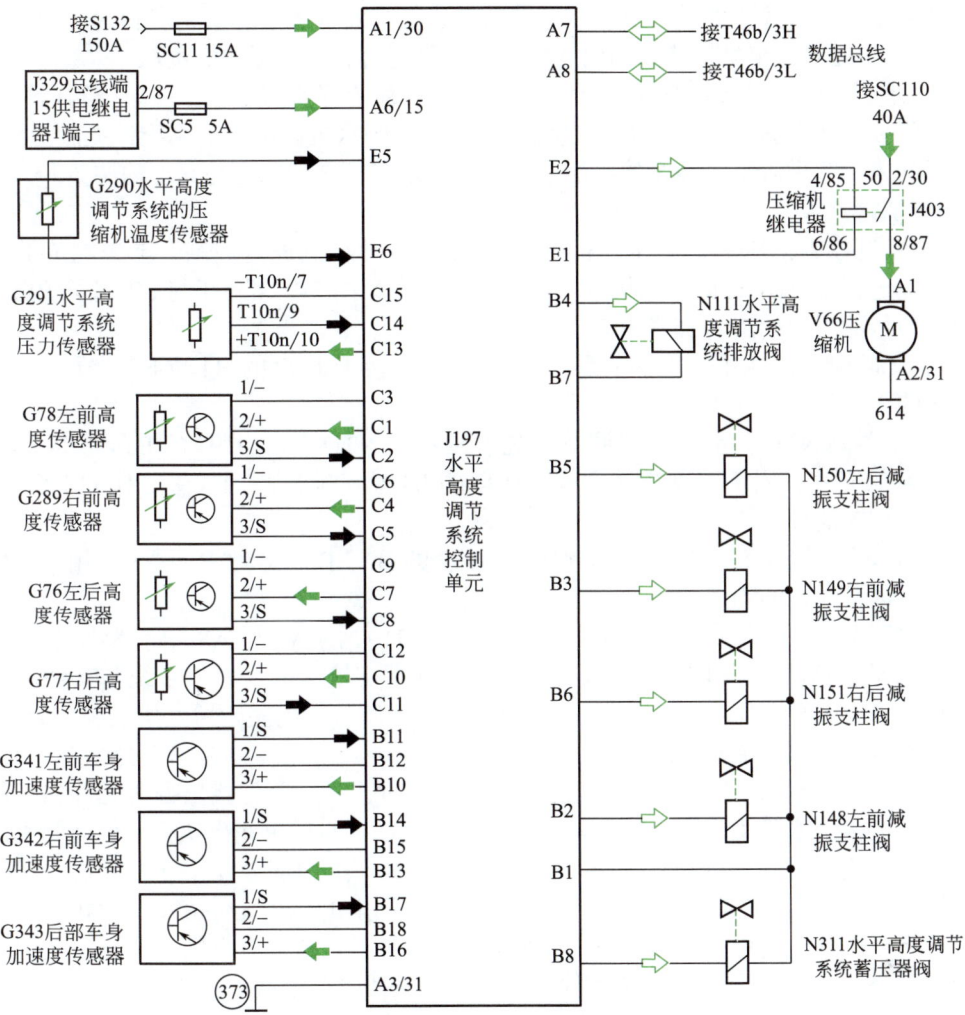

图 6-15 奥迪 A6 系列轿车电控空气悬架系统电路原理图

1）压缩机温度传感器 G290　连接在 J197 的 E5、E6 两端，用于为 J197 提供压缩机气缸盖的温度信息。G290 是一种负温度系数（NTC）电阻，其电阻值随温度的升高而减小。一旦检测到的温度超过设定值，J197 则控制压缩机停止工作。

2）压力传感器 G291　浇铸在电磁阀体内，连接在 J197 的 C13、C14 与 C15 端子上，利用电容测量原理来检测前、后桥减振支柱的压力或蓄压器内的压力（取决于电磁阀的控制状态）。该传感器内部设置的集成电子装置会将检测到的电容值转换为线性输出信号提供给 J197。G291 的 T10n/10 为传感器的供电输入端，T10n/9 为信号输出端，T10n/7 为搭铁端。

3）车辆高度传感器 G76、G77、G78、G289　传感器 G76、G77、G78、G289 为同一种型号，但由于安装位置不同，故它们的支架与连接杆是不一样的，通常采用 800Hz（四轮驱动车辆以 200Hz）的频率进行工作，用于检测叉形臂与车身之间的距离，并将检测到的信号提供给 J197 的 C1～12 端子。传感器的 2 端子为供电输入端，3 端子为信号输出端，1 端子为搭铁端。

4）车身加速度传感器 G341、G342、G343　传感器 G341、G342、G343 分别连接在 J197 的 B10～B18 端子上，通过支架用螺栓固定在车身上。传感器元件由数层硅和玻璃组成，中间的硅层是弹性舌片（振动块）。传感器的灵敏度主要取决于弹簧刚度和舌片的质量，供电电源由 J197 提供，车身加速度当前的电压值，可通过调取数据块来读取。

（3）水平高度调节系统控制单元 J197　接收各种传感器的信号，输出控制信号控制压缩机的工作或蓄压器打开阀门，并通过控制减振支柱阀水平高度调节系统排放阀 N111 的开启或关闭，来调节进入空气弹簧的压缩空气，以实现车辆悬架刚度与高度的调整。

（4）执行器

① 压缩机控制：压缩机由压缩机继电器 J403 常开触点进行控制，电源电流的流向如图 6-15 中相应箭头所示；而压缩机继电器线圈的状态又由 J197 的 E1 与 E2 端子输出信号控制，控制信号的流向如图 6-15 中相应箭头所示。

② 排放阀 N111：水平高度调节系统排放阀 N111 接于 J197 的 B4 与 B7 端子，用于控制空气弹簧的排气。

③ 蓄压器阀 N311：水平高度调节系统蓄压器阀 N311 接于 J197 的 B1 与 B8 端子，用于控制弹簧的充气，属于控制搭铁方式，J197 的 B1 端子输出阀门线圈工作的电源，B8 端子输出控制搭铁信号。

④ 减振支柱阀 N148 ～ N151：分别接于 J197 的 B2、B3、B5、B6 端子，用于控制减振器的阻尼系数和弹簧的刚度。

（5）数据总线　水平高度调节系统控制单元 J197 的 A7 与 A8 端子为数据总线信号输入、输出端，这两个端子与其他电控系统进行数据交换，电控悬架系统与其他电路共用信号［如转向传感器信号、车速信号、门控保护信号（所有车门关闭后悬架系统才会起作用）等］也是通过数据总线传输来的。

（6）识图指导　识读电控悬架系统电路原理图时，一定要先找出哪些元件属于信号输入元件。显然，传感器及相关开关多属于信号输入元件。然后再找出执行元件及其去向，最后根据水平高度调节系统控制单元 J197 的工作情况将上述两部分联系起来分析，就可基本上读懂任何电控悬架系统电路原理图。悬架电路原理图上的执行元件多指压缩机、电磁阀。根据上述指导思路，就可画出奥迪 A6 系列轿车电控悬架系统的方框图，由方框图就可以看出原理图 6-15 中的控制关系，识读其他车辆的电控悬架电路也就不是难事了。

（7）画方框图　图 6-16 所示为汽车电控悬架系统原理通用方框图。

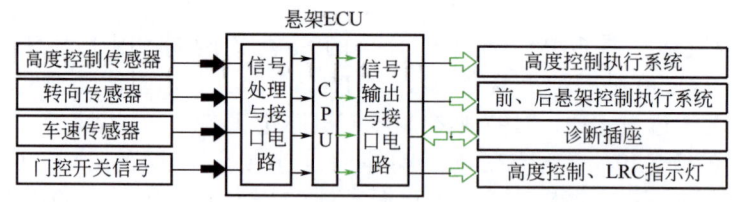

图 6-16　汽车电控悬架系统原理通用方框图

画具体方框图时，结合上面的分析，先在左边画出供电通路，各种传感器也画在左边，中间画出水平高度调节系统控制单元 J197（一个大的长方形方框，不必考虑其内部电路），最后在右边画出各种执行器，可参考上述文中的介绍进行，最后画出水平高度调节系统控制单元 J197 的搭铁与数据总线端即可。

6.5　电控空调系统

由于各种车辆结构上的差异，故不同类型、不同品牌汽车上的空调系统的安装位置以及组合方式是不一样的。

6.5.1 空调制冷系统的基本组成

图6-17所示为轿车空调系统组成及显示单元与显示控制单元，这种空调系统属于前隔板式，压缩机通常布置在发动机的一侧，用固定托架安装在发动机气缸体上，由曲轴通过驱动皮带直接驱动。这种布置方式不但可靠，驱动容易，也便于拆装。

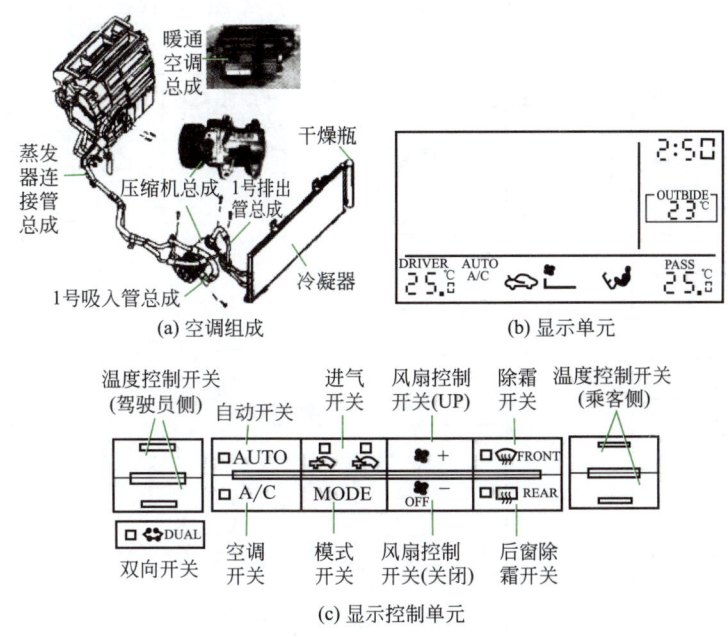

图6-17　轿车空调系统组成及显示单元与显示控制单元

6.5.2 电路实例识图指导

以日产天籁轿车自动空调电控系统电路（图6-18）为例，该空调主要由一体化仪表与A/C放大器、传感器、风扇控制放大器、显示单元［图6-17（b）］、显示控制单元［图6-17（c）］、A/C和AV开关、鼓风机电动机、模式门电动机、空气混合门电动机、进气门电动机、压缩机等组成。

（1）供电电源电路　以一体化仪表与A/C放大器为核心构成的空调控制电路的供电分为常通电源与受控电源两大部分。受控电源有多路。

常通电源是指从蓄电池直接输出的电源，该电源分别经19号、79号、71号、78号熔断器提供给有关电路。其中，一体化仪表与A/C放大器的供电由19号熔断器提供，电流通路为：

蓄电池电压→19号熔断器→一体化仪表与A/C放大器的21端子

该电压与发动机是否工作没有关系，始终存在，作为一体化仪表与A/C放大器内部的存储保持电压。79号熔断器为空调压缩机电磁离合器提供电源。71号与78号熔断器为发动机室智能电源分配模块提供电源。

点火开关ON挡的供电一路通过10号熔断器为一体化仪表与A/C放大器46端子供电，其电流通路为：

蓄电池电压→点火开关ON挡闭合的触点→10号熔断器→一体化仪表与A/C放大器的46端子

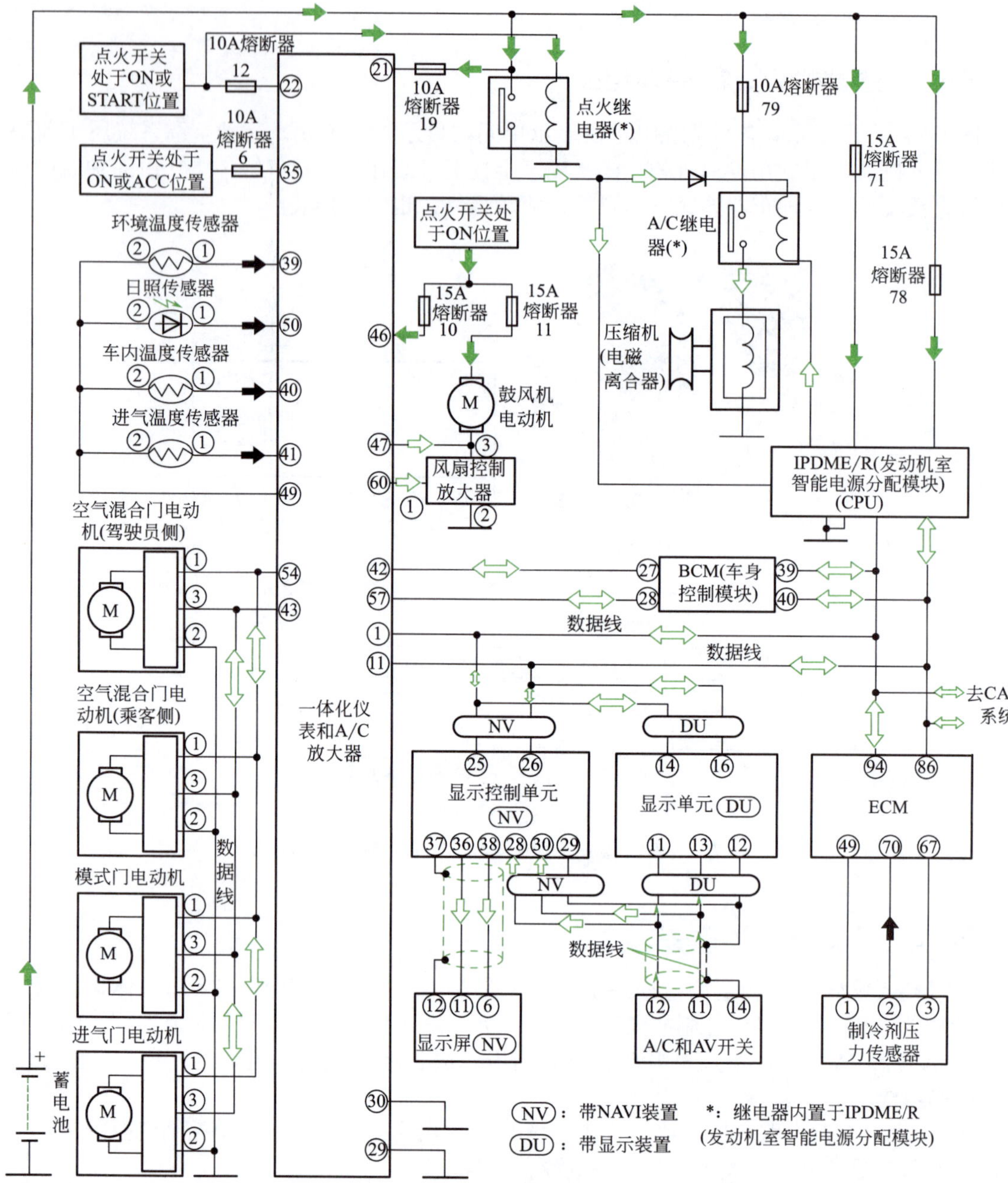

图 6-18 日产天籁轿车自动空调电控系统电路原理图

为一体化仪表与 A/C 放大器内部控制单元提供供电,并提供给相关的传感器和执行器。

另一路则通过 11 号熔断器为鼓风机供电,鼓风机的工作受风扇控制放大器的控制,而风扇控制放大器的工作又受一体化仪表与 A/C 放大器 60 端子输出信号的控制,一旦鼓风机受控工作后,其进入工作的信号(也就是其下端的控制信号)则通过 47 端子进入一体化仪表与 A/C 放大器的内部。

12 号熔断器在点火开关 ON 和 START 挡均有电流输出,其电流通路为:

蓄电池电压→点火开关 ON 和 START 挡闭合的触点→12 号熔断器→一体化仪表与 A/C 放大器的 22 端子

6号熔断器在点火开关ON和ACC挡均有电流输出，其电流通路为：

蓄电池电压→点火开关ON和ACC挡闭合的触点→6号熔断器→一体化仪表与A/C放大器的35端子

（2）传感器电路　天籁轿车自动空调电控系统使用的传感器主要有环境温度传感器、日照传感器、车内温度传感器、进气温度传感器。

1）环境温度传感器　该传感器安装在发动机罩锁撑杆上，用于监测车厢内部环境的温度，并将其转换为电阻值后提供给一体化仪表与A/C放大器的39端子，环境温度传感器的2端子为搭铁端，通过一体化仪表与A/C放大器的49端子内部电路搭铁。

2）日照传感器　该传感器安装在乘客侧除霜器格栅上，用于探测挡风玻璃进入的阳光强度，并将其转换为电流值后提供给一体化仪表与A/C放大器的50端子，日照传感器的2端子为搭铁端，通过一体化仪表与A/C放大器的49端子内部电路搭铁。

3）车内温度传感器　该传感器安装在驾驶员下侧仪表板处，用于将鼓风机所抽取的车厢内空气温度转换为电阻值后提供给一体化仪表与A/C放大器的40端子，车内温度传感器的2端子为搭铁端，通过一体化仪表与A/C放大器的49端子内部电路搭铁。

4）进气温度传感器　该传感器安装在制热和制冷单元上，用于将通过蒸发器的空气温度转换为电阻值后提供给一体化仪表与A/C放大器的41端子，进气温度传感器的2端子为搭铁端，通过一体化仪表与A/C放大器的49端子内部电路搭铁。

（3）执行器电路　天籁轿车自动空调电控系统使用的执行器主要有模式门电动机、空气混合门电动机、进气门电动机、鼓风机电动机、压缩机（电磁离合器）。

1）模式门电动机　该电动机安装在制热和制冷单元上，用于使空气由一体化仪表与A/C放大器设定的出风口排出，电动机的转动通过一个连杆驱动模式门。模式门电动机的2端子为搭铁端，1端子为供电输入端，3端子为数据通信端，这两个端子分别与一体化仪表与A/C放大器的54端子和43端子相连，43端子为数据信号输出端。

2）空气混合门电动机　该电动机安装在制热和制冷单元上，用于控制空气混合门的开启或关闭，其具体状态由一体化仪表与A/C放大器进行设定，空气混合门直接转动滑门齿轮并移动滑门。空气混合门电动机的2端子为搭铁端，1端子为供电输入端，3端子为数据通信端，这两个端子分别与一体化仪表与A/C放大器的54端子和43端子相连。

天籁轿车自动空调电控系统使用两个空气混合门电动机，一个为驾驶员侧混合门电动机，另一个为乘客侧混合门电动机。

3）进气门电动机　该电动机安装在进气单元上，用于使空气从一体化仪表与A/C放大器设定的进气口吸入，电动机的转动通过一个杠杆运动驱动进气门。进气门电动机的2端子为搭铁端，1端子为供电输入端，3端子为数据通信端，这两个端子分别与一体化仪表与A/C放大器的54端子和43端子相连。

4）鼓风机电动机　在自动模式下，鼓风机电动机的转速由一体化仪表与A/C放大器根据车内温度传感器、日照传感器、进气温度传感器、环境温度传感器等输入信息来确定，以便控制鼓风机的转速（控制电压在3.5～12V之间）。一体化仪表与A/C放大器从其60端子输出控制信号，由风扇控制放大器3端子输出控制信号控制鼓风机的转速。

5）压缩机（电磁离合器）　根据进气温度与发动机控制模块（ECM）的信号，一体化仪表与A/C放大器通过数据总线来控制压缩机的工作。当按下空调开关（风扇打开）、按下DEF开关（有显示单元）时，一体化仪表与A/C放大器将压缩机的ON信号输入BCM中。通过CAN数据总线，BCM将压缩机的ON信号传送给发动机控制模块（ECM）。依据每个传感器的状态（制冷剂压力传感器信号、节气门位置传感器信号等），发动机控制模块判断是否能开启压缩机。如判断可开，就会通过CAN总线把压缩机的开启信号传送给

IPDME/R。从发动机控制模块中接收到压缩机开启信号后,IPDME/R 就控制 A/C 继电器通电工作,使 A/C 继电器常开触点闭合,由此就形成了如下的电流通路:

蓄电池电压→79号熔断器→A/C 继电器常开已闭合的触点→电磁离合器线圈→搭铁→蓄电池负极

该电流通路使电磁离合器工作,带动压缩机工作。

(4) 识图指导 识读自动空调电控系统电路原理图时,一定要先找出哪些元件属于信号输入元件。显然,传感器及相关开关多属于信号输入元件。然后再找出执行元件及其去向,最后根据一体化仪表与 A/C 放大器(这是一个组件,它把空调控制单元与仪表控制单元两个部分集成在一起,其内部的部分电路功能相当于空调电控单元)的工作情况将上述两部分联系起来分析,就可基本读懂任何自动空调电控系统电路原理图。汽车空调电路图上的执行元件多指电动机、电磁离合器、电磁阀。根据上述指导思路,就可以画出天籁轿车空调电控系统的方框图,由方框图就可以看出原理图 6-18 中的控制关系,识读其他车辆的空调电控电路也就不是难事了。

(5) 画方框图 图 6-19 所示为汽车自动空调电控系统原理通用方框图,可作为识读其他汽车自动空调电控系统电路图的参考。

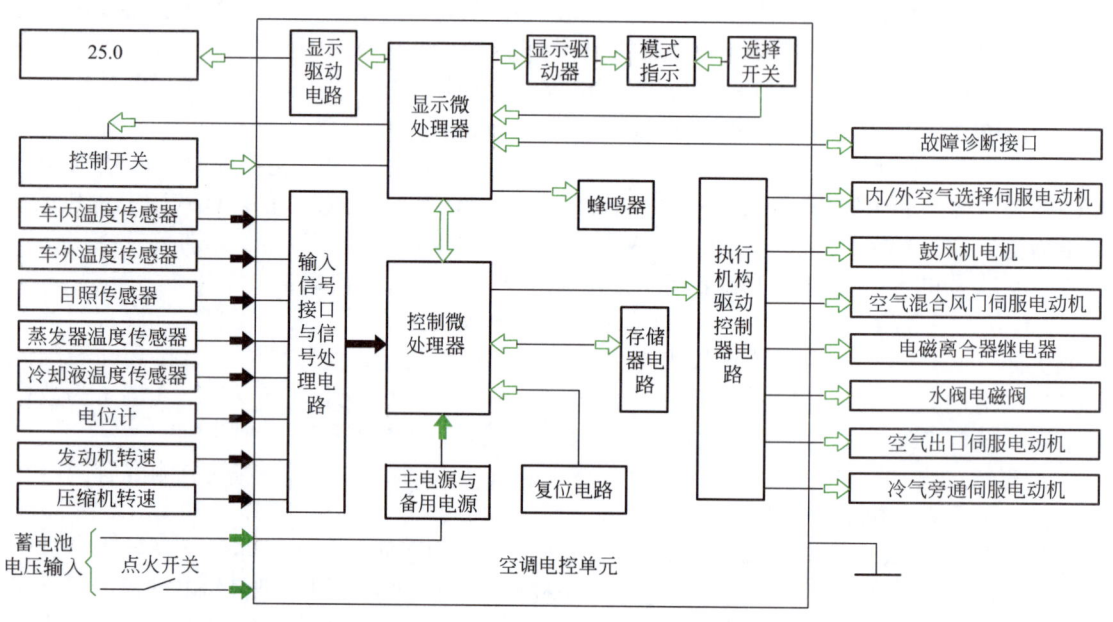

图 6-19 汽车自动空调电控系统原理通用方框图

画具体方框图时,结合上面的分析,先在左边画出供电通路,各种传感器也画在左边,中间画出一体化仪表与 A/C 放大器,对于一体化仪表与 A/C 放大器内部的情况可不必画出,最后在右边画出各种执行器,但应注意电磁离合器控制关系的画法,可参考上述文中的介绍进行,最后画出一体化仪表与 A/C 放大器的搭铁端即可。

习题 6

(1) 填空题

1) 汽车电子控制式燃油喷射英文缩写为_____,主要用于_____发动机,通常还称其为_____喷射或_____喷射。

2）电控燃油喷射一般可提高发动机输出功率约_____，节省燃油_____。发动机的_____和_____性能也都得到了改善，特别是_____的排放量得到了有效抑制。

3）发动机电控系统通常主要由_____装置、_____与_____三大部分组合而成。_____是整个控制电路的核心。

4）奥迪 A6/A6L 系列轿车发动机电控燃油喷射系统电路主要由_____系统、_____系统、_____系统和_____电路等构成。

5）自动变速器通常是由_____和_____组合而成的，而这两者又由相应的组件或零部件构成。根据各构成件的功能，归纳起来可分为_____器、_____机构、_____系统与_____控制系统几个部分。

6）不同车速的自动变速器具有不同的换挡规律，但它们的共同特点是：_____油门、_____车速时，_____速就换挡；_____油门、_____车速时，_____速就换挡；_____油门、_____车速时，_____速才换挡。

7）自动变速器液压系统的电磁阀根据其控制信号不同主要有_____型、_____型以及_____型三大类。

8）电动助力转向系统是在驾驶员的控制下借助于_____，将_____能转换成_____能进行助力，从而实现汽车的转向运动。

9）电动助力转向系统通常多由转向器输入端的_____传感器、_____传感器、_____单元、_____机以及_____机构等组成。

10）轿车空调系统属于前隔板式，压缩机通常布置在发动机的_____，用固定_____安装在发动机_____体上，由_____通过_____直接驱动。

11）天籁轿车自动空调电控系统使用的执行器主要有_____电动机、_____电动机、_____电动机、_____电动机、_____（电磁离合器）。

（2）选择题

1）发动机电控单元中的 CPU 输入的信号一般为：（a）数字信号；（b）模拟信号；（c）脉冲信号；（d）正弦波信号。

2）对于发动机的温度，一般采用什么样的传感器对其进行间接测量？（a）氧传感器；（b）进气温度传感器；（c）油温传感器；（d）冷却液温度传感器。

3）燃油压力调节器主要用来调节燃油泵泵出的汽油压力，使其保持在_____左右的恒定值。（a）0.196Pa；（b）1.96Pa；（c）0.196MPa；（d）1.96MPa。

4）电控自动变速器是利用_____传感器和_____传感器的信号来实现换挡的。（a）车轮转速，节气门；（b）车速，节气门；（c）车速，节流阀开度；（d）车轮转速，节流阀开度；（e）节气门，节流阀开度。

5）脉冲的占空比是指：（a）脉冲高电平时占用时间与脉冲周期的百分比；（b）脉冲低电平时占用时间与脉冲周期的百分比；（c）每个脉冲周期内通电时间与脉冲周期的百分比；（d）全部脉冲周期内通电时间与脉冲周期的百分比。

6）在图 6-9 所示电路中，当变速器油温高于_____时，变速器 ECU 控制锁止离合器接合。（a）150℃；（b）130℃；（c）100℃；（d）50℃。

7）在图 6-9 所示电路中，当 G93 短路后，就会使油温过_____，变速器无法升入_____挡；如果 G93 断路，会使油温过_____，进而就会导致换挡_____。（a）低，低，高，迟缓；（b）高，高，低，迟缓；（c）高，低，高，迟缓；（d）低，高，高，迟缓。

8）在图 6-15 所示电路中，G290 是一种什么样的电阻？（a）负温度系数热敏电阻；（b）正温度系数热敏电阻；（c）PTC；（d）NTC。

9）汽车空调系统中的制冷原理是基于：液体变为气体要_____热量；气体变为液体

要_____热量。(a) 放出，吸收；(b) 吸收，放出；(c) 放出，放出；(d) 吸收，吸收。

（3）问答题

1）为什么要设置冷启动喷油器？冷启动喷油器有哪几种类型？各有怎样的特点？

2）受热时间开关有什么作用？它是怎样工作的？冷启动喷油器的喷油持续时间，主要取决于哪些因素？

3）电动燃油泵有怎样的作用？涡轮燃油泵与滚柱燃油泵各有怎样的特点？

4）什么是二通型电磁阀？什么是三通型电磁阀？它们各有怎样的特点？

5）EPS系统的转矩传感器通常有哪几种类型？各有怎样的特点？这类传感器的输出特性是怎样的？

6）电控悬架系统有怎样的功能？有哪些类型？各有怎样的特点？以奥迪A6系列轿车电控空气悬架系统为例说明其气动工作过程。

第 7 章

怎样看懂实际电控系统电路（下）

本章导读

本章是上一章的续篇，接着介绍汽车另外几种常见电控系统实际电路，并对这些电路图的识图进行指导，具体包括防抱死制动系统、安全气囊系统、巡航控制系统、数字式仪表控制系统电路图的识读。

7.1 防抱死制动系统

汽车防抱死制动系统（ABS，Anti-lock Braking System），属于微电脑控制方式。

7.1.1 ABS 系统作用与类型

汽车制动过程中，如车轮出现抱死，轻者会使制动距离延长而导致制动性能变坏，严重时会使汽车丧失转向能力（前轮提前抱死，后轮仍转动时）或甩尾甚至调头现象（后轮提前抱死，前轮仍转动时），这是十分危险的。故现在的车辆上（尤其是轿车）都设置了 ABS 系统。

（1）ABS 系统的作用　ABS 系统的作用是通过电子控制装置，对汽车制动过程车轮的状态进行监测和有效控制，不断地调节制动系统的制动力，将汽车的滑移率控制在 15%～20% 范围内，使车轮尽可能处于最佳运动状态，从而使汽车具有良好的抗侧滑能力和最短的制动距离，以提高汽车制动的稳定性和安全性。

（2）ABS 系统的类型　按助力介质可分为液压式和气压式；按控制方式可分为机械式与电子式；从构造上可分为整体式和分散式。

整体式结构是指 ABS 系统的制动主缸和储压器、进油阀、出油阀等制成一体。系统无真空加力器。整体式 ABS 系统由于结构紧凑、简单，故应用较广泛。分散式结构是指 ABS

系统的制动元件是分散的,即制动主缸与液压阀不是一体的,另有真空助力器,无储压器。

7.1.2 ABS系统基本工作过程

微处理器预先存储多种制动工况下滑移率数值及向最佳滑移率（$\varepsilon=15\% \sim 20\%$）过渡的相关计算式。当车速和车轮角速度信息通过传感器以电信号方式输入到微处理器后,经数据比较、计算和分析,判断出增加或减少制动器制动力的量值,向执行器——液压或气压调节器及各车轮制动电磁阀分别发出指令,调节液压或气压的大小,通过制动管道和各轮制动电磁阀,把液压或气压施加于车轮制动器上,产生恰当的制动力,使车辆的实际滑移率向理想的滑移率靠近。液压或气压调节器和各轮制动电磁阀频繁动作,反复循环地不断施压与解压,频率可达每秒4~8次,即可使车辆自动地应付各种道路行驶条件,保持最佳制动效果。

7.1.3 ABS系统组成

（1）车轮转速传感器　用来检测车轮转速,每个车轮安装一个,装在车轴上,完全密封在一个由不锈钢制成的外壳内,传感器和连接导线要求耐高温、耐振,保养时不需要取出传感器。

（2）电控单元（ECU）　图7-1（a）所示为ABS ECU的外形,图7-1（b）所示为其分解图。ABS ECU的安装方式通常有以下两种。

1）单独安装方式　ABS ECU没有与制动防抱死系统的压力调节器集成在一起,而是单独安装在车辆前部某一个地方。

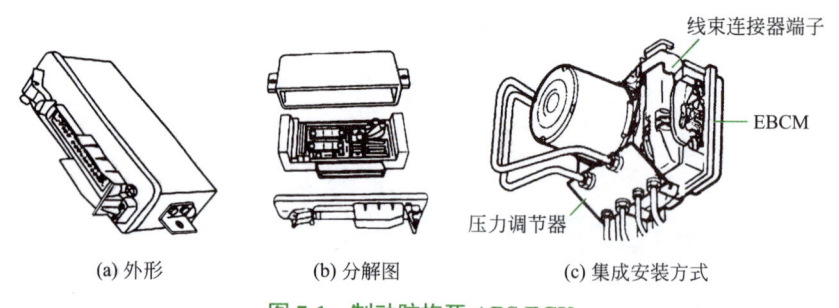

(a) 外形　　　　(b) 分解图　　　　(c) 集成安装方式

图7-1　制动防抱死ABS ECU

2）集成安装方式　新型汽车防抱死制动系统,许多都将ABS ECU与压力调节器集成组装在一起,如图7-1（c）所示,其与外部的电气线路连接通过线束插接器来实现,压力调节器由管路与外部相连接。

3）功能　ABS ECU用于接收车轮转速传感器、制动信号、液面信号、手制动信号,并经微电脑中的A/D等电路进行测量、比较、放大、分析判断处理以及综合精确计算后,得出制动时车轮的滑移率、车轮的加速度和减速度,以判断车轮是否有抱死的趋势,再由其输出级发出指令,控制液压总成电磁阀,调节分泵制动力,如有故障也会指示故障并记忆。

（3）制动压力调节器　图7-2（a）所示的制动压力调节器是汽车制动系统中电控系统（ECU）的执行器,其作用是根据来自ECU的电信号,控制调节器中电磁铁的动作,适当地调节制动系统管路中的液压或气压,以实现车轮制动器中压力的自动调节。

（4）制动主缸　制动主缸如图7-2（b）所示,主要部件有液压油泵、储油室和警示灯、储压器和压力开关及进、出油阀总成等。

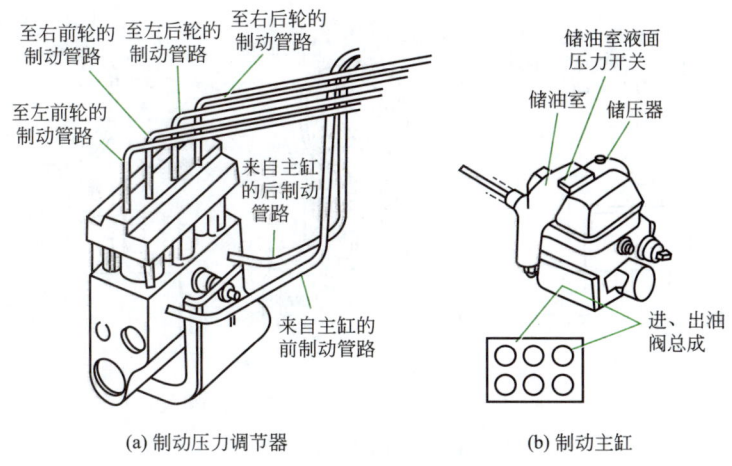

(a) 制动压力调节器　　(b) 制动主缸

图 7-2　制动压力调节器与制动主缸

1）进、出油阀总成　进、出油阀阀体上有六个电磁阀，汽车每个前轮都有一个进油电磁阀和出油电磁阀，即左、右前轮共有四个电磁阀（二进二出）。两个后轮共用一个进油电磁阀和一个出油电磁阀，整个阀体用螺钉固定在制动主缸上。

图 7-3（a）所示为进油阀，主要由电磁线圈、柱塞、球阀和弹簧等构成。它一端接制动主缸，另一端接制动轮缸。

当汽车制动时，进油阀打开，使压力油液进入制动轮缸进行制动。正常情况下，阀门是由弹簧力打开的，当进行防抱死制动时，电控单元（ECU）发出信号使线圈通电，从而防止进入制动轮缸的油压过高，暂时关闭阀门以防止制动轮抱死。

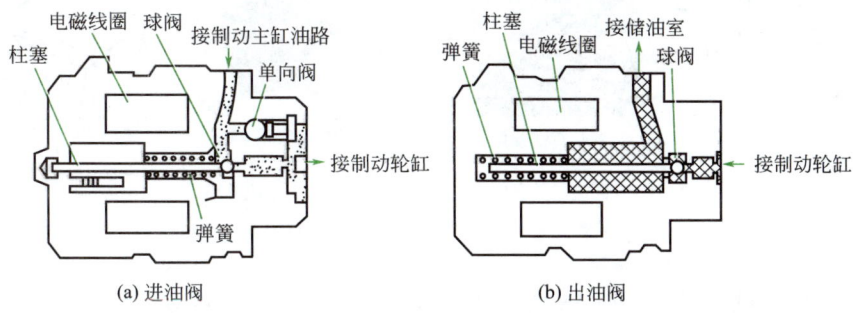

(a) 进油阀　　(b) 出油阀

图 7-3　进、出油阀

图 7-3（b）所示为出油阀，主要由电磁线圈、柱塞、球阀和弹簧构成。其连接关系是一端接制动轮缸，另一端接储油室。储油室实际上是供泄油用。

正常情况下，阀门由弹簧张力作用而关闭。当防抱死制动系统起作用时，电控单元（ECU）发出控制信号使电磁线圈通电，电磁阀内的柱塞移向左边，打开阀门降低制动轮缸内的油压使车轮不抱死。由于上述动作是连续快速进行的，故制动时车轮始终处于转动状态而不会抱死。

2）储油室　作用是储放制动油液，其四个油口分别接制动轮缸油管、油泵（液压泵）、制动主缸回油管和制动轮缸回油管，如图 7-4（a）所示。

由于储油室内的氮气和油液具有极高的压力，因此在拆卸制动管路时，一定要先泄压，以免造成人身伤害。

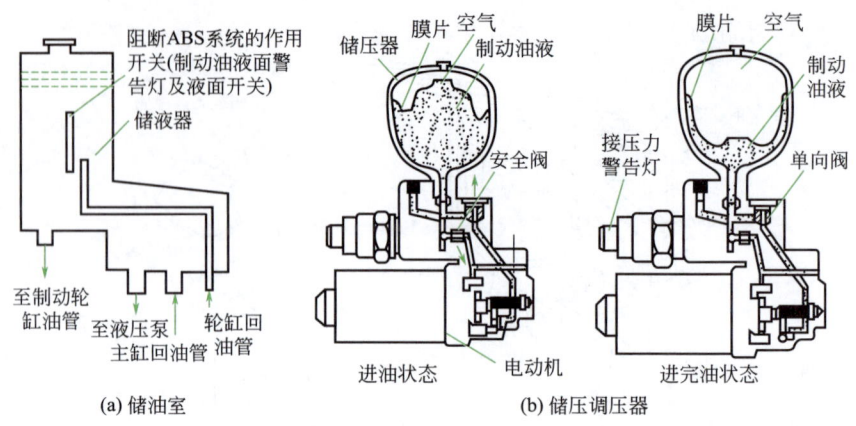

图 7-4 储油室与储压调压器

（5）储压调压器　其内的膜片将储压器分隔成两部分，上面为压缩空气室，标准气压为 80kPa，下面为油室，在进油口处有一个单向阀，即液压油只能进不能出，在出油口接主缸处有一个安全阀与油泵进油端相通。当调压器的油压超过 210kPa 时，安全阀打开，开始进油，使储压器内油压降低，从而提供制动时符合要求的油压，如图 7-4（b）所示。

（6）压力警告灯和开关　图 7-5（a）所示为压力警告灯总成与液压油泵及电机总成、储压器集成组件的外形。压力警告灯和开关的作用是控制 ABS 系统的工作状态，并提示驾驶员掌握 ABS 系统的工作情况。

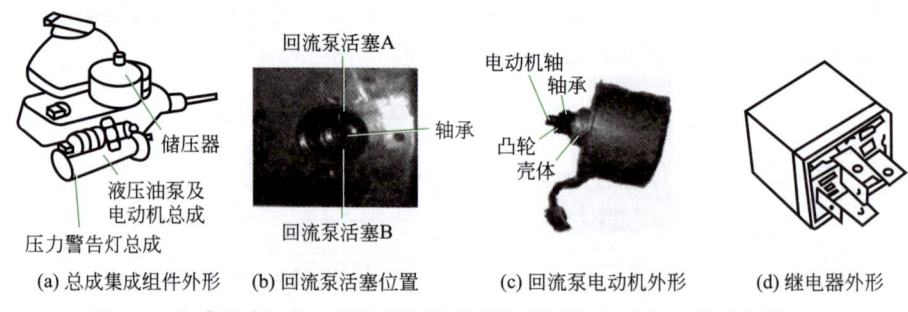

图 7-5　总成集成组件、回流泵活塞位置与回流泵电动机及其继电器外形

当储压器内的油压低于 140kPa 时，压力开关接通，使油泵电动机电路接通，油泵将制动油泵入储压器油室内；当储压器内的油压达到 180kPa 时，压力开关断开，切断油泵电动机电路，油泵停止工作而不泵油。

当储压器内的油压高于 134kPa 时，压力警告灯的警告灯开关断开，使压力警告灯熄灭，ABS 系统处于启动状态；当储压器内的油压低于 105kPa 时，压力警告灯的警告灯开关处于接通状态，使压力警告灯亮，并发出信号至 ECU，使 ABS 系统失去防抱死制动作用，并控制普通油压制动系统的工作。

（7）回流泵及其电动机　回流泵又称回油泵，简称油泵，通常与液压调节器控制单元集成在一起，图 7-5（b）所示为回流泵活塞位置，图 7-5（c）所示为回流泵电动机外形。油泵和电动机安装在液压调节器总成的底部，用于在 ABS 系统工作期间，使制动油液回到制动主缸。对于具有 TCS（牵引力控制）的车型，在 TCS 系统工作期间，使制动油液从主缸储液室转移到前制动轮缸。

（8）继电器　ABS 电磁阀继电器和油泵电机继电器的外形如图 7-5（d）所示，均安装在液压调节器上。两者结构基本相同,功能也一样,可以互换使用。ABS 电磁阀继电器的作用是为液压调节器内的电磁阀供电;油泵电动机继电器的作用是在防抱死制动模式(有牵引功能的车型则在牵引力控制模式)期间,为油泵电动机供电。

(9)电磁阀 电磁阀的结构图 7-6(a)所示,其作用是接收电控单元(ECU)发来的指令,控制各个车轮的制动油压。在常规制动期间,电磁阀开启,使压力的增长符合驾驶员的要求。一旦进入防抱死制动模式,电控单元(ECU)将对电磁阀进行控制,使管路内的压力保持不变或使管路的压力降低。

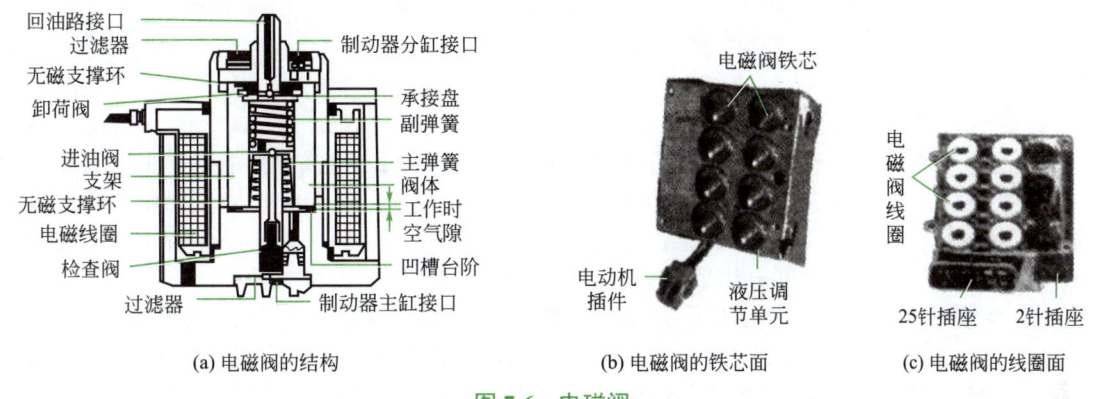

图 7-6 电磁阀

ABS 系统中使用了多个电磁阀,由于这些电磁阀的工作受电控单元(ECU)输出信号的控制,故生产厂家多将这些电磁阀与电控单元(ECU)集成在一起,图 7-6(b)所示为应用在大众系列轿车上使用的这类集成电磁阀的铁芯面,图 7-6(c)为电磁阀的线圈面。

(10)防抱死警告灯 装有 ABS 系统的汽车,如图 7-7(a)所示,一般在仪表板上设置有一个 ANTILOCK(防抱死)警告灯。当电控系统检测到 ABS 系统存在故障时,该警告灯便点亮。行车中,如果 ABS 系统出现故障,ANTILOCK 警告灯也会点亮,并部分或全部消除防抱死功能。

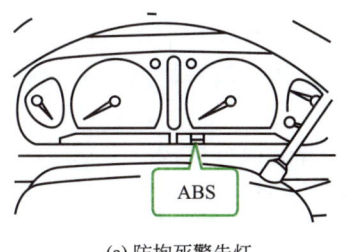
(a)防抱死警告灯

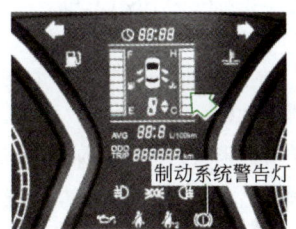
(b)制动系统警告灯

图 7-7 防抱死与制动系统警告灯

如果仅是 ANTILOCK 警告灯点亮,其正常的制动功能仍然有效,但防抱死功能可能已降低或完全丧失。如果 ANTILOCK 警告灯和 BRAKE(制动)警告灯一起点亮,则表明液压系统可能有问题。在发动机启动期间,ANTILOCK 警告灯将点亮,并且在点火开关回到运转 RUN 位置时,此灯继续点亮,约 4s 后熄灭。

汽车在几小时未曾使用时,由于系统压力降低时间过长,其 BRAKE 警告灯和 ANTILOCK 警告灯通常会保持点亮状态达 40s 以上。这是一种正常现象,因为 ABS 液压泵/电机必须使储压器内的油液恢复到正常压力。

（11）制动系统警告灯　防抱死制动系统采用了管路压力检测设计方式。当一个管路失去液压力时，车辆仍具有部分制动功能。这时，如图7-7（b）所示，组合仪表上的BRAKE警告灯将点亮，向驾驶员发出警告。BRAKE警告灯在发动机启动期间会短时间点亮，并且在驻车制动器未完全放松时，会始终点亮。

此外，当液位传感器检测到制动液液位过低、压力开关探测到储压器压力过低或有些车载计算机正在对仪表板上的仪表进行自检时，BRAKE警告灯也会点亮。

如果发动机启动后，BRAKE警告灯点亮达30s以上或常亮不熄或行驶中点亮，则说明液压系统有故障，应停车查找故障原因。

7.1.4　电路实例识图指导

奥迪A6系列轿车有A6基本型和加长后的改进型A6L，它们使用同一种防抱死制动（ABS）系统，电路如图7-8所示（根据A6实际车型测绘而得）。它是在原车制动系统的基础上附加上去的，主要由输入电路（包括车轮转速传感器、开关状态信息等）、电控单元组件、液压控制单元三大部分组成（无论是何种类型的汽车，大都如此）。

需要说明的是，奥迪A6系列轿车使用的ABS系统还具有ASR功能。ASR是Acceleration Skid Restraint的缩写，意为汽车驱动防滑系统，其主要功能是保证汽车行驶过程中的稳定性和转向性。ABS与ASR的区别是：ABS系统是在汽车制动过程中发挥作用，而ASR系统则是在汽车行驶过程中工作，两者相辅相成，共同来保证汽车的稳定性和安全性。

另外，奥迪A6系列轿车还具有CAN总线控制系统，车辆上的各种电子控制电路（也包括ABS与ASR系统）的控制及信息的传输均是通过CAN总线来实现的。当CAN总线出现故障时，也会导致ABS或ASR功能异常，这一点在检修防抱死制动系统时必须注意到，以免使检修陷入困境。

（1）车轮转速传感器　用来检测车轮转速，每个车轮安装一个，装在汽车车轴上，它密封在一个由不锈钢制成的外壳内，传感器和连接导线耐高温、耐振，保养时不需要取出传感器。

（2）电控系统（ABS ECU）　作用是接收车轮转速传感器送来的信号，并按特定的程序对该信号进行比较、放大、分析、判别，判断出哪一个车轮有抱死的趋势，经计算后得到车轮滑移率、车轮角加速度或角减速度的值，然后再将指令信号输出，送至压力调节器，使其执行制动压力调节的功能。

（3）液压控制单元　简称液压单元，是ABS系统的执行机构。它安装在制动总泵与车轮制动器之间的管路上，在制动过程中，当车轮有抱死趋势时，用来调节车轮制动器的制动压力。

（4）识图指导　识读ABS控制系统电路图时，一定要先找出哪些元件属于信号输入元件。显然，传感器及相关开关多属于信号输入元件。然后再找出执行元件及其去向，最后根据ABS ECU的工作情况将上述两部分联系起来分析，就可基本上读懂任何ABS系统电路原理图。ABS电路图上的执行元件多指液压单元，而液压单元控制的是车轮制动器。根据上述指导思路，就可画出奥迪A6系列轿车ABS系统的原理方框图（图7-9），由方框图就可以看出原理图（图7-8）中的控制关系，识读其他车辆的ABS电控电路也就不是难事了。

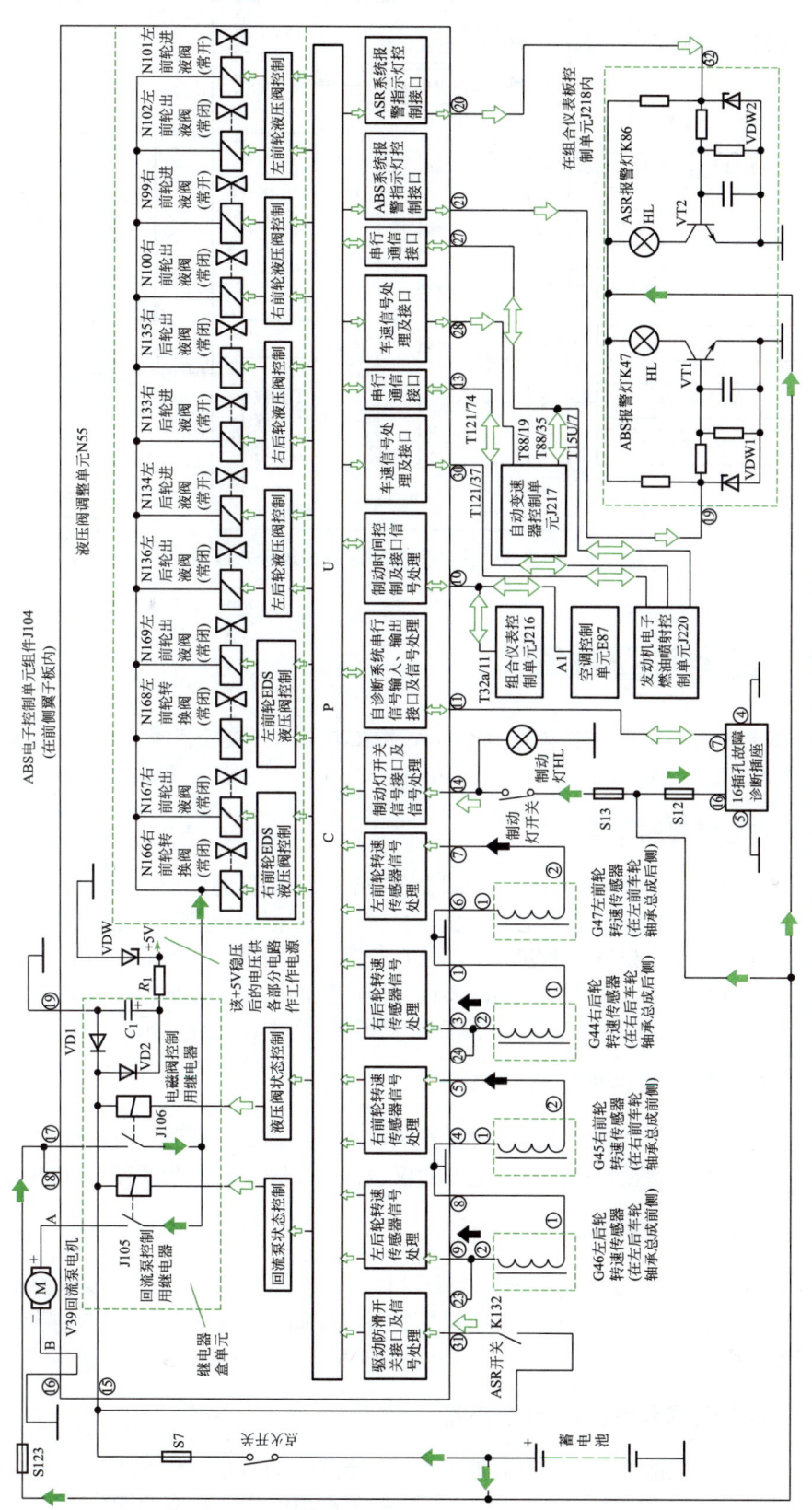

图 7-8 奥迪 A6 系列轿车 ABS 电控系统电路原理图

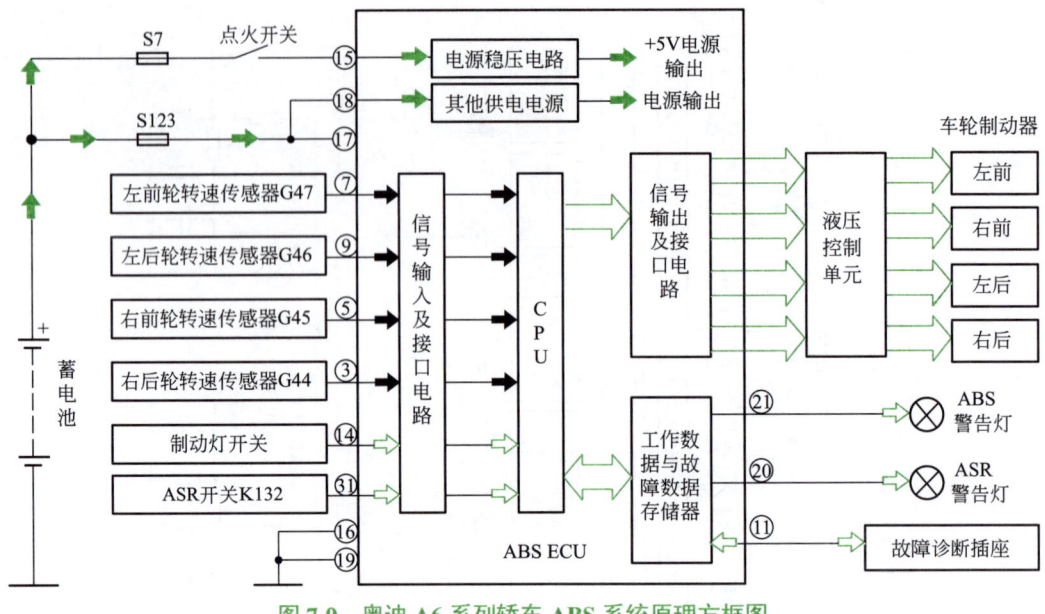

图 7-9 奥迪 A6 系列轿车 ABS 系统原理方框图

7.2 安全气囊系统

目前,轿车都把安全气囊作为标准配置安装在车辆上。安全气囊系统又称为汽车乘员辅助保护系统(SRS,Supplemental Restraint System)。

7.2.1 安全气囊的作用

安全气囊对驾驶员和乘客的头部、颈部安全有着十分明显的保护作用,特别是在汽车正面碰撞和前侧碰撞时,其保护作用尤为明显。当汽车发生正面碰撞时,迅速在人体与汽车构件之间铺垫上气囊,使驾驶员和乘客的头部压在气囊上,利用气体形成的阻尼作用或气囊背面排气孔节流的阻尼作用,来吸收人体的惯性力所产生的动能,保护人体不受伤害。安全气囊与座椅安全带配合使用,可有效降低乘客与驾驶员的伤亡,是拯救乘员生命的重要装置。

7.2.2 安全气囊的安装位置

安全气囊分别安装在驾驶员、副驾驶员或乘客座位的前方,驾驶员侧气囊安装在转向盘的中部,副驾驶员侧气囊安装在工具箱上方的仪表板内。气囊盖板上标有"AIRBAG"字样。

7.2.3 安全气囊系统的结构与组成

电控安全气囊系统主要由传感器、气囊组件、膨胀器总成、安全气囊电控单元(SRS ECU)、旋转插接器、故障指示灯、电压保护装置以及储备电源等组成,其实际结构和安装位置因车型不同而异。

7.2.4 安全气囊系统常用的传感器

电控安全气囊系统能否可靠和正确地工作,传感器是首要的关键元件。

(1)常用传感器的类型与功能 安全气囊系统常用的传感器按功能分为碰撞传感器和

安全传感器，两者之间采用串联式激活方式。碰撞传感器和安全传感器均为惯性式传感器。其功能是检测汽车发生碰撞的减速度（冲击力），并将信号传送给 SRS ECU。

1）碰撞传感器　也称冲击传感器，早期的碰撞传感器安装在汽车前部，现在的碰撞传感器多与 SRS ECU 组合在一起。碰撞传感器用来检测碰撞强度，并送到 SRS ECU，SRS ECU 控制模块快速对该信号进行处理。如果汽车以 40km/h 车速撞在一辆同样大小的静止汽车上，或者以不小于 22km/h 的车速迎面撞在一个不可变形的固定障碍物上，碰撞传感器检测到该信号，且 SRS ECU 确认碰撞的严重程度已超出安全带的保护能力时，就会点火迅速释放气囊。

碰撞传感器有偏心转子式、滚针斜接式、偏压磁铁式、气囊螺旋弹簧式以及电子式等多种类型。现在的车辆大都采用电子式碰撞传感器。

2）安全传感器　也称保护传感器，早期的安全传感器安装在汽车内部，现在的安全传感器多与 SRS ECU 组合在一起。安全传感器检测的减速度稍小一些，其功能是起保险作用，可防止由于碰撞传感器短路而造成气囊误膨开。

安全传感器通常与碰撞传感器串联工作，具有保险作用，只有两者同时工作并输出信号才能向气囊充气，这样可防止气囊意外膨开造成事故。

（2）电子式碰撞传感器的特点　其总成由压电式加速度计或电容式加速度计与微处理器组成。电子式碰撞传感器不断地监测汽车运动过程中的减速度，并将测量结果送入微处理器。微处理器对碰撞信号进行识别，然后输出控制信号引爆安全气囊。微处理器还具有故障自诊断功能。

电子式碰撞传感器结构简单，安装空间小，可连续检测碰撞信号，改变微处理器中的程序，还能调整其使用特性，但需要对各种车型分别进行微处理器编程，对各种车身结构要进行特殊控制。

7.2.5　安全气囊系统常用的气囊组件

汽车安全气囊系统常用的气囊组件主要由充气器、气囊、饰盖、底板等组成。驾驶员侧气囊组件位于转向盘中心处，其典型结构如图 7-10 所示。

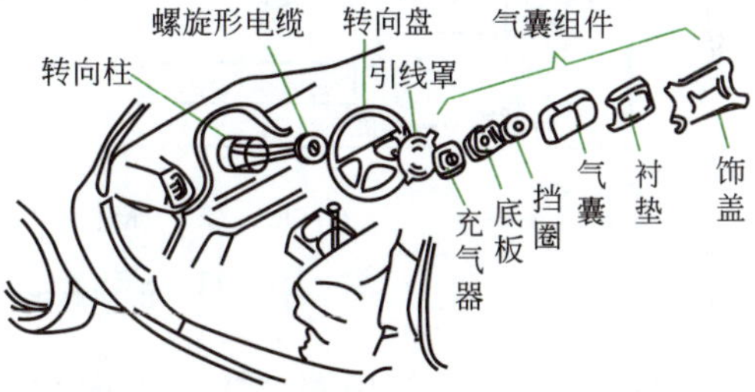

（1）充气器　包含有引爆装置、爆开充气装置和膨胀器（也称气体发生器）等。充气器是一个固体燃料气体发生器，固体燃料是片状叠氮化钠，通过改变片剂厚度可调节充气器的特性。

（2）气囊　也称气袋，按布置位置分为驾驶员侧气囊、副驾驶员侧气囊、后排气囊、侧面气囊等。副驾驶员侧气囊离乘客较远，通常使用张开后体积较大的气囊。驾驶员侧气囊使用尼龙布涂氯丁橡胶或有机硅制造，也有的采用防裂性能好的聚酰胺织物制成，它是一种半硬的泡沫塑料，并经硫化处理，以减小气囊吹胀时的惯性力。为使气体密封和阻燃，气囊的里面涂有聚氯丁二烯。气囊一般被紧紧地折叠后置于气囊式转向盘的缓冲垫下面。副驾驶员侧气囊没有涂层，靠尼龙布本身的孔隙泄气。

安装在转向盘的气囊上设有通气孔，以便膨开后迅速放气。在气囊被氮气充满的同时，气体冷却后迅速从通气孔排出，以保证驾驶员的正常视野。

（3）饰盖　安全气囊饰盖是气袋组件的盖板，上面模制有撕缝，以便于气囊能够冲破饰盖而迅速张开。

图 7-10　驾驶员侧安全气囊组件典型结构

（4）底板　是气囊和充气器安装的基板，它安装在转向盘或车体上，气囊张开时，底板承受气囊张开时的反力。

7.2.6　安全气囊系统电控单元

汽车安全气囊系统电控单元（SRS ECU）用于控制气体发生器的点火、监测汽车的碰撞程度以及系统发生的故障情况。

当汽车发生碰撞时，SRS ECU 接收到碰撞传感器传输来的碰撞信号，并对这些信号进行判断和分析，以便确定是否启动安全气囊。如果汽车碰撞程度足够剧烈，达到了启动安全气囊的条件，SRS ECU 就会有信号提供给触发装置，接通安全气囊点火电路，从而引爆气体发生器，使安全气囊进入工作状态。具有碰撞记录功能的 SRS ECU，会在安全气囊点火电路接通后立即将有关碰撞和安全气囊工作情况的某些数据存入存储器。SRS ECU 还具有系统故障诊断功能，用于不断地对整个控制系统进行检测，一旦发现故障就会发出报警信号。

SRS ECU 通常主要由 5 个功能控制电路组合而成，其内部组成方框图如图 7-11（a）所示。

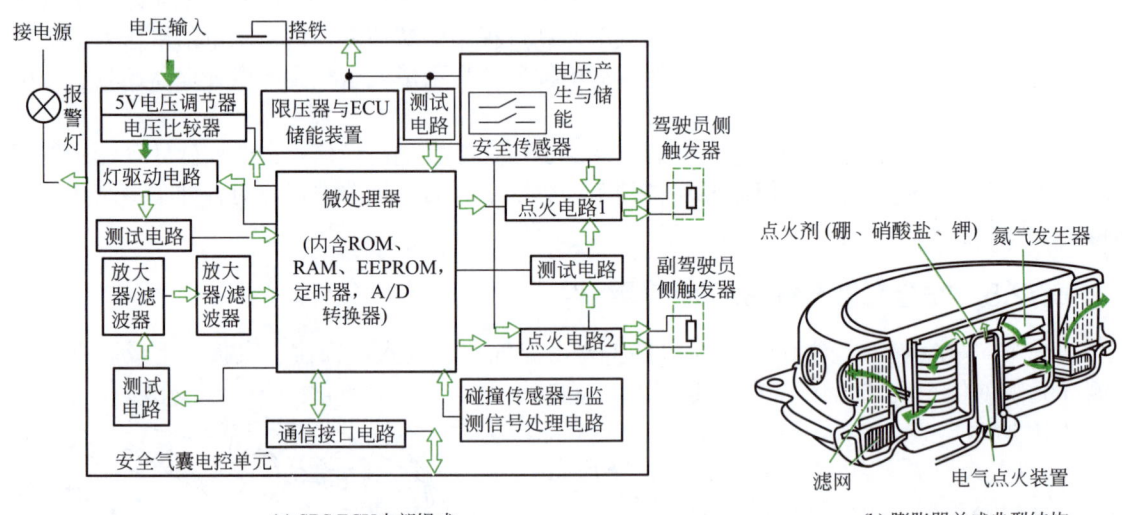

(a) SRS ECU内部组成　　　　　　　　　(b) 膨胀器总成典型结构

图 7-11　SRS ECU 内部组成与膨胀器总成典型结构

（1）电压调整电路　主要是指 5V 电压调节器，设置该电路的目的，主要是由于车辆上的电器负载变化频繁，许多电感线圈和开关通断时，均会造成负载电流的突变。为了维持各元件工作电压的平衡，使控制电路始终保持在最佳状态，电压调整电路用于随时对气囊的供电进行相应的调整，使其维持在正常值范围内。

（2）限压器与 ECU 储能装置　通常是由容量较大的电容器为核心构成，用于防止车辆碰撞后电路断电而不能引爆气囊。通过电容器的自放电功能，为引爆电路提供应急电流，以确保安全气囊及时迅速引爆。

每次接通点火开关后，限压器与 ECU 储能装置中的大容量电容器就会被电压转换器充电，电压转换器在蓄电池电压低于 4V，而需要引爆气囊（点火开关处于接通状态）时，可将供给气囊系统的电压增至 12V 左右。

（3）引爆控制电路　主要由微处理器、电压产生与储能电路、点火电路等组成，用于接收安全传感器的触发信号，并为气囊的电热引爆管发送引爆大电流。

（4）安全传感器电路　属于逻辑分析电路，用于判断碰撞的性质与碰撞的程度是一般性的，还是具有伤亡性的严重碰撞，最终确定是否输出引爆信号。逻辑分析电路进行逻辑分析的依据是碰撞速度的大小、持续时间的长短、冲击波的状态。真正的伤亡性碰撞应该是减速度极大，超过设定值，且持续时间长，有两级冲击波形。如果只有一个一个引爆波形，碰撞传感器虽会导通但不会引爆，只能引起报警灯长亮，以示为偶发性故障，只要通过检码和消码后即可恢复正常。

（5）自诊断报警电路主要由微处理器、测试电路、灯驱动电路、报警灯等组成。安全气囊的报警灯设置在组合仪表内。正常情况下点火开关接通以后，该灯亮起，系统进入自检状态。如系统无问题，6s后该灯自动熄灭，系统进入等待状态。汽车在行驶中，SRS ECU还不断地对系统中的主要部件和外部电路进行诊断检测。一旦发现因振动、减速度或其他偶发性原因，电路和元件有故障被检测到，微处理器便通过串行通信接口输出诊断数据，并驱动组合仪表中的报警灯点亮，以提示驾驶员安全气囊出现了故障。

7.2.7　安全气囊系统膨胀器总成

汽车安全气囊系统膨胀器总成一般设置在安全气囊的下面，主要由加热器、电气点火装置、点火剂（硼、硝酸盐、钾等）以及氮气发生器等组成，其典型结构如图7-11（b）所示。当SRS ECU发出点火指令时，加热器发热，电气点火装置点火，点火剂发火燃烧并传到氮气发生器，氮气发生器产生大量的氮气后经滤网送至气囊（气袋），并使气囊炸开。

7.2.8　安全气囊系统报警指示灯

安全气囊系统报警指示灯又称保养提示灯或保养警告提示灯，用来指示气囊系统的工作情况。当点火开关置于点火位置时，安全气囊系统报警灯会点亮，点亮6s后熄灭，表示系统工作正常。如果点亮6s后灯不熄灭或依然闪烁，则说明气囊系统有故障，应及时进行修理。

若SRS ECU本身发生故障，不能控制故障灯，则安全气囊系统在其他电路的直接控制下会出现如下显示：SRS ECU无点火电压，故障灯常亮；SRS ECU无内部工作电压，故障灯常亮；SRS ECU不工作，故障灯在相应电路的控制下以3Hz的频率闪烁。

7.2.9　安全气囊系统的电气连接件

安全气囊系统使用的电气连接件主要是时钟弹簧、插接器和线束。

（1）时钟弹簧　又称螺旋形电缆。由于驾驶员侧气囊安装在转向盘上，为实现活动端与静止端转向柱的电气连接，故采用螺旋形电缆来实现旋转运动的转向盘一端与固定端的电气连接。时钟弹簧的簧管采用正反两个方向盘绕，并采用螺栓固定在转向柱的顶部。其功能是实现活动端与静止端的电气连接，保证转向盘自由转动。由于与时钟弹簧串联的触发器阻抗很小，所以对时钟弹簧阻抗偏差的要求非常严格，否则将影响诊断系统对触发器故障的正确诊断。

时钟弹簧盘绕中心与转向柱的同轴度，对弹簧使用寿命有很大的影响（时钟弹簧的使用寿命要求不低于10万次循环）。如果偏差过大，会导致弹簧旋转过量而产生永久变形。考虑到偏差无法避免，时钟弹簧在正、反两个方向上均留有半圈余量。因此每次拆卸时都要做上记号，以确保原位装回。

（2）插接器　安全气囊系统的所有插接器通常采用黄色，以便与其他插接器相区别。插接器使用镀金端子，以确保电气接触良好，且采用了双保险自动锁定和分段自动短接措施。

插接器分段后，气囊侧引发器的电源端和地线端会自动短接，可防止由于误通电或静电作用而造成触发器误触发引爆气囊。SRS ECU 的插接器还设有一个自检机构，如果插接器插接不良就会使气囊系统故障灯常亮。

（3）线束　安全气囊系统线束同车辆配线总成连成一体，气囊线束装在一个黄色的波纹管内，工作可靠、检修方便。

7.2.10　安全带自动收紧系统

汽车安全带自动收紧系统是通过碰撞传感器监测汽车是否发生碰撞和碰撞程度的。当汽车发生碰撞时，电控装置则立即发出指令，引燃设置在前排座椅左右两外侧的安全带自动收紧系统中的点火剂，使气化剂膨胀，推动活塞，促使安全带迅速收紧，以便将驾驶员和乘客拉向座椅靠背，防止他们因惯性而冲向前方，以减少伤害。

在装备安全气囊系统和安全带自动收紧系统的汽车上，安全带自动收紧系统通常与安全气囊配合工作，由此可使受汽车严重碰撞所带来的伤害程度进一步减少。在汽车碰撞的强度较低、还不足以引发安全气囊膨胀时（碰撞时汽车速度为 20～30km/h），电控装置就只发出引发安全带自动收紧系统工作的指令，使安全带拉紧，以避免乘员受碰撞伤害。

7.2.11　电路实例识图指导

以奥迪 A6 系列轿车安全气囊系统为例，该型车辆安全气囊系统有两种结构形式，一种为两安全气囊系统（图 7-12），另一种为四安全气囊系统。后者是在两安全气囊系统的基础上增加了两个侧气囊而构成的，增加的两个前、后排座椅外侧侧面碰撞传感器用于监测来自于车辆侧面的碰撞信息，并把信息传递给电控单元，由电控单元确定是否引爆座椅外侧的安全气囊，这部分电路的工作原理与驾驶员侧、副驾驶员侧安全气囊的工作原理基本相同。下面以两安全气囊系统电路为例，来对安全气囊系统电路图的识图进行指导。

（1）电路结构　奥迪 A6 系列轿车两安全气囊系统采用的是多点电子传感方式，主要由 SRS ECU、安全气囊、触点单元与安全带张紧装置等部件组成。

1）SRS ECU　奥迪 A6 系列轿车安全气囊系统的 SRS ECU 内部包括 1 个电子式加速度接收器（即正面碰撞传感器）、微处理器、1 个机械式加速度接收器（作为保险开关用）、诊断系统（带存储器）、1 个蓄能器和 1 个撞车记录器。

SRS ECU 的主要作用是接收处理碰撞传感器、安全带开关的信息，监控各执行元件的状态，最终输出指令引爆安全气囊，使发动机停止工作，接通报警开关和点亮故障灯；同时具有自检、系统监控和存储故障信息、撞车记录等功能。

SRS ECU 的 5 端子为工作电压输入端，该端子电压来自于点火开关输出的电压，当点火开关置于 START 或 RUN 位置时，蓄电池的 12V 电压就会经点火开关闭合的触点、中央电气面板加到 SRS ECU 的 5 端子。SRS ECU 的 6 端子为搭铁（接地）端。

2）安全气囊　奥迪 A6 系列轿车的安全气囊包括驾驶员侧安全气囊和副驾驶员侧安全气囊。对于四安全气囊系统，还包括前、后排座椅外侧安全气囊。它们都是由点火器、弹丸、发射燃料壳、高压惰性气体瓶、安全气囊和爆破盖壳体组成的一个总成件，也是该系统中的最终执行元件。驾驶员侧安全气囊连接在 SRS ECU 的 10 端子与 11 端子之间，乘客侧安全气囊连接在 SRS ECU 的 13 端子与 14 端子之间，它们均受 SRS ECU 输出信号的控制。

3）触点单元　就是转向盘上的安全气囊与 SRS ECU 之间的一个连接元件，主要元件是螺旋导线（气囊螺旋形电缆），起到一个连接作用。

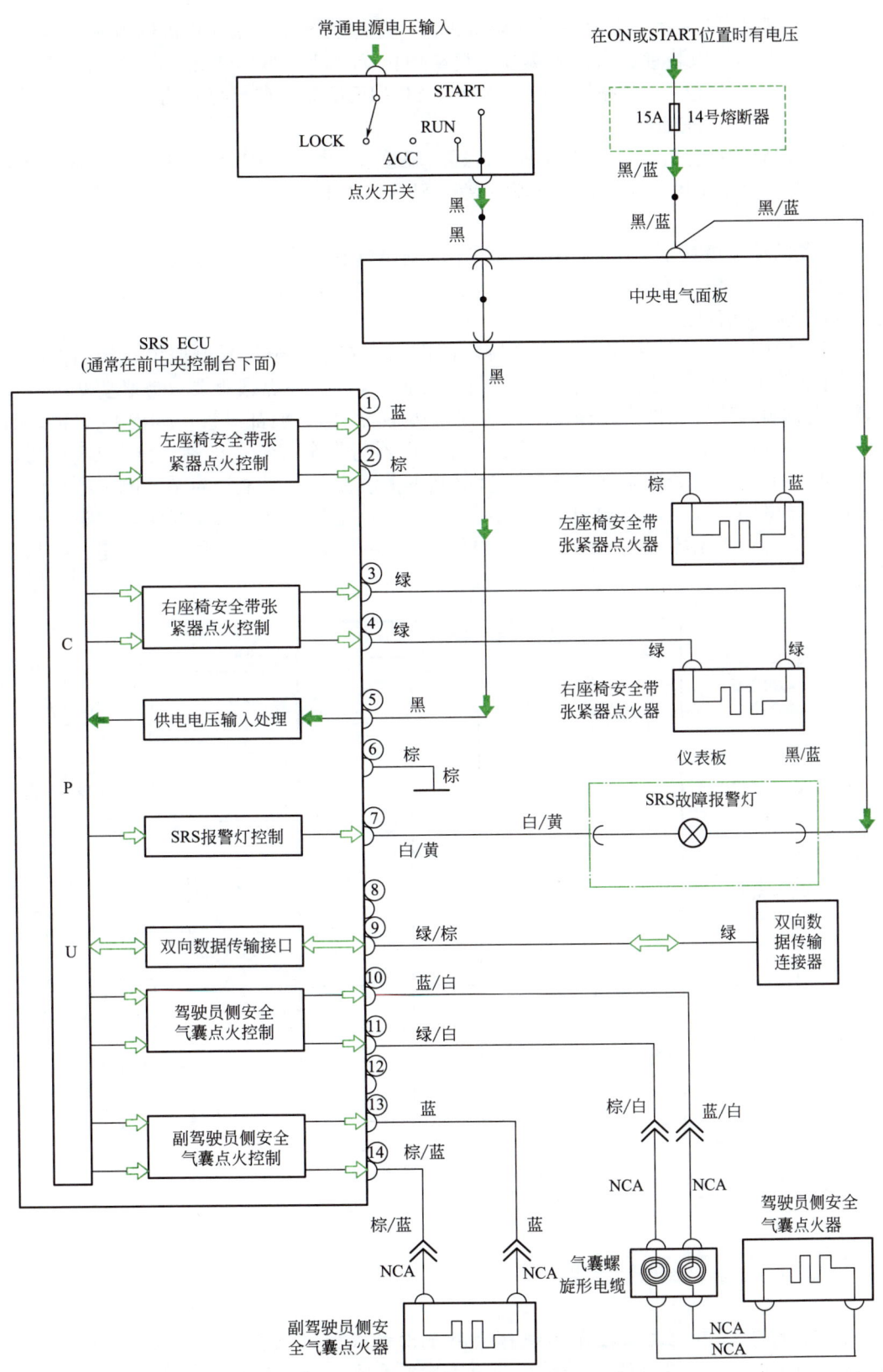

图 7-12 奥迪 A6 系列轿车安全气囊系统电路原理图

4）安全带张紧装置　主要由张紧器点火器、爆炸装置和机械锁止机构组成，其主要作用是在气囊爆炸时该装置也会发生爆炸，自动锁止安全带。左座位安全带连接在 SRS ECU 的 1 端子与 2 端子之间，右座位安全带连接在 SRS ECU 的 3 端子与 4 端子之间，它们均受 SRS ECU 输出信号的控制。

5）SRS 故障报警灯　在仪表板内部，其一端通过熔断器盒内部的 14 号熔断器（15A）、点火开关与蓄电池正极相连接，另一端连接在 SRS ECU 的 7 端子，受 SRS ECU 输出信号的控制。

6）数据传输插接器　奥迪 A6 系列轿车的安全气囊具有自诊断功能，数据传输插接器 DLC 连接在 SRS ECU 的 9 端子，在外部数据传输插接器 DLC 上连接故障诊断仪后就可以调出故障代码等信息。

（2）识图指导　识读安全气囊系统电路图时，对于安全气囊电控单元的内部电路情况不必记得十分清楚，但要了解其对信号的处理方式，这一点很重要，务必要掌握。安全气囊系统的输入信号元件为碰撞传感器与安全传感器，但一般都设置在 SRS ECU 的内部。安全气囊系统的执行器多为安全带张紧装置点火器与安全气囊点火器。根据 SRS ECU 的工作情况将上述两部分联系起来分析，就可基本上读懂任何安全气囊系统电路原理图。根据上述指导思路，就可以画出奥迪 A6 系列车型安全气囊系统的原理方框图（图 7-13），由方框图就可以看出原理图（图 7-12）中的控制关系，识读其他车辆的 ABS 电控电路也就不是难事了。

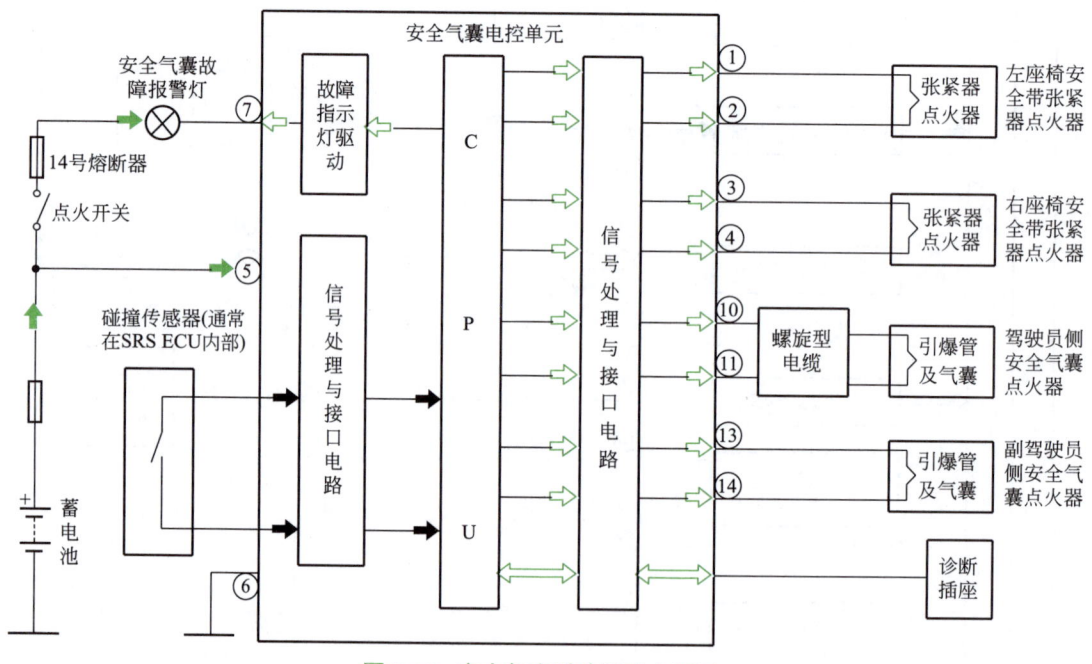

图 7-13　安全气囊系统原理方框图

7.3　巡航控制系统

目前，许多轿车把巡航控制系统作为附属设备或选配设备。巡航控制系统（CCS，Cruise Contrl System）实质上是一种自动恒速控制系统，简称汽车速度控制系统。

7.3.1 巡航控制系统的作用

轿车上配装的 CCS 系统，当车速在 40km/h 以上时，该装置可自动保持某一恒定速度行驶，而不用踩加速踏板。由于电子系统能准确地控制车辆的工况，从而使高速行驶的车辆更加安全、平稳。同时也减轻了驾驶员的操作负担，节约了燃油和提高了驾驶的舒适性。

7.3.2 巡航控制系统的基本结构

尽管各种轿车上使用的巡航控制系统设计有所不同，但其主要部件的作用都差不多。巡航控制系统的核心是电控单元，它比较按驾驶员要求的车速调定的指令车速信号和反映实际车速的反馈信号。当反馈信号反映的实际车速不同于指令车速时，电控单元就指令执行器改变节气门开度，使汽车很快恢复到驾驶员设定的车速。该系统的原理方框图如图 7-14 所示。

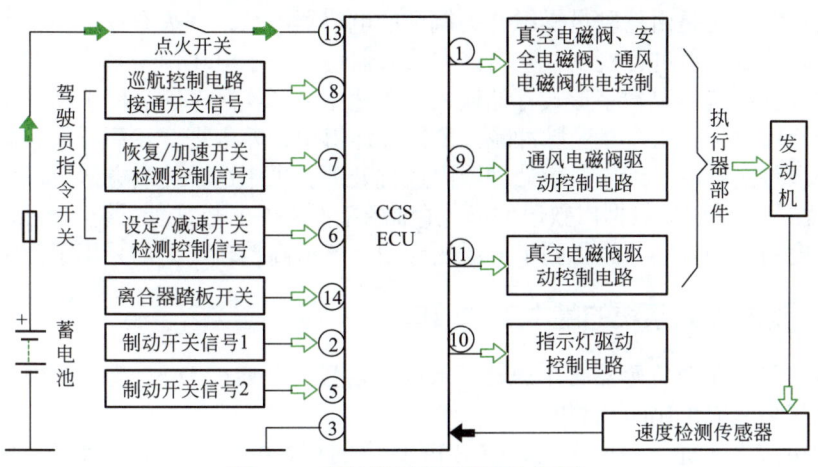

图 7-14 巡航控制系统原理方框图

系统各部件简述如下。

（1）指令开关　一般为杆式开关，装在转向柱上驾驶员容易操作的地方。通常有 3～4 个挡位（车型不同而不一样）。它们分别是：CRUISE 或 ON/OFF——巡航控制系统启用开关；RES/ACC（恢复/加速）——恢复车速控制功能或提高设置车速；SET/COAST 或 SET/DECEL（设定/减速）——设置记忆车速或降低设置车速；CACEL（取消）——取消巡航控制功能。有的车型无此开关，如本田 CR-V 等。

（2）执行器　作用在于能平顺地开大或关小节气门，一般用伺服电机操纵。电机通常为直流永磁型。这种电机通过改变电流方向来改变节气门运动方向。其输入的信号是十分之几秒的短时脉冲，可使节气门每次只转动一个很小角度，从而保证其开闭动作平顺、准确。

气动执行器的结构类似于控制分电器点火时间的真空调节装置。其真空动力来自发动机进气管，经过一个电动泵使负压适当加大而保持定值，以提高控制的精确度。伺服膜片由一个弹簧使之回位。

（3）制动和离合通气阀、断路继电器、牵引开关　气动系统除有一个断流开关外，还装有制动和离合通气阀。当踩下制动踏板或离合器踏板时，该阀使作用在执行器上的真空吸力消失，从而使控制系统不起作用。

伺服机构通常还有一个断路继电器，起到和通气阀相似的作用，它能切断系统的电源，并能切断燃油泵供油，以防由于电机卡滞不能使节气门回位而发生事故。

另外，在加速踏板上也装了一个开关，称为牵引开关。在出现上述故障后，驾驶员踩下加速踏板时，它能使燃油泵重新工作。

（4）车速传感器　通常和车速表驱动装置连接，如果车速表是电子式的，车速传感器输出的信号也用作传输给 CCS 电控单元的反馈信号。另一种类型的传感器是用永久磁铁连接在驱动轴上，使在一个靠近驱动轴的传感器线圈中产生交流脉冲信号。有些车速传感器输出的是与车速成比例的电压模拟信号，而另有一些传感器输出的则是数字信号，其随车速的增高，在一定时间内将产生更多的脉冲。

（5）电控单元（ECU）　是控制系统的中枢，它一旦测出实际车速高于或低于驾驶员调定的车速时，就输出信号给执行器，使其调整节气门开度。控制信号是由 ECU 中的闭环控制器产生的，它将传感器检测出的系统输出和输入信号进行比较，两个信号之差称为误差信号。该信号经放大、处理后成为控制信号，去驱动执行器工作。控制系统有模拟式的，也有数字式的。

模拟式控制系统是由驾驶员操纵开关调定的电容器电荷来代表车速。电容器电荷由一个输入阻抗很高的放大器进行检测，它由误差放大器输出一个电压信号来代表指令车速。

数字式控制系统是以数字形式存储输入的车速指令和实际车速。传感器发出的反馈脉冲依时钟信号计数后，由指令车速脉冲减去反馈脉冲得出误差数据，然后形成控制信号。另一种方法是将误差信号输入到一个微处理器内进行处理。采用这种控制方法可以使用更先进的程序。由于数字式系统的数据以数码的形式存储在存储器中，故这种系统与模拟式系统相比，受温度和湿度的影响较小，故得到了广泛的应用，新型高档轿车上均采用了数字式系统。

7.3.3　巡航控制系统的基本工作原理

汽车行驶时，车速传感器将车速转变成脉冲信号，并通过 D/A（数字/模拟）转换电路将其转换成与车速成正比的直流电压。

当驾驶员按下车速设定开关后，CCS ECU 中的相关电路进入工作状态，存储器电路设定了与该瞬间车速相对应的节气门开度的基准电压，并将其执行装置中的电位器（指节气门位置传感器中的电位计）所反馈的节气门开度电压，与脉冲信号转换后的车速电压进行比较，来确定节气门的最佳开度，并使 CCS ECU 内的增速控制电路或减速控制电路工作，根据汽车实际行驶情况，适时地输出相应的控制信号，由执行装置调节节气门的开度，使其达到最佳值，最终使汽车速度恒定在设定的速度上，从而实现了巡航控制的目的。

7.3.4　电路实例识图指导

以本田 CR-V 的巡航控制系统为例（图 7-15）。该系统采用电控真空膜片控制方式。当汽车在巡航控制模式时，节气门的开度由真空电磁阀式执行器控制，真空电磁阀式执行器位于发动机左侧防火壁处，它由真空泵部件提供真空至通风电磁阀。阀和泵部件接收来自 CCS ECU 的指令，而 CCS ECU 接收以下部件提供的输入信号：巡航控制主开关、车速传感器、发动机转速传感器、制动开关、离合器踏板开关等。

（1）巡航控制系统组成　图 7-15 主要由巡航控制主开关、设定/减速开关、恢复/加速开关、电控单元（ECU）、巡航控制执行器、巡航指示灯以及为了安全所采用的各种巡航解除开关（制动开关、空挡开关和驻车制动开关）等组成。

（2）巡航控制系统工作原理　本田 CR-V 巡航控制系统是一种典型的机电一体化机构，它是利用机械和电子装置使汽车在驾驶员设定的速度下行驶，是在接收到巡航控制主开关和巡航控制开关（设定/减速开关或恢复/加速开关）发出的指令信号后才开始工作的。

第 7 章 怎样看懂实际电控系统电路（下）

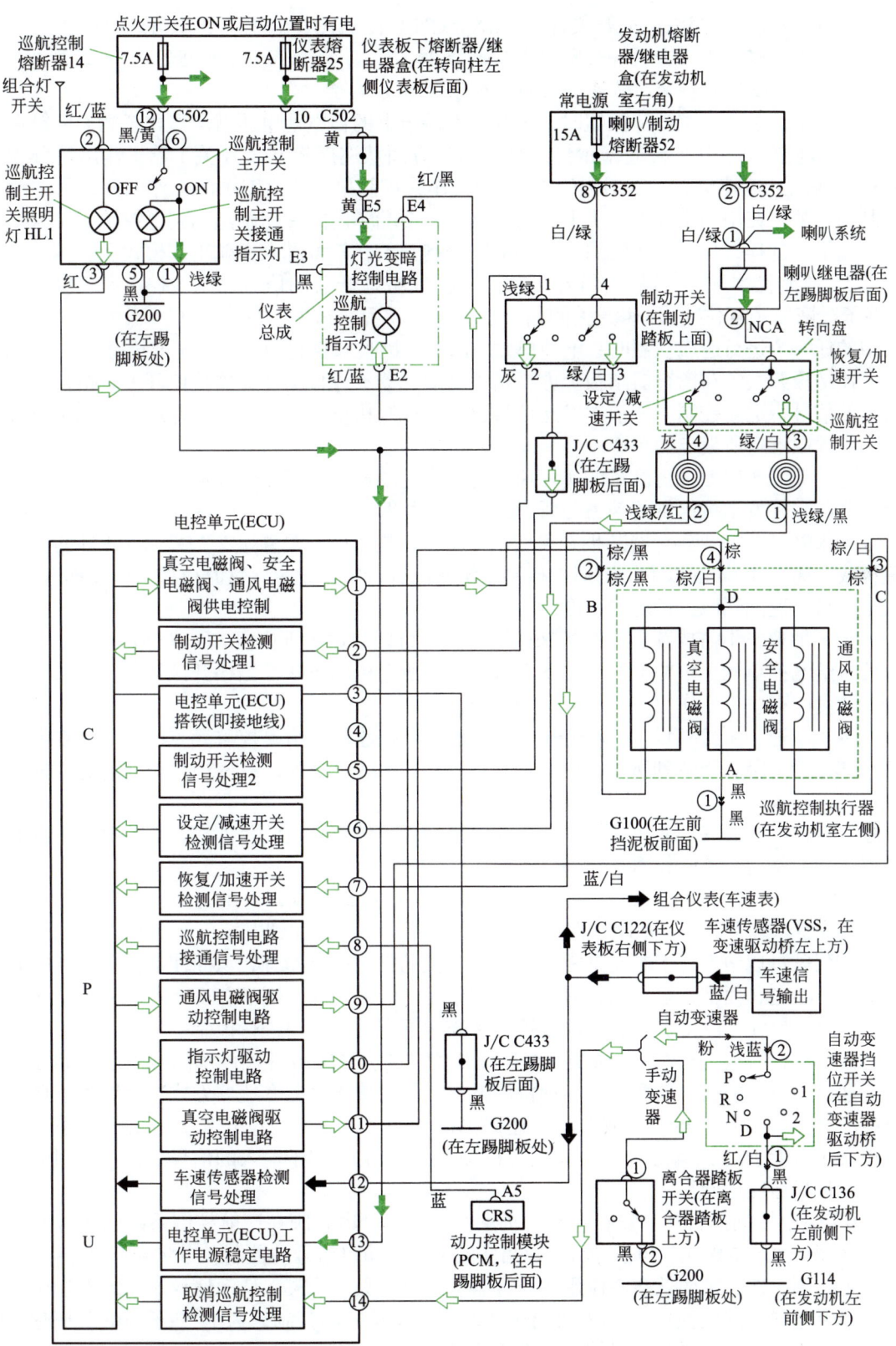

图 7-15 本田 CR-V 的巡航控制系统电路原理图

1）供电通路　当将点火开关置于 RUN（ON）或 START 位置时，电流通路如下。

蓄电池正极经点火开关→巡航控制熔断器 14（7.5A，在仪表板下熔断器/继电器盒内）→C502 插接件 12 端子→黑/黄线→巡航控制主开关 6 端子

当按下巡航主开关 ON 按钮时，主开关 6 端子上的蓄电池电压就会经闭合的 ON 触点一方面使巡航控制主开关接通指示灯点亮，另一方面从巡航控制主开关 1 端子输出后分为两路：一路加到电控单元（ECU）的 13 端子，作为控制单元（ECU）的工作电源；另一路加到制动开关（在制动踏板上面）上，通过其 1 与 2 端子内的常闭触点加到电控单元（ECU）的 2 端子。这样，只要操作转向盘上的巡航控制开关，就可进入巡航工作模式。

2）巡航控制开关　设置在转向盘处，设定/减速开关的信号加到电控单元（ECU）的 6 端子，恢复（复位）/加速开关的信号加到电控单元（ECU）的 7 端子。当按下这两个开关中的任一个进行巡航控制时，电控单元（ECU）接收来自制动开关、车速传感器（VSS）、离合器踏板开关（在离合器踏板上方，指手动变速器）或自动变速器挡位开关（指自动变速器）的信号，巡航控制系统依次发送信号给巡航控制执行器（在发动机室左侧）来调节节气门的位置以维持所设定的车速。

电控单元（ECU）将汽车的实际速度与所设定的速度进行比较，从而在必要时打开或关闭节气门，使发动机提供的动力与所设定的车速相匹配。

如果制动开关或离合器踏板开关处于 ON 位，或挡位开关置于 2、D3 或 D4 外的任何位置，或车速在 40km/h 以下，则巡航控制系统不能进行定速设定，这时应按下恢复加速开关，汽车将自动返回到原先设定的速度。

为了加速，不需要踩加速踏板来达到目的。可以通过按下恢复/加速开关，发送一个加速信号给电控单元（ECU）的 7 端子，直至达到所希望的车速。当松开该开关时，系统会在目前速度的程序下工作。

为了减速，可按住设定/减速开关，发送一个减速信号给电控单元（ECU）的 6 端子，使车速慢慢下降。当达到所希望的车速，放开设定/减速开关，系统会在目前速度的程序下工作。

3）电控单元（ECU）　采用一只 14 端子的插接件与外电路相连接，电控单元（ECU）各端子功能及信号流向如图 7-15 所示。

4）制动开关　安装在制动踏板上面，该开关有两组触点，一组为常闭触点，另一组为常开触点。未踩下制动踏板时，常闭触点引来的蓄电池电压加到电控单元（ECU）的 2 端子。

当驾驶员以恒力踩下制动踏板时，制动开关的常闭触点断开，从而使电控单元（ECU）的 2 端子断电；而常开触点闭合后，使电控单元（ECU）的 5 端子获得蓄电池电压，这一信号进入电控单元（ECU）内后，巡航控制系统就不会对节气门进行控制。

5）离合器踏板开关或自动变速器挡位开关　离合器踏板开关位于离合器踏板上方，自动变速器挡位开关在自动变速器驱动桥后下方。前者属于手动变速器方式，后者属于自动变速器方式。离合器踏板开关或自动变速器挡位开关（即 A/T 挡位开关）输出的信号送到电控单元（ECU）的 14 端子。电控单元（ECU）接收到 14 端子输入的信号后，会控制节气门关闭或进行适应性调整。

6）巡航控制执行器　安装在发动机室左侧。安全电磁阀在巡航控制系统工作时就进入工作状态；通风电磁阀受电控单元（ECU）的 9 端子输出信号的控制，当 9 端子为低电平时，通风电磁阀工作，进而就会使作用在执行器上的真空吸力消失，从而使控制系统不起作用。

真空电磁阀受电控单元（ECU）的 11 端子输出信号的控制，当 11 端子为低电平时，真空电磁阀工作，用于对节气门的位置进行调整。

这样，电控真空膜片式执行器根据电控单元（ECU）输出信号，适时打开或关闭节气门，

以实现巡航的自动控制。

7）巡航控制指示灯　安装在仪表总成内，受电控单元（ECU）的10端子输出信号的控制。当按下巡航控制开关且巡航控制主开关处于 ON 位置时，仪表板上的 CRUISE CONTROL（巡航控制）灯因电控单元（ECU）的10端子输出低电平（0V，在 ECU 内部搭铁）而点亮。

8）车速传感器（VSS）　安装在变速驱动桥的左上方，与电控单元（ECU）的12端子相连。车速传感器检测到的信号，一方面提供给电控单元（ECU）的12端子，另一方面也送到组合仪表中，供车速表使用。

9）发动机转速信号　电控单元（ECU）的8端子输入的是发动机转速信号，该信号来自发动机电喷系统动力控制模块（PCM，在右踢脚板后面）的 A5 端，供巡航控制系统使用。

10）巡航控制模式的取消　当汽车在以下工况工作时，控制单元（ECU）将自动取消巡航控制模式：巡航控制主开关断开（即处于 OFF 位置，这样可以断开 ECU 电源，从而清除存储器中的设定速度）；汽车的车速在 40km/h 以下；踩下制动踏板或离合器踏板；自动变速器的挡位开关处于空挡位置。

（3）识图指导　识读巡航控制系统电路图时，一定要先找出哪些元件属于信号输入元件。显然，巡航控制系统中各种开关多属于信号输入元件，注意检测发动机速度反馈给 CCS ECU 的信号也属于输入信号。然后再找出执行元件及其去向，最后根据 CCS ECU 的工作情况将上述两部分联系起来分析，就可基本上读懂任何巡航控制系统电路原理图。CCS 电路图上的执行元件多为电磁阀、指示灯等。根据上述指导思路，就可以画出本田 CR-V 巡航控制系统的原理方框图（图 7-14），由方框图可以看出原理图（图 7-15）中的控制关系，识读其他车辆的 CCS 电控电路也就不是难事了。

7.4　数字式仪表控制系统

数字式仪表不仅可以取代传统的机械式仪表进行水温、油量、油压、电压、电流、车速、里程、发动机转速、转向、安全带等指示外，而且可以显示传统式仪表无法显示的内容，如车辆各个控制系统的故障信息、倒车雷达监测的信息等。由于数字式仪表可以提供大量的更加复杂的车辆状态信息，且具有可靠和精度高的特点，故其必将逐步取代传统式汽车仪表。

7.4.1　数字式仪表的类型

从目前应用于各种轿车上的数字式仪表来看，大致可以分为 LCD（液晶）与指针混合数字显示式、全数字指针显示式、LCD 全数字显示式三种类型。

（1）LCD（液晶）与指针混合数字显示式仪表　是目前各大汽车生产厂家应用量较多的一种仪表。它的一种典型外形如图 7-16 所示。

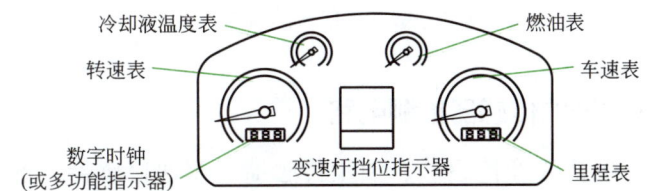

图 7-16　LCD（液晶）与指针混合数字显示式仪表的一种典型外形

（2）全数字指针显示式仪表　主要是采用数字式电路控制步进电机，再由步进电机驱动指针进行显示。

（3）LCD全数字显示式仪表　主要是采用数字液晶仪表与宽温度范围的模拟指针式仪表组合而成的。

7.4.2　数字式仪表的组成

数字式仪表主要由硬件与软件两大部分构成，各部分的具体情况及其特点简述如下。

硬件主要是指其电路部分，采用传感器对各种信号进行检测，然后在微处理器软件的作用下，对各种信号进行转换、处理，最后由显示电路显示出各种信息。

软件也就是写在存储器中的各种控制程序，用来完成信号处理和对各种功能进行控制。由于软件是生产厂家预先写入存储器中的，本文不再多叙，下面重点介绍数字式仪表电路部分。

汽车数字式仪表虽然有三大类型，但它们的组成基本相同，均可用图7-17所示的方框图来表示，通常是由传感器检测电路、输入接口电路、主控制中央微处理器电路、显示和执行电路等构成。为了大规模生产和安装方便，生产厂家多将各部分电路制作成模块方式，有的还将几个部分电路集成在一起制成复合模块方式。下面介绍各部分电路的功能。

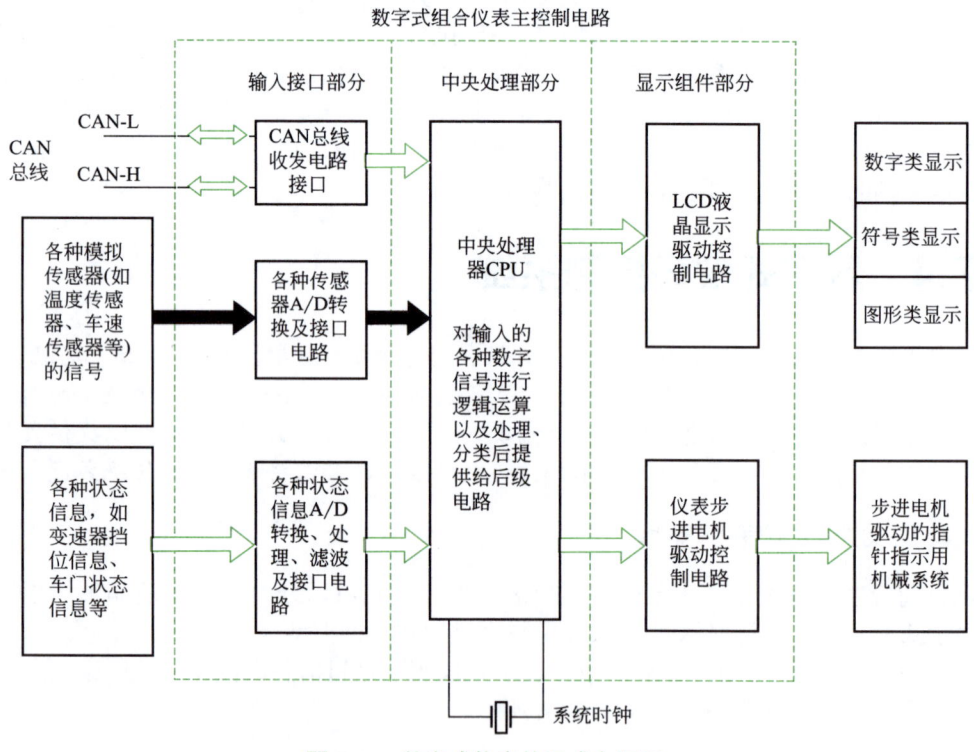

图7-17　数字式仪表的组成方框图

7.4.3　数字式仪表的传感器检测电路

传感器检测电路包括温度传感器、油量传感器、车速传感器、油压传感器等，还有各种开关也是作为传感器使用的，如转向灯开关、变速器挡位开关、车门开关等。这些传感器的作用是实时地将检测到的车辆各种状态信息提供给主控微处理器，完成信号的采集功能。

7.4.4 数字式仪表的输入接口电路

输入接口电路由各种 A/D（模拟/数字）转换器、放大器、滤波器等电路构成，各个部分的具体情况说明如下。

（1）数字式仪表的 A/D 接口电路　由于微处理器处理的都是数字信号，而各种传感器检测到的信号多为模拟信号，故电路中设置了 A/D 转换电路。A/D（模拟/数字）转换器大多采用逐次逼近的方法来对模拟信号电压进行数字转换，该转换方法精度较高。A/D 转换后的信号往往还要进行放大，故电路中通常还设置了各种放大器、滤波器等，用于对输入的信号的进一步处理，然后提供给微处理器。

（2）数字式仪表的 CAN 接口电路　有的车辆上采用了 CAN 总线，故在输入接口电路部分还设置了 CAN 接口电路。它是以 CAN 2.0B 协议为基础，物理层标准与 ISO 11898 规范兼容，并且采用了符合上述规范的 CAN 控制器及收发器作为 CAN 接口。

CAN 接口电路的作用是接收汽车上其他电子控制系统检测到的各种车辆状态信息，供仪表主控微处理器进行处理与显示。由此可见，采用 CAN 总线的数字式仪表电路，由于电路中仅使用两根信号传输线，因此可使仪表线路大大减少，但得到的信息量却大大提高，而且可以大量取代传感器的输入。

（3）需要说明的问题　为了减少分立元器件的数量，有的车辆上使用的上述两种输入接口电路被集成在主控微处理器中，由此可以减少故障的发生率。

7.4.5 数字式仪表的中央微处理器电路

中央微处理器均为单片大规模集成电路，其内含 CPU（中央处理器）、ROM（只读存储器）、RAM（静态存储单元）、逻辑运算电路等。它是仪表系统的控制核心，主要用来接收传感器信号，经解析处理后发出相应的控制指令进行相应功能的显示。

7.4.6 数字式仪表的显示电路

显示电路在主控微处理器的作用下完成对各种功能显示。常见的显示方式有以下两种。

（1）数字式仪表的 LCD 显示方式　LCD 显示方式的特点是采用 LCD 显示屏直接将各种功能用英文字母、数字、图形等形式显示出来，具有直观、醒目等优点，且体积也较小。为了减少分立元器件的数量，有的车辆上使用的显示电路中的 LCD 显示驱动电路也被集成在主控微处理器中，并将集成后的电路做成模块。这样，在该模块的外部接上 LCD 显示屏就可以了，由此也可以减少故障的发生率。

LCD 显示方式是用低功耗 CMOS 技术制造的大规模点阵 LCD 控制器（通常显示驱动电路也集成在该控制器内）与仪表主控微处理器连接，受主控微处理器的控制能使点阵 LCD 显示大小写英文字母、数字和符号以及模拟指针或指示灯动态图形等丰富信息，同时有较强的通用性，使用方便，用少量的元件就可以构成一个完整的点阵 LCD 系统，输入相关的数据和指令就可实现所需的显示。LCD 将会是今后数字式仪表的主要显示方式。

LCD 显示电路通常由 LCD 液晶驱动与高压背光灯电路等组成。多采用模块封装方式。有的车型还将按键扫描电路、按键照明电路也设置在该模块内。

（2）数字式仪表的指针显示方式　指针显示方式的特点是采用数字电路控制步进电机，由步进电机驱动指针进行显示。步进电机将数字式脉冲信号转换为机械角位移，一个脉冲信号可以驱动步进电机按设定的方向转动一个固定的角度，它的旋转是以固定的角度一步一步运行的，通过控制脉冲个数来控制角位移量，从而达到准确定位的目的；同时可以通过控制脉冲频率来控制电机转动的速度和加速度，从而达到调速的目的。

由于采用了数字控制步进电机驱动指针进行显示,故控制性能好,抗干扰能力强,广泛应用于汽车仪表指针旋转角度的控制。汽车上的车速、发动机转速、燃油量、发动机冷却水温的信息大都采用指针方式进行指示。

7.4.7 电路实例识图指导

以帕萨特 B5 系列采用 BBG 型发动机的轿车为例,该轿车数字式仪表电控系统电路如图 7-18 所示,凡文中介绍但图 7-18 中没有画出的,均集成在 J285 组件内部。

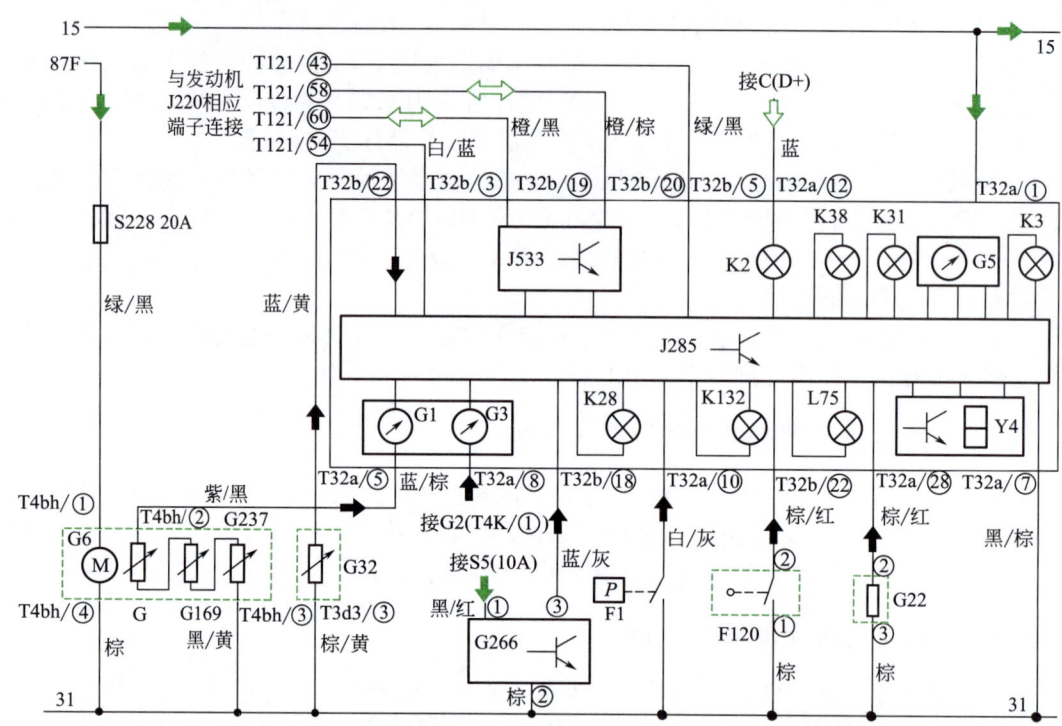

图 7-18 帕萨特 B5 系列采用 BBG 型发动机的轿车数字式仪表电控系统电路

C—发电机;F1—机油压力开关;F120—发动机舱盖接触开关;G—燃油表传感器;G1—燃油表;G2—发动机温度传感器(用于水温表);G3—冷却液温度表;G5—发动机转速表;G6—燃油泵;G22—速度传感器;G32—冷却液温度传感器;G169—燃油表传感器 2;G237—燃油表传感器 3;G266—机油液位/温度传感器;J220—发动机电控单元;J285—组合仪表控制单元;J533—数据总线的诊断接口;K2—发电机充电指示灯;K3—机油压力报警灯;K28—冷却液液位/温度报警指示灯;K31—巡航控制报警灯;K38—机油液位/温度报警灯;K132—电子油门故障报警灯;L75—数字显示照明灯;S5—熔断器 5;Y4—里程表;15,31,87F—与其他电路相连接的编号

(1) 控制单元 J285 的供电电路 在图 7-18 电路中,组合仪表控制单元 J285 的供电电压有两处:一处取自点火开关 15 号线上,该 12V 电压直接加到 J285 的 T32a/1 端子;另一处取自点火开关 S(86s) 端子,该 12V 电压直接加到 J285 的 T32a/30 端子上。

(2) 燃油表电路 主要由燃油表传感器 G、G169、G237 与燃油表 G1 等组成。三个燃油表传感器采用串联方式通过 T4bh 插接件与外电路相连。T4bh/2 端子通过插接件 T32a/5 与 J285 控制单元内部的燃油表 G1 相连,G 的 T4bh/3 端子搭铁,这些传感器均属于电阻方式的传感器。

(3) 机油压力报警电路 主要由机油压力开关 F1 与机油压力报警器 H11 等组成。机油压力开关 F1 的上端连接在 T32a/10 端子上,下端搭铁,用于对发动机机油压力进行检测,一旦检测到机油压力不能满足要求时,油压开关 F1 就会接通,等效于将 T32a/10 端子搭铁,

J285 控制单元内部电路得到该信号经解析后，就会发出控制信号使机油压力报警器 H11 发出报警声，且机油压力报警灯 K3 也会点亮。

（4）机油液位/温度报警电路　由机油液位/温度传感器 G266、机油液位/温度报警灯 K38 等组成。机油液位/温度传感器 G266 有三个端子，其 1 端子为供电电压输入端，该 12V 电压来自 S5 熔断器的输出端，2 端子搭铁，3 端子为信号输出端，直接与组合仪表控制单元 J285 的 T32b/18 端子相连接，输出的信号由组合仪表控制单元 J285 内部电路控制机油液位/温度报警灯 K38 的工作状态。

（5）冷却液温度报警电路　发动机温度传感器 G2 的 T4K/1 端子通过组合仪表控制单元 J285 的 T32a/8 端子与冷却液温度表 G3 连接，下端 T4K/2 端子搭铁，用于对发动机冷却液的温度进行检测，该温度可以经冷却液温度表 G3 直接进行显示，一旦检测到冷却液温度超过设定值时，冷却液温度/液位报警指示灯 K28 就会点亮进行报警。

（6）速度传感器电路　速度传感器 G22 的 2 端子连接在组合仪表控制单元 J285 的 T32a/28 端子上，下端 3 端子搭铁，用于对车辆的速度进行检测，供发动机转速表 G5、里程表 Y4 等显示使用。

（7）发电机充电指示灯电路　组合仪表控制单元 J285 的 T32a/12 端子内部连接着发电机充电指示灯 K2，其外部连接在发电机的 D+ 端子上，用于指示发电机的充电情况。

（8）数字显示照明灯电路　数字显示照明灯 L75 集成在组合仪表控制单元 J285 的内部，受组合仪表控制单元 J285 的控制为数字显示系统进行灯光照明。

（9）电子油门故障报警灯电路　电子油门故障报警灯 K132 集成在组合仪表控制单元 J285 内部，受组合仪表控制单元 J285 的控制对电子油门的工作情况进行报警。

（10）巡航控制报警灯电路　巡航控制报警灯 K31 集成在组合仪表控制单元 J285 内部，受组合仪表控制单元 J285 的控制对巡航控制的工作情况进行报警。

（11）其他方面　组合仪表控制单元 J285 的 T32b/3 端子、T32b/19 端子、T32b/20 端子、T32b/5 端子分别与发动机电子控制单元 J220 的 T121/54 端子、T121/60 端子、T121/58 端子、T121/43 端子相连，进行信息的交换。其中 T32b/19 端子与 T32b/20 端子内部连接着数据总线的诊断接口 J533，与 T121/60 端子、T121/58 端子相连后进行诊断数据的传输。

（12）画方框图　图 7-17 所示为数字式仪表电控系统的通用方框图，可作为识读汽车数字式仪表电控系统电路图的参考。帕萨特 B5 系列轿车采用 BBG 型发动机的数字式仪表系统的实际原理方框图。画方框图时，结合上面的分析，先在左边画出供电通路，各种传感器也画在左边，中间画出组合仪表控制单元 J285（一个大的长方形方框，不必考虑其内部电路），最后在右边画出各种执行器，可参考上述文中的介绍进行，最后画出 J285 的搭铁、数据总线以及与其他电路的连接端即可。

习题 7

（1）填空题

1）按助力介质来分，ABS 系统可以分为_____和_____两种；按控制方式可以分为_____式与_____式两大类。目前，装用在汽车上的 ABS 系统从构造上可分为两类：一类是_____式结构；另一类是_____式结构。

2）ABS 系统与 ASR 系统的主要区别是：ABS 系统是在汽车_____过程中发挥作用，而 ASR 系统则是在汽车_____过程中工作，两者相辅相成，共同来保证汽车的_____性和_____性。

3）电控安全气囊主要由_____式传感器、_____组件、_____总成、安全气囊_____（通常简称为_____)、_____插接器、_____指示灯、_____装置以及_____电源等组成。

4) 巡航控制系统实质上是一种_____控制系统，简称为汽车_____控制系统或_____系统。

5) 轿车上配装的_____系统，当车速在_____以上时，该装置可_____保持某一_____速度行驶，而不用踩加速踏板。

6) 轿车上的数字式仪表大致可以分为_____与_____式、_____式、_____式三种类型。

7) LCD显示电路通常由_____与_____电路等组成，多采用_____封装方式，有的车型还将_____电路、_____电路也设置在该模块内。

（2）选择题

1) 汽车制动时，使其实现减速行驶的外力为：(a) 制动器制动力；(b) 轮胎与地面间的摩擦力；(c) 地面制动力；(d) 地球引力。

2) 汽车理想的滑移率 ε 数值为：(a) $\varepsilon=0$；(b) $15\%<\varepsilon<20\%$；(c) $20\%<\varepsilon<40\%$；(d) $\varepsilon=100\%$。

3) 当储压器内油压低于_____时，ABS系统失去作用？(a) 134Pa；(b) 180Pa；(c) 140Pa；(d) 104Pa。

4) 当ANTILOCK警告灯点亮时，制动防抱死系统的制动功能是否完全失效？(a) 完全丧失；(b) 部分丧失；(c) 不一定；(d) 没有丧失。

5) 下面对SRS系统传感器描述错误的是：(a) 碰撞传感器和安全传感器采用串联激活方式；(b) 碰撞传感器和安全传感器均为惯性式传感器；(c) 碰撞传感器用来检测发生碰撞时的加速度；(d) 安全传感器和碰撞传感器均安装在车外前部。

6) 安全气囊进入充气状态时，安全传感器和碰撞传感器分别处于什么状态？(a) 两传感器同时闭合；(b) 两传感器同时断开；(c) 安全传感器断开，碰撞传感器闭合；(d) 安全传感器闭合，碰撞传感器断开。

7) 下面对时钟弹簧的描述错误的是：(a) 时钟弹簧又称为螺旋形电缆；(b) 时钟弹簧用于转向盘运动端与固定端的连接；(c) 时钟弹簧管采用同一方向盘绕，并固定在转向柱顶部；(d) 时钟弹簧盘线中心与转向柱的同轴度偏差不能过大。

8) CCS系统中车速传感器输出的信号可能为：(a) 数字信号；(b) 电压模拟信号；(c) 交流脉冲信号；(d) 锯齿波信号。

9) 下面对CCS操作手柄CRUSE或ON/OFF、CACEL、RES/ACC、SET/COAST或SET/DECEL的功能说明正确的顺序是：(a) 速度设定开，总开关，速度取消开关，恢复/加速开关；(b) 总开关，速度设定开，速度取消开关，恢复/加速开关；(c) 速度设定开，总开关，恢复/加速开关，速度取消开关；(d) 总开关，速度取消开关，恢复/加速开关，速度设定开。

10) CCS系统低速控制点通常为：(a) 20km/h；(b) 30km/h；(c) 40km/h；(d) 50km/h。

11) A/D装置用来将___信号转换为___信号。(a) 数字，模拟；(b) 交变，直流；(c) 直流，交变；(d) 模拟，数字。

12) 下面对只读存储器、静态存储单元、可擦写只读存储器的英文缩写顺序正确的是：(a) ROM，EPROM，RAM；(b) ROM，RAM，EPROM；(c) RAM，ROM，EPROM；(d) RAM，EPROM，ROM。

（3）问答题

1) 简述ABS系统中压力调节器的作用以及各组成件的功能特点。

2) 简述汽车电子制动防抱死的控制原理和工作过程。

3）当ABS系统中的ANTILOCK警告灯和BRAKE警告灯一起点亮时，说明什么问题？

4）BRAKE警告灯在什么情况下点亮属正常？在什么情况下点亮说明系统有故障？

5）汽车安全气囊有哪些保护作用？通常安装在哪些部位？

6）电子式碰撞传感器有何特点？它是怎样检测汽车碰撞信息的？

7）SRS控制单元由哪几部分构成？简述各自的功能特点。

8）SRS系统的膨胀器由哪几部分构成？简述其工作原理。

9）SRS系统插接器与其他插接器有什么不同？它有什么特点？

10）安全气囊启动保护的条件有哪些？简述其保护过程。

11）CCS系统有什么作用？主要有哪些特点？该系统有哪几种类型？简述各自的特点。

12）CCS系统执行部件主要有哪些？简述各自的作用、组成和特点。

13）数字式仪表显示电路常见的主要有哪几种？各有怎样的特点？

第 8 章

搞清供电系统工作情况，学会寻找故障元件

本章导读

  汽车供电系统电路相对较简单，了解了供电系统几个主要元器件或零部件的基本知识、会对它们的性能进行检测、看懂了供电系统的电路原理图以后，接下来就是要搞清供电系统的工作情况，怎样确定问题是否出在供电系统，以及怎样寻找故障元件，这就是本章所要介绍的内容。

8.1 供电系统的结构特点、工作情况及典型应用电路

  汽车供电系统是由带电压调节器的交流发电机和蓄电池共同组成，两者并联协同对外供电，为汽车提供能源。

8.1.1 供电系统结构特点与工作情况

  国内外各种类型的汽车均以蓄电池和发电机两个供电装置作为电源，组成汽车的供电系统，它们共同向各种用电设备供电。图 8-1（a）所示为汽车供电系统接线方式。交流发电机安装在发动机处，发动机通过传动皮带带动发电机工作。图 8-1（a）所示为发电机外装电压调节器，如果发电机属于整体式（即内装调节器）的，则图 8-1（a）中就看不到电压调节器。图 8-1（b）所示为充电系统结构原理。

  汽车上的蓄电池和发电机是并联配合工作的。蓄电池的主要作用是在启动发动机时向起动机供电。发电机是用电设备的主要电源，它在汽车正常运行时，向除起动机之外的全部用

电设备供电外，同时也给蓄电池进行充电，以补充蓄电池的能量。

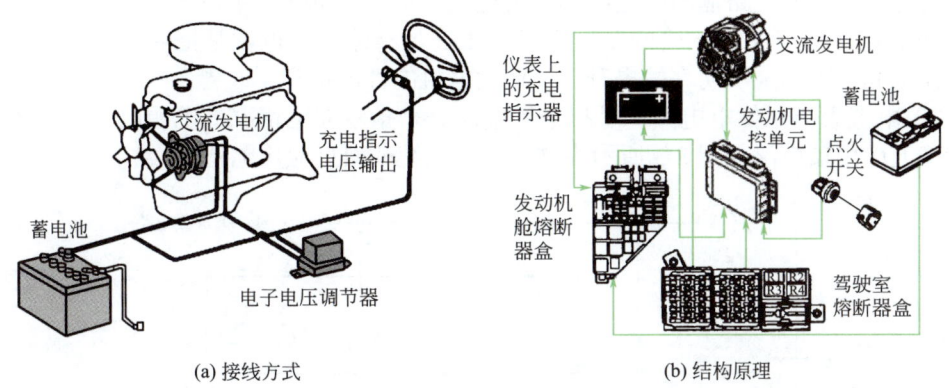

图 8-1　汽车供电系统在车辆上的连接方式

8.1.2　供电系统典型应用电路

各种类型的汽车电源电路的安装位置（指蓄电池、发电机）差异较大，使用的元器件型号也不一样，但它们的工作原理基本相同。目前，应用最广泛的两种供电电路如下。

（1）充电指示灯指示供电电路　是指采用充电指示灯来指示充电情况的电源电路，这类电路在各种轿车上应用相当广泛，图 8-2 所示为这类供电系统的典型应用电路。有两点需要说明。

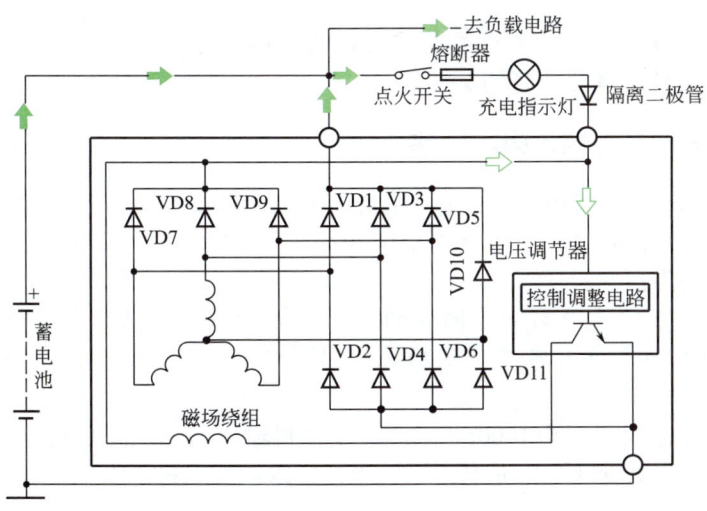

图 8-2　充电指示灯指示供电系统典型应用电路

1）充电指示灯　图 8-2 中的充电指示灯使用的是灯泡，有的车辆采用发光二极管（LED）代替灯泡，并设置了限流电阻（与 LED 串联）与分流电阻（并联在 LED 与限流电阻串联后的两端）来对 LED 进行保护。

2）整流电路　交流发电机的整流电路有 6 管、8 管、9 管、11 管共四种类型。6 管是最基本整流电路，也就是图 8-2 中的 VD1～VD6，它们组成了三相交流电流的全波整流电路，亦即主整流电路；8 管是在 6 管的基础上增加了 2 个整流管，如图 10-2 中的 VD10 和 VD11，用于将中性点交流电流整流后叠加在主整流电路的输出端，由此可使输出功率提升

10%左右;而9管是在6管的基础上增加了3个整流管,如图8-2中的VD7~VD9,它们所形成的另一路整流电路输出的电压单独为充电指示灯与励磁绕组供电,以使整个电源系统性能更加稳定;11管是在6管的基础上增加了5个整流管,也就是把8管与9管的优点全部结合在一起,既实现了功率的提升,又使发电机的性能得到了改善。

(2)电流表指示供电电路 是指采用电流表来指示充电情况的电源电路,这类电路在各类货车上应用较广泛,图8-3所示为这类供电系统的典型应用电路。

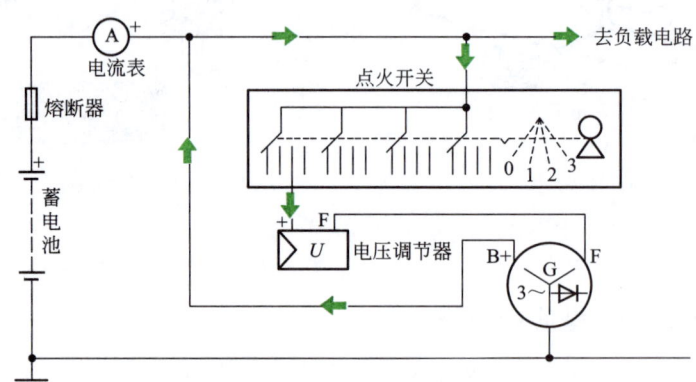

图8-3 电流表指示供电系统典型应用电路

8.2 供电系统基本工作原理

汽车供电系统最常见的、用得最多的就是充电指示灯指示与电流表指示充电情况的这两大类电路,它们的工作原理说明如下。

8.2.1 充电指示灯指示供电电路

采用充电指示灯指示充电情况的汽车供电电路如图8-2所示。当点火开关置于1挡、发电机转速低于1000r/min时,由于蓄电池电压高于发电机电压一定的数值,则充电指示灯点亮,其电流通路为:

蓄电池正极→点火开关第4挡闭合的触点→熔断器→充电指示灯→隔离二极管→发电机磁场绕组→电压调节器内控制磁场绕组励磁电流的、导通的大功率晶体管c-e结→搭铁→蓄电池负极

当发电机转速达到或高于1000r/min时,发电机输出的电压高于蓄电池电压并向蓄电池充电。此时,隔离二极管截止,充电指示灯熄灭,以示发电机工作状态良好,处于充电工作状态。

8.2.2 电流表指示供电电路

采用电流表指示充电情况的供电电路如图8-3所示。当接通点火开关后,就形成了如下的励磁电流通路:

蓄电池正极→熔断器→电流表→点火开关第1挡的第2挡→电压调节器的+端→电压调节器的F端→交流发电机的磁场接线柱F端→交流发电机内部的磁场线圈→交流发电机外壳搭铁→蓄电池负极

当发动机启动运转后,被带动的发电机也进入运转状态,一旦发电机转速达到一定值

（≥1000r/min）就开始发电，经自身内部的整流元件整流后，变为直流电从发电机的 B+ 端输出，并分成多路去有关电路。

一路电压给汽车上其他用电设备供电，同时也给自己提供励磁电流，即交流发电机的励磁电流此时由原来的他励（蓄电池提供供电）变为自励。显然，图 8-2 所示为一种典型的初始励磁为他励、发电机运转后为自励的工作方式。

电子电压调节器能自动调节发电机输出电压的高低。发电机输出电压高时（大于 14.5V），电压调节器减小或切断发电机的励磁电流；发电机输出电压低时（小于 13.5V），增加其励磁电流。

8.2.3 硅整流发电机发电过程

硅整流发电机的发电过程是先由他励建立电动势，再转入自励正常发电。这里以图 8-4 所示的基本 6 管型硅整流发电机供电电路为例，来介绍其发电过程。

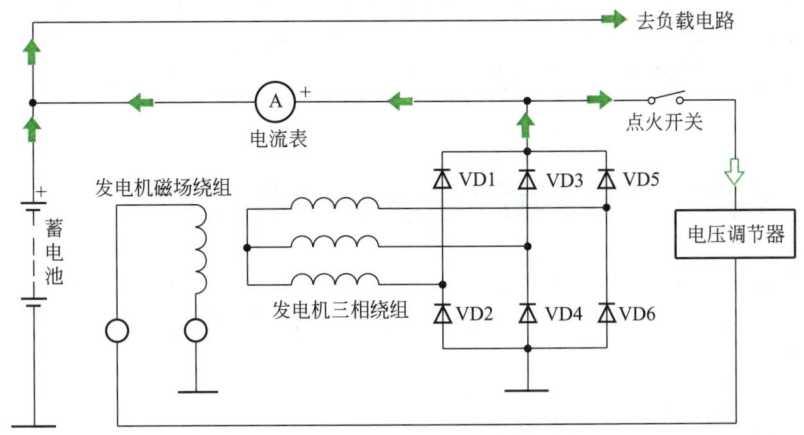

图 8-4 硅整流发电机发电过程

发动机启动时，由于点火开关的闭合，蓄电池经电子电压调节器向发电机的励磁绕组提供励磁电流，进行他励建立电动势，使定子三相绕组中产生较高的感应电动势，立即突破硅二极管的阈值电压。于是，硅整流器就将三相交流电变为直流电，开始向励磁绕组供给励磁电流，转入正常的自励发电状态。

在他励阶段，由于硅整流二极管处于蓄电池的反向电压下而截止，蓄电池不可能向发电机内部放电，只能通过电子电压调节器提供励磁电流，故不会将发电机烧毁。硅整流器是利用硅二极管的单向导电特性将交流电变成直流电的。

8.3 供电系统常见故障检修入门指导

供电系统中蓄电池本身的问题一般较容易判断，检修难度大多集中在充电系统。充电系统故障检测方法较多，且因充电系统的组成、结构和充电电路的连接方法以及维修人员的经验而不同。在进行故障检修之前，应首先查明充电系统的结构和线路中的连接关系，确认充电系统是否确实出现了问题，然后再进行故障检查。

8.3.1 供电系统是否有故障的确认

供电系统指示充电状态的方式主要有电流表指示、LED 指示灯指示与电压表指示三种，但前两者应用较广泛。

（1）充电指示灯式供电系统　在装有充电指示灯的汽车上，可通过发动机由低速到中速的变化过程，分别按下汽车电喇叭按钮或打开前照灯的远光灯，以此来判断充电系统的工作是否正常。若电喇叭发出尖叫声或车灯很亮，说明发电机输出电压过高。也可将电压表跨接在蓄电池两端，通过观察发电机输出电压的高低来判断。

（2）电流表式供电系统　在装有电流表的汽车上，行驶过程中若充电电流由大到小，最后接近于零，属于正常现象。因为汽车启动时，蓄电池给起动机提供了大量的电能，致使其端电压下降。当发动机运转带动发电机工作后，发电机立即向蓄电池进行补充充电，直到蓄电池端电压达到电子调节器的限额电压值时，电流表指示出的充电电流最小，表明蓄电池已被充足。

8.3.2　供电系统故障典型特征

汽车在行驶过程中，若电流表始终指示充电电流很大，或经常烧坏灯泡和熔断器，一般都是电压调节器失效或损坏而导致输出电压过高；若电流表总指示充电电流为零或充电电流过小，或夜间开灯其亮度越来越暗，多是由于电压调节器有故障或发电机本身出了问题。

8.4　供电系统常见故障诊断与维修指导

在供电系统的故障中，蓄电池搭铁端出现接触不良故障的发生率所占比例较高。故在对供电系统进行检修时，应先排除蓄电池搭铁端接触不良的可能性，这一点初学者一定要养成良好的习惯。

8.4.1　供电系统故障检修难点

供电系统中蓄电池故障检查较为容易，难度在由交流发电机组成的充电系统检查中。如果在确认蓄电池正常的情况下，车辆用不了多久，蓄电池就会亏电，则问题多是由于充电系统没有工作或工作不良引起的，这种故障十分明显，判断也不困难，初学者一定要熟练掌握这种方法。

8.4.2　普通发电机不发电故障诊断与维修技能实训指导

供电系统中故障率较高的就是发电机不发电，不能为蓄电池充电，其次就是发电量不足，两者的诊断与检修十分类似。

（1）电子调节器的搭铁类型　电子电压调节器主要有外搭铁型与内搭铁型两大类。这两类电子电压调节器之间是不能直接互换使用的，否则会造成发电机电压失调或不发电。

1）外搭铁型　如图 8-5（a）所示，电子电压调节器装在发电机励磁绕组与搭铁之间，发电机励磁绕组没有搭铁端，由调节器控制励磁绕组搭铁。

2）内搭铁型　如图 8-5（b）所示，电子电压调节器装在发电机与点火开关之间，发电机励磁绕组有一端搭铁。

（2）外搭铁型供电电路发电机不发电故障诊断与维修　图 8-5（a）所示为外搭铁型电子电压调节器供电电路发电机典型线路，采用检测灯检测该电路不发电故障的步骤如表 8-1 所示。

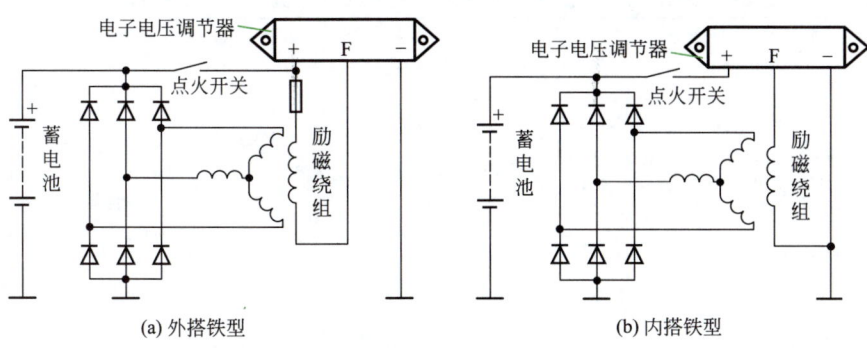

图 8-5 电子电压调节器搭铁方式

表 8-1 采用检测灯检测外搭铁型供电电路发电机不发电故障的步骤

检测步骤	检测结果	
	是	否
①接通点火开关，将检测灯一端搭铁（以下均同），另一端触碰调节器"+"端子，观察检测灯能否正常点亮	说明电源经点火开关 IG 挡到调节器"+"端线路正常	到第②步
②查找点火开关是否损坏，蓄电池电压是否正常，熔断器是否熔断，连接线、蓄电池搭铁线是否牢固	修理或更换损坏的元件或线路	到第③步
③将检测灯一端搭铁，另一端触碰调节器"F"端子，观察检测灯能否正常点亮	到第④步	到第⑤步
④采用短导线将电子电压调节器 F 端搭铁，启动发动机（控制其转速），看发电机被带动后是否发电	检查电子电压调节器内部大功率三极管是否断路或前置三极管或稳压管是否短路	到第⑤步
⑤拆下电子电压调节器 F 导线，将检测灯的另一端与该导线连接，看检测灯是否点亮	到第⑥步	到第⑦步
⑥将拆下的电子电压调节器 F 导线搭铁，启动发动机（控制其转速），看发电机被带动后是否发电	说明发电机励磁线圈、滑环及电刷良好，发电机到调节器间的相关线路正常，故障在调节器	到第⑦步
⑦接通点火开关，将检测灯一端搭铁（以下均同），另一端触碰调节器"−"端子，观察检测灯能否微亮	到第⑧步	到第⑨步
⑧采用短导线将电子电压调节器"−"端子搭铁，启动发动机（控制其转速），看发电机被带动后是否发电	调节器内部电路、发电机励磁线路及其相关元件正常，故障为调节器到发电机外壳搭铁线路断路或搭铁不良	到第⑨步
⑨拆下调节器"−"端子导线，将检测灯另一端触碰调节器"−"端子导线，观察检测灯是否点亮	—	电子电压调节器损坏，应进行修理或更换

（3）内搭铁型供电电路发电机不发电故障诊断与维修　图 8-5（b）所示为内搭铁型电子电压调节器供电电路发电机典型线路，采用检测灯检测该电路不发电故障的步骤如表 8-2 所示。

表 8-2 采用检测灯检测内搭铁型供电电路发电机不发电故障的步骤

检测步骤	检测结果	
	是	否
①接通点火开关，将检测灯一端搭铁（以下均同），另一端触碰调节器"+"端子，观察检测灯能否正常点亮	说明蓄电池正极经点火开关到调节器"+"端线路正常	查找点火开关是否损坏，蓄电池电压是否正常，熔断器是否熔断，连接线、蓄电池搭铁线是否牢固可靠
②将检测灯一端搭铁，另一端触碰调节器"F"端子，观察检测灯能否正常点亮	说明调节器内部电路及元件正常。如启动发动机后，发电机不发电，则为调节器F端到发电机线路断路或发电机故障	到第③步
③采用短导线将电子调节器F端与"+"端短接，启动发动机（控制其转速），看发电机被带动后是否发电	检查电子电压调节器内部大功率三极管是否断路或前置三极管或稳压管是否短路	调节器F端到发电机F端线路故障或发电机内部故障，到第④步
④接通点火开关，将检测灯一端搭铁（以下均同），另一端触碰调节器"-"端子，观察检测灯能否微亮	到第⑤步	调节器正常，故障在发电机及其相关电路
⑤用一导线将调节器"-"端子搭铁，启动发动机（控制其转速），看发电机被带动后是否发电	说明调节器及发电机均良好，故障为调节器到发电机外壳搭铁线断路或搭铁不良	—

8.4.3 无刷发电机不发电故障诊断与维修技能实训指导

由于无刷硅整流发电机没有电刷和滑环，故不会因滑环和电刷磨损、烧蚀等造成励磁电流不稳或不发电等故障，因此不需要经常维修、保养，但需在汽车行驶 30000km 左右时或定期将发电机拆开检修一次，以确保发电机工作正常且安全可靠。图 8-6（a）所示为无刷硅整流发电机典型外形。

(a) 典型外形

(b) 驱动皮带检查

图 8-6　无刷硅整流发电机典型外形与驱动皮带检查

（1）充电指示灯常亮　导致无刷交流发电机充电指示灯常亮故障的原因主要有以下几个方面：无刷发电机励磁绕组搭铁或绕组间短路，中性点接线柱上的导线有断线处；充电指示继电器线圈断路，或触点氧化出现了接触不良现象；发电机系统的连接导线和接线柱损坏或不良等。具体检测方法如下。

1）检测灯跨接在磁场接线柱F与搭铁端　检修时，可先用一只检测灯跨接在电压调节器磁场接线柱F与搭铁端，拆下发电机磁场接线柱F上的导线观察充电指示灯的情况。如充电指示灯熄灭，则为发电机故障，可能为其F接线柱搭铁或励磁绕组短路。如充电指示灯仍亮，则为线路故障，可能为调节器到发电机 F 接线柱上的导线有搭铁现象存在。

2）检测灯跨接在中性点接线柱与搭铁端　启动发动机，将检测灯跨接在发电机中性点接线柱与搭铁端，观察检测灯的点亮情况。如检测灯不亮，拆下发电机中性点 N 接线柱的导线，观察检测灯的情况：如检测灯仍不亮，则为线路故障，可能是电压调节器中性点引线到发电机接线柱有断路处；如检测灯可亮，则为电压调节器故障，应对电压调节器进行检修或重换新件。

如检测灯可亮，再用检测灯检查电压调节器中性点接线柱与搭铁端，观察检测灯情况：如检测灯不亮，则为发电机故障，可能为中性点连接线与其接线柱断路；如检测灯可亮，则为线路故障，可能为电压调节器中性点连接线到发电机接线柱之间有搭铁现象。

（2）充电指示灯时亮时灭　导致无刷交流发电机充电指示灯时亮时灭故障的原因主要有以下几方面：发电机硅整流二极管的热稳定性变差，有关接线柱及插接件接触不良；线路有问题，如充电指示灯至发电机中性点接线柱上的导线接触不良，有关接插件有松动现象等。

检修时，如图 8-6（b）所示，应先检查发电机驱动皮带有无松动（可用手在皮带中间位置向下按，若能压下 10～20mm，则松紧度合适），确认无误后，拆下发电机 F 接线柱上的导线，用一检测灯连接在 B+ 与 F 接线柱两端，当发动机带动发电机进入中速运行的过程中，观察充电指示灯的工作情况。如充电指示灯工作正常，则检修电压调节器或电线束。如充电指示灯时亮时灭，则故障原因有以下两方面：发电机故障，可能是硅整流二极管特性变差，发电机中性点接线柱上导线接触不良等；线路故障，可能有导线接触不良、插接件松动等情况。

（3）电枢 B+ 接线柱上导线烧坏　导致无刷发电机电枢 B+ 接线柱到起动机"电池"接线柱上的导线烧坏的原因主要有以下几方面：线路方面故障，如电线束被线卡毛刺磨破、线束安装位置不当、发电机电枢 B+ 接线柱上的导线碰发动机排气歧管等；发电机本身故障，如电枢 B+ 接线柱搭铁、整流二极管被击穿短路、有关部位漏电严重等。

1）发电机方面的检查　如图 8-7（a）所示，检修时，可拆下发电机电枢 B+ 接线柱上的导线，在蓄电池正极与发电机 B+ 接线柱之间连接一只检测灯，然后观察检测灯的发光情况：如检测灯微亮，则故障可能是电枢 B+ 接线柱漏电或硅整流二极管特性变差等；如检测灯点亮，则故障可能是电枢 B+ 接线柱搭铁或硅整流二极管被击穿短路等。

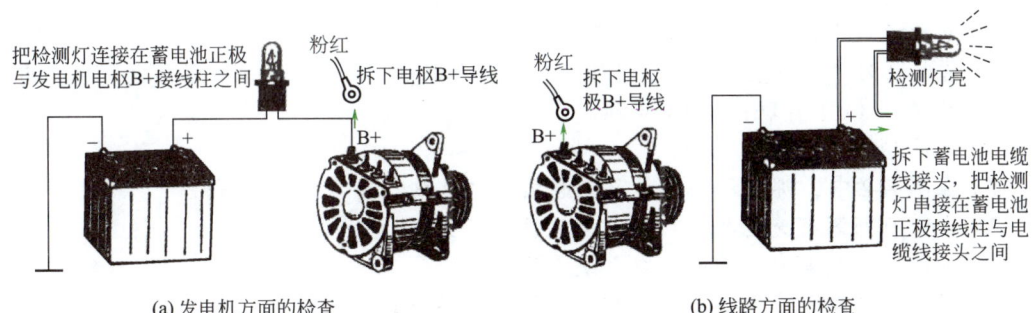

图 8-7　电枢 B+ 接线柱上导线烧坏故障检测

2）线路方面的检查　如图 8-7（b）所示，检修时，先关断电源总开关或拆下蓄电池的正极电缆线接头，拆下发电机 B+ 接线柱上的导线，在蓄电池正极电缆线接头与蓄电池正极接线柱之间串接一只检测灯，如检测灯点亮，则就说明线路存在故障，可能是发电机到起动机"电池"接线柱之间的导线有搭铁之处，或在起动机"电池"接线柱导线与电源、启动及点火线束某开关之间有搭铁现象。

习题 8

(1) 填空题

1) 汽车供电系统由_____的_____和_____共同组成,两者_____协同对外供电,为汽车提供能源。

2) 蓄电池的主要作用是在启动_____时向_____供电。在发动机工作驱动发电机运转到一定速度时被_____。

3) 图 8-2 所示电路是一种典型的初始励磁为_____、发电机运转后为_____的工作方式。

4) 发电机是用电设备的_____电源,它在汽车正常运行时,向除_____之外的全部用电设备供电,同时也给_____进行充电,以补充_____的能量。

5) 蓄电池向外电路供电称为放电,放电是将_____转变为_____的过程。

6) 电子电压调节器能自动调节发电机输出电压的高低。发电机输出电压高时(大于_____),电压调节器_____或_____发电机的_____电流;发电机输出电压低时(小于_____),_____其_____电流。

7) 在装有电流表的汽车上,行驶过程中若充电电流由_____到_____,最后接近于_____,属于正常现象。

8) 电子电压调节器的外搭铁型是指电子电压调节器装在发电机_____与_____之间,交流发电机的_____没有搭铁端,由调节器控制_____搭铁。

9) 电子电压调节器的内搭铁型是指电子电压调节器装在_____与_____之间,发电机_____有一端搭铁。

(2) 选择题

1) 交流发电机一般要达到一定转速后才开始发电,该转速大约为:(a)500r/min;(b)800r/min;(c)1000r/min;(d)1000r/min 以上。

2) 电子电压调节器大多有三个端子,这三个端子分别为:(a)D+ 或 E+、⊕;(b)F;(c)B;(d)S;(e)L;(f)⊖、E-、D-。

3) 在图 8-2 所示电路中组成主整流电路的二极管是:(a)VD1～VD3;(b)VD1～VD6;(c)VD7～VD9;(d)VD10、VD11。

4) 当发电机的皮带过松时,可能会出现:(a)充电不稳;(b)充电电流过大;(c)充电电流过小;(d)启动性能变差,灯光变暗。

5) 蓄电池为____的直流电源,它在汽车上与发电机____,向用电设备供电。(a)可逆;(b)不可逆;(c)并联;(d)串联。

(3) 问答题

1) 在图 8-2 中,哪些元件构成了充电指示灯电路?简述其工作过程。

2) 如何判断装有充电指示灯的充电系统是否充电?

3) 如何判断装有电流表的充电系统是否充电?

4) 充电系统故障有哪些典型特征?维修时的难点在哪里?

5) 如何诊断与维修内搭铁型供电电路发电机不发电故障?

6) 如何诊断与维修外搭铁型供电电路发电机不发电故障?

7) 如何诊断与维修无刷发电机供电电路不发电故障?

8) 有一只三端子的电子电压调节器,不知其搭铁方式,如何判别?简述其判别过程(提示:可拆下调节器磁场接线柱导线进行划火或采用检测灯进行判断)。

9) 如何判断交流发电机是否发电?如果不能发电,其常见原因主要有哪些?

第 9 章

搞清启动系统工作情况，学会寻找故障元件

本章导读

发动机借助外力由静止状态过渡到能自行运转的过程，称为发动机的启动。完成启动过程所需要的装置，称为发动机的启动系统。

现在的汽车发动机都采用电力启动方式，启动系统失效就会导致发动机无法启动工作。怎样确定问题是否出在启动系统，怎样寻找故障元件，这就是本章所要介绍的内容。当然，这些内容是在熟悉启动系统的结构与工作情况下进行的。

9.1 启动系统的结构特点与工作情况

起动机用来在发动机启动时拖动曲轴旋转，进而使发动机开始做功并进入正常工作状态。

9.1.1 启动系统结构特点

启动系统主要由蓄电池、起动机、启动继电器、点火开关等为核心构成。蓄电池与点火开关属于共用件，图 9-1 所示为汽车启动系统典型结构与驱动方式。

起动机是一种组合件，这在本书前面的内容中已经做过介绍，起动机中的电动机是启动的动力源，它将蓄电池的电能转化为电磁转矩，通过该组件内的传动机构把电磁转矩传递给发动机飞轮，用来带动发动机曲轴旋转。

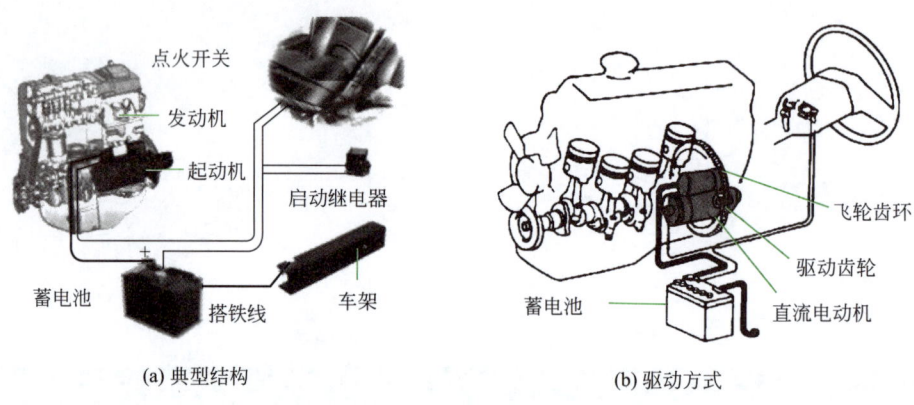

(a) 典型结构　　　　　　　　　　(b) 驱动方式

图 9-1　启动系统典型结构与驱动方式

9.1.2　启动系统典型应用电路

启动系统控制电路主要有无启动继电器的直接控制电路、带有启动继电器的控制电路与带有保护继电器的控制电路三大类，前两者应用较广泛。

（1）无启动继电器的直接控制电路　这类启动控制电路采用点火开关直接控制起动机的工作，相关电路如图 9-2（a）所示，图 9-2（b）所示为控制原理。

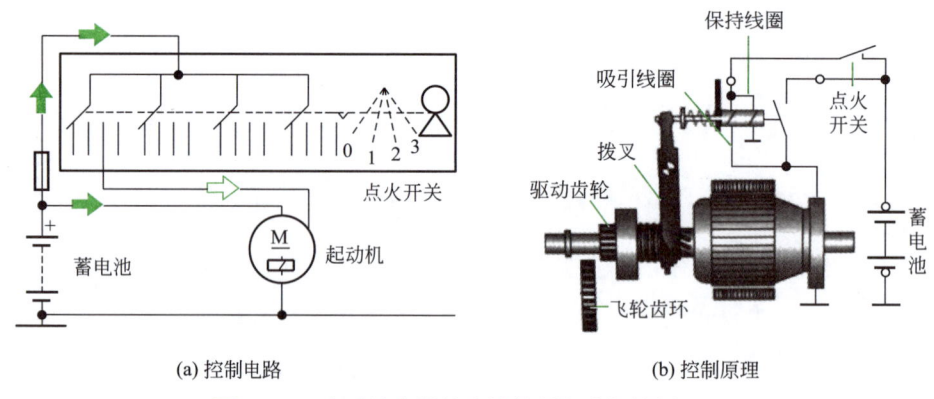

(a) 控制电路　　　　　　　　　　(b) 控制原理

图 9-2　无启动继电器的直接控制电路与控制原理

当点火开关置于图 9-2（a）所示第 2 挡位置时，点火开关将起动机电磁开关线圈与蓄电池正极电源接通，起动机铁芯带动拨叉，使起动机驱动齿轮与发动机飞轮齿环啮合。与此同时，蓄电池正极经导线向起动机输入强电流产生的大转矩，通过单向离合器驱动发动机。

当发动机被启动工作后，单向离合器开始打滑，此时点火开关在自动复位机构的作用下立即回到 1 挡，起动机的电磁开关断电切断了起动机电源，起动机驱动齿轮在传动叉销回位弹簧的作用下，脱开了发动机的飞轮齿环而复位。

（2）带有启动继电器的控制电路　这类启动控制电路是采用点火开关控制启动继电器线圈中的电流通路，而由启动继电器的常开触点闭合后来控制起动机的工作，相关电路如图 9-3（a）所示，为了便于理解，将该电路原理图改画成图 9-3（b）所示的接线图。

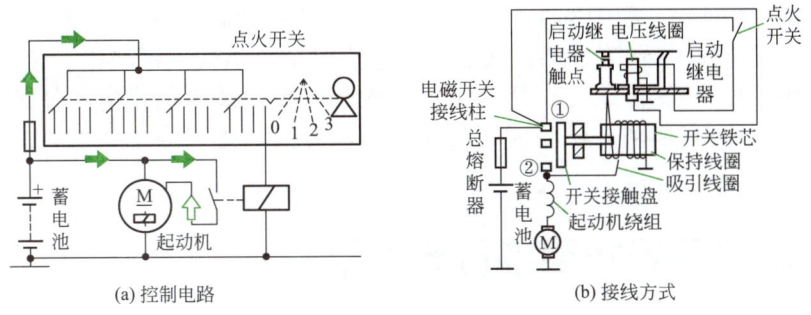

图 9-3　带启动继电器的控制电路与接线方式

9.1.3　启动系统机械驱动部分工作情况

无论是哪一种起动机控制方式，其机械驱动部分的工作原理基本相同。下面以带启动继电器的控制电路［图 9-3（a）］为例，来说明启动系统的机械驱动部分的工作情况。

（1）点火开关启动挡没有接通　此时由于电路中没有供电通路形成，故起动机没有工作，驱动齿轮不与飞轮齿环啮合，处于静止状态，如图 9-4（a）所示。

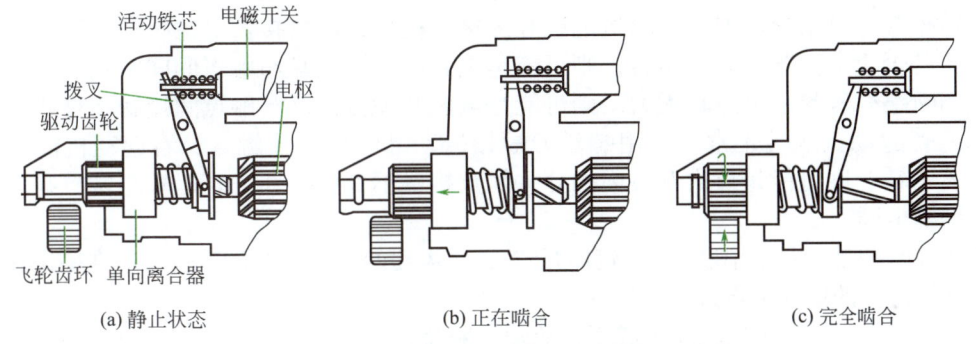

图 9-4　启动系统机械驱动部分工作情况示意图

（2）点火开关接通启动挡飞轮齿环正在啮合　当接通启动开关后，也就是当驾驶员把点火开关旋至第 3 挡［图 9-3（a）］位置时，就形成了如下的电流通路：

蓄电池正极→总熔断器→点火开关第 3 挡→启动继电器线圈→搭铁→蓄电池负极

该电流通路使启动继电器线圈得电吸合后，其常开触点闭合，从而接通了起动机的电磁开关线圈（保持线圈及吸引线圈）电路，由于此时两线圈在铁芯中产生电磁力的方向一致，在它们的共同作用下活动铁芯向左移动，推动推杆使接触盘左移［图 9-3（b）］，并带动拨叉将驱动齿轮推出，此时驱动齿轮与飞轮齿环正在啮合，如图 9-4（b）所示。

（3）点火开关接通启动挡飞轮齿环完全啮合　当驱动齿轮与飞轮齿环完全啮合时，接触盘将图 9-3（b）中电磁开关接线柱的①与②连通。此时就形成了以下主电路电流通路：

蓄电池正极→电磁开关接线柱的①与②→起动机线圈绕组→搭铁→蓄电池负极

该电流通路使起动机以正常转速旋转，单向离合器将驱动齿轮与电枢轴连成一体，此时驱动齿轮与飞轮齿环完全啮合，如图 9-4（c）所示，使发动机被启动运转。当主电路接通后，由于接触盘将①、②两触点接通，使吸引线圈两端接电源正极而被短路，在铁芯中的磁场消失，靠保持线圈磁力作用，使活动铁芯处于触点吸合的位置。

（4）点火开关回位　如图9-3（a）所示，当发动机被启动以后，点火开关在自身回弹力的作用下，自动退回到第2挡，从而切断了启动继电器线圈的供电，使其断电释放，其常开已闭合的触点又复位断开，切断了保持线圈与吸引线圈的供电，使开关接触盘在复位弹簧的作用下向右移动，驱动齿轮与飞轮齿环分离，进入静止状态，从而完成了启动任务。

9.2　启动系统故障部位判断指导

不同车型启动系统组成部分的结构以及连接方式都有一定的差异，因此故障诊断的方法因车型和维修人员的经验不同而有差异。

启动系统最常出现的故障是起动机运转无力或不转，两者检修方法基本相同。在车辆上进行启动检测之前，一定要把变速器挂在空挡位置，并实施驻车制动后方可进行。起动机运转无力或不转，且打开前照灯或按喇叭也无光或无声，则应重点检查供电线路或熔断器有无断路处；如灯光或声音弱，则应检查蓄电池是否亏电，接线是否良好。

如果打开前大灯或按喇叭时，灯光或声音均正常，可用螺丝刀将起动机接蓄电池接线柱与接电动机接线柱短接，看起动机运转是否正常。如果起动机仍然不转，则多为起动机有断路故障。如果起动机运转无力，则说明起动机有短路、接触不良或机械故障。如果起动机运转正常，再用螺丝刀将起动机电磁开关接线柱与起动机接蓄电池接线柱短接，看起动机运转是否正常。若起动机不转，则可能是电磁开关接触盘与触点间间隙不当，触点氧化或线圈断路。若起动机运转无力，则可能是电磁开关接触盘与触点间接触不良或线圈匝间短路。若起动机运转正常，再用螺丝刀短接启动继电器常开触点，看起动机能否正常运转。若不转，则可能是点火开关内的开关触点接触不良或损坏。若运转正常，则应重点检查启动继电器。

需要说明的是，对于串联有空挡启动开关、防盗器的启动系统的车辆，应在确定这两个串联元器件良好的情况下再进行上述检查。

图9-5所示为起动机运转无力或不转故障诊断流程，便于初学者理解，可供判断故障时参考。

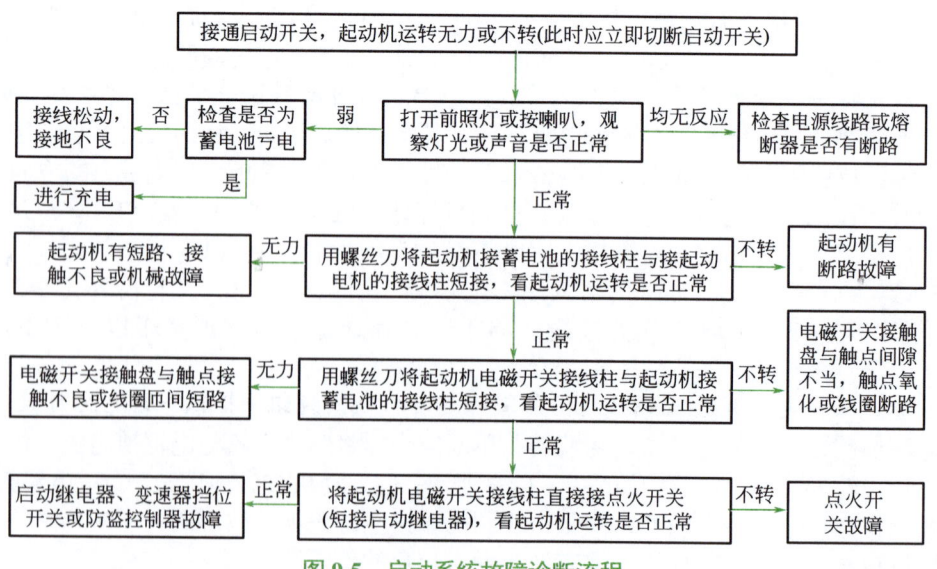

图9-5　启动系统故障诊断流程

9.3 启动系统常见故障诊断与维修指导

启动系统的故障有机械方面的，也有电气方面的。启动系统经常出现的故障是起动机不转，起动机工作无力，起动机的驱动齿轮移出与飞轮齿环啮合但起动机不转，起动机运转但驱动齿轮不与飞轮齿环啮合，起动机空转等，使发动机不能顺利可靠地启动。起动机不转与起动机工作无力故障上面已经介绍过，下面介绍启动系统其他方面故障的检修思路。

9.3.1 启动发动机时起动机空转

这类故障的典型特征是启动发动机时，起动机空转，无法使发动机启动进入工作状态。

（1）检修思路　导致起动机空转的原因主要有以下几方面：直接操纵式的拨叉脱槽，不能拨动驱动齿轮，或其行程调整不当，不能进入啮合状态；单向离合器打滑或损坏；电磁控制式的电磁开关铁芯行程太短，使直流电动机开关闭合时间过早；起动机固定螺栓松动；电枢移动式辅助线圈短路或断路，不能将电枢带到工作位置；飞轮齿环牙齿严重损坏或磨损。

（2）检修方法　从大量的维修实例来看，起动机空转的主要原因是单向离合器打滑。若故障为有时空转，有时又能驱动曲轴，这种情况可能是起动机驱动齿轮和止推垫圈的间隙调整不当，或开关接触过早。对此，只要重新加以调整，故障即可排除。

1）检查飞轮齿环　空转故障也可能是飞轮齿环有部分损坏，当起动机驱动齿轮正好与损坏了的齿环相遇时，就不能驱动曲轴旋转。这种情况出现时，在接通启动开关时会伴有撞击声。损坏了的飞轮齿环应更换，或将旧齿环压出换另一面使用。

2）检查单向离合器　因单向离合器打滑导致的起动机空转，一般不会出现撞击声。检查单向离合器是否打滑，应拆开起动机，将电枢握紧固定，然后用力向逆时针方向转动单向离合器，如转不动，而向顺时针方向能转动，应更换新件。

3）检查轨槽　采用惯性式传动装置的起动机，发生空转故障的原因多为齿轮移动的轨槽不清洁，阻碍了驱动齿轮的滑行。可将其拆开检查，经清洗后故障即可排除。

9.3.2 起动机启动时出现异常响声

这类故障的典型特征是起动机转动时有撞击声，且不能带动发动机运转。

（1）检修思路　导致此类故障的原因较多，归纳起来主要有以下几方面：起动机驱动齿轮或飞轮齿环牙齿磨损过甚或打坏；起动机开关接通时间过早；驱动齿轮端面被飞轮齿环平面挡住，齿轮不能迅速推入飞轮；起动机固定螺栓或离合器壳松动；减振弹簧过软。

（2）检修方法　此类故障多为起动机驱动齿轮啮入困难所致。检修时，可先摇转曲轴一个角度，再接通启动开关试验。如撞击声消失且驱动齿轮能啮入启动发动机，则说明飞轮齿环牙齿损坏，应予以更换。

1）检查起动机开关是否闭合过早　如果曲轴转过任何角度都不能消除撞击声，驱动齿轮始终不能啮入，则应进一步检查起动机开关是否闭合过早，使起动机驱动齿轮在未啮入飞轮齿环之前，起动机电路就已接通，造成齿轮在高速旋转中与齿环啮合，产生强烈撞击与极响的打齿声。当驱动齿轮端面被飞轮齿环平面挡住，主电路已接通时，将因齿轮不能迅速推入齿环而发生强烈的打齿声。

出现这种故障时，对于直接操纵式起动机，可采用拨叉顶压螺钉以增大其头部与接触盘推杆间隙的方法来解决；对于电磁操纵式起动机，可采用旋入铁芯与拨叉的连接螺钉，增大铁芯与接触盘推杆间隙的方法来解决。

2）排除螺钉（栓）松动的可能　当接通起动机开关时，如发现起动机壳体不断抖动，则为其固定螺栓或离合器壳体固定螺钉松动造成的，应立即停车，将松动处紧固。

（3）检修思路指导　对于异常声响故障，也可根据撞击声响的特征来大致判明故障原因，一般有以下规律：一般行程调整不当或带有空转的撞击声是连续的；而起动机壳体固定螺栓或离合器壳体固定螺钉松动，或飞轮齿环牙齿损坏引起的撞击声是断续的，且有时可以启动发动机。

9.3.3　启动时起动机发出"嗒嗒"响声，启动不连续

这类故障的典型特征是启动时起动机时有"嗒嗒"声，启动不连续，很难使发动机启动。

（1）检修思路　这类故障多是由于起动机电磁开关中的维持线圈开路引起的。在起动机电磁开关中，有牵引线圈和维持线圈。牵引线圈起移动驱动齿轮的作用，当电磁开关主触点接通后，牵引线圈相应就被短路。维持线圈主要起保持驱动齿轮位置的作用，起动机工作，维持线圈就工作。

在起动机启动时，起动机的驱动齿轮在牵引线圈电磁力的作用下，向发动机飞轮方向移动。当起动机的驱动齿轮与飞轮齿环啮合到一定程度时，电磁开关中的主触点接通，转子旋转。因此时维持线圈已开路，驱动齿轮不能保持啮合状态，电磁开关的主触点也不能保持接通状态，因此驱动齿轮在弹簧力作用下就向初始位置移动。当向回移动一定程度时电磁开关主触点断开，牵引线圈相继又有电流通过，产生牵引力，驱动齿轮又向飞轮方向移动，重复上述过程，从而就产生了"嗒嗒"声，并导致启动不连续故障。

（2）检修方法　电磁开关中维持线圈开路，一般都是线圈头与接点开焊或折断，只要打开电磁开关，重新焊好，故障即可被排除。

9.3.4　起动机有时不转

这类故障的典型特征是在接通点火开关的点火挡时，仪表及信号指示均正常，但接通点火开关的启动挡时，电流表针立即指"0"，同时机油压力过低指示灯也熄灭，起动机发出"嗒"的一声响，但不能带动发动机转动。

（1）检修思路　这种故障原因较多，与蓄电池和启动系统均有关系。检修时，可从启动开关处入手。

（2）检修方法　检修时，可先将启动开关的两接线柱直接短接，看起动机能否正常运转。如仍不正常，可用高频放电叉检查蓄电池，检查其单格电压是否正常。如未发现问题，可继续检查启动系统线路外部接头有无松动，蓄电池极柱与夹头之间有无积垢及氧化物。如均无问题，则可接通点火开关的启动挡，用手扭动蓄电池火线头附近的导线，看起动机能否带动发动机转动。如可带动，但手一松开，起动机又不转了，这种故障多是由于蓄电池导线与夹头脱开所致，且这类故障发生率较高。只要更换新的蓄电池电源线后，故障即可被排除。

（3）检修思路指导　由于蓄电池导线与夹头的浇铸加工质量不合要求，两者之间有脏物或间隙，经长期使用后产生一层白色氧化物，造成电路在此处中断或严重接触不良，但从外表却不容易查出。当用手扭动导线时，导线与夹头可贴合紧，故能通电运转，但这是由外力所实现的。如外力消失，即手松开后，又会重复上述故障现象。

检修此类故障时，若无专用设备，可先接通起动机开关，并扭动或晃动电源线。当扭动

到某处起动机能正常转动，就说明有关部位存在接触不良现象。在进行上述扭动时，应同时注意观察导线是否发热、烫手和冒烟及冒火花。哪里有这些现象出现，那里就可能存在接触不良现象（包括电源总开关），可进一步检查。

9.3.5 起动机不停转

这类故障的典型特征是采用起动机使发动机启动以后，起动机不停转，而正常情况下应自动复位停止运转。

（1）检修思路　导致起动机不停转故障的原因主要有以下几方面：单向离合器卡死；起动机安装不当，侧齿间隙过小；单向离合器回位弹簧弹力变弱或折断；电磁开关触点烧蚀、连接在一起，使电路不能切断；继电器触点烧蚀或弹簧损坏；电磁开关触点短路或开关线圈短路。

（2）检修方法　这种故障多出在单向离合器和各种控制开关（包括电磁开关、继电器）上。前者为离合器不能脱开，后者为电源不能断开，检修时应主要围绕这两方面进行。

（3）检修思路指导　发生这种故障时，应立即拆除蓄电池搭铁线或蓄电池与起动机的连线，否则起动机在短时间内就会烧坏。

习题 9

（1）填空题

1）发动机借助外力由_____状态过渡到能_____的过程，称为发动机的_____。完成_____过程所需要的装置，称为发动机的_____系统。

2）现在的汽车发动机都采用_____启动方式，启动系统失效就会导致_____工作。

3）起动机用来在发动机启动时，拖动_____旋转，进而使发动机开始_____并进入正常工作状态。

4）汽车启动系统主要由_____、_____、_____、_____等为核心构成。

5）起动机中的电动机是启动的_____，它将蓄电池的_____转化为_____，通过该组件内的传动机构把_____传递给_____，用来带动发动机_____旋转。

6）汽车启动系统控制电路主要有_____控制电路、_____控制电路与_____控制电路三大类，前两者应用较广泛。

（2）选择题

1）下面的叙述哪一组是对的？（a）启动电动机的电枢绕组是由较粗的漆包线绕成的；（b）启动电动机的电枢绕组是由较粗的纱包线绕成的；（c）启动电动机的电枢绕组是由较粗的矩形截面的裸铜线绕成的；（d）启动电动机的电枢绕组是由较粗的高强度裸铜线绕成的。

2）在图9-2（b）中，起动机电磁开关中的保持线圈开路导致的故障现象是：（a）起动机完全不工作；（b）起动机不停转；（c）有"嗒嗒"响声，启动不连续。

3）单向离合器打滑时，可能会导致：（a）起动机空转；（b）起动机烧坏；（c）起动机不转；（d）飞轮牙齿打坏。

4）启动电动机换向器的结构与直流发电机的换向器_____，但作用_____。（a）完全相同；（b）基本相同；（c）正好相同；（d）正好相反。

5）下面的叙述哪一组是错的：（a）启动电动机的工作过程，就是电动机电磁转矩与阻力矩不断平衡的过程；（b）当启动电动机电枢轴上的阻力矩增大时，电动机转速上升；（c）当直流电动机负载增加时，电枢轴上的阻力矩增大。

（3）问答题

1）简述图 9-1（a）中启动继电器的工作原理。

2）起动机启动时，为什么要严格限制接通电路的时间？

3）导致起动机不运转的原因有哪些？如何检查和排除此类故障？

4）导致起动机运转无力的原因有哪些？如何检查和排除此类故障？

5）电磁操纵强制啮合式起动机电磁开关中的吸引线圈和保持线圈，在启动后其电流方向有无变化？为什么？

6）起动机上为什么要设置单向离合器？为什么要采用直流串励式电动机？

7）导致起动机有时不转故障的原因有哪些？简述其检修过程，画出检修流程图。

第 10 章

搞清点火系统工作情况，学会寻找故障元件

本章导读

　　点火系统是针对汽油发动机而言，主要用来在压缩行程终了时产生电火花而点燃混合气，而柴油发动机属于压燃方式，不需要点火系统。

　　汽车点火电路在电路图中一般不会单独画出，而与其他电路画在一起，通常都与发动机电控燃油喷射系统画在一起，由此就会使电路图变得较复杂，初学者在维修过程中刚开始看图时，可以先把点火部分的电路单独画出来，这样虽麻烦一些，但可以做到心里有数，会使后期的维修更加方便，可使检修速度加快。

　　汽油发动机点火系统的类型较多，早期的蓄电池点火系统（又称机械式点火系统或传统式点火系统）现在已经很少采用，取而代之的为电子式点火系统。电子式点火系统采用了传感器与电子点火控制电路取代了传统式点火系统中的断电器，也就是利用传感器输出的信号控制电子控制电路中后级的大功率开关管的导通或截止，来实现点燃可燃混合气的目的。

　　本章先介绍与点火系统有关的基本知识，在此基础上再介绍怎样确定问题是否出在点火系统，怎样寻找故障元件，最后以一些实例来巩固这些知识。

10.1　点火系统的结构与工作情况

　　在汽油发动机中，气缸内的可燃混合气是靠高压电火花点燃的，而电火花的产生是由点火系统来实现的。汽车点火系统一般由蓄电池、点火开关、点火线圈、火花塞、各种传感器、分电器以及控制电路等为核心构成，蓄电池与点火开关属于共用件。图 10-1 所示

为有分电器点火系统，现在的新型轿车大多采用无分电器点火系统。

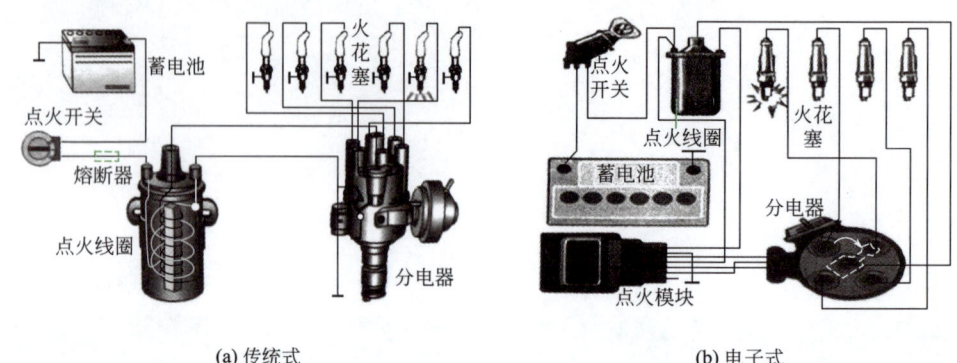

(a) 传统式　　　　　　　　　　　　　(b) 电子式

图 10-1　有分电器点火系统典型结构

10.1.1　有分电器点火系统

有分电器的电子点火系统分为磁电式、霍尔式以及微电脑式三大类，前两类电子点火系统的组成可用图 10-2（a）来表示，其接线如图 10-2（b）所示。微电脑式有分电器点火系统是在前两类点火系统的基础上增设了微电脑和多个传感器，也就是在图 10-2（a）所示电路的电子点火控制电路之前添加了微电脑和多个传感器来对点火精度进行控制，如图 10-3 所示。三者最大的区别是所使用的传感器不同，磁电式点火系统使用磁电式传感器，霍尔式点火系统使用霍尔式传感器，微电脑式点火系统使用多个传感器配合由微电脑来对点火系统的工作精度进行控制。

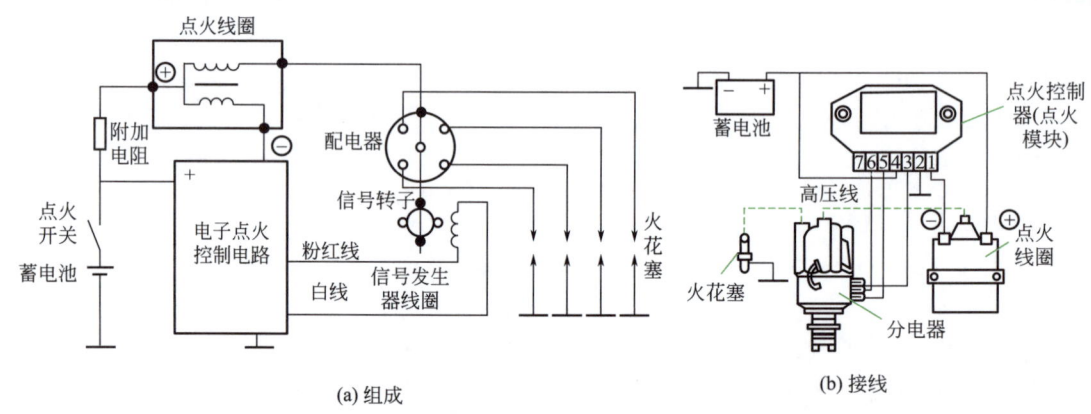

(a) 组成　　　　　　　　　　　　　(b) 接线

图 10-2　磁电式与霍尔式有分电器点火系统组成和接线

（1）磁电式有分电器点火系统工作情况　磁电式电子点火器信号传感器是基于电磁感应原理而制作的，它类似一个小型交流发电机。所以，发动机在低速运转（如启动）时，传感器输出信号电压较小，即输出信号电压大小与发动机的转速有关。

磁电式传感器主要由永久磁铁、感应线圈和信号转子（或称变磁阻转子）三大部分组成。信号转子安装在分电器轴上，传感线圈和永久磁铁等安装在分电器底板上，传感线圈的铁芯与永久磁铁连成一体，永久磁铁的磁力线经转子的凸极和线圈的铁芯构成回路。发动机工作时，转子随分电器轴旋转，其凸极（也称凸齿）与线圈铁芯之间的间隙不断变化，使线圈铁芯中的磁通不断改变。分电器轴每转一周产生的磁脉冲信号的数目与发动机气缸数相等，该信号经电子控制电路处理后控制其后级的大功率开关管导通或截止,当该开关管截止时,点火线圈初级电流被切断,磁场迅速减弱,从而起到了切断初级绕组电流的作用,点火线圈次级产生了瞬时高压,该高压再由分电器分配至各缸火花塞,使火花塞产生高压电火花,以便实现点燃可燃气的目的。传感器的信号转子每转动一圈,各气缸便轮流点火一次。

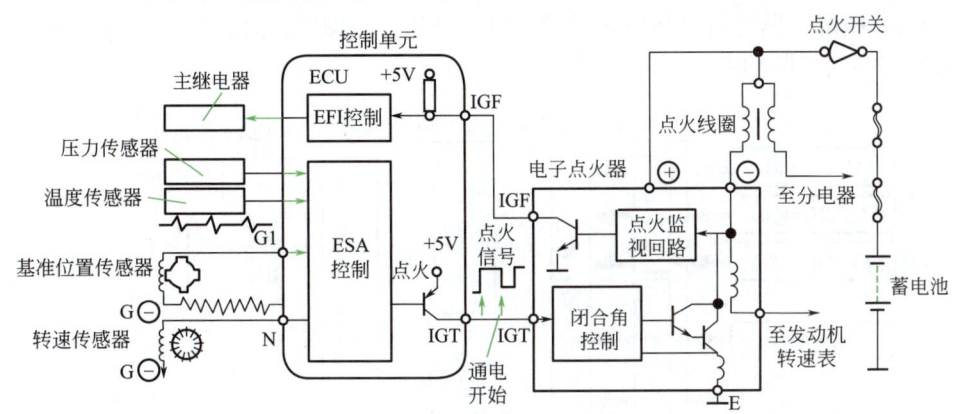

图10-3 微电脑式有分电器点火系统组成

（2）霍尔式有分电器点火系统工作情况　霍尔式电子点火器信号传感器应用了霍尔效应原理,传感器输出的是脉冲信号,且具有陡峭的前沿和后沿。只要发动机一启动,它就有霍尔信号电压输出,输出的脉冲信号既不受发动机转速的影响,也不受温度、湿度等的影响,能使汽车点火的正时精度及可靠性大大提高,故障率也大大减小,故其应用范围更广泛。

霍尔式传感器安装在分电器内,霍尔元件属于有源器件,与永久磁铁组件安装在分电器的底板上,带缺口的转子安装在分电器轴上,其叶片与分火头制为一体,由分电器轴驱动,叶片数与发动机气缸数相等。发动机工作时,转子随分电器旋转,其边缘在霍尔元件与永久磁铁之间穿过。当金属叶片转离永久磁铁与霍尔元件之间的空气隙时,永久磁铁中的磁力线又垂直进入霍尔元件,霍尔元件受磁场的作用而产生了霍尔电压。利用该信号对电子点火器进行控制,就可以达到立即切断点火线圈初级绕组的电流,产生高压电火花的目的。

（3）微电脑式有分电器点火系统工作情况　如图10-3所示,在该电路中,微电脑通过传感器检测发动机转速和负荷大小等信息,并将得到的信息与微处理器内存储器中预先存储的最佳控制参数进行比较,以便获得这一工况下的最佳点火时间,并将点火正时信号（IGT）送至点火器。

当IGT变为低电平时,控制串接在点火线圈初级电流回路中大功率开关管,使其截止,于是点火线圈初级电流被切断,次级线圈中感应出高压电,再由分电器送至相应气缸火花塞产生电火花。

为了产生稳定的次级电压和保证系统的可靠性,在点火器中还设置了闭合角控制回路和点火确认信号（IGF）发生电路。

闭合角控制回路的作用是根据发动机转速和蓄电池电压调节闭合角,以保证足够的点火能量。在发动机转速上升和蓄电池电压下降时,闭合角控制电路使闭合角加大,即延长初级电路的通电时间,以防止初级储能下降,确保足够的点火能量。

点火确认信号发生电路的作用是在点火线圈初级电流切断、初级线圈产生自感电动势时,输出点火确认信号（IGF）给ECU,以监视点火控制电路是否正常工作。

10.1.2 无分电器点火系统

（1）无分电器微电脑控制点火系统的组成特点　图10-4所示为采用微电脑控制电路代替传统点火系统中的断电器后得到的无分电器微电脑控制点火系统。该电路主要由传感器部分、微电脑控制器（ECU）与点火部分三个方面电路构成，也就是传感器输出的信号提供给ECU，由ECU内部电路对各种传感器的信号进行分析、处理后，由后级的I/O（输入/输出）电路输出的控制信号驱动点火部分点燃可燃混合气。

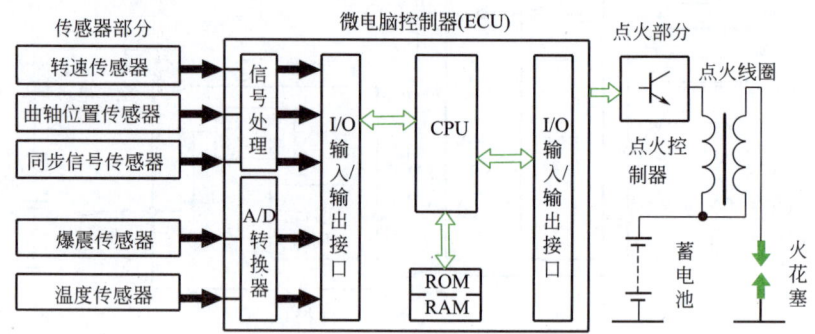

图10-4　无分电器微电脑控制点火系统

在无分电器微电脑控制点火系统中，ECU会根据各传感器输入的信号，精确计算出不同工况下的最佳点火提前角和点火线圈初级电路的导通时间，使发动机在任何工况下点火正时均为最佳值。它取消了传统的真空点火提前调节机构和离心点火提前调节机构，还可以将曲轴位置传感器安装在曲轴端。

无分电器微电脑控制点火系统类型较多，但它们使用的传感器类型变化不大；ECU部分有的将点火控制器集成在ECU内部，有的则仍然放在ECU外部单独设置；变化最多的则为点火线圈及其控制方式。

（2）二极管分配式微电脑控制点火系统工作情况　无分电器的二极管分配式微电脑控制点火系统如图10-5所示。这是一个用于4缸发动机上的微电脑控制点火系统，其点火顺序为1-3-4-2。

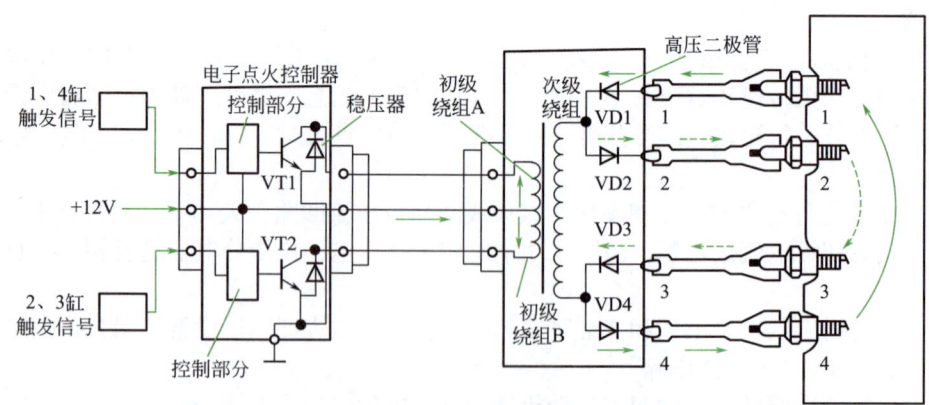

图10-5　无分电器的二极管分配式微电脑控制点火系统

微电脑控制点火系统接收到曲轴位置传感器送来的信号，经处理后向点火控制器发出触发点火信息，控制器的控制回路输出一个低电平加至VT1管基极使其截止，致使点火线圈初级绕组 A 中的电流被切断，在次级绕组中感应出下正、上负的高压电，其电流回路为：

<u>点火线圈次级绕组下（正）端→VD4 二极管→第 4 缸火花塞→搭铁→第 1 缸火花塞→VD1 二极管→点火线圈次级绕组上（负）端（图 10-5 中实线箭头所示）</u>

这一电流回路使第 1 缸、第 4 缸火花塞均跳火，此时第 1 缸接近压缩终了，混合气被点火，而第 4 缸正在排气，火花塞点空火。

曲轴转过 180°后，ECU 接到传感器信号后再次向点火控制器发出触发信号，控制器的控制回路输出一低电平加至 VT2 管基极使其截止，致使点火线圈初级绕组 B 中的电流被切断，在次级绕组中感应出上正、下负的高压电，其电流回路为：

<u>点火线圈次级绕组上端正电压→VD2 二极管→第 2 缸火花塞→搭铁→第 3 缸火花塞→VD3 二极管→点火线圈次级绕组下端负电压（图 10-5 中虚线箭头所示）</u>

这一电流回路使第 2 缸、第 3 缸火花塞均跳火，此时第 3 缸点火做功，第 2 缸火花塞点空火。依此类推，发动机曲轴每转两圈，发动机各气缸做功一次。

（3）点火线圈分配式同时点火微电脑控制点火系统工作情况　无分电器的点火线圈分配式同时点火微电脑控制点火系统如图 10-6（a）所示。该系统又称 DLI 系统。同时点火亦即用一个点火线圈对到达压缩和排气上止点的两个气缸同时进行点火。处于压缩行程的气缸，混合气被点燃而做功，处于排气行程的气缸火花塞则点空火。ECU 根据凸轮轴位置传感器信号，选择应点火的气缸，并将点火信号送给点火组件，使相应的开关三极管 VT1～VT3 中的某一只截止或导通，于是相应的点火线圈直接向火花塞输出高压电。

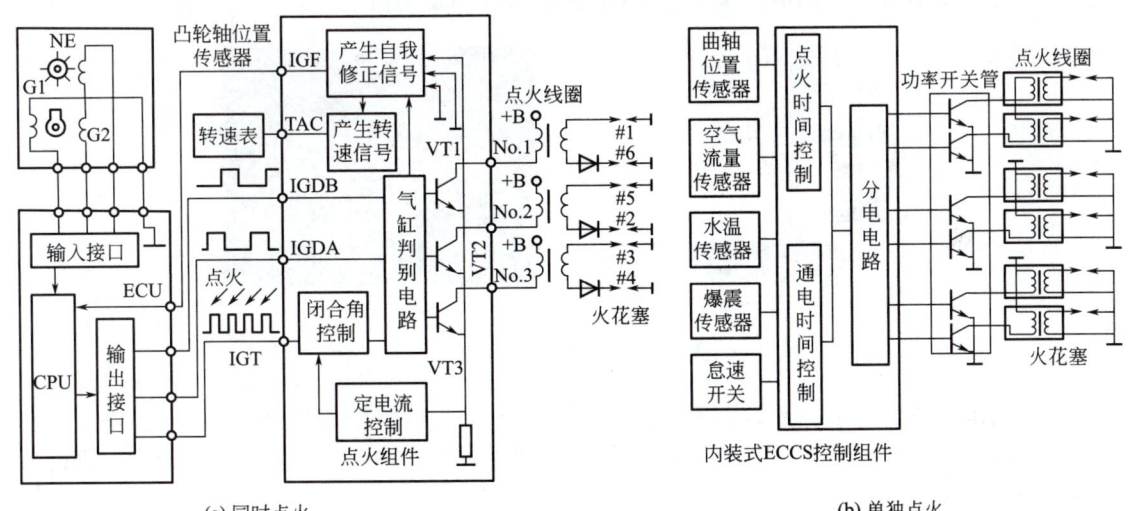

(a) 同时点火　　　　　　　　　　　　　(b) 单独点火

图 10-6　无分电器的点火线圈分配式同时与单独点火微电脑控制点火系统

（4）点火线圈分配式单独点火微电脑控制点火系统工作情况　无分电器的点火线圈分配式单独点火微电脑控制点火系统如图 10-6（b）所示。单独点火的实质就是为每一个气缸的火花塞配备一个点火线圈，单独直接地对每个气缸点火。工作时，微电脑控制器（ECU）根据各种传感器送来的信号，确定点火时间，并将点火正时信息送至分电电路，由分电电路按预先设定的顺序输出控制信号加至点火线圈初级电流驱动电路，由该电路切断相应点火线圈的初级电流，次级线圈中感应出的高压电，加至相应缸火花塞使其放电产生电火花。该系统由于取消了高压线，故其能量损失小、效率高、电磁干扰小，在各种进口汽车上应用较多。虽然不同车型所使用的元器件不同，但工作原理基本相同。

10.2 点火系统是否有故障的判断及其常见故障诊断与维修指导

汽车点火系统故障发生率较高，但由于点火系统具有相对独立性，故在对该电路进行检修时，可根据该电路的功能来确定故障的部位。一般来说，启动时不能使发动机启动，发动机工作不稳，发动机无力、回火、放炮，发动机个别缸不工作，发动机低速断火，发动机高速断火，发动机加速断火，发动机怠速不良等，均可能是点火系统故障引起的。

10.2.1 点火系统是否有故障的确认

当汽车发动机无法启动，且确认启动系统工作无问题，或正常工作的发动机突然停止工作时，且火花塞无高压电加上，都可能是点火系统异常引起的。下面介绍发动机无法启动时汽车点火系统是否有故障的两种确认方法。

（1）中央高压线跳火法　这种判断方法适用于有分电器的点火系统，具体方法如下。从分电器盖上拔出中央高压线，并使其距离气缸体 5～9mm 后启动发动机，观察其线端跳火情况。若不跳火，则说明点火系统有故障，要对传感器和电子点火器以及点火线圈等进行检查，必要时进行修理和调整。

（2）火花塞搭铁法　这种判断方法适用于无分电器的点火系统，具体步骤为：拆卸点火线圈→分离喷油器插接件（以防检查时喷射燃油）→采用火花塞套筒拆卸火花塞→把火花塞安装到点火线圈上［图 10-7（a）］→将火花塞搭铁到发动机上。

(a) 判断前的准备

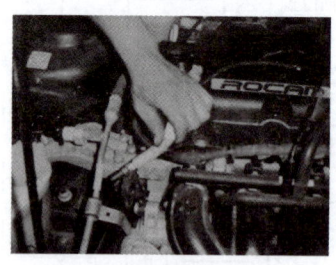
(b) 判断方法

图 10-7　无分电器点火系统是否有故障的确认

如图 10-7（b）所示，在启动发动机时（启动发动机的时间不要超过 10s），检查火花塞的跳火情况。如果火花塞发出蓝白色火花时，则说明点火正常；如火花塞不跳火，则说明点火系统有故障。

10.2.2 有分电器点火系统常见故障诊断与维修指导

当点火系统出现初级电路短路或断路、初级电流过小、次级电压过低、点火提前调节失效以及点火正时不当等故障时，将会造成发动机运转不平稳、发动机运转无力、加速性能变坏、排气管放炮等不正常现象，使发动机动力下降、油耗增加、排放性能变坏，甚至使发动机不能启动。

（1）启动发动机时起动机运转正常，但不能点火　导致该故障的常见原因主要有点火线圈初、次级绕组有断路或短路现象；高压总线断裂或分火头击穿；高压分线或火花塞损坏；分电器中心电极折断或弹簧损坏；低压线路有短路或断路处；点火控制器或霍尔传感器损坏；点火过迟或过早。具体检修步骤与方法见表 10-1。

表 10-1 启动发动机时起动机运转正常，但不能点火故障检修步骤与方法

检测步骤	检测结果	
	是	否
①拔下火花塞端的高压线，使其端部距缸体 5～9mm，然后接通点火开关启动挡，观察是否有高压火花	如跳火正常，则进入步骤②	如不跳火，则进入步骤③
②拆下各缸火花塞，检查是否有异常	如发现电极烧蚀严重、绝缘体破裂，应更换新件	检查调整点火正时
③拔下分电器端的中央高压线重新跳火看是否有火	如跳火正常，则进入步骤④	如不跳火，则进入步骤⑥
④检查分火头是否正常	如正常，则进入步骤⑤	如分火头击穿，应更换新件
⑤检查分电器盖上的炭精棒是否断裂、弹簧是否折断	如均良好，检查各高压分线是否断路	发现有损坏应更换新件
⑥检查中央高压线是否正常	如正常，则进入步骤⑦	如发现漏电或电阻过大，应更换
⑦检查点火线圈"+"接线柱是否有电	如有电，则进入步骤⑧	如没有电，检查连接线路和中央控制板
⑧检查点火线圈是否良好	如良好，则进入步骤⑨	如发现点火线圈出现短路或断路应更换新件
⑨检查霍尔传感器是否良好	如良好，检查电子点火器	如损坏，应更换新件

（2）发动机工作抖动、排气管冒黑烟、有"突突"声　这种故障的典型特征是发动机工作过程中出现明显的抖动现象，排气管冒黑烟，并发出有节奏的"突突"声，甚至放炮，动力严重下降，燃油消耗增大。

导致该故障的常见原因有点火线圈老化使其次级电压偏低；高压分线脱落、漏电或电阻值变大；个别缸火花塞积炭过多、电极间隙不当或绝缘体破裂；分电器盖插孔有绝缘物或出现漏电或破裂现象，或分电器触发转子定位销松动；点火控制器内部接触不良。检修步骤与方法见表10-2。

表 10-2 发动机工作抖动、排气管冒黑烟、有"突突"声故障检修步骤与方法

检测步骤	检测结果	
	是	否
①在发动机怠速运行时，依次拔下各缸高压分线使其断火，观察发动机转速是否变化	如发动机转速更加不稳定，则说明该缸工作正常	如发动机转速没有变化，则说明该缸没有工作，进入步骤②
②拔下该缸高压分线，使其对准气缸体 5～9mm 进行跳火，看是否跳火	如跳火正常，则拆检火花塞，如发现其绝缘体破裂，应更换；如间隙不当，应进行调整；如发现油污、积炭，应进行清洁	如跳火时断时续，则进入步骤③；如不跳火，则进入步骤④
③检查高压分线是否良好	可能为分电器盖漏电，应更换新件	如发现电阻值过大，应更换新件
④拔下分电器端的高压总线，采用同样的方法进行跳火，看是否跳火	如发现分电器盖有绝缘物，应进行清洁；如发现炭精棒、弹簧损坏，应更换新件；如发现高压分线断路，应更换新件	如仍然不跳火，检查高压总线是否有断裂现象，点火线圈、点火控制器、信号发生器是否损坏

（3）发动机高速不稳、缺火，排气管有"突突"声　这种故障的典型特征是发动机怠速运行无问题，但高速运行时不稳，出现缺火现象，排气管发出"突突"响声。

导致该故障的常见原因主要有点火线圈老化使其次级电压偏低；个别缸火花塞电极间隙过大；离心提前装置工作异常。检修步骤与方法见表10-3。

表10-3　发动机高速不稳、缺火，排气管有"突突"声故障检修步骤与方法

检测步骤	检测结果	
	是	否
①在发动机高速运行时，依次拔下各缸高压分线使其断火，观察发动机转速是否变化	如发动机转速明显降低，则说明该缸工作正常	如发动机转速没有变化，则说明该缸没有工作，进入步骤②
②观察不工作气缸是否固定	如不工作气缸不固定，应检查点火线圈是否不良，如是应更换	如不工作气缸固定不变，应检查火花塞电极间隙是否过大，如是应调整；如发现电极烧蚀，应更换新件

（4）发动机点火错乱不能启动　这种故障的典型特征是发动机启动较困难，启动后运行不稳，机身严重抖动，并出现类似于化油器车辆出现的"回火"、排气管"放炮"现象。

导致该故障的常见原因主要有分火头出现松旷现象；分电器盖击穿漏电；点火正时调整不当；高压线次序错乱；霍尔传感器转子定位销脱落。检修步骤与方法见表10-4。

表10-4　发动机点火错乱不能启动故障检修步骤与方法

检测步骤	检测结果	
	是	否
①检查高压分线的排列次序是否正确	如正确，则进入步骤②	如不正确，应进行调整
②检查分电器盖是否漏电	如发现分电器内有潮气，应进行烘干；如发现分电器盖破裂，应更换新件	如良好，则进入步骤③
③检查分火头定位是否良好	如定位良好，检查点火正时是否正确	如定位失效，检查分电器轴是否磨损，如是，应更换新件

（5）发动机启动困难，启动运行不稳　这种故障的典型特征是发动机启动较困难，启动后运行不稳，怠速难以维持，发动机动力不足，易过热。

导致该故障的常见原因主要有点火系统连接线有接触不良现象；分电器盖高压插孔内氧化物过多或中心炭精棒与分火头接触不良；蓄电池充电不足；点火线圈内部有局部短路现象；叶轮与霍尔传感器之间的间隙不均匀。检修步骤与方法见表10-5。

表10-5　发动机启动困难，启动运行不稳故障检修步骤与方法

检测步骤	检测结果	
	是	否
①拔下火花塞端的高压分线，使其距缸体5～9mm，用起动机带动发动机运转，观察火花是否强	如火花强，拆下火花塞，检查其跳火性能，如性能不良，应更换新件	如火花较弱，进入步骤②
②拔下分电器端的中央高压线，使其距缸体5～9mm，用起动机带动发动机运转，观察火花是否强	如火花强，进入步骤③	如火花较弱，进入步骤④

续表

检测步骤	检测结果	
	是	否
③检查分电器盖是否良好	对分火头进行检查	如发现分电器盖各插孔内氧化物过多,应进行清洁;如发现炭精棒磨损、弹簧过软、折断,应更换
④检查起动机运转是否正常	如运转正常,则进入步骤⑤	如运转不正常,可能为蓄电池充电不足,应充电后再检查
⑤检查点火线圈性能是否良好	如点火线圈性能良好,进入步骤⑥	如点火线圈性能不良,则应更换
⑥检查高压线电阻是否正常	如正常,检查点火系统连接导线是否有接触不良现象	如发现电阻值过大,应更换新件

10.2.3 无分电器点火系统常见故障诊断与维修指导

无分电器点火线圈分配式同时点火微电脑控制点火系统应用相当广泛,下面介绍这类点火系统常见故障检修技能。

（1）发动机失火 发动机失火故障通常是指在发动机工作过程中,由于各种原因造成的混合气在气缸内不能燃烧的现象。多缸汽油机失火故障对车辆和环境危害均较大,应及时排除。导致发动机失火故障的原因较多,具体原因与需要检查的部位如下所述。

1）燃料供给系统故障

主要原因是可燃混合气过浓或过稀造成混合气在气缸内无法正常燃烧,图10-8（a）所示为怠速时的压力表指示值。

(a) 怠速压力值　　　　　　(b) 检测方法

图10-8　怠速压力值与检测方法

检查的部位：检查空气滤清器是否堵塞→进气管是否漏气→燃油油路是否通畅→油压是否过高或过低→喷油器是否有问题。

对于油压情况,可采用专用油压表和管接头进行检测,怠速时的压力应符合车辆技术要求,通常为0.25MPa。进一步再按图10-8（b）所示,拔下真空管时油压应上升到0.3MPa,否则应更换油压调节器。

2）配气机构故障

主要原因是由于可燃混合气进气不畅或废气排气不彻底造成混合气在气缸内不能正常燃烧。

检查的部位检查气门间隙调整是否得当→凸轮轴是否变形等。

3）气缸密封不良故障

主要原因一方面是由于气缸密封不良引起压缩过程和压缩终了可燃混合气的温度和压

力降低，影响了可燃混合气的着火性能；另一方面是由于气缸密封不良造成气缸内的可燃混合气减少，降低了膨胀过程中的气缸压力。

检查的部位：检查活塞和活塞环与气缸壁之间的密封是否良好→气门与气门座之间密封是否良好→气缸垫是否损坏。

4）点火系统故障

主要原因是由于火花塞缺火或点火时刻不当，造成混合气在气缸内不能正常燃烧。

检查的部位：主要应检查火花塞、高压线、点火线圈初级绕组、点火电子组件、电子控制器的相关部分是否出现故障或相应的点火信号控制电路连接是否不良等。

5）失火的判断 在对失火故障进行检查时，如果仅是为了判断个别缸的工作是否正常（即判断哪个气缸失火），可以人为停止该缸喷油器的工作，然后根据该缸在停止喷油器前后发动机的转速变化情况，来判断其是否失火。

停止喷油器的工作仅能判断气缸是否失火，要确定是否为点火系统导致的失火，还应采用高压线对缸体试火的方法来进行判断。具体方法是使发动机中低速稳定运转，然后拔下某缸火花塞上的高压线，并使其距离气缸体5～9mm进行跳火试验，根据高压线跳火情况和试火前后发动机转速是否发生变化以及变化幅度的大小（最好采用转速表检测），来判断点火系统是否正常。

采用上述方法进行检测时，由于点火线圈分配式同时点火系统中，总是两个气缸的火花塞同时跳火，故一次试火可以检查出两个气缸的工作情况。

（2）点火系统跳火正常发动机不能工作 在对失火故障进行检修时，采用高压线对缸体试火，如果有火，说明对应的点火线圈及其控制部分工作基本正常。进一步的检修方法如下。

1）发动机转速没有变化 若跳火试验时发动机转速没有变化，说明包括断火缸在内的同时跳火的两个气缸没有工作，应重点对两个气缸的火花塞进行检查。

2）转速瞬间升高 如果跳火试验过程中的转速比拔下高压线的瞬间升高，但是不能上升到原来（拔高压线之前）的转速，说明包括断火缸在内的同时点火的两个气缸工作正常。

3）转速升高到接近原来的转速 如果跳火试验过程中的转速升高到接近原来的转速，则说明与断火缸同时点火的另一个气缸工作正常，而断火缸工作不良或没有工作。

4）转速几乎没有升高 如果跳火试验过程中的转速几乎没有升高，则说明与断火缸同时点火的另一个气缸工作不良或没有工作，应重点对工作不良气缸的火花塞进行检查。

以检查直列6缸发动机的1、6缸为例，点火系统跳火正常发动机不能工作故障检修步骤与方法见表10-6。

表10-6 点火系统跳火正常发动机不能工作故障检修步骤与方法

检测步骤	检测结果	
	是	否
①采用1缸高压线距离缸体5～9mm试火，看是否有火花	到第②步	按表10-7中有关方法进行检查
②检查1缸高压线拔下前后发动机的转速是否下降	到第③步	1、6缸没有工作，应检查1、6缸火花塞和相关部位
③1缸高压线对缸体试火时，检查发动机转速比试火前的转速是否升高	到第④步	6缸没有工作，应检查6缸火花塞和相关部位
④1缸高压线对缸体试火时，检查发动机转速是否升高到拔下高压线前的转速	1缸没有工作，应检查1缸火花塞和相关部位	1、6缸工作基本正常

（3）点火系统跳火无火发动机不能工作 在对失火故障进行检修时，采用高压线对缸

体试火，如果无火，说明对应的点火线圈及其控制部分的工作不正常。进一步的检修方法如下。

先检查高压线是否正常，然后检查点火信号控制线路是否正常。如果线路正常而点火线圈次级没有高压产生，可用示波器对电子控制器、点火电子组件与点火线圈之间的点火控制信号进行检测。如果信号正常，则多为点火线圈出现了断路故障。

以检查直列6缸发动机的1、6缸为例，点火系统跳火无火发动机不能工作故障检修步骤与方法见表10-7。

表10-7 点火系统跳火无火发动机不能工作故障检修步骤与方法

检测步骤	检测结果	
	是	否
①采用1缸高压线距离缸体5～9mm试火，看是否有火花	检查火花塞是否损坏	到第②步
②检查1、6缸高压线是否正常	到第③步	更换新的、同规格的高压线
③检查点火线圈、点火电子组件与电子控制器之间的1、6缸点火控制信号线路是否正常	到第④步	对相关线路进行修理或更换
④检查电子控制器到点火电子组件的点火控制信号是否正常	到第⑤步	对电子控制器进行检修
⑤检查点火电子组件到点火线圈的点火控制信号是否正常	检查与修理点火线圈	检查与修理点火电子组件

习题 10

（1）填空题

1）点火系统是针对_____而言，主要用来在_____终了时产生电火花而_____，而柴油发动机属于_____，不需要点火系统。

2）在汽油发动机中，气缸内的可燃混合气是靠_____点燃的，而_____的产生是由_____来实现的。

3）汽车点火系统主要由_____、_____开关、_____线圈、_____、各种_____、_____以及_____电路等为核心构成。

4）有分电器的电子点火系统分为_____式、_____式以及_____式三大类。

5）磁电式点火系统使用_____式传感器，霍尔式点火系统使用_____式传感器，微电脑式点火系统使用多个_____配合_____来对点火系统的_____进行控制。

6）磁电式传感器主要由_____、_____和_____（或称为_____）三大部分组成。

（2）选择题

1）霍尔传感器输出的是什么信号？（a）正弦波；（b）三角波；（c）脉冲波；（d）不规则脉冲波。

2）下面对霍尔传感器的描述哪个是错的？（a）霍尔传感器具有在静止状态下感受磁场的能力；（b）霍尔传感器只要发动机一转动就有霍尔信号输出；（c）霍尔传感器输出信号波形的前、后沿陡峭；（d）霍尔传感器输出信号电压大小与发动机转速有关。

3）霍尔元件是一种：（a）无源器件；（b）有源器件；（c）有源无源均可使用的器件；（d）半导体材料制成的器件。

4）在图10-5中，发动机曲轴转几圈，发动机各气缸做一次功？（a）1；（b）2；（c）3；（d）4。

5）采用磁电式有分电器点火系统的车辆，其发动机在低速运转（如启动）时，传感器输出信号电压_____，即输出信号电压大小与发动机的转速_____。（a）较小，有关；（b）较小，无关；（c）较大，有关；（d）较大，无关。

6）在图 10-5 中，当 VT1 管截止时，使第_____缸、第_____缸火花塞均跳火。此时第_____缸接近压缩终了，混合气被点火，而第_____缸正在排气，火花塞点空火。（a）1，4，4，1；（b）4，1，4，1；（c）1，4，1，4；（d）4，1，1，4。

（3）问答题

1）带分电器微电脑点火系统有哪些特点？由哪几部分构成？简述其工作原理。

2）无分电器微电脑点火系统有哪些特点？主要有哪几类？简述其各自的特点及工作原理。

3）参考图 10-6（a）所示电路，DLI 系统主要由哪几部分构成？简述其工作原理。

4）点火系统不良或损坏可能会导致发动机哪些不良现象？对于发动机不能启动故障，如何确定故障是由点火系统引起的？

5）导致启动发动机时起动机运转正常，但发动机不能着火故障的原因有哪些？画出其检修流程图。

6）导致发动机启动困难，启动运行不稳故障的原因有哪些？画出其检修流程图。

第 11 章

学习照明与信号系统基本知识，掌握判断故障部位技能

本章导读

汽车照明及信号系统是汽车安全行驶的必备系统之一，主要包括照明灯具与信号器具两大类。

汽车照明与灯光信号电路在电路图中一般多采用单独画出的方式，由于有仪表照明，且灯光信号部分多设置在组合仪表内，故大多与仪表信息系统混合画在一起。加之照明灯具与信号灯具较多，电路原理图看起来往往较为复杂，初学者在维修过程中刚开始看图时，可以先把照明与信号部分的电路单独画出来，这样虽麻烦一些，但可以做到心里有数，会使后期的维修更加方便，可使检修速度加快，这也给今后根据实物画没有图纸车辆的电路打下一定的基础。

汽车照明与灯光信号电路看起来十分复杂，实际上只要将其分解到每一个照明或灯光信号电路，就十分简单了。任何一个照明或灯光信号电路都是由开关、灯泡和导线为核心构成，由开关直接控制着灯泡的电流通路，开关接通时，电流通路形成而使灯泡点亮；开关断开时，电流通路断开灯泡熄灭。相较而言，常规的前照灯电路较为简单，但前照灯自动控制电路（如前照灯自动点亮电路、前照灯延迟熄灭电路等）稍复杂一些；灯光信号电路大部分都比较单一，只有转向灯及报警灯等电路稍复杂一些，不同的车辆这些控制电路的结构可能有一些差别，但与本书第 5 章中介绍的大众汽车的基本控制电路大同小异，控制原理也基本相同。对于这些内容本章不再重述。本章先介绍一些和照明与灯光信号有关的基本知识及故障查找必备技能，然后介绍几种常见故障处理方法，最后再通过部分检修实例来巩固所学内容。由于电喇叭用于声音信号报警，故将其也归纳在本章中介绍。

11.1 照明与灯光信号系统基本知识及故障查找必备技能

不同汽车照明与灯光信号系统是不完全相同的，但前照灯、转向灯、制动灯、雾灯等一些照明与灯光是必备的。

11.1.1 照明与灯光信号装置及其安装位置

汽车上的照明灯包括前照灯、雾灯、牌照灯、顶灯、仪表灯等；信号灯包括转向信号灯、危险报警灯、位置灯、倒车灯、制动灯等。图11-1（a）所示为某车型前部灯具安装位置，图11-1（b）所示为某车型后部灯具安装位置。

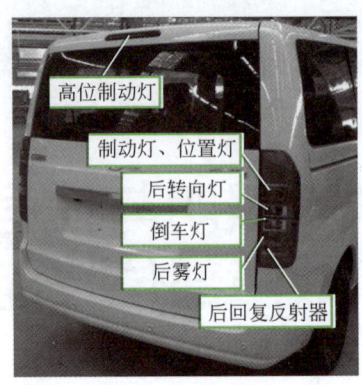

(a) 车前部灯具位置　　　　　　　　(b) 车后部灯具位置

图 11-1　车辆灯具安装位置

（1）照明灯　汽车照明通常均要满足两个要求：要保证行车安全和符合交通法规。驾驶室内部设置的灯光应满足一定的照明要求。

1）前照灯　又称大灯、头灯，安装在车辆前端，用于在夜间车辆运行时进行（前方100m）道路照明，分为远光灯与近光灯，灯光为白色，灯泡功率为40～60W。

2）雾灯　安装在车辆前部（称为前雾灯）与后部（称为后雾灯），用于在雨天、雾天进行照明，灯光为黄色，因为黄色具有良好的透雾性，灯泡功率为35～55W。

3）牌照灯　安装在车辆尾部牌照上方，用于在夜间照亮汽车牌照，灯光为白色，灯泡功率为5～15W。

4）顶灯　又称室内灯，安装在车厢顶部，用于为车厢内部照明，灯光为白色，灯泡功率为5～8W。

5）仪表灯　安装在汽车仪表板上，用于夜间照亮仪表，灯光为白色，灯泡功率为2～8W，新型仪表灯有的车型则采用了发光二极管。

6）维修工作灯　为了便于汽车维修，有的车辆还设置了配有插头的工作灯，插座安装在发动机罩下或其他方便使用的某个位置。灯泡功率为20～40W。

（2）信号灯　对汽车信号灯既要求保证行车安全和符合交通法规，又要求其信号醒目便于观察。

1）倒车灯　安装在车辆后部，一方面用于向其他车辆和行人发出倒车信号，另一方面为夜间倒车照明。灯光为白色，灯泡功率在20W以上。

2）转向信号灯　安装在车辆前后左右侧面，用于指示车辆运行方向。左、右转向灯同时闪亮则表示有紧急情况。灯光通常为黄色，灯泡功率在 20W 以上。

3）制动灯　又称刹车灯，包括高位制动灯，安装在车辆后部，用于在车辆制动停车或制动减速行驶时，向后车发出灯光信号，以警告尾随的车辆，防止追尾，灯光为红色，灯泡功率在 20W 以上。有的车辆高位制动灯是采用多个发光二极管组成的。制动灯或高位制动灯电路为独立电路，一般只受制动开关的控制。

4）位置灯　又称示位灯、示宽灯、示廓灯、驻车灯，安装在车辆前部和后部，用于在夜间车辆行车或停车时，标示其轮廓或存在。前位置灯为白色，后位置灯为红色，灯泡功率为 5～10W。

5）后尾灯　简称尾灯，其作用是在夜间行驶时向车后发出灯光信号，使尾随的车辆、行人知晓。

11.1.2　照明与灯光信号电路故障查找技能

在对汽车照明与灯光信号电路进行检修时，灯泡和控制开关故障的检测较为简单，可采用万用表测电阻来判断其好坏，难度在于对线路断路或短路点故障部位的查找。

不管是哪一种照明与灯光信号电路，对线路断路、短路搭铁故障具体部位的查找方法基本上是一样的，下面提供的方法是维修时经常采用、在实践中证明行之有效的，这种方法对其他线路故障的查找也同样有效，希望初学者熟练掌握它。

（1）断线故障具体部位的查找　检修汽车照明与灯光信号电路时，如果没有成品检测灯，则最好自制一个检测灯，可用一只 12V（或 24V，根据实际车型需要）、2～5W 的车用灯泡，一端引线焊一铁夹，另一端引线焊一硬触针。参见图 11-2（a），将检测灯的一端夹在车架上（搭铁），然后接通照明灯开关，将试灯另一端依次与蓄电池正极到需要检测的照明灯之间各连接点接触。如果试灯亮，再与下一个接点接触……直至发现试灯不亮为止，则断路处即在最后试灯亮的点与试灯不亮的点之间。

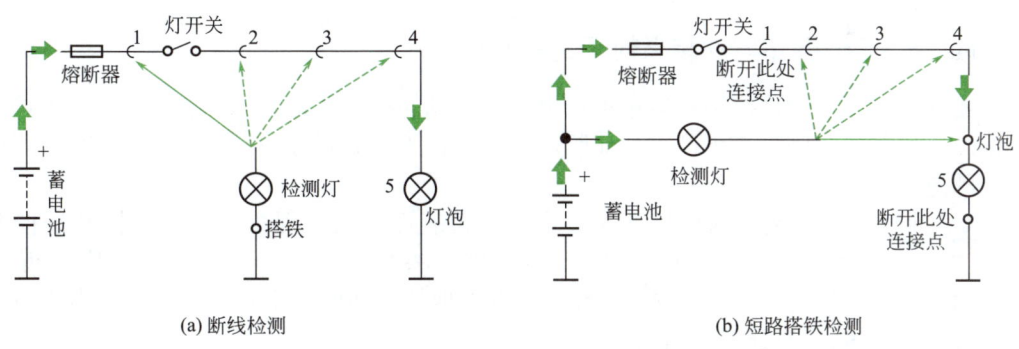

图 11-2　照明与灯光信号电路故障查找

（2）短路搭铁故障具体部位的查找　当接通照明灯开关时，熔断器立即烧断，说明灯系线路有短路搭铁故障，其短路搭铁部位在灯开关与灯泡之间。汽车照明与灯光信号电路短路搭铁故障也可用试灯法进行检查。

首先断开灯的搭铁线及灯开关连接处的导线，然后将检测灯一端与蓄电池正极相连，另一端与接灯的线头相连接，如图 11-2（b）所示。如检测灯亮，说明有短路搭铁部位存在，此时逐个拆开从灯开关到灯之间导线上的各个接点，如果检测灯熄灭，则短路搭铁故障发生在灯灭时拆开点与上两个拆开点之间。

11.2 前照灯的拆装、故障诊断与维修技能指导

现在使用的前照灯主要有半封闭式与全封闭式两大类，早期使用的可拆卸式前照灯已经不再使用。

11.2.1 从车辆上拆卸前照灯总成

前照灯有普通前照灯［图 11-3（a）］与 LED（发光二极管）前照灯［图 11-3（b）］两大类，这两种前照灯的总成拆卸方法基本相同，具体拆卸方法如下。

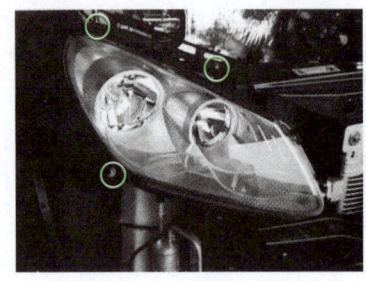
(a) 普通前照灯

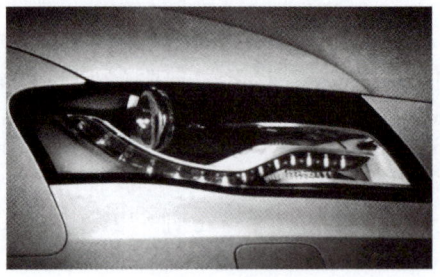
(b) LED前照灯

图 11-3　普通前照灯与 LED 前照灯

① 断电：打开发动机舱盖，拆下蓄电池负极电缆，安装氙气型前照灯的车辆必须断电，但在断电前应记住音响系统的防盗密码，以防音响系统锁死后无法使用。

② 拆卸：拆卸前保险杠，拆下前照灯固定螺栓［通常有三个，见图 11-3（a）中圆圈处］，把前照灯线束断开，拆下塑胶的保险杠支架，然后双手握住前照灯向车身前侧拉出，即可取下前照灯总成。

11.2.2 正确拆卸与安装半封闭式前照灯

半封闭式前照灯内部灯泡可以单独更换，最常见的故障就是更换灯泡。若半封闭式前照灯的配光镜等损坏，则需要更换整个前照灯。对半封闭式前照灯进行拆卸与安装时，可参考以下步骤进行。

（1）拆卸　首先做好前照灯的相关安装部位表面涂层的保护，防止在拆卸过程中因刮碰损坏涂层，然后拆下灯泡上的线束插接器，将灯泡固定卡环旋转 1/8 圈，拆下卡环［图 11-4（a）］，从基座上拔出卡环后，慢慢地从灯插座中垂直拔出灯泡。为了防止弄坏灯泡和定位凸舌，拉拔时切勿转动。

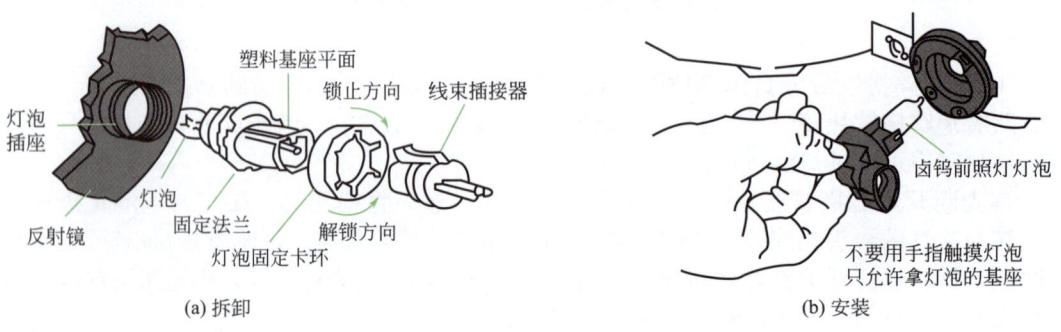

(a) 拆卸　　　　　　　　　　　　　　(b) 安装

图 11-4　半封闭式前照灯拆卸与安装

（2）安装　检查线束插接器有无腐蚀或其他异常，并按要求清洁插接器。将介电润滑脂涂在插接器端子和新前照灯插座上，以防腐蚀，把新灯泡安装在插座上，如图11-4(b)所示，基座平面应朝上。有必要时轻轻转动灯泡对准定位凸舌，使灯泡基座上的固定法兰接触到灯泡插座的端面。在基座的上部装配固定卡环，并将卡环锁止，重新接上灯泡的线束插接器。当装配正确时，插接器会锁止到位，然后检查前照灯的工作情况。根据需要检查并调整前照灯的光束角度。一切正常后，即可投入使用。

（3）在车辆上更换前照灯灯泡　有些车辆的前照灯灯泡损坏后，可不必拆下前照灯总成来更换灯泡，而在车辆上就可以对灯泡进行更换。下面介绍的更换方法仅供参考。

① 打开发动机舱盖，观察前照灯背部的汽车部件布局情况，看是否有足够的空间可供更换灯泡。

② 如图11-5（a）所示，拧下车灯防尘盖，不同车型，拆除车灯防尘盖的方法有一定的差别，应仔细观察后再动手。

③ 拔下带电源线的灯座，拔的时候注意用手按住车灯以免损坏，如图11-5（b）所示，松开灯座卡簧即可把车灯取出，然后重新安装好新灯泡，安装的过程与拆卸顺序相反。但重新安装防尘盖时一定要拧好，以防前照灯受雨水和灰尘的侵蚀。

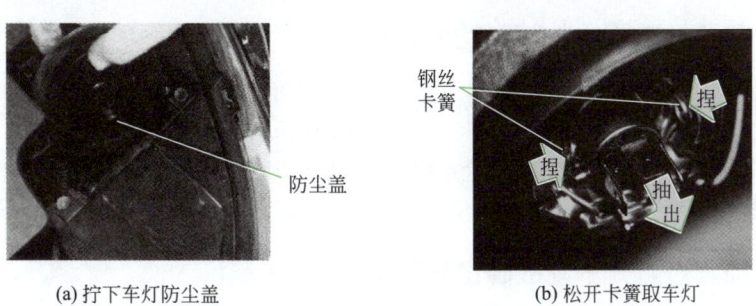

图 11-5　前照灯灯泡的更换方法

11.2.3　正确拆卸与安装封闭式前照灯

汽车封闭式前照灯为整体结构，当其灯丝烧断或出现其他不能工作的情况时，均应更换整个前照灯。封闭式前照灯拆卸方法如图11-6（a）所示。

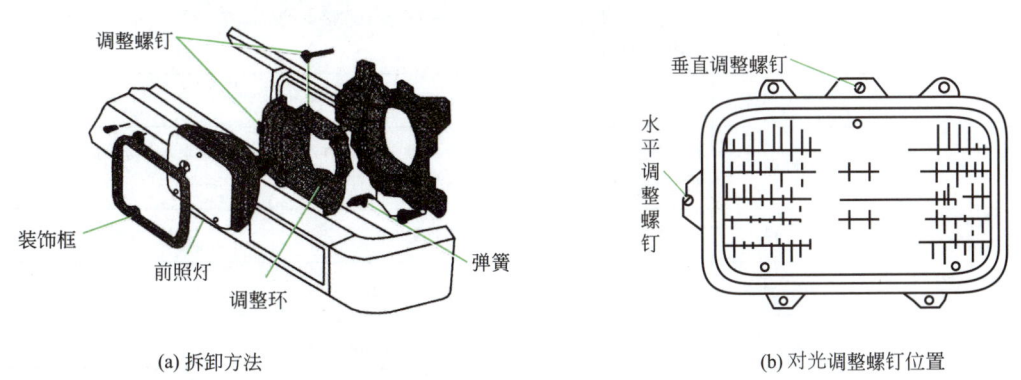

图 11-6　封闭式前照灯的拆卸方法与对光调整螺钉位置

（1）拆卸　首先做好前照灯相关安装部位表面涂层的保护，防止在拆卸过程中因刮碰损坏涂层，然后拆下前照灯的前挡圈，再拆下装饰框。注意不要拧动前照灯对光调整用的两个调整螺钉和任意改变其固定位置［图 11-6（b）］。从壳体上拆下前照灯，并且从灯背面拆下线束插接器。

（2）安装　检查前照灯线束插接器有无腐蚀或其他异常，视需要加以清洁。用介电润滑脂涂在插接器端子和新前照灯插座上，以防腐蚀，将线束插接器插入前照灯插座，然后将前照灯放进壳体总成。前照灯定位时，确认模压的数字在上部，装配装饰框并紧固好。检查前照灯的工作是否正常，根据需要调整前照灯的对光（调整光束的角度），安装前照灯的前挡圈。

（3）更换封闭式前照灯必须注意的问题　前照灯在使用一段时间后，可能会出现灯丝烧断、配光镜破碎和前照灯内进水等现象，导致前照灯不工作。只要出现此类情况，均需更换前照灯或前照灯的部件，更换时一般应注意以下问题。

1）型号、类型要一致　更换封闭式前照灯时，应注意新前照灯要与另一侧前照灯的型号、类型一致。不能将封闭式灯与半封闭式灯或其他类型前照灯混装，否则可能会导致灯光品质下降。

2）安装位置应正确　因配光镜的特定结构，前照灯的正确安装位置十分重要。配光镜上通常标有"TOP"，标明了"此端向上"正确的安装位置，安装时注意检查配光镜上的标志。

11.2.4　前照灯电路出故障时的典型特征

前照灯应安装牢固，配光镜应保持整洁，反射镜和灯泡应保持完好，灯泡与灯座的连接应正确可靠，若接点松动，在使用前照灯时会因电路的时通时断而烧坏灯丝。若接点氧化锈蚀，会因电路电压降过大而使前照灯发光强度变暗甚至不亮。无专用的搭铁回路而直接在前照灯附近接地时，若此处搭铁不良还会出现灯光混乱现象，此时应查出搭铁不实处并排除。

11.2.5　前照灯灯光异常故障诊断与维修

汽车上使用的灯光开关用来控制车辆的照明系统，一般与蓄电池串联，故在拆装该开关之前，为防止线路出现短路，应先将蓄电池的负极搭铁线拆下来。前照灯灯光异常故障诊断与维修见表 11-1。

表 11-1　前照灯灯光异常故障诊断与维修

故障现象	故障可能原因	维修方法
前照灯与其他所有灯光均不亮	线路断路	对蓄电池与灯光开关之间电路的各个连接点进行检查，看其接触是否良好，有无腐蚀、断线现象存在
	灯光开关损坏	对灯光开关进行检查，如果损坏应更换新件
驻车灯与尾灯正常，但前照灯不能点亮	线路断路	对蓄电池与灯光开关之间、灯光开关与灯泡之间电路的各个连接点进行检查，看其接触是否良好，有无腐蚀、断线现象存在
	搭铁不良	对搭铁点进行清洁、紧固搭铁处
	灯光开关损坏	对灯光开关进行检查，如果损坏应更换新件
	变光开关损坏	对变光开关进行检查，如果损坏应更换新件
前照灯交替闪亮	线路短路	对灯光开关与前照灯之间电路的各个连接点进行检查，看其接触是否良好，是否有绝缘损坏现象
	灯光开关损坏	对灯光开关进行检查，如果损坏应更换新件

11.2.6 前照灯灯座密封不良的处理方法

当前照灯灯座与后盖安装不当，灯座与壳体、后盖与壳体不能咬合，接合部位出现的空隙造成的进水、进灰或结露现象在维修中经常遇到，维修量较大。下面以半封闭式前照灯为例，介绍对前照灯灯座密封不良的处理方法。

（1）灯座密封不良的处理

① 对于半封闭式前照灯灯座出现的密封不良，通常可采用以下方法来解决。在将半封闭式前照灯灯座旋入时，如图11-7（a）所示，首先要对准定位口，然后压下。

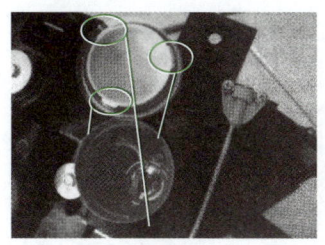 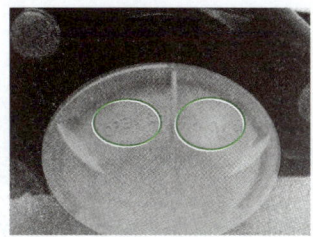 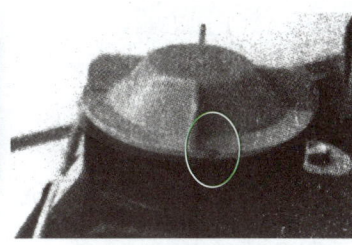

(a) 对准定位口　　　　　　　　(b) 装复时的旋转　　　　　　　　(c) 定位标志

图 11-7　灯座密封不良的处理

② 装复时，如图11-7（b）所示应按照顺时针方向旋转，而且必须旋转到位，密封圈、密封垫不得外露、遗漏。如果发现密封圈、密封垫出现变形或损坏，应及时更换。

③ 半封闭式前照灯灯座通常均具有定位标志（漆点），如图11-7（c）所示，应旋转到该定位标志。

（2）后盖密封不良的处理

① 如图11-8（a）所指，先将汽车半封闭式前照灯后盖定位正确后，再揿紧。

② 对于后盖带有透气孔的汽车半封闭式前照灯，如图11-8（b）所示，应使透气孔方向朝下。

 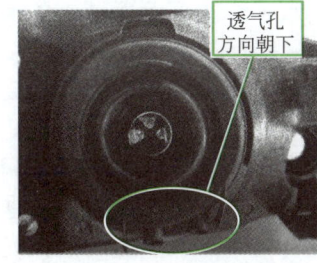

(a) 后盖定位　　　　　　　　　　　　(b) 透气孔方向朝下

图 11-8　后盖密封不良的处理

11.2.7 前照灯的对光调整

在对前照灯进行检修或更换新的前照灯总成后，如果前照灯的照射高度与照射范围不正确，则可以通过调整其对光来解决，具体方法如下。

（1）调整前的准备

① 检查车轮、轮胎和轮胎气压是否正常。如果车轮变形，轮胎磨损严重，应进行更换。如果轮胎气压过高或过低，应重新充气，使气压符合规定。

② 检查蓄电池有无损坏，存电是否充足。如果损坏，应进行更换；如果存电不足，应使发动机带动发电机以中等以上转速运转一段时间，对蓄电池进行充电。

③ 前后左右按压和摇晃车身，使汽车悬架系统恢复平稳、正常。

④ 将汽车面向调光屏幕（一块白布或利用白墙）停放端正，并使前照灯灯罩（配光镜）与调光屏幕间的距离为10m。

⑤ 整理完上述装备后，在驾驶员位置坐一人或放置约70kg左右的重物。

（2）调光屏幕的设置

① 找准汽车中心线，如图11-9（a）所示，在屏幕上画一条垂直线，使该垂直线与汽车中心线在一个平面上。

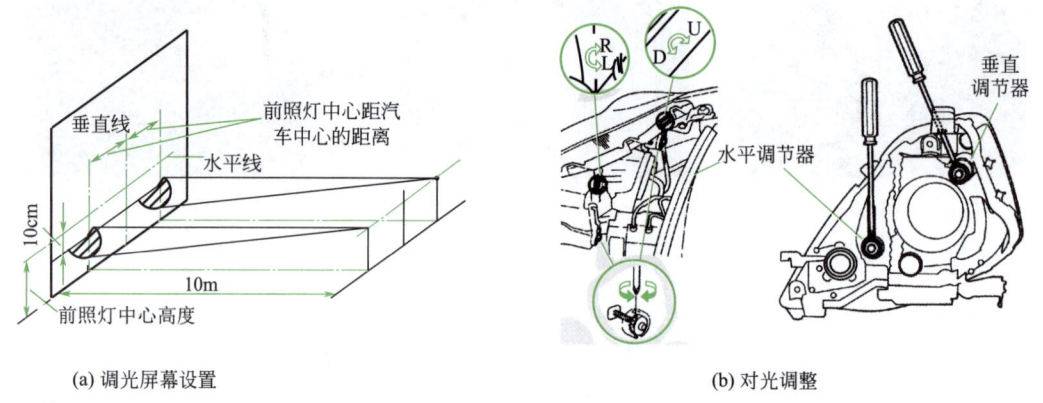

(a) 调光屏幕设置　　　　(b) 对光调整

图 11-9　前照灯调光屏幕的设置与对光调整

② 找准左、右前照灯中心线，在调光屏幕上画两条垂直线，使这两条垂直线分别与左、右前照灯中心线在一个平面上。

③ 在屏幕上画一条水平线（上水平线），使该水平线距地面高度等于汽车前照灯中心线距地面的高度，并与三条垂直线相交。

④ 在上水平线的下面再画一条水平线（下水平线），使该水平线的高度比上水平线低10cm，并与三条垂直线相交。

（3）前照灯光束的调整

① 遮住暂不调整光束的左前照灯，使左前照灯光束不能投向调光屏幕。

② 接通前照灯近光，使右前照灯近光束投向调光屏幕。

③ 在右前照灯后部找到上下（垂直）调整装置。一边调节右前照灯上下（垂直）调整装置［图11-9（b）］，一边观察调光屏幕，使光斑的水平边界线（即明暗截止线）与调光屏幕的下水平线重合［图11-9（a）］。

④ 以右前照灯为例，在其后部找到左右（即水平方向）调整装置［图11-9（b）］，然后一边观察调光屏幕，使光斑倾斜边界线（即明暗截止线）和光斑的水平边界线（即明暗截止线）的交点，与屏幕上的下水平线和右垂直线的交点重合即可［图11-9（a）］。

⑤ 右前照灯调整结束以后，再遮住已调整光束的右前照灯，采用调整右前照灯的同样方法调整左前照灯，使光斑倾斜边界线和水平边界线的交点，与屏幕上的下水平线和左垂直线的交点重合即可。

11.2.8　前照灯电路故障诊断与维修实例

一辆CA1070PK2L1型平头柴油载货汽车，前照灯远光继电器多次损坏。

（1）了解情况　根据用户的介绍，实际开灯了解情况，当打开近光时，只有右前照灯近光灯亮；当把灯光变为远光时，听到远光继电器"吱吱"响，但远光灯不亮。不久从该继电器处有一股焦煳味散发出来，关闭前照灯，拆开远光继电器检查，其触点已烧变形，不能继续使用。

（2）原因分析　图11-10所示为CA1070PK2L1型平头柴油载货汽车前照灯电路，根据电路情况初步分析认为，造成继电器触点烧毁的可能原因如下：继电器触点容量过小；继电器触点没有可靠吸合而跳动，引起触点之间频繁跳火而损坏。

观察该继电器的型号规格满足实际要求，同时考虑到用户介绍的该继电器已经更换过三次，故继电器触点容量过小的可能性较小，继电器未可靠吸合的可能性较高。而导致继电器触点不能可靠吸合的原因，最大可能是提供给该继电器线圈的供电电压不足，可能线路或元件有严重漏电处，可由此入手查起。

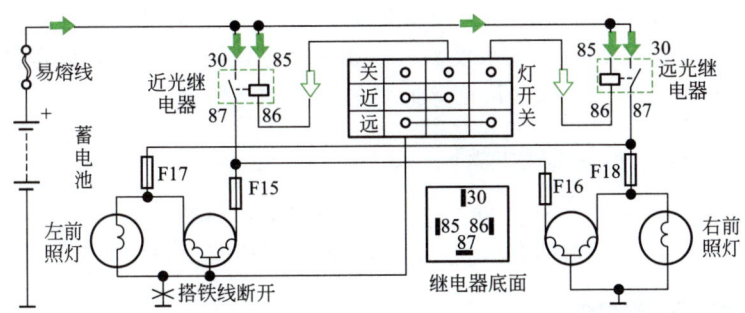

图11-10　CA1070PK2L1型平头柴油载货汽车前照灯电路

（3）故障查找

① 从图11-10中可以看出，该前照灯左、右远光和近光均设置了各自的熔断器，这就给查找故障提供了方便。采用逐个拔下左、右远光灯熔断器F17与F18的方法，开灯试验，结果发现，当拔下F17时，右前照灯远光能够正常点亮，而装上F17、拔下F18时，左前照灯远光不能点亮。观察远光继电器不能正常吸合。

② 把两左远光前照灯插座拔掉后，观察远光继电器能够正常吸合，由此说明线路中不存在搭铁处。但把上述拔下的插座重新装上后，发现继电器又不能吸合，怀疑该前照灯灯芯本身有搭铁现象，但用另一只前照灯试验时，结果相同。

③ 从检查的情况来看，不可能两只前照灯灯芯同时都出现搭铁现象，为了确定是否真有搭铁处，拔掉右远光灯熔断器F18、两左前照灯灯芯插座、远光继电器，在远光继电器插座的30号与87号插孔用检测灯跨接，试灯不会点亮，由此说明没有短路处。此时用短导线跨接在30号与87号插孔上，在左灯位处检测到的蓄电池电压基本正常，但插上前照灯灯芯，灯仍然不亮，而且在插灯芯时没有火花（这样做是因为怀疑灯芯存在搭铁，如果存在搭铁则插灯芯时会产生火花），说明确实没有搭铁。此时再用检测灯测试前照灯的远光和搭铁端，试灯会亮。至此判断故障是由于前照灯搭铁线断开（见图11-10中打"×"号处）引起的。

（4）故障处理　重新在左前照灯插座的搭铁端连接一条导线，使断开的搭铁线可靠接通后，前照灯的工作恢复正常，经跟踪用户，再也没有发生远光继电器烧毁现象。

（5）检修思路指导　从图11-10中可以看出，该前照灯开关的搭铁线与左前照灯搭铁线为同一个，当这两处搭铁线与搭铁点（也就是与车身搭铁端）断开后，当打开前照灯时，远光继电器线圈中的电流是通过灯开关闭合的触点→左、右前照灯灯丝电阻后搭铁的，由于前照灯灯丝电阻较小，足以使远光继电器线圈得电后吸合，一旦该继电器触点吸合后，就会使其线圈两端的电压差接近于零,从而又使继电器线圈断电、触点断开,一旦触点断开后,又使线圈得电吸合……上述情况不断反复,就造成了触点带负载跳动,时间一长便会使继电器烧毁。

右前照灯近光能够点亮,是由于左前照灯近光灯丝断了,所以打开前照灯近光时,近光继电器线圈的搭铁电流从左远光搭铁端进入远光灯丝,再通过远光线路等进入右远光灯丝后搭铁,继电器吸合后,使右前照灯近光点亮。

本例是一种十分复杂的软故障,查找故障原因时的第①步很关键,利用两前照灯对称性以及两前照灯近、远光各自均设置有熔断器的特点,可以快速判断出故障的原因,在此基础上,下一步就可以有针对性地查找故障部位了,这样就可以有的放矢,不会走弯路。

11.3 照明与信号系统故障部位的判断及检修技能指导

汽车照明与信号系统故障发生率较高,但由于照明与信号系统电路具有相对独立性,故在对该电路进行检修时,可根据该电路的功能来确定故障的部位。

11.3.1 从车辆上拆卸组合尾灯

组合尾灯有普通组合尾灯[图 11-11(a)]与 LED(发光二极管)组合尾灯[图 11-11(b)]两大类,这两种组合尾灯总成的拆卸方法基本相同,具体拆卸方法如下。

(a) 普通组合尾灯

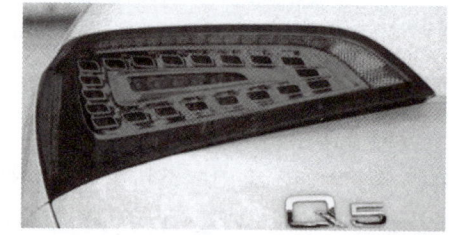
(b) LED 组合尾灯

图 11-11　普通组合尾灯与 LED 组合尾灯

(1) 组合尾灯安装位置　组合尾灯通常分为外侧组合尾灯与内侧组合尾灯(但有的车辆只有外侧组合尾灯),外侧组合尾灯安装在尾灯支架上,内侧组合尾灯安装在行李厢上。

(2) 外侧组合尾灯的拆卸

① 打开行李厢,拆下行李厢的车轮饰罩,断开组合尾灯插头,卸下组合尾灯的安装螺母,如图 11-11(a)所示。

② 把组合尾灯向后拉,将其从车体上拆下来,拆卸车体上的密封填料。

(3) 内侧组合尾灯的拆卸

① 拆卸行李厢装饰盖板,如果不拆卸灯总成,仅更换尾灯,则在拆卸行李厢装饰盖板后,即可更换尾灯灯泡。

② 如果需要拆卸总成,则拧下螺母(通常有三个)并分离插接件后,就可把内侧组合尾灯拆下来了。

11.3.2 照明与信号系统常见故障检修入门指导

汽车照明与信号系统故障比较直观,某一照明或信号子系统出现问题时,相应的灯光或信号就会消失，如多个照明或信号子系统同时出问题，则多为它们的共用熔断器熔断或线路断路、短路等原因引起的。

（1）照明与灯光信号电路熔断器熔断原因及其检查方法

① 故障原因：汽车因熔断器熔断所造成的灯光故障所占比例不小，检查中不仅要查熔断器是否熔断，而且还应查出熔断的原因，若出现某熔断器熔断频繁或一开灯便熔断，原因多为该灯线路有短路故障。

② 检查方法：检查时，可用导线一端接熔断器盒，另一端接灯光线（应预先将原灯光线拆除），若灯光亮度正常，无熔断器熔断现象，说明熔断器盒至灯泡间导线有短路，应进一步检查，若熔断器正常，又有正常电压，则应进行下一步检查。

（2）照明与灯光信号电路灯泡损坏检查方法

① 直观检查：灯泡灯丝熔断是造成灯光故障的常见原因，通常用目测的方法检查，若灯泡黑蒙蒙的或灯丝熔断，均应重换新灯泡。

② 测量检查：若灯丝频繁熔断，多为交流发电机电压调节器损坏后导致交流发电机输出电压过高而引起的，可通过用万用表检测交流发电机输出的电压来确认。

（3）照明与灯光信号电路搭铁故障原因及其检查方法

① 故障原因：如果检查熔断器、灯泡均正常，灯泡火线（蓄电池正极电源，下同）又有正常电压时，应检查灯泡搭铁线是否搭铁不良或线路断路等。

② 检查方法：可取一根导线，导线的一端接灯泡搭铁极，另一端与车架或蓄电池负极相连，若灯光亮度变为正常，即可确认为搭铁不良，应检查灯线搭铁部位，同时还应检查灯座电极的接触状况，有的灯座因锈蚀、氧化造成接触不良，而导致灯泡不亮或发光昏暗的现象较为常见，应引起注意。

（4）照明与灯光信号电路线路故障原因及其检查方法

① 故障原因：现在新型汽车的灯光线路中大多设置了一些控制电器，例如前照灯受灯光继电器及变光开关的控制，转向灯受闪光器的控制，若前照灯远、近光均不亮，应检查变光开关、灯光继电器是否能控制线路等。

② 检查方法：如采用直观检查的方法不能找出故障原因或部位，可用导线短路继电器（或变光开关）的方法来查找故障原因，若灯亮，说明继电器（变光开关）损坏，应重换新件，若灯仍不亮，则说明线路有断路之处，应仔细对线路进行检查。

11.3.3 制动灯不亮故障诊断与维修

制动灯如果不亮，就无法及时给后方车辆提供制动警告信号，这是十分危险的，极易导致车辆追尾。故制动灯不亮后，应及时修理，不能勉强使用。

（1）故障原因　导致制动灯不亮故障的原因主要有制动灯灯丝烧断，灯泡损坏；制动灯开关失灵，不能控制制动灯工作；制动灯搭铁不良。

（2）判断故障的大概部位　先检查制动灯灯泡的灯丝是否烧断；如灯泡完好，可踩下制动踏板，然后检测制动灯电源线接线柱上的蓄电池电压是否正常。如电压正常，则说明制动灯搭铁不良；如没有电压，则问题出在制动灯开关或其连接线路上。

（3）制动灯开关及其连接线路的检查　车辆上使用的制动灯开关通常有液压式与气压式两类，这两类制动灯开关的外形如图 11-12（a）与（b）所示。

1）液压式制动灯开关　如图 11-12（a）所示，用于采用液压制动系统的汽车上，装在液压制动主缸的前端或制动管路中。当踩下制动踏板时，由于制动系统的压力增大，膜片向上弯曲，接触桥同时接通两接线柱，使制动信号灯通电点亮。当松开制动踏板后，制动系统压力降低，接触桥在回位弹簧的作用下复位，制动灯熄灭。

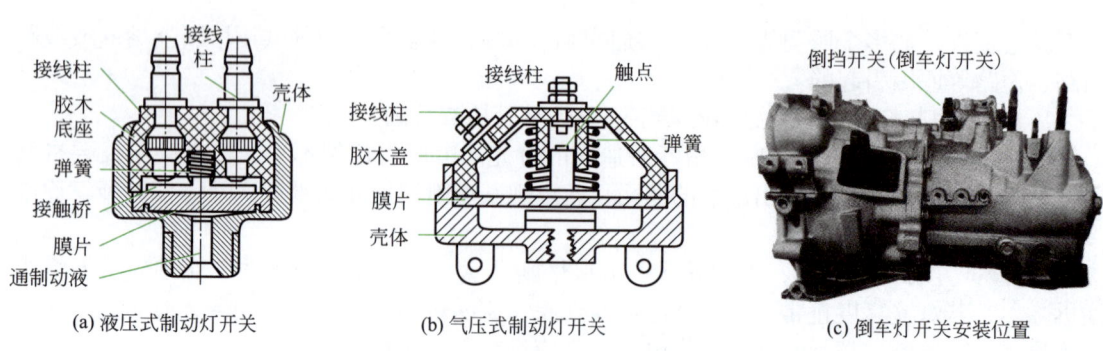

图 11-12 制动灯开关外形与倒车灯开关安装位置

2)气压式制动灯开关 如图 11-12（b）所示，用于采用气压制动系统的汽车上，通常装在制动系统的管路上，制动时，制动压缩空气推动橡胶膜片向上弯曲，使触点闭合，制动信号灯电流通路接通而点亮。

3)检查方法 短接制动灯开关接线柱，若制动灯亮，说明制动灯开关有故障，应更换；如不亮，则说明线路中有断路处，查找断路点后进行修理。

11.3.4 倒车灯不亮故障诊断与维修

倒车时，倒车灯用于向车辆后方的人员发送倒车信号。倒车灯不亮，对车辆后方的人员安全危害极大，应及时进行修理。

造成倒车灯不亮的原因主要有倒车灯电路熔断器熔断或灯泡损坏；手动变速器上的倒挡开关［图 11-12（c）］不良或自动变速器上的倒挡开关损坏；倒挡开关信号线路断路或接触不良。

11.3.5 转向灯电路常见故障诊断与维修

为了指示汽车的行驶方向，便于交通指挥，汽车上都装有转向信号灯，通常简称转向灯。当汽车转向时，通过闪光器使左边或右边的前、后转向灯闪烁发光。

（1）闪光器类型 目前汽车上使用的主要有分立元器件闪光器与集成电路闪光器两大类，尤其是后者，在车辆上应用越来越广泛，逐渐取代前者。

（2）转向灯电路组成 图 11-13 所示为汽车转向灯典型应用电路，主要以闪光器为核心构成，闪光器内部通常都由分立元器件或集成电路（如 555 定时器集成电路等）组成的间歇振荡器来控制继电器线圈中电流通路的接通与断开，进而使继电器触点按设定的时间自动接通与断开，来驱动转向灯灯泡闪光。有的集成电路闪光器内的间歇振荡器则直接驱动其后级的大功率开关管的导通与截止（导通时使闪光灯点亮，截止时使闪光灯熄灭）来控制转向灯闪光。而转向灯是左边闪光还是右边闪光，则由驾驶员通过操作转向开关来确定。

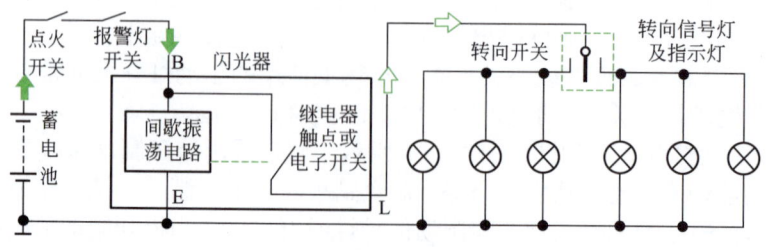

图 11-13 汽车转向灯典型应用电路

（3）闪光器识别　大多数闪光器都为三端子方式，通常"L"表示与转向开关公共端子相接，为转向灯灯泡提供工作电源；"B"为供电电压输入端子；"E"为接地（搭铁）端子。

（4）转向灯故障典型特征　转向灯型号虽然较多，但不管是什么类型的转向灯，其电路结构都比较简单，故检修也不是很难。转向灯电路出现的故障都有其典型的特征，一般来说，左、右转向灯均不亮，应重点检查转向灯供电熔断器及供电电源和相关开关与配线，这种故障多是由于转向灯电路的供电失去引起的，只要找出供电异常的原因，问题即可解决。

如果转向灯亮而不闪，则多是由于闪光器损坏引起的，可先更换一只新的闪光器试试，问题大多可得到解决。

11.4　汽车电喇叭系统故障诊断与维修技能指导

电喇叭是各种汽车必备的重要警告信号装置，用来警告行人和其他车辆，以保证交通安全。

11.4.1　电喇叭的电路类型

电喇叭的电路类型较多，因不同的车型而异，归纳起来主要有以下几种。

（1）按钮直接控制式　电喇叭没有使用喇叭继电器，而直接采用按钮的接通或断开来控制电喇叭的工作，如图11-14（a）所示，这类控制方式的电路多用于早期功率较小的车型，如微型车等，使用的电喇叭有的仅使用一只，喇叭按钮有的连接在电喇叭上端，控制电源进线，电喇叭的下端直接搭铁。

按钮直接控制式电喇叭电路的最大的缺点是会导致喇叭按钮过早烧蚀、损坏，故这种控制方式现在已很少采用。

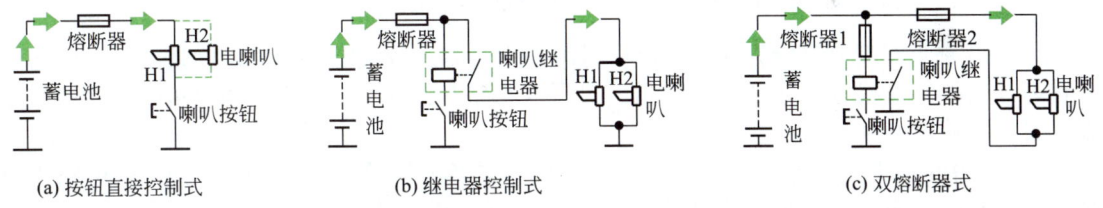

图 11-14　按钮直接控制式与继电器控制式电喇叭电路

（2）继电器控制式　利用喇叭继电器触点来控制电喇叭的工作，如图11-14（b）所示，这类控制方式的电路多用于功率较大的车型，以解决按钮直接控制式电流过大，造成喇叭按钮易烧蚀的问题，图中的两个电喇叭一个为高音喇叭，另一个为低音喇叭。

1）变形电路　在不同车型上的继电器控制式电喇叭电路中，有的供电取自于点火开关控制后的电源，有的不经过点火开关，如图11-14（b）所示；有的在喇叭继电器上部线圈电流通路与常开触点电流通路中各设置了一个熔断器，进行分别保护，如图11-14（c）所示；有的喇叭按钮设置在喇叭继电器线圈的上部，用于控制进入继电器线圈的电流，而继电器线圈的下端直接搭铁。

2）控制原理　当按下喇叭按钮后，就会形成如下的电流通路：

蓄电池正极→熔断器→喇叭继电器线圈→喇叭按钮闭合的触点→搭铁→蓄电池负极

该电流通路使喇叭继电器线圈中的电流通路形成而使其常开触点闭合后，又形成了如下的电流通路：

蓄电池正极→熔断器→喇叭继电器常开已闭合的触点→电喇叭→搭铁→蓄电池负极

电喇叭得电鸣响。

（3）电、气转换式　这种电路主要应用于中、重型载货汽车上，图11-15所示为两种电喇叭和气喇叭可以进行转换的电路。一种为控制电喇叭供电电源方式，如图11-15（a）所示；另一种为控制电喇叭搭铁方式，如图11-15（b）所示。这两种电路中的转换开关用于对这两种喇叭电路进行转换，喇叭按钮为共用件。当转换开关中间触点与左边触点接通时，就是继电器控制式电喇叭电路；与右边触点接通时，喇叭按钮按下后就会使电磁阀线圈得电工作，打开阀门，由高压气驱动气喇叭鸣响。

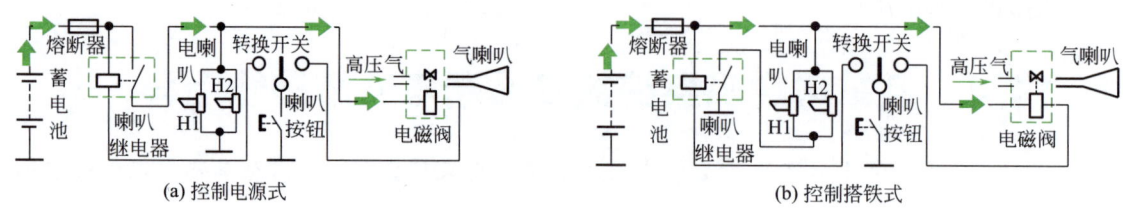

图 11-15　电、气转换式喇叭电路

11.4.2　电喇叭控制电路检修思路

一个完整的电喇叭控制电路主要由电源、导线、电喇叭、喇叭按钮等组成。当按下喇叭按钮，电喇叭不能正常发声时，应首先检查电源供电是否正常，供电回路中是否有短路、断路或接触不良现象。然后检查喇叭按钮接触是否良好。如电源供电及喇叭按钮、搭铁回路均正常，电喇叭仍然不能正常发声，则应对其进行调整。如果调整无效，则说明电喇叭有问题，应进行修理或更换。

11.4.3　电喇叭控制电路主要部件常见故障判断

汽车电喇叭控制电路较为简单，检修时可采用检测灯按电源线路的走向按上述照明与灯光信号线路故障查找方法分别进行检测，问题一般都不难查出。下面介绍电喇叭控制电路主要部件常见故障判断的方法。

（1）熔断器常见故障　熔断器损坏后，如果更换新件后不久又熔断，则说明电路中有搭铁短路部位，应查找出故障的原因并处理后，才能再次更换新件。

（2）按钮常见故障

喇叭按钮较常见的故障为按钮触点烧蚀、锈蚀，转向盘下滑片磨坏，与滑片接触的片形弹簧或圆形柱与滑片接触不良，按钮弹簧失去弹性等。

判断按钮是否有问题，可先将其引线的一端拆下后搭铁，如果电喇叭可鸣响，则可确定为按钮故障，进一步根据按钮的损坏情况进行修理或更换；如果电喇叭不响则为线路及其他部位故障。

（3）继电器常见故障　喇叭继电器触点烧结后，会导致电喇叭长鸣；线圈断路，会造成电喇叭不响。根据继电器的插接位置及作用，可以采用万用表检测其电磁线圈的电阻值，打开继电器外壳观察其触点情况，根据实际情况进行修理或更换新件。

（4）电喇叭常见故障　电喇叭发音嘶哑、声音过小、不发声等。不发声故障可采用检测灯替代电喇叭进行试验，如检测灯亮，则为电喇叭故障。这种情况多是由于电喇叭的音调或音量不正常所造成的，应拆下电喇叭对其进行调整。

1）音调的调整

① 与音调有关的因素：音调的调整也就是对衔铁与铁芯间气隙的调整，因为电喇叭的音调高低与铁芯气隙有关，铁芯气隙小时，膜片的振动频率高，音调高，气隙大时，膜片的振动频率低，音调低。

② 操作方法：调整时，应先松开底板螺柱顶端的锁紧螺母，然后调整音调调整螺母，就可以改变铁芯与衔铁之间的气隙，一般每次调整 1/10～1/5 圈，然后连接电源试听，如不符合要求还可继续调整。通常增大气隙音调变低，反之则音调升高，气隙在 0.5～1.5mm 之间，且应均匀。

2）音量的调整

① 与音量有关的因素：音量的调整也就是对触点预压力的调整，因为电喇叭的音量大小与通过喇叭线圈中的电流大小有关，当触点预压力增大时，流过喇叭线圈中的电流增大，使电喇叭产生的音量增大，反之则音量减小。触点压力是否正常，可通过检查电喇叭工作时的耗电量与额定电流是否相符来判断。如耗电量等于额定电流，则说明触点压力正常；如耗电量大于或小于额定电流，则说明触点压力过大或过小，应加以调整。

② 操作方法：调整时，应先松开中心杆顶端的锁紧螺母，然后转动音量调整螺母，使音量变大或变小，但音量不得大于 105dB，调整时应缓慢，每次转动调节螺母 1/10 圈左右，调整好后还应把锁紧螺母锁紧。

3）需要说明的问题　电喇叭音量和音调的调整并不是完全独立的，两者实际上是相互关联的，调整时应互相兼顾，反复进行多次调整才会获得满意的效果。

习题 11

（1）填空题

1）制动灯或高位制动灯电路为_____电路，一般只受_____开关的控制。

2）前照灯必须保证车辆前方灯光_____，使驾驶员能看清一定宽度范围内的_____内的障碍物，分为_____灯与_____灯。

3）前照灯采用的双丝灯泡中的一根为_____灯丝，另一根为_____灯丝。

4）汽车转向信号灯主要由_____、_____、_____及相关_____等组成。

5）组合尾灯有_____组合尾灯与_____组合尾灯两大类。

6）汽车电喇叭的电路类型主要有_____式、_____式与_____式。

7）电喇叭长鸣，故障原因多在_____、_____或电路部分。

（2）选择题

1）构成高位制动灯的元件是：（a）LCD（液晶显示器）；（b）LED；（c）发光二极管；（d）VFD（真空荧光显示屏）；（e）DCEL（场致发光屏）。

2）下面对于汽车中使用的双丝灯泡的正确叙述是：（a）远光和近光灯丝功率是一样的；（b）近光灯丝安装在反光镜焦点下方，远光灯丝安装在反光镜焦点上方；（c）近光和远光灯丝并联；（d）近光和远光灯丝串联。

3）导致驻车灯与尾灯正常，但前照灯不能点亮故障的原因为：（a）搭铁不良；（b）灯光开关损坏；（c）变光开关损坏；（d）线路短路。

4）在图 11-10 所示电路中，如果近光灯继电器线圈断路，则故障现象为：（a）左前照灯近光不亮；（b）右前照灯近光不亮；（c）左与右前照灯近光均不亮；（d）左前照灯不亮；（e）右前照灯不亮。

（3）问答题

1）怎样查找照明与灯光信号线路断线故障、短路搭铁故障？

2）怎样从车辆上拆卸前照灯总成？怎样拆卸与安装汽车半封闭式前照灯？怎样拆卸与安装汽车封闭式前照灯？

3）半封闭式前照灯灯座密封不良怎么办？后盖密封不良怎么办？

4）在对前照灯进行对光调整前，准备工作有哪些？怎样对调光屏幕进行设置？怎样对前照灯的光束进行调整？

5）怎样拆卸外侧后组合灯？怎样拆卸内侧后组合灯？

6）导致汽车制动灯不亮故障的原因有哪些？怎样进行检修？画出检修流程图。

7）车辆上使用的制动灯通常有哪两大类？各有什么特点？怎样对其进行检查？

8）导致汽车倒车灯不亮故障的原因有哪些？怎样进行检修？画出检修流程图。

9）转向灯电路故障有哪些典型的特征？如果转向灯亮而不闪，则故障的可能原因是什么？

第12章

学习信息显示系统基本知识，掌握故障诊断与维修技能

本章导读

　　汽车信息显示系统是驾驶员了解车况、安全使用车辆的必备系统之一，主要包括仪表与报警装置。

　　汽车信息显示系统中的仪表大都与各种信息报警装置组合在一起，通常称其为组合式仪表，简称组合仪表。不同的车辆组合仪表中使用的仪表和报警装置的类型、数量有一定的差异，但一般都安装在驾驶室前端。对于各种仪表的功能、特点、在电路中配用的传感器类型以及它们之间的连接方式一定要熟悉。而对于组合仪表中的报警装置，不仅要熟悉各种报警指示灯图形符号的含义，还要知道各种报警电路的组成特点。对于仪表与报警装置的连接电路、电流通路，本书在第5章中以大众汽车基本电路为例已经做过介绍，其他车辆的电路与此大同小异，这里不再重述，本章重点介绍前面没有介绍过的内容。除此之外，组合仪表（包括转向柱等处）上出现的某些英文字母缩写的含义，初学者也要有所了解，本章将这些英文字母缩写列成表格方式供参考查阅。

12.1　信息显示系统基本知识

　　不同汽车信息显示系统是不完全相同的，但冷却液温度表、燃油表、车速里程表、发动机转速表及机油压力报警灯、发动机故障灯、充电指示灯、冷却液温度报警灯、燃油指示灯等是必备的。图12-1所示为两种典型的汽车组合仪表外形，不同的车辆因使用的仪表显示方式和报警装置的数量和类型不同，其外形差异较大。

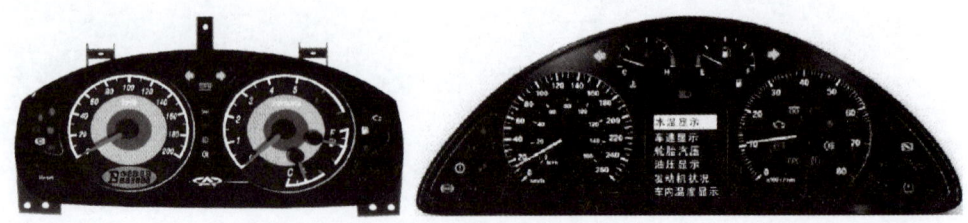

图 12-1 两种典型的汽车组合仪表外形

12.1.1 信息显示系统的类型与基本要求

（1）信息显示系统的类型　汽车信息显示系统用来监测汽车工作状况，按其基本结构原理可以分为机械式和电子式两大类。

1）机械式信息显示系统　主要由电流表、燃油表、水温表、油压表和车速里程表等组成。这类信息显示系统配用的仪表与传感器见表 12-1。

表 12-1　机械式信息显示系统配用的仪表与传感器

仪表名称	仪表的类型	配用的传感器	仪表名称	仪表的类型	配用的传感器
电流表	电磁式	—	水温表	弹簧管式（压力式）	—
	动磁式	—		电磁式	热敏电阻式
燃油表（油量表）	双金属片式	可变电阻式		双金属片式	双金属片式，热敏电阻式
	电磁式	可变电阻式	油压表	弹簧管式（压力式）	—
车速里程表	电动式	—		电磁式	可变电阻式
	磁电式	发电式		双金属片式	双金属片式

2）电子式信息显示系统　现在许多豪华轿车已装用了电子仪表盘，这类仪表盘采用了 LCD（液晶）、LED（发光二极管）等显示器件，将汽车上各种传感器检测到的信息，用数字或符号的方式在电子仪表盘上直观地显示出来。图 12-2 所示为目前各大汽车生产厂家应用量较多的一种 LCD（液晶）与指针混合数字显示式仪表典型外形。

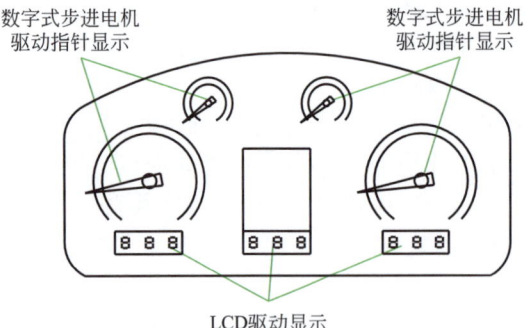

图 12-2　LCD（液晶）与指针混合数字显示式仪表典型外形

（2）信息显示系统的基本要求　对信息显示系统基本要求是结构简单、工作可靠、耐振、抗冲击性好，指示值必须准确，尤其是在电源电压波动时，要求所引起的变化尽可能地小，且不应随环境温度的变化而变化。

12.1.2　信息显示系统的安装特点

汽车仪表通常采用以总成方式安装和与各种警告灯和监视灯组合在一起安装两种方式。

（1）以总成方式安装　汽车仪表均集中安装在驾驶室转向盘前方的仪表板上，一般采用仪表板总成安装方式，分垂直安装式和倾斜安装式两类。总成安装方式就是将各种仪表及仪表照明灯等合装在一个表壳内，共用一块表面密封玻璃。

（2）与各种警告灯和监视灯组合在一起安装　现在汽车的仪表盘上，除安装了一些基本的仪表外（如温度表、机油压力表、燃油表及车速里程表等），还将各种警告灯和监视灯也集成在仪表盘内，由此就形成了组合式仪表。这是现在新型轿车、客车上使用较多的一种新型仪表。

12.1.3　信息显示系统字母及图形符号含义

现在的汽车组合仪表上，由于可用的空间有限（安装的仪表及各种警告灯太多），故对各种开关和仪表名称的说明大都采用缩写字母来表示，对各种警告灯的含义采用图形符号来表示。

（1）字母含义　各种开关和仪表上缩写字母的含义见表12-2。表12-2中还列出了转向柱等其他部位主要开关的字母含义。

表 12-2　开关和仪表上缩写字母含义

缩写	含义	缩写	含义	缩写	含义
ACC	附件	EXH・TEMP	排气温度警告灯	ST	启动
A/C	空调开关	F・L	指示灯	STOP	停车信号灯
ASSY	组件	FUEL	燃料表	SW	开关
A/T	自动变速	GLOW	发光指示灯	TAIL	尾灯
BAT	蓄电池液量警告灯	IL.L	照明灯	TEMP	水温表
BEAM	主光指示灯	IG	点火	TURN	转弯信号指示灯
BELT	安全带警告灯	km/h	千米/小时	VOLT	电压表
BRAKE	刹车警告灯	M/T	手动变速	W・L	警告灯
CHG	充电警告灯	OIL	油压警告灯	VR	电压调节器
DOOR	半门警告灯	P/W	压缩空气功率	WASH	清洗机液量警告灯

（2）图形符号　汽车仪表板与转向柱上通常安装有多个开关、警告灯和指示灯。为了区分它们的功能，通常采用各种不同的图形符号刻印在其表面，有些进口车辆还用英文字母表示。这些图形符号国际通用，形象、简明，一看就知道它们的功用。

1）常见的警告灯和指示灯图形符号　表12-3列出了汽车上部分警告灯和指示灯的图形符号，警告灯和指示灯大都采用1～3W的小功率灯泡，也有采用发光二极管的，发光二极管都串联有限流电阻，以保护发光二极管不被损坏。

表 12-3　部分警告灯和指示灯的图形符号

图形符号									
含义	左转向	右转向	远光	近光	充放电指示	ABS故障	驾驶员安全带	发动机排放系统故障	
颜色	绿色	绿色	蓝色	绿色	红色	黄色	红色	黄色	

续表

图形符号	卐	🔧	SPT	(P)		⛽		🌡
含义	前雾灯	保养提示	运动模式	手刹	机油压力报警	低燃油位	安全气囊故障	水温温度高/低冷却液
颜色	绿色	红色	黄色	红色	红色	黄色	红色	红色

图形符号			WIN				EPC	
含义	后雾灯	位置灯	雪地模式	副驾驶安全带	制动故障		发动机故障	发动机防盗指示灯
颜色	黄色	绿色	黄色	红色	红色		黄色	黄色

2）警告灯和指示灯的状态　为了不分散驾驶员注视道路交通状况的注意力，正常情况下警告灯和指示灯是不亮的，以保证仪表板上没有刺目的光，一旦某个部位异常，其相应工况的警告灯和指示灯就会点亮。

3）警告灯和指示灯的颜色　警告灯多采用红色，以示情况紧急，需要及时检修，如制动气压报警、机油压力报警、驾驶员安全带报警等。工作状态指示采用黄色指示灯，如运动模式、雪地模式、发动机防盗指示等。还有一些属于正常工作状态的指示灯，如转向指示灯采用绿色、前照灯远光指示采用蓝色。

12.1.4　信息显示系统常用仪表

无论是何种汽车，水温表、油压表、燃油表是必备的，车速里程表如采用软轴驱动，由于其无电路连接关系，故电路上通常未画出来。

（1）传统式信息显示仪表　又称机械式信息显示仪表，由于这类仪表结构简单、可靠，故在车辆上应用仍较广泛。

1）机油压力表　简称油压表，用于指示发动机润滑油的工作压力，图12-3（a）所示为该表简化结构。传感器所产生的脉冲电流随机油压力的不同而改变时，依次引起流经指示仪表的电流和双金属片的曲率发生变化，使指针指示出机油的压力。

2）燃油表　是燃油位置指示表的简称，用于指示燃油箱中的储油量，图12-3（b）所示为该表简化结构。传感器的浮子随油面高低改变位置时，依次引起串入电路中的电阻、流经指示仪表的电流和作用于指针轴感应片（转子）的磁场发生变化，使指针指示出油箱的储油量。

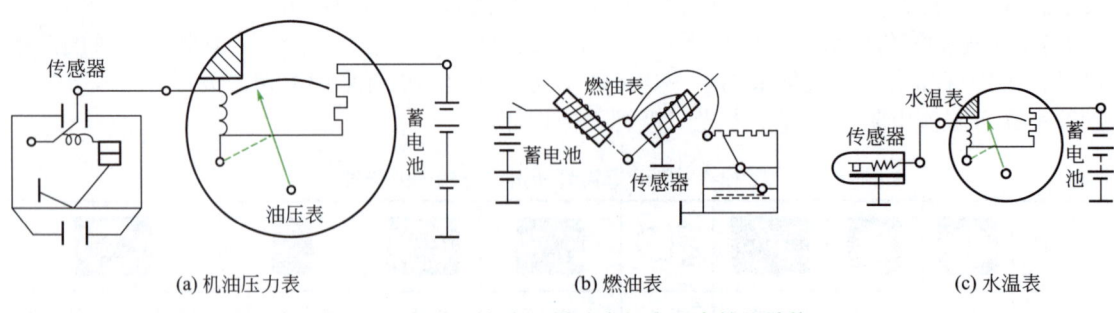

图12-3　机油压力表、燃油表与水温表简化结构

3）水温表　也称冷却液温度表，用于指示发动机冷却水的工作温度，图12-3（c）所

示为该表简化结构。传感器所产生的脉冲电流随冷却水温度的不同而改变时，依次引起流经指示仪表的电流和双金属片的曲率发生变化，使指针指示出水的温度值。

4）电磁式电流表　用于指示蓄电池充电和放电的电流强度，监测电气系统的工作状况，图 12-4 所示为该表简化结构。当被测电流改变时，依次引起流经指示仪表的电流及其与永久磁铁所形成的合成磁场发生改变，使指针指示出电流的大小。

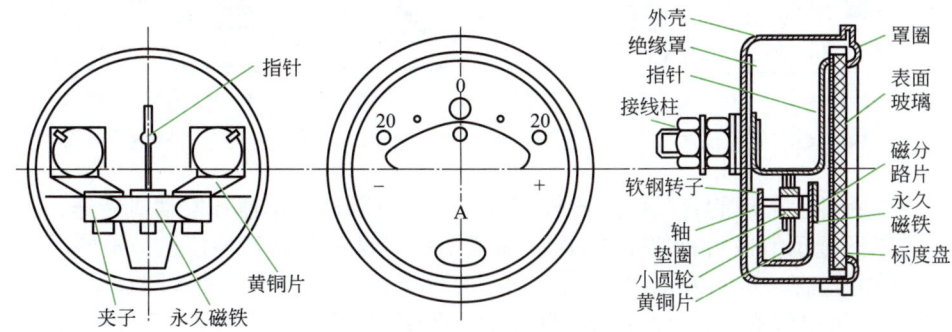

图 12-4　电磁式电流表简化结构

5）动磁式电流表　用于指示蓄电池充电和放电的电流强度，监测电气系统的工作状况，图 12-5（a）所示为该表简化结构。动磁式电流表与电磁式电流表的区别，仅在于其转子是永久磁铁，但测量电流的范围却比后者大。动磁式电流表不工作时，靠永磁转子使磁轭磁化相互吸引，故指针停在"0"位。其充、放电工况的电流指示情况与电磁式电流表完全相同。

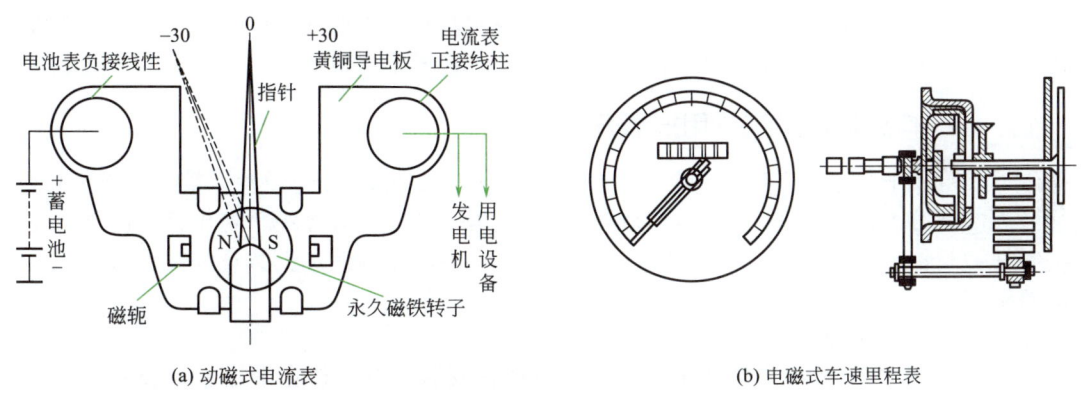

图 12-5　动磁式电流表与电磁式车速里程表简化结构

6）电磁式车速里程表　如图 12-5（b）所示，用于指示汽车的行驶速度、累计行驶里程。磁铁转速随车速的不同而改变时，依次引起速度盘感生涡流电流，磁铁带动速度盘旋转的电磁力矩及电磁力矩与游丝反力矩之间的平衡点发生改变，使指针指示出行驶速度值；同时，计数机构累计出行驶里程。

（2）电子式信息显示仪表

1）显示方式　电子式显示仪表许多都由仪表板微电脑系统控制，因使用的器件不同，故显示方式有多种。

数字显示可以显示车辆各种信息，数字显示，是当今汽车普遍采用的一种方法，它可以显示冷却液、油压、油温、车辆行驶里程等的情况，且微电脑系统对数字显示信号每秒修正两次。不同的车型采用数字显示的方式有一定的差别，图12-6（a）所示是一种较典型的数字显示仪表板外形。

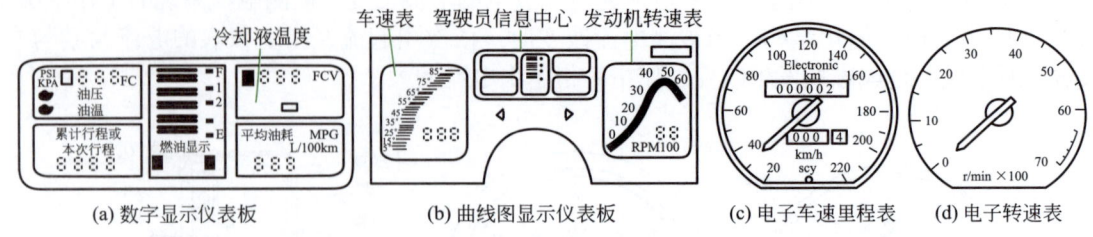

(a) 数字显示仪表板　　(b) 曲线图显示仪表板　　(c) 电子车速里程表　　(d) 电子转速表

图 12-6　数字显示仪表板、曲线图显示仪表板、电子车速里程表与电子转速表外形

采用曲线图显示车辆的有关信息比较直观，例如可以显示车速和发动机转速，且微电脑系统对曲线图形显示信号每秒修正16次。曲线图可以显示车辆各种信息，不同的车型采用曲线图显示的方式有一定的差别，图12-6（b）所示是一种较典型的曲线图显示仪表板外形。

2）电子车速里程表　图12-6（c）所示是一种较典型的电子车速里程表外形。这是一种使用较广泛的圆形电子车速里程表，仍然采用了传统仪表所采用的指针指示方式，用于指示汽车的行驶速度、累计行驶里程。

3）电子转速表　图12-6（d）所示是一种较典型的电子转速表外形。这是一种使用较广泛的圆形电子发动机转速表，仍然采用了传统仪表所采用的指针指示方式，用于指示汽车发动机的转速。

12.1.5　信息显示系统常用传感器

通常与选用的显示仪表配套使用，车辆上必备的基本仪表所使用的水温传感器、机油压力传感器与燃油液位传感器已经在第2章中介绍过，这里不再赘述。

12.1.6　信息显示系统常用报警开关

在一些汽车上，信息显示系统除了具有基本信息显示功能外，还设置了某些极端信息（如机油压力过低等）报警系统，用于及时将极端信息告知驾驶员。极端信息报警系统通常主要由报警开关与指示灯共同组成。报警开关类型较多，不同车辆使用的数量和报警方式也有一定的差别。

（1）弹簧管式机油压力报警开关

① 安装位置：弹簧管式机油压力报警开关通常安装在发动机主油道上，被其控制的指示灯设置在仪表板上。

② 基本构成：图12-7（a）所示为弹簧管式机油压力报警开关及其连接电路，该开关内管形弹簧的一端和主油道相通，另一端有一对触点，固定触点经连接片与接线柱相连，活动触点经外壳搭铁。

③ 工作原理：当机油压力正常时，管形弹簧产生的弹性变形量大，触点分开，报警灯处于熄灭状态；一旦机油压力低于允许值，管形弹簧向内弯曲，触点闭合，报警灯点亮，以示报警。

（2）膜片式机油压力报警开关　图12-7（b）所示为膜片式机油压力报警开关及其连接电路，当机油压力正常时，机油压力推动膜片向上拱曲，推杆把触点分开，报警灯处于熄灭状态；一旦机油压力低于允许值，膜片在弹簧压力的作用下向下移动，触点闭合，报警灯点亮，以示报警。

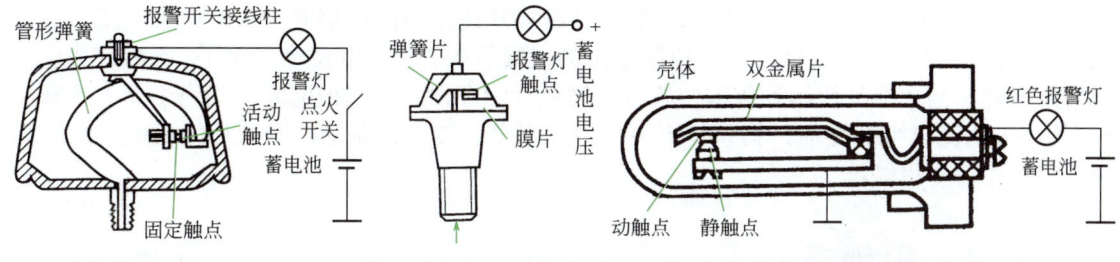

图 12-7　机油压力与冷却液温度过高报警开关及其连接电路

（3）冷却液温度过高报警开关　图 12-7（c）所示为冷却液温度过高报警开关及其连接电路，冷却液温度过高报警开关属于双金属片式。当冷却液温度正常时，双金属片几乎不变形，触点处于分开状态，报警灯处于熄灭状态；一旦冷却液温度超过允许值，双金属片由于温度升高而弯曲，双金属片弯曲变形，触点闭合，报警灯点亮，以示报警。

（4）燃油不足报警开关

① 安装位置：燃油不足报警开关属于负温度系数热敏电阻式，在采用电子汽油泵的车辆上应用较广泛，通常安装在燃油箱内，用于告知驾驶员燃油箱中燃油不足，应及时加油，以防汽油泵得不到冷却而损坏。

② 工作原理：图 12-8（a）所示为燃油不足报警开关及其连接电路，当燃油箱中的燃油较多时，热敏电阻浸泡在油中，散热快，温度低，电阻值大，故电路中几乎没有电流流过，报警灯处于熄灭状态；一旦燃油减少到规定值以下后，热敏电阻就会露出油面而散热慢，温度升高，电阻值减小，电路中电流增大，报警灯点亮，以示报警。

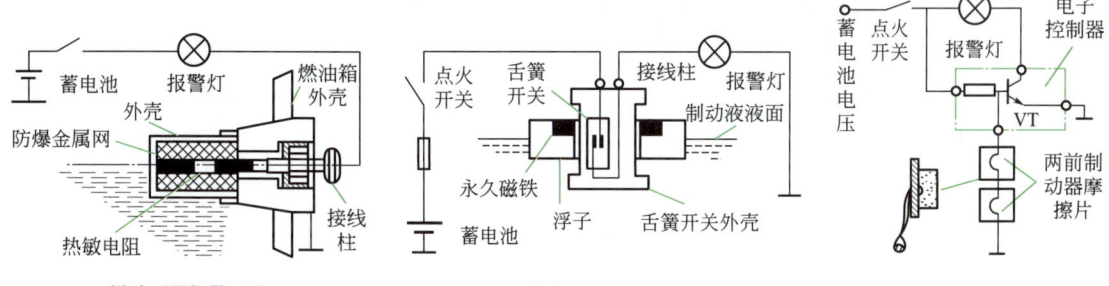

图 12-8　燃油不足、制动液不足与制动器摩擦片使用极限报警开关及其连接电路

（5）制动液不足报警开关

① 安装位置：制动液不足报警开关安装在制动总泵液罐内，该报警开关有些车型还用于对冷却液、挡风玻璃清洗液等液面过低进行报警。

② 工作原理：图 12-8（b）所示为制动液不足报警开关及其连接电路，当制动液充足时，浮子的位置最高，此时永久磁铁高于舌簧开关的位置，舌簧开关处于断开状态，故报警灯不亮；一旦浮子随着制动液液面下降到规定值以下时，永久磁铁就接近舌簧开关，舌簧开关触点闭合，报警灯电流通路形成而点亮，以示报警。

（6）制动器摩擦片使用极限报警开关

① 安装位置：制动器摩擦片使用极限报警开关导线埋在摩擦片内部，相当于一个接通的开关，该导线与组合仪表中的电子控制器相连。

② 工作原理：图 12-8（c）所示为制动器摩擦片使用极限报警开关及其连接电路，当摩擦片没有使用到极限位置时，电子控制器中的三极管 VT 基极电位为低电平，VT 管截止，报警灯不亮；当摩擦片使用到极限位置时，摩擦片中埋设的导线被磨断，相当于开关断开，VT 管基极为高电平而导通，报警灯点亮，以示报警。通常，制动器摩擦片使用极限与制动液不足共用一个报警灯。

12.2 机械式信息显示系统故障诊断与维修技能指导

汽车信息显示系统故障较为明显，如属单个仪表不工作或工作不良，则故障仅出在与该信息有关的仪表或显示器、传感器和插接件及其连接导线；如属多个仪表同时不工作或工作不良，则故障出在它们的共用电路上，通常应重点检查共用的电源。

12.2.1 机油压力表、冷却液温度表、燃油表故障诊断与维修

在传统信息显示系统中，机油压力表、冷却液温度表、燃油表的工作情况十分类似，故对它们的故障诊断与维修也大同小异，也就是说这三种表常见故障的检修思路是基本相同的。下面以机油压力表为例［相关电路如图 12-9（a）所示］，来介绍机油压力表、冷却液温度表、燃油表常见故障诊断与维修方法。

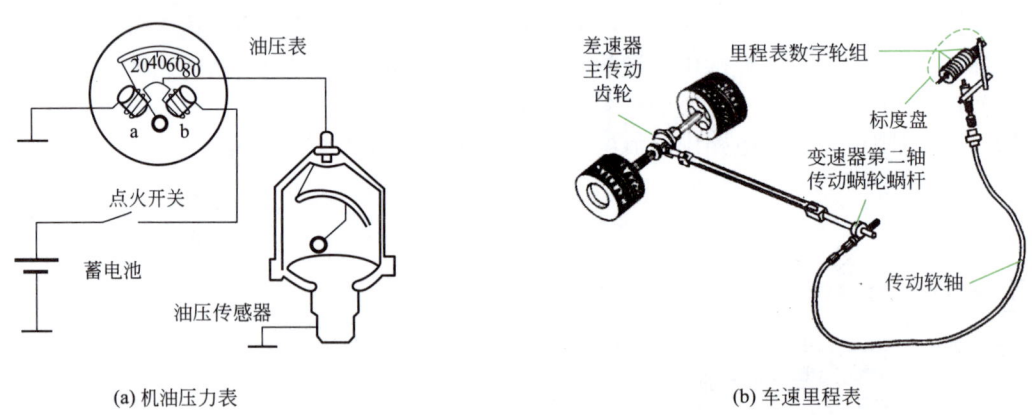

图 12-9 机油压力表与车速里程表连接方式

（1）指针不动　找到油压传感器的接线，拆下其接线，接通点火开关，找一段导线，将该导线的一端与拆下的传感器接线相连，另一端搭铁，然后观察油压表指针的指示情况。如果观察到油压表指针从低端指向高端，则说明油压表及其连接线路基本正常，问题出在油压传感器本身。如果观察到油压表指针仍然不动，则应先检查传感器至油压表之间的连接线路是否出现断路或接触不良现象，检查油压表的供电是否正常。如均无问题，则为油压表本身损坏。

（2）指针始终指向高端　先拆下油压传感器的接线，然后接通点火开关。观察油压表指针如果不再指向高端，则为油压传感器故障；如表仍然指向高端，则先采用万用表检查油压表至传感器之间的连接线路，看是否有搭铁处，如连接线路无问题，则多为油压表本身的问题。

（3）指示的压力值偏低　拆下传感器连接线，接通点火开关，使传感器接线搭铁，观察油压表指针是否能从低端指向高端。如油压表指针可以从低端指向高端，则说明油压表与

其连接线路基本正常，找一个直感式油压表检测一下，两者进行比较，观察两者指示的压力值是否一致。如一致则对发动机的润滑油路进行检查，如不一致且直感式油压表检测到的压力值正常，则为油压传感器本身故障。如油压表指针不能从低端指向高端，则检查油压传感器至油压表之间的连接线路有否接触不良，检查油压表的供电是否低于正常值，检查接线头是否有腐蚀现象。如均未发现问题，则为油压表本身问题，应修理或更换。

12.2.2 车速里程表故障诊断与维修

车速里程表由七个按十进位内传动的数字轮、三套蜗轮蜗杆等组成，由传动轴驱动旋转，转轴用传动软轴与汽车变速器（或分电器）输出轴上的蜗轮蜗杆相连，如图12-9（b）所示。传统信息显示系统中车速里程表常见故障现象、故障原因和处理方法见表12-4。

表12-4 传统信息显示系统中车速里程表的常见故障现象、故障原因和处理方法

故障现象	故障原因和处理方法
车速表和里程表都不工作	①软轴芯折断，应更换软轴芯 ②里程表转轴卡死，更换里程表 ③软轴方接头端螺母松脱，重新拧紧 ④软轴扁接头未插入榫槽，应重装
车速表不工作	①指针弯曲变形，表盘或玻璃卡住，应摆平、校正 ②传动蜗轮和蜗杆、感应盘卡死、折断或脏污，应更换或清洗
车速里程表指示值偏低（表慢）	①变速器输出轴打滑，应按规定力矩将叉形凸缘拧紧 ②磁钢的磁效应衰减，应更换新件
车速表的指针指示不稳	①在等速行驶时，若车速表指示值波动达±3km/h，即有故障，可能是软轴安装的曲率半径过小，应检查并重新安装软轴 ②软轴芯有问题，应清洗并润滑软轴芯
车速表指针大幅度摆动	软轴的轴向间隙过大，造成软轴与车速表的转轴时时啮合，时而脱开，应更换软轴芯
车速里程表发响	①车速里程表的转轴润滑不良，应加注润滑油 ②软轴芯与轴管干磨或软轴安装的曲率半径过小，应加注润滑油或重新安装软轴

对传统信息显示系统中车速里程表进行检查时，也可采用比较法。用一可调速的电动机同时驱动标准表和被检表旋转，在改变电动机转速的情况下，观察两表的指示值应基本相同。否则可拆开表壳拨动盘形弹簧下面的调整柄进行校准。

12.2.3 发动机转速表故障诊断与维修

发动机转速表用于直观地指示发动机的转速，便于驾驶员选择发动机的最佳转速范围，充分利用经济车速等。

（1）发动机转速表的驱动方式 主要有发电机驱动式与点火线圈驱动式两大类。前者多用在载货汽车上，后者多用在轿车上。

1）发电机驱动式 图12-10（a）所示为发电机驱动式的发动机转速表连接电路。该转速表指示的发动机转速信号来自于发电机的中性点或单相接点。

2）点火线圈驱动式 图12-10（b）所示为点火线圈驱动式的发动机转速表连接电路。该转速表指示的发动机转速信号来自于点火线圈初级绕组的末端，也就是点火线圈的负极接线柱。

（2）发动机转速表指针不动故障诊断与维修 下面分两种不同的驱动方式来介绍发动机转速表指针不动故障诊断与维修方法。

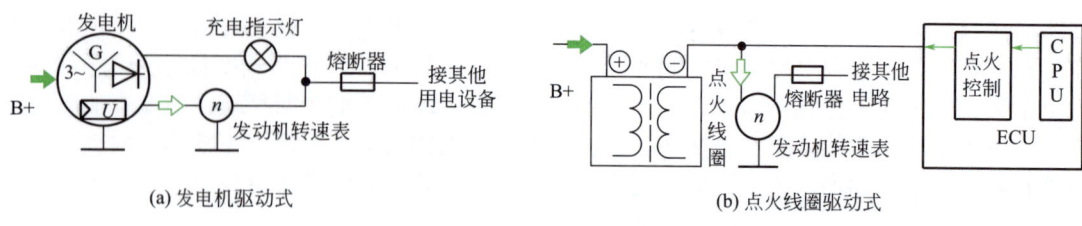

图 12-10　发动机转速表的驱动方式

1）发电机驱动式　如图 12-10（a）所示，在发电机处，找到发电机提供给发动机转速表的信号输出线，使发动机进入正常运行状态。将万用表置于直流电压挡，黑表笔搭铁，红表笔与发电机提供给发动机转速表的信号输出线相连，观察万用表指示的电压是否为发电机输出电压的 1/2 左右。如果检测到的电压很低或为 0，则为发电机系统的问题，应进行修理或更换。如果检测到的电压基本正常，使发动机停止运行，对发电机到发动机转速表之间的连接线路进行检查。如果线路连接无问题，且检查发动机转速表的供电与搭铁均正常，则为发动机转速表有问题。

2）点火线圈驱动式　如图 12-10（b）所示，采用万用表检测判断点火线圈驱动式发动机转速表指针不动的故障时，先应检测点火线圈到发动机转速表之间的连接线路是否正常。如检测线路良好，则应检查发动机转速表的供电是否正常。如果供电正常，则多为发动机转速表本身的问题。

需要说明的是，在采用点火线圈驱动式发动机转速表连接电路中，少数车辆的点火线圈输出的驱动信号先是输送到 ECU 后再提供给发动机转速表的。进行故障检修时，应先搞清电路连接方式后再动手。

（3）发动机转速表指针有时不动故障诊断与维修　这种故障多是由于接触不良或元件特性不良时好时坏引起的。下面分两种不同的驱动方式来介绍发动机转速表指针有时不动故障诊断与维修方法。

1）发电机驱动式　如图 12-10（a）所示，采用万用表检测发电机上的转速信号输出线，观察万用表指示情况。如万用表指示的驱动信号稳定，则应重点检查发电机到发动机转速表之间的连接线路是否有问题。如果检查连接线路没有问题，则为发动机转速表内部有接触不良现象。如万用表指示的驱动信号不稳定，出现断断续续现象，则多为发电机内部有接触不良现象存在。

2）点火线圈驱动式　如图 12-10（b）所示，这种故障出现时，如果发动机运转正常，则采用万用表重点检查点火线圈到发动机转速表之间的连接线路或插接件，看是否有松动和腐蚀现象。如果检查均无问题，则多为发动机转速表本身内部有接触不良现象存在。

12.2.4　指示仪表的检测

在对信息显示系统故障进行检修时，检修的后期往往都要涉及判断故障元件是否确已损坏的问题，这是确定是否需要更换怀疑元件的关键一步，初学者应熟练掌握检测方法。

（1）四种仪表好坏的检测　对机油压力表、水温表、燃油表、电流表的检测方法基本相同，可用万用表检测其电阻值，看是否符合规定值。若测得的电阻值小于规定值，说明此表有短路故障；若测得阻值为 ∞，则说明表内部有断路或接触不良。

（2）水温表误差的检测　将被检测的水温表（指示表）按图 12-11 电路连接好，接通开关，调节可变电阻 RP。当万用表电流挡（mA 挡）指在规定值如 80mA、160mA、240mA 时，指示表应相应地指在 100℃、80℃、40℃的位置上，且其误差不应超过 20%。

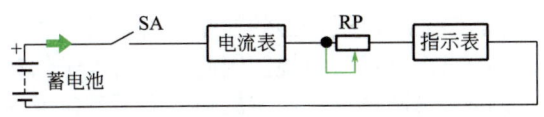

图 12-11　水温表误差检测连接电路示意图

（3）机油压力表误差的检测　采用万用表对机油压力表进行误差检测时，也可按图 12-11 来连接电路，即用万用表的毫安挡（0～300mA）和一个 100Ω 左右的可变电阻 RP 串联，再把被检测的机油压力表与蓄电池串联后即可。接通开关 SA，调节可变电阻 RP 的值，当标准毫安电流表指示在 65mA、175mA、240mA 时，机油压力表应分别相应地指示在"0"、"2"和"5"的位置上。

（4）电流表误差的检测　如图 12-11 所示，将被检查的电流表与标准的直流电流表（如 -30A～0A～+30A）及可变电阻（5Ω/30W）串联在一起，然后接通电源，逐渐减小可变电阻的阻值，比较两个电流表的读数。若两个表的读数之差不超过 20%，则认为被检测的电流表工作正常。

（5）燃油表误差的检测　如图 12-12（a）所示，把被检测的指示表与标准传感器连接好，然后将浮子臂分别摆到规定的位置，此时指示表的指针应相应地指在"0"和"1"的位置上，且误差不应超过 10%，否则应进行调整。电磁式表可上下移动左铁芯，双金属片表可转动齿扇来进行调整。

（6）发动机转速表的检测

① 外部检查：主要检查点火线圈"-"接线柱接触是否良好；检查指示表后的黑色三孔插座接触是否良好。

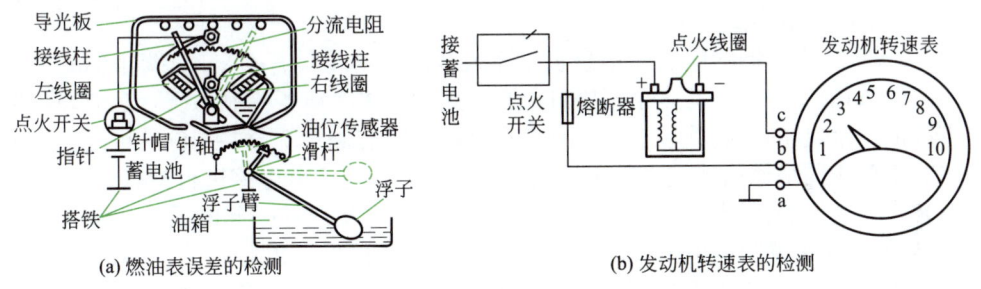

图 12-12　燃油表误差的检测与发动机转速表的检测

② 检测：如图 12-12（b）所示，采用万用表检测黑色三孔插座的工作情况。如"a"插孔搭铁不良，应检查仪表线束插接器的导线是否接地；如"b"插孔在点火开关处于 ON 位时没有电压，应检查相应连接导线；如"c"插孔在点火开关处于 ON 位时没有电压，应检查相应连接导线；如果检测这三个插孔均正常，则问题出在转速表本身。

12.3　电子式信息显示系统故障诊断与维修技能指导

在对电子式信息显示系统进行诊断之前，应先对该系统进行必要的基本检查，以便排除一些明显的问题，例如检查各个指示灯或仪表的故障情况。

12.3.1　尽量利用自诊断功能

电子式信息显示系统一般都具有故障自诊断功能，当给该系统输入一定的指令后，仪表主控微处理器会对其主要显示装置等进行全面的检测（对于具有语言合成器的车辆，也对该系统进行全面的检测），亦即对系统进行自检。因此，在对电子信息显示系统故障进行检修时，应尽可能先利用车辆上的自诊断系统来确定故障的大概部位或原因，这样可以迅速确定故障部位，减少检修的盲目性，有的放矢，不致使检修走弯路。

另外，如果采用另外的测试仪器来对电子信息显示系统进行检测，也必须先使电子信息显示系统完成自检过程以后，才可对其进行检测。否则往往得不到正确的信息，这一点必须注意。

12.3.2 系统常见故障诊断与维修

如果发现所有的指示灯均无法正常工作，则应先对仪表板系统的供电进行检查，应围绕中央接线盒来进行。

（1）黑屏　如果发现仪表板上只灰暗地显示几个指示灯，其余为黑屏，则应重点检查蓄电池本身电压是否足够。

（2）仅1组或2组指示灯不亮　如果发现仅1组或2组指示灯不亮，则问题可能仅发生在仪表板上仅与这1组或2组指示灯供电有关的电路中，可围绕这方面进行检查。

（3）个别仪表无法工作或工作异常　如果发现仅是个别仪表无法工作或工作异常，则应先对该仪表的传感器工作情况以及该传感器与仪表板之间的线束连接情况进行检查，确定无问题后，再使用相应的检测仪器对该仪表进行检查。

（4）LCD显示屏有一两个笔画或线段不显示　如果发现LCD显示屏有一两个笔画或线段不显示，则问题可能出在LCD液晶显示驱动集成电路中与不显示有关的端子上，应检查这些端子是否出现了脱焊现象，确认无问题后，则可能是LCD显示屏本身出现了问题，可重换新的LCD显示屏试一下。

（5）CAN总线车辆的电子式信息显示系统故障　对于具有CAN总线车辆的电子式信息显示系统，如果仪表板上有多个报警灯点亮，说明有多个电子控制系统存在故障，但多处电子电路同时出问题的可能性较小，问题出在这些电子控制系统公共部分的可能性较大，很可能是CAN总线网络通信系统失效引起的，应重点先对这部分电路进行检查。

（6）数字式仪表控制单元与车辆防盗电子控制单元集成在一起的系统故障　对于数字式仪表控制单元与车辆防盗电子控制单元集成在一起的车辆（如奥迪A6与A6L系列轿车、帕萨特B5系列轿车、宝来系列轿车、波罗系列轿车等），这种集成就形成了仪表防盗控制单元。由于这类车辆防盗钥匙手柄内转发器与数字仪表之间的通信是时刻存在的，一旦密码不对或通信中断，仪表防盗控制单元就会发出控制指令使发动机锁止，导致发动机无法启动。因此，当仪表防盗控制单元中的数字式仪表控制单元部分出现异常后，有可能会导致发动机不能正常启动，这是这类车型的一种典型的特殊故障，必须要充分注意到。

12.4 电子车速里程表故障诊断与维修技能指导

现在的许多高档轿车，尤其是进口轿车（包括部分合资品牌）都采用了电子车速里程表（附带发动机转速表）。

12.4.1 电子车速里程表基本组成、端子功能与接线

电子车速里程表多由车速里程表与传感器两部分组成，传感器多为磁电式或霍尔式，一般与自动变速器共用。

（1）电子车速里程表的基本组成　如图 12-13（a）所示，车速里程表与传感器之间通常采用屏蔽电缆进行连接。车速里程表内部的电子控制器主要以微电脑与少数集成电路为核心构成，具有控制精度高、功能多、寿命长等特点。

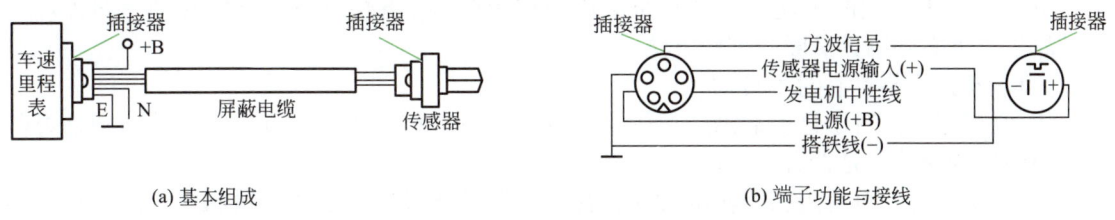

(a) 基本组成　　　　　　　　　　　　　　　(b) 端子功能与接线

图 12-13　电子车速里程表基本组成、端子功能与接线

（2）电子车速里程表的端子功能与接线　如图 12-13（b）所示，车速里程表与传感器之间通常采用三根导线进行连接。传感器一般安装在变速器的输出轴上，其输出信号采用屏蔽电缆传输给电子控制器。

14.4.2　电子车速里程表故障大概部位的判断

在对电子车速里程表故障进行检修时，可以先采用以下方法来判断故障的大概部位。

（1）判断故障是在电子控制器还是在传感器　在电子车速里程表出现的故障中，电子控制器出现故障的可能性较小，一般情况下电子控制器不太容易损坏。如果需要判断电子车速里程表出现的故障是在电子控制器还是在传感器，可先拔下传感器插接器，再把启动开关置于 ON 位置，将与传感器断开的屏蔽电缆的传感器信号端（⎓）先后分别触碰传感器电源输入（+）端与搭铁线（-）端，如果在触碰的同时观察到电子车速里程表上的数字显示正常，则说明电子控制器完好，故障在传感器。

（2）电子车速里程表上数字不显示，车辆行驶时表针也不动故障部位的判断

① 连接方式：电子车速里程表采用的传感器有磁电式与霍尔式两大类，后者应用较多，图 12-14 所示为典型的电子车速里程表常见的接线方式。

② 检测方法：观察其他仪表与指示灯是否正常，如果其他仪表与指示灯均无问题，则应重点对车速里程表的供电线路与熔断器进行检查，但如其他仪表与指示灯也不工作，则应检查仪表供电系统，亦即检查仪表的 5V 稳压电源及其搭铁回路。

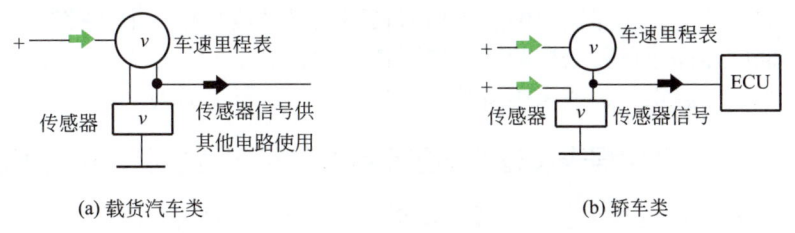

(a) 载货汽车类　　　　　　　　　　　　　(b) 轿车类

图 12-14　电子车速里程表常见的接线方式

（3）电子车速里程表有时不正常故障部位的判断

① 故障原因：导致电子车速里程表的表针和数字显示均会出现有时正常、有时不正常故障的原因常为车速里程表内部有接触不良现象，或其连接线路或插接件连接不可靠，传感器本身不良。

② 检测方法：采用万用表先检测车速里程表的连接线路与插接件的连接情况，如果没有问题，则更换一只新的、同规格的传感器试一下，如果故障依然存在，则为车速里程表本

身问题，应对其进行修理或更换。

12.4.3 电子车速里程表的车速表指针异常故障诊断与维修

电子车速里程表的车速表指针有时不转动和指在 0km/h 位置不向高位移动是两种较典型的故障，下面介绍其诊断与维修方法。

（1）车速表指针有时不转动

① 检查部位：对于这类故障，可先从变速器上拆下传感器，检查传感器转动轴是否严重磨损而出现松旷，是否有扫膛现象。

② 故障原因：因为传感器转动轴和轴瓦（套）虽然采用高耐磨材料制成，但经长时间使用，尤其在长期无保养情况下高速运转，其径向间隙会因磨损而增大，超过极限值，使传感器输出信号时有时无，而且多为畸变信号，造成电子控制器不能正确识别而无法控制表针转动（驱动表针转动为电压信号），出现车速表指针有时不转动故障。

③ 处理方法：对于这种故障，通常只能更换新的、同规格的传感器。另外，电子车速里程表不累计汽车里程故障的原因也可能导致此故障。

（2）车速表指针指在 0km/h 位置不向高位移动，但荧光屏上数字显示清晰

① 检测传感器供电电压：拔下传感器插接器，将启动开关置于 ON 挡位置，采用万用表直流电压挡，负表笔连接在蓄电池负极，依据电路图或接线图，用正表笔检测与传感器断开的屏蔽电缆各端电压。以 24V 车系使用的电子车速里程表为例，其正常电压参考值见表 12-5。

表 12-5　24V 车系使用的电子车速里程表正常电压参考值

表笔正极检测的端子	传感器电源输入端（+）	信号输出端（⊓⎽）	搭铁端（−）
正常电压值 /V	10.5 左右	7.5 左右	0

② 检测电子车速里程表供电电压：如果上述检测正常，仍采用万用表在电子车速里程表之后插接器处进行检测，在不拔下插接器的情况下检测电源的 +B 端电压应为 24V，搭铁 E 端电压应为 0V。如果上述检测均正常，说明仪表搭铁线基本正常，进一步判断故障是在电子控制器还是在传感器。

③ 常见原因：这种故障最常见的原因多是由于汽车雨雪天涉水，传感器、电缆及插接器全被泥水弄湿，致使传感器输出的感应信号被引入搭铁或短路，电子控制器收不到传感器信号误判为车辆已经停止行驶而控制计数器不再计数，显示的数字不再增加。对此，可以采用干布擦干泥水，加温烘干；或采用自然干燥方式，但这种干燥时间较长。

12.4.4　电子车速里程表没有数字显示或发动机转速显示异常故障诊断与维修

电子车速里程表没有数字显示或发动机转速显示异常故障的常见原因和诊断与维修方法如下。

（1）通电后电子车速里程表上不显示数字，或显示暗淡，或忽明忽暗

① 故障原因：蓄电池亏电；电线受损；熔断器变成黄色（没有烧断，形成电阻而使电压下降，造成工作不稳定）。

② 检测方法：拆下仪表板，在电子车速里程表后的插接器处（不拔下插接器）用万用表电压挡检测，负表笔接蓄电池负极，正表笔测电源（+B）端应为蓄电池电压，如果电压偏低，则可能为蓄电池亏电，电线和熔断器受损，检测 E 端与蓄电池负极之间的电压应为 0V，否

则就为仪表搭铁不良，应进行检修。

③需要说明的问题：该类故障新车较少出现，大多发生在使用多年的旧车上。对于熔断器没有熔断而发黄情况，最好采用数字式万用表检测其通断情况，以防误判。

（2）启动发动机后，电子车速里程表没有发动机转速显示

①检测方法：由于发动机转速显示信号来自发电机中性点，故应检查发电机发电是否正常；检测中性点上的电压是否为发电机额定输出电压的1/2；检查电子车速里程表到发电机中性点之间的接线是否出现短路或断路故障。

②需要说明的问题：如果上述检测均没有发现问题，则拆下发电机中性线，用该线头多次触碰车体搭铁，观察仪表上是否有发动机转速显示，如果有显示则说明电子仪表正常，问题出在发电机部分。

（3）发动机转速显示过低，与实际转速不符

①检测方法：这种故障多与发电机皮带打滑及发电机电刷磨短等有关，尤其是前者，当发电机皮带松弛，就会出现打滑丢转儿（转数），故所显示的数字就会与发动机实际转速相差较多，同时还会伴有水温高、皮带异响现象，应先对皮带工作情况进行检查。

②需要说明的问题：电子车速里程表显示的发动机转速比实际转速低故障，多发生在以发电机中性点取信号的车型上。

12.4.5 电子车速里程表有数字显示，但车辆行驶时表针和数字均不动故障诊断与维修

出现这种故障现象说明表的供电与搭铁回路基本正常，检测可从传感器的好坏入手，具体检测步骤见表12-6。

表12-6 电子车速里程表有数字显示，但车辆行驶时表针和数字均不动故障的检测步骤

检测步骤	检测结果	
	是	否
①拆下传感器连接线，接通点火开关，采用万用表负表笔搭铁，正表笔分别检测传感器插头上的插孔，亦即检测传感器的工作电压是否正常（轿车类的工作电压在5～12V之间，载货汽车类在8～12V之间）	到第②步	如果检测不到电压，或检测到的电压低于5V（以轿车电路为例，以下同），应检查相关线路
②将万用表的红表笔与传感器的电源线插孔相连不动，采用黑表笔分别检测传感器插头上的其他2个插孔，观察万用表是否有电压指示	到第③步	如果均无电压指示，则应检查传感器的搭铁线连接是否良好
③如果上述检测有电压指示，则万用表黑表笔所接的插孔即为传感器的搭铁线插孔，剩下的插孔即为信号线插孔。找一根导线，其一端与传感器搭铁线插孔相连，另一端多次瞬间快速触碰信号线插孔，观察车速里程表指针是否有动作	如果车速里程表指针有动作，说明线路与车速里程表基本正常，是传感器的问题	如果车速里程表指针没有反应，且检查信号线到车速里程表之间的连接线路无问题，则多为车速里程表本身问题

12.5 维修数字式仪表应注意的问题

许多数字式仪表为整体不可拆卸的，故当某个仪表或组件损坏后，一般情况下只能整体更换。

12.5.1 元器件或零部件更换方面应注意的问题

在对数字式仪表进行故障检修前，应先解除安全气囊系统，否则不允许施加电能到转向柱上的任何部件。

（1）数字式仪表电子元器件更换方面　对于备用的数字式仪表电子元器件（许多都采用 CMOS 工艺制成），应将其保存在镀镍包装袋（或锡箔纸等）内。当需要更换元器件时，不要早早就取出来，待更换时再取出，取出时手也不要触及元器件的端子，以防静电损坏被触及的元器件。

（2）数字式仪表板更换方面　更换新的数字式仪表板后，要重新进行编码，否则将无法使用，这一点应注意。如果虽可以工作，但指示值或显示值有偏差，还要对其进行修正。例如燃油表指示值不对，可采用故障诊断仪对其进行修正。

（3）组合仪表板总成更换方面

① 在更换数字式组合仪表总成前，应采用故障诊断仪（V.A.G1551 等）查询故障代码存储器，读取维护间隔显示的数值，查询收放机电子防盗系统编码。

② 对于数字式仪表控制单元与车辆防盗电子控制单元集成在一起的车辆，当其仪表防盗控制单元中的防盗电子控制单元或数字式仪表控制单元某一部分损坏，通常都是更换整个组合仪表板总成，但应在排除仪表防盗控制单元外围电路有问题的情况下，再更换新的配件，因为外围电路故障的发生率较高，尤其是插接器、连接线、焊点等，应注意先对它们进行检查。

③ 对于新换的组合仪表板总成，必须使用故障诊断仪（V.A.G1551 等）设置或调整车速里程表读数和维护间隔显示，即把旧仪表上的里程数输入新仪表。调整维修周期的显示信息，包括更换机油、下次保养里程或保养天数等。对防盗器进行匹配，即让防盗系统与组合仪表一体化。由于不同国家和地区，或者相同车型但是装备不同时，电子组合仪表的编码也可能不相同，故还应对组合仪表进行编码，否则将无法使用。不同车型的编码方法有一定的差异，应参考相应车型维修手册中的要求进行。

12.5.2　电子组合仪表控制方式的差异与 CAN 总线车辆仪表故障典型特点

普通车型行驶里程的显示，多是通过变速器的车速传感器为仪表提供脉冲信号，然后由里程表进行里程的显示，但电子组合仪表控制方式与此有一定的差异。CAN 总线车辆仪表故障也有其不同的特点，具体情况见表 12-7。

表 12-7　电子组合仪表控制方式差异与 CAN 总线车辆仪表故障典型特点

项目	具体说明
CAN 总线车型数字仪表控制方式的差异	对于采用 CAN 总线进行信息传输的电控汽车，其动力系统控制模块（PCM）和车身控制模块（BCM）均控制仪表的工作，其他控制模块也与仪表控制单元进行数据交换，故这些控制模块均会对电子组合仪表的工作产生影响。PCM 通过二级数据总线向仪表控制单元传递数据，再由仪表控制单元驱动仪表显示出来 例如，冷却液温度传感器信号、燃油液面传感器信号以及变速器挡位开关信号等均是先传递给动力系统控制模块 PCM，PCM 再通过 CAN 总线把这些信号输送到仪表控制单元，再由仪表控制单元驱动水温表、燃油表以及点亮位于仪表板上的挡位指示灯。如果发动机转速信号丢失或 PCM 异常，就会使发动机转速显示为 0r/min。如果燃油液面位置信号丢失，就会导致仪表控制单元把燃油油位显示为"E"（空）。如果冷却液温度信号丢失，就会导致仪表控制单元把冷却液温度显示为"冷"。如果 PCM 检测到无效的挡位信息或 CAN 总线出现问题后，就不会有相应的挡位显示
总线通信系统故障典型特征	对于某些仪表板上出现多个报警灯点亮情况（例如大切诺基 Jeep4000/Jeep4700 系列越野车，该系列车型采用单线制 PCI 总线网络通信系统），看起来好像是多个电控单元存在故障，但多个电控单元同时有元件损坏的可能性较小，通常应重点检查总线网络通信系统是否失效
防盗系统故障典型特征	对于采用第 3 代电子防盗系统的大众系列轿车（例如帕萨特 B5、波罗、宝来、奥迪 A6 等），它们的防盗系统控制单元与仪表控制单元集成在一起，由此构成的防盗仪表控制单元，其电子仪表控制单元与防盗钥匙手柄内的转发器之间的通信是时刻存在的，一旦密码不对或信息中断，仪表防盗控制单元就会将发动机锁止，导致发动机无法启动。当然，如果电子组合仪表出现问题，同样也会造成发动机无法启动

习题 12

（1）填空题

1）不同汽车信息显示系统是不完全相同的，但____表、____表、____表、____表；____灯与____灯、____灯、____灯、____灯等是必备的。

2）汽车信息显示系统用来_____汽车_____。按其基本结构原理可以分为_____式和_____式两大类。

3）对信息显示系统基本要求是____简单、____可靠、____、抗____性好，____必须准确，尤其是在____波动时，要求所引起的变化尽可能地小，且不应随____的变化而变化。

4）汽车仪表均____安装在驾驶室转向盘前方的仪表板上，一般采用____安装方式，分为____安装式和____安装式两类。

5）汽车仪表的总成安装方式是指将各种____及____等合装在一个____内，共用一块表面密封玻璃。

6）无论是何种汽车，____表、____表、____表是必备的，____表如采用软轴驱动，由于其无电路连接关系，故电路上通常____出来。

7）汽车发动机转速表的驱动方式主要有____驱动式与____驱动式两大类。前者多应用于____汽车上，后者多应用于____上。

8）汽车信息显示系统故障较为明显，如属单个仪表不工作或工作不良，则故障仅出在与该信息有关的____或____、____和____及其____；如属多个仪表同时不工作或工作不良，则故障出在它们的____电路上，通常应重点检查____的____。

9）对于机油压力表指针始终指向高端故障，拆下机油压力传感器的接线接通点火开关后，观察机油压力表如不再指向高端，则为____故障；但如机油压力表仍指向高端，则先应采用万用表检查机油压力表至传感器之间的连接线路，看是否有搭铁处，如检查连接线路无问题，则多为____的问题。

（2）选择题

1）在图 12-7（a）中，当机油压力正常时，管形弹簧____→触点分开→报警灯处于熄灭状态；一旦机油压力低于允许值，管形弹簧____→触点闭合→报警灯点亮，以示报警。（a）产生的弹性变形量小，向内弯曲；（b）产生的弹性变形量大，向外弯曲；（c）产生的弹性变形量小，向外弯曲；（d）产生的弹性变形量大，向内弯曲。

2）当传统车速表和里程表出现都不工作故障时，故障的可能原因是：（a）里程表转轴卡死；（b）软轴扁接头未插入榫槽；（c）软轴方接头端螺母松脱；（d）软轴芯折断。

（3）问答题

1）机油压力表、水温表、燃油表指示不准确时，怎样对它们进行调整？

2）用一个标准电流表去检查被检测电流表读数是否准确时，如何连接？画出连接电路图，简述判断方法。

3）导致水温表指针不动的原因有哪些？简述其检修流程顺序，并用方框图的方式表示出。

4）何为闭环控制的制动器摩擦片报警系统？当摩擦片磨损后，该系统是如何报警的？

5）导致电子车速表指针指在 0km/h 位置不向高位移动，但荧光屏上数字显示清晰故障的原因有哪些？简述检修方法。

6）维修数字式仪表通常应注意哪些问题？

7）电子组合仪表控制方式与传统仪表相比有哪些差异？CAN 总线车辆仪表故障有哪些典型特点？

第13章

搞清辅助系统工作情况，学会寻找故障元件

本章导读

汽车辅助电器系统简称汽车辅助电器或汽车辅助系统，不同类型的车辆，使用的辅助电器的数量、类型差异较大。

随着汽车电子技术的发展，汽车辅助电器系统已经不是过去的简单几种，已经向舒适、娱乐、安全保障等方面发展。这些辅助电器除了音响设备、通信器材和车载电视等装置外，都是一些和汽车本身使用性能有关的电器，如电动雨刮器、电动洗涤器、风窗除霜装置、电动车窗、电动座椅、电动后视镜及汽车防盗、防撞系统等。限于篇幅，本章不可能全部介绍，仅介绍车辆必备和实用的雨刮器与洗涤器、电动控制装置（几种电动控制装置归纳在一起介绍）与倒车防撞装置。不同车型的这几种辅助电器电路有一定的差异，有的简单，有的复杂，但再复杂的电路都是在基本电路的基础上经延伸、改进或组合扩展后得到的，故初学者应将这几种辅助电器基本电路的工作情况搞清楚。辅助电器控制电路相对较简单，而它们的机械执行机构一般都较为复杂，对于这些复杂的机械系统，建议在搞懂控制电路原理的基础上，对照实物观察其动作情况。

对于电动天窗、电动车窗、电动后视镜、电动座椅、电动门锁，在理解了它们各自的工作原理的情况下，还要关注它们之间的共同点，这些电器在汽车电路中相对独立，多属于电制方式，采用双向直流电动机，通过调整开关控制相应电动机的电流方向（正向电流与反向电流），由相应的机械系统来实现某项控制功能。故这些系统的控制电路十分相似，或大同小异，区别仅在于它们各自的执行机构不同，了解了这些情况，对于识读其他同类电路以及故障检修，都会有极大的帮助。

13.1 电动刮水系统故障诊断与维修技能指导

电动雨刮器又称电动刮水器,如图 13-1(a)所示,用于刮除挡风玻璃上的雨水、雪或灰尘,以确保驾驶员有良好的视线。如图 13-1(b)所示,电动雨刮器不使用时,会自动停靠在挡风玻璃的最下方。图 13-1(c)所示为 U 形接口无骨雨刮器。

(a) 电动雨刮器

(b) 雨刮器停靠位置

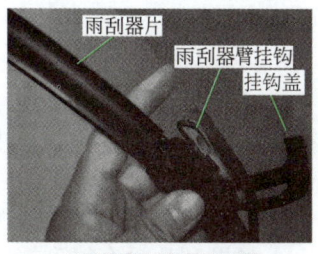
(c) U 形接口无骨雨刮器

图 13-1　电动雨刮器、雨刮器停靠位置与 U 形接口无骨雨刮器

13.1.1 电动雨刮器的结构与工作原理

汽车电动雨刮器通常都与喷洗装置配合使用,主要以电动机、减速机构、间歇继电器为核心构成。

(1)电动雨刮器的结构　图 13-2(a)所示为电动雨刮器的典型结构。它的驱动部件是直流电动机。电动机旋转后经蜗轮蜗杆减速机构减速,由连杆左、右摇摆,进而带动左、右刮臂和刮片刮刷挡风玻璃外表面。雨刮器也有用在后窗玻璃上的,以改善驾驶员的后方视野,但通常只装一个刮臂和刮片。有的车型在前照灯与车外后视镜上也安装了雨刮器。

(2)电动雨刮器的工作原理　电动雨刮器一般具有两种转速。具有永久磁铁的双速电动机及其典型控制电路如图 13-2(b)所示。该电路具有三挡,即低速、高速和停刮复位。该电路有一定的代表性,很多车辆均采用该类电路。

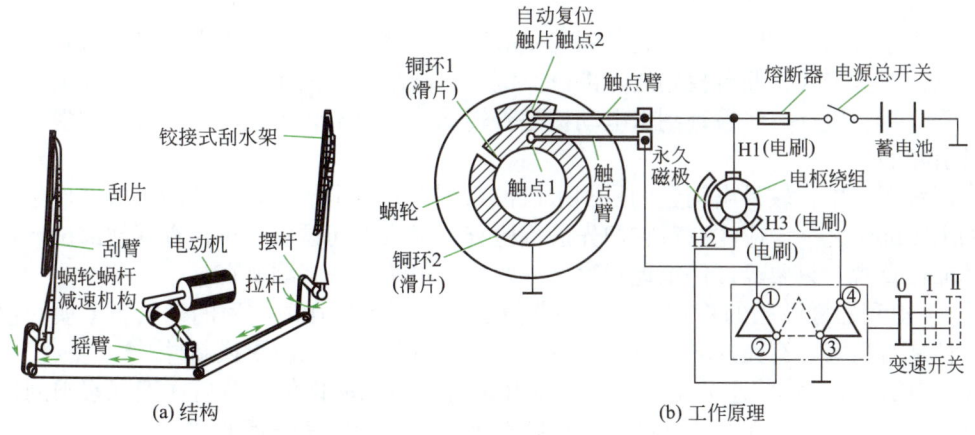

图 13-2　电动雨刮器的结构与工作原理

1)低速挡控制　Ⅰ挡为低速挡,当接通总开关、变速开关拉到该挡位时,就形成了如下的电流通路:

蓄电池正极电流→电源总开关→熔断器→电刷 H1 → 电枢绕组→电刷 H2 →变速开关Ⅰ挡→搭铁→蓄电池负极

这一电流通路使电枢绕组中有电流通过，电枢在永久磁铁磁场的作用下转动。由于磁通较强，故电动机转速较低。

2）高速挡控制　Ⅱ挡为高速挡，当接通总开关、变速开关拉到该挡位时，就形成了如下的电流通路：

蓄电池正极电流→电源总开关→熔断器→电刷 H1 → 电枢绕组→电刷 H3 →变速开关Ⅱ挡→搭铁→蓄电池负极

这一电流通路使电枢绕组中有电流通过，但由于电刷 H3 相对于电刷 H2 偏转了 30°，使电枢磁场发生歪曲，合成磁通被消弱，故电动机高速旋转。

3）复位挡的控制　0挡为停刮并复位挡，在该挡控制电路与机械系统配合工作很有特色，可以分为以下两种情况来说明。

如果刮片没有停到挡风玻璃下缘位置，这时的电流路径为：

蓄电池正极电流→总电源开关→熔断器→电刷 H1 → 电枢绕组→电刷 H2 →自动复位触片触点1→滑片（铜环）2→搭铁→蓄电池负极

这一电流通路使电动机继续以低速旋转，并带动刮片继续工作。

如果刮片已经摆到挡风玻璃下缘应停止的位置，这时复位触片触点 1 与滑片（铜环）2 脱开，同时自动复位触片触点 1、2 和滑片（铜环）1 接触，使电动机电枢绕组短路，电枢因惯性转动而发电运行，产生电磁制动力矩而立即停止运转。

13.1.2　刮水系统常见故障维修入门指导

汽车刮水系统故障发生率不是很高，由于刮水电路具有相对独立性，故在对该电路进行检修时，可根据实际观察到的现象来确定故障的部位。

汽车刮水系统常见的故障为雨刮器不工作、雨刮器速度不够；雨刮器的速度转换不正常等。导致刮水系统发生故障的部位大多在刮水电动机、刮水开关、间歇继电器、刮水继电器的线路或熔断器上。

13.1.3　刮水系统是否有故障的确认

当刮水系统出现故障时，应先判断发生故障的大概部位，然后根据故障车型刮水线路的设计特点，逐步查找，便可找到故障部位。例如，雨刮器不工作，在打开刮水开关后，应首先通过看、听、摸等方法检查刮水电动机是否转动。如果不转动或转动异常，则多为刮水系统不良引起的。

在刮水系统中，较易出问题的是刮水机械系统，尤其是暴露在车外的机械部件是易发生故障的主要部位之一，应注意对它们先进行检查，确认无问题后，再检查其他部位。机械系统的故障较直观，只要经过仔细地观察，一般均可很快发现问题所在。

（1）雨刮器橡胶条的检查　把雨刮器拉起来，用手指在清洁后的橡胶条上摸一摸，观察其弹性是否良好，有无损坏。发现橡胶条老化或有裂纹，均应更换新件。

（2）雨刮器工作状态的检查　将刮水开关置于不同的挡位，然后仔细观察雨刮器在不同速度时的刮水动作，尤其是在间歇工作状态下，其是否保持一定速度。

① 如果雨刮器在接通电源后，刮水电动机"嗡嗡"响但不转动，则多为雨刮器机械传动部分有锈死或卡死现象，此时应迅速关闭雨刮器，以防烧毁电动机。对此，应进行去锈处理或排除卡死现象。

② 如果发现刮臂摆幅不顺，出现不正常的跳动，有噪声；橡胶条的刮面与玻璃面无法完全贴合，导致刮拭后有残留物；刮拭后玻璃面呈现水膜状态，玻璃面上产生细小条纹、雾及线状残留，均说明雨刮器工作异常，应进行修理或更换。

13.1.4 正极型雨刮器控制电路故障诊断与维修

汽车刮水系统主要有正极型雨刮器控制电路与负极型雨刮器控制电路两大类，如图 13-3 所示，两者常见故障的诊断与维修有一些差别。

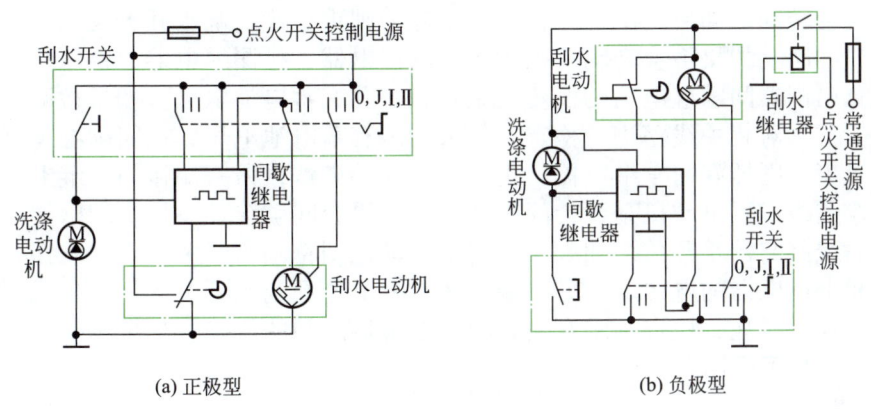

图 13-3 正极型与负极型雨刮器控制电路

（1）正极型雨刮器不工作故障诊断与维修　正极型指刮水电动机是通过控制其正电源通路接通来进行工作的，这类雨刮器控制电路如图 13-3（a）所示，其不工作故障诊断与维修方法如下。

拔下刮水电动机控制电路接线插头，接通点火开关，采用万用表直流电压挡，检测拔下插头的插孔与搭铁之间的电压，正常情况下应有一个插孔为蓄电池电压（该端即为复位电源线）。

1）电压为 0　如果检测到的电压值为 0，则应重点检测雨刮器熔断器是否熔断。如果熔断，应排除电路短路的可能性以后，再更换新的、同规格的熔断器。

2）电压为蓄电池电压　如果检测到的电压值为蓄电池电压，接通刮水开关的低速挡，采用万用表检测时，低速端接线插孔应为蓄电池电压；接通刮水开关的高速挡，低速端接线插孔的蓄电池电压应断开，高速端接线插孔应为蓄电池电压。

如果上述检测正常，说明雨刮器控制电路的供电没有问题，进一步应重点对刮水电动机本身或其相关连接电路、刮水开关进行检查。

（2）正极型雨刮器间歇挡不能工作故障诊断与维修　在对汽车正极型雨刮器间歇挡不能工作故障进行检测与维修时，可先接通点火开关后按一下洗涤电动机按钮，看刮水电动机是否会转动。如果转动，并且会自动停，则重点检查刮水开关及该开关至间歇继电器之间的线路。如果不会转动，则拔下间歇继电器，检测继电器的供电情况，亦即用万用表检测刮水开关断开时，间歇继电器的插座上是否有一孔有蓄电池电压，当刮水开关在间歇挡时，间歇继电器的插座上是否有两个插孔有蓄电池电压。如果检测没有蓄电池电压，则应重点对相关线路进行检查。如果检测有蓄电池电压，在间歇继电器处的搭铁线良好的情况下，则插好间歇继电器，检测间歇继电器向刮水开关的输出线上是否有间歇供电并有触点吸合声。有吸合声，检查间歇继电器到刮水开关之间的线路与刮水开关。没有吸合声，检查间歇继电器本身是否损坏。

13.1.5 负极型雨刮器控制电路故障诊断与维修

负极型指刮水电动机是通过控制其搭铁来接通供电通路而进行工作的，具体电路如图 13-3（b）所示。

（1）负极型雨刮器不工作故障诊断与维修　负极型雨刮器不工作时，故障的查找方法可以参考正极型雨刮器控制电路故障的查找方法进行。

（2）负极型雨刮器间歇挡不能工作故障诊断与维修　在对汽车负极型雨刮器间歇挡不能工作故障进行检测与维修时，可先接通点火开关后按一下洗涤电动机按钮，看刮水电动机是否会转动。如果转动，并且会自动停，则重点检查刮水开关及该开关至间歇继电器之间的线路。如果不会转动，则拔下间歇继电器，检测继电器的供电情况，亦即用万用表检测雨刮器间歇继电器的插座上是否有一孔有蓄电池电压。如果检测没有蓄电池电压，则应重点对相关线路进行检查。如果检测有蓄电池电压，在间歇继电器处搭铁线良好的情况下，则插好间歇继电器，用一导线一端搭铁，另一端接间歇继电器处开关过来的间歇控制线，看电动机是否会间歇转动。如果会间歇转动，检查间歇继电器到刮水开关之间的线路与刮水开关。如果不会间歇转动，则将刮水开关置于间歇挡，把检测灯的一端接间歇继电器的电源端，另一端接间歇继电器到刮水开关的另一接线，看检测灯是否点亮。如果点亮，检查刮水开关到间歇继电器之间的线路。如果不能点亮，检查间歇继电器本身是否损坏。

13.1.6 无骨雨刮器的结构特点与更换方法

无骨雨刮器具有受力均匀、防日晒、结构简单、重量轻等特性，其电动机和刮片的寿命比传统雨刮器至少要延长一倍，故应用越来越广泛。

（1）结构特点　无骨雨刮器本身主要由胶条、无骨钢片、护套与塑料件四种配件组成。支架的材质为不锈钢，钢片为碳钢，且长度在 10～28in（1in=2.54cm）之间，厚度在 0.8～0.9mm 之间，宽度通常在 7～14mm 之间。无骨雨刮器中的钢片利用一整根导力钢片条来分散压力，以使雨刮器刮片各部分受力均匀，达到减少水痕、擦痕的效果。钢片有电镀层，使其更加耐蚀。由于无骨雨刮器钢片的弹性比一般有骨雨刮器钢片更好一些，故减少了抖动磨损。

（2）更换方法　雨刮器的橡胶片老化、开裂后，应及时进行更换，以 U 形接口无骨雨刮器为例，具体更换方法与步骤如下。选用与原车长度相同的雨刮器，举起两个刮臂，如图 13-1（c）所示，用手按住雨刮器盖卡扣，打开挂钩盖子，滑动雨刮器，直到将其从刮臂上松开，就可取下旧雨刮器→把刮臂挂钩从盖子中间的空位穿过去，钩入新雨刮器，压紧，盖回盖子，压入卡扣，更换即结束。再次检查，以确保雨刮器已安装牢固后就可投入使用。

13.2　电动洗涤系统故障诊断与维修技能指导

汽车洗涤系统又称喷洗装置或喷洗系统，主要以洗涤泵、储液罐、喷嘴等为核心构成。图 13-4（a）所示为该系统在车辆上的位置，图 13-4（b）所示为其组成。

13.2.1　电动洗涤系统组成

电动洗涤系统的作用是向挡风玻璃表面喷洒洗涤液或水，配合刮片摇刷，以保持挡风玻璃表面洁净。

（1）洗涤泵　洗涤泵又称为喷水泵或喷洗泵，主要有三种形式，即离心式、齿轮式和挤压式，通常直接安装在储液罐上，也有安装在管路内的。用于把洗涤液从储液罐中抽出。在离心泵的进口还设置有滤清器。

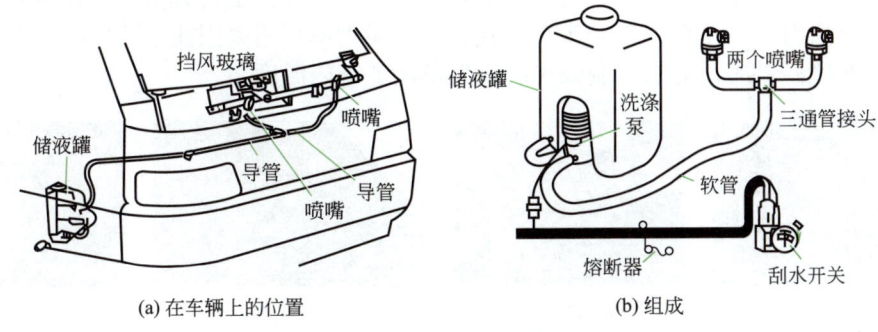

图 13-4　电动洗涤系统在车辆上的位置与组成

（2）储液罐与洗涤液　储液罐采用工程塑料制成，用于盛装洗涤用的液体。常用的洗涤液是低硬度清水。为了刮洗油、蜡等污物，也可在水中添加少量的去污剂和防锈剂。但不应使用强效洗涤剂，以免导致挡风玻璃密封条和刮片橡胶条变质，或导致车身喷漆变色或储液罐、喷嘴等塑料件开裂。冬季不使用洗涤器时，应将洗涤管中的水倒掉。

（3）喷嘴　电动洗涤器的喷嘴有装一个的，也有装两个的。喷嘴喷射方向可以调节，喷嘴直径一般为 0.8～1mm，一般要求喷水量均匀，喷出的液体不应分散。也有把喷嘴装在雨刮器刮臂上的，并和雨刮器联动，定时地配合刮片的刮刷动作，这是一种喷射效果较好的间歇式电动洗涤器。

13.2.2　电动洗涤系统故障诊断与维修

检查电动洗涤器性能好坏时，可向储液罐中充入洗涤剂，然后合上开关，观察喷嘴喷出的液流是否有力，喷射方向是否适当，电动洗涤泵的接线是否正常。如不正常，应对电动机、喷嘴、连接管、储液罐及密封装置进行检修。下面介绍两种常见故障原因及其维修技能。

（1）洗涤电动机不转　出现洗涤电动机不转故障的原因多为电动机及泵不良，洗涤器开关失灵，熔断器熔断，电源或线路不良等，应修复线路或更换、修理损坏的元器件。

（2）喷嘴工作异常　出现喷嘴工作异常的原因多为洗涤液导管压扁、弯折或接头泄漏，喷嘴阻塞，电动机及泵不良等，应校正、校直或更换压扁、变形的洗涤液导管，紧固导管接头，使之无泄漏现象，对已阻塞的喷嘴应清除阻塞物，对不良的电动机及泵应进行修理或更换。

13.3　电动天窗、电动车窗、电动后视镜、电动座椅、电动门锁故障诊断与维修技能指导

汽车电动控制装置除了上面介绍的电动雨刮器与电动洗涤器外，还有电动天窗、电动车窗、电动后视镜、电动座椅、电动门锁等。

13.3.1　电动天窗

现在的新型轿车许多都设置了电动天窗系统，使汽车的透气性更好，使用更方便，有的车型还具有双天窗系统。

（1）类型　常见的电动天窗主要有普通式天窗［图 13-5（a）］、全景天窗［图 13-5（b）］、百叶式天窗［图 13-5（c）］、太阳能天窗［图 13-5（d）］等几种。其中的全景天窗面积较大，甚至为整块玻璃的车顶；百叶式天窗类似于家庭的百叶窗帘，是将数块玻璃以百叶的方式安装在车顶，开启滑动后使玻璃都聚集在一起；太阳能天窗利用太阳能电池板将光能转换为电能，在高温车辆停驶时，通过控制鼓风机来自动调节车内温度。

(a) 普通天窗　　　(b) 全景天窗　　　(c) 百叶式天窗　　　(d) 太阳能天窗

图 13-5　几种通常外形示意图

（2）组成　各种车型电动天窗电路大同小异，工作原理基本相同，主要由电源继电器（天窗主继电器）、天窗控制开关（简称天窗开关）、限位开关（通常设置在电动机内部）、驱动电动机和天窗控制（打开与关闭）继电器等组成。其典型控制电路如图 13-6 所示。该电路具有一定的代表性，其他车型的电动天窗控制电路与此基本相同。

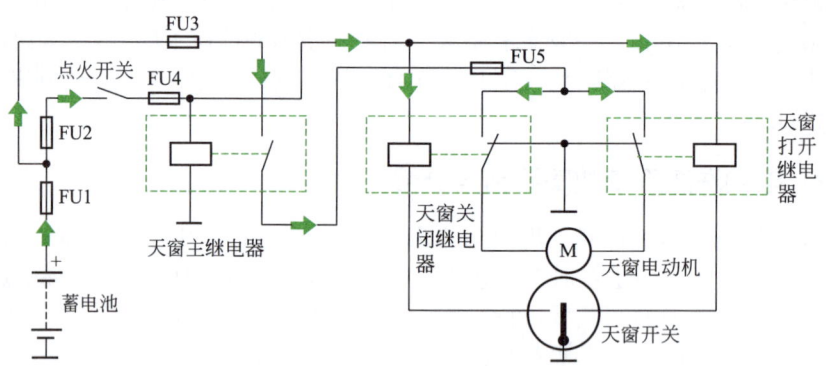

图 13-6　典型的电动天窗控制电路

（3）工作原理　天窗主继电器受点火开关的控制，当点火开关接通时，该继电器常开触点闭合后为天窗控制电路提供电源。天窗的打开与关闭受天窗开关的控制，该开关在中间位置时，天窗停止工作；当天窗开关置于右边时，天窗打开继电器线圈得电工作，其常开触点闭合，有从右向左的电流流过天窗电动机，使天窗打开；当天窗开关置于左边时，天窗关闭继电器线圈得电工作，其常开触点闭合，有从左向右的电流流过天窗电动机，使天窗关闭。

（4）常见故障检修思路　当天窗完全失效时，应重点检查 FU1～FU5 熔断器是否熔断，发现熔断，应查找熔断的原因并处理后，再更换新的熔断器；检查主继电器和天窗电动机本身是否损坏。

当天窗不能打开或不能关闭时，说明天窗电动机在某一个方向电流通路无法形成，可对相应的继电器及其连接线路进行检查。

13.3.2　电动车窗

电动车窗也称自动车窗，用开关就能自动控制升降门窗玻璃。

（1）组成　电动车窗主要由机械式玻璃升降器（又称机械式玻璃升降机构）及其控制系统两大部分组成。为了吸收冲击对机构的影响，一般还装有吸收冲击的缓冲装置。

机械式玻璃升降器主要有绳轮式、交臂式与软轴式三大类。其中以绳轮式与软轴式应用较多，如奥迪、桑塔纳、富康轿车采用的为绳轮式，北京切诺基越野车采用软轴式。图 13-7 所示为这两种玻璃升降器的典型结构。

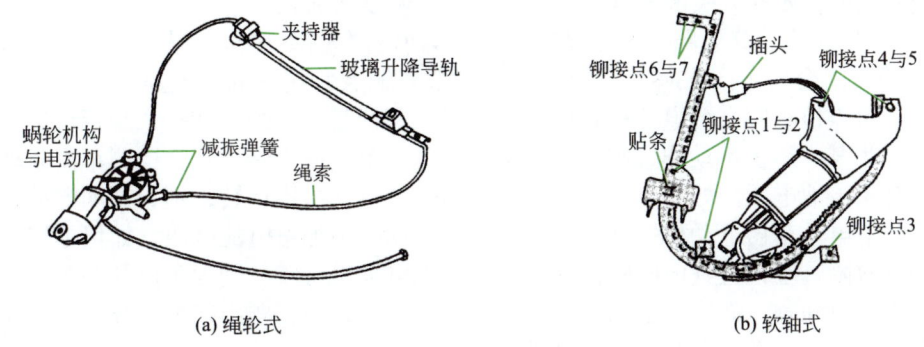

图 13-7　两种常见机械式玻璃升降器结构

（2）控制电路　图 13-8 所示为基本电动车窗控制电路。电动车窗通常由双向直流电动机、控制开关、继电器、断路开关（又称断路器）等组成。电动机有永磁式与双绕组串励式两种。每个车窗都设置一个电动机，通过开关控制电动机工作电流的方向，以此来实现车窗玻璃的上升或下降。

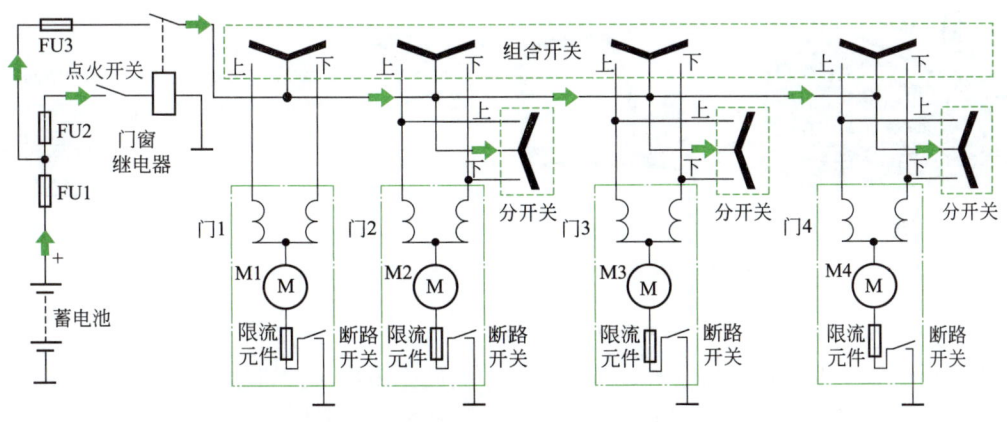

图 13-8　基本电动车窗控制电路

1）控制开关　图 13-8 中的控制开关有组合开关与三个分开关，组合开关为总开关，通常设置在驾驶员容易操作的地方，如其一侧的车门（门 1）上等，由驾驶员来对各个车门进行操作。四个开关操作功能一样，当船形开关拨至左边（上）时，玻璃上升；当船形开关拨至右边（下）时，玻璃下降。三个分开关设置在除驾驶员门以外的其他车门处，供乘员进行操作。

2）车窗控制电源　车窗控制电源由门窗继电器控制，当点火开关接通后，门窗继电器线圈得电吸合后，其常开触点闭合，为车窗控制电路供电。

3）玻璃上升控制　当将组合开关或分开关与"上"位接通时，电流通路为：

电动机左边磁场（以门 2 为例，下同）绕组→电动机→限流元件→断路开关→搭铁→蓄电池负极电动机运转后带动玻璃升降器上升。

4）玻璃下降控制 当将组合开关或分开关与"下"位接通时，电流通路为：
电动机右边磁场绕组→电动机→限流元件→断路开关→搭铁→蓄电池负极
电动机以相反的方向运转后带动玻璃升降器下降。

5）限流元件与断路开关 在电动机组件中，设置了限流元件与断路开关，当车窗上升或下降到终点时，断路开关断开40s左右，然后又恢复接通状态。

（3）常见故障检修思路 电动车窗故障多为所有车窗不动作。遇到此类故障时，应先检查点火开关闭合后（图13-8），门窗继电器常开触点右端处的蓄电池电压是否正常。如不正常，应重点检查门窗继电器是否损坏，FU3熔断器是否熔断，连接线是否良好。

如故障为某一车窗不动作，则将该车窗开关置于上升或下降位置，检测车窗驱动电动机两端是否有蓄电池电压。如蓄电池电压正常，但驱动电动机不运转，则为驱动电动机本身的问题。可拔下电动车窗电动机插件，直接给驱动电动机施加蓄电池电压。如仍不转，则为电动机组件有故障，应检查其内断路器是否损坏。如电动机可转，则为车窗开关到电动机组件间的连接线路有问题。如检测电动机两端无蓄电池电压，则问题出在组合开关上，应对其相应的触点进行检查，看其是否接触不良等。

13.3.3 电动后视镜

后视镜又称倒车镜，分布在汽车左右两侧，供驾驶员观察汽车左右两侧行人、车辆以及其他障碍物的情况，确保行车或倒车安全。图13-9（a）所示为某车辆一侧后视镜安装位置，图13-9（b）所示为后视镜外形。

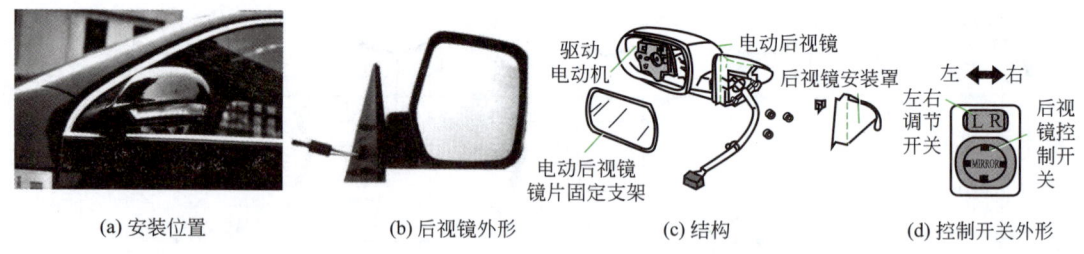

图13-9 电动后视镜安装位置、外形、结构与控制开关外形

（1）组成
电动后视镜主要由后视镜受控动作（上下左右四个方向）的机械结构及其控制系统两个部分组成。图13-9（c）所示为后视镜结构，通常由镜片、微型直流电动机、驱动器、镜片固定支架等组成。微型直流电动机设置在每个后视镜镜片背后，用于驱动后视镜上下及左右运动。

（2）控制电路 各种车型电动后视镜电路大同小异，工作原理基本相同，涉及后视镜控制开关[图13-9（d）]、左右调节开关、点火开关、熔断器、左侧与右侧后视镜驱动电动机等，其典型控制电路如图13-10所示。这是一个双后视镜控制系统，有两个可逆永磁电动机，一个电动机控制垂直方向的倾斜运动，另一个电动机控制水平方向的倾斜运动。该电路具有一定的代表性，其他车型的电动后视镜控制电路与此基本相同。

（3）工作原理 电动后视镜电源通路为：
蓄电池正极→FU1熔断器→点火开关→FU2熔断器→控制开关组件③端子
汽车左、右两侧后视镜的工作原理基本相同，下面以左侧后视镜为例进行说明。

1）后视镜向左摆动时工作情况 当左右调节开关SA2的D、E触点拨向左侧时，就分别与左侧的开关触点接通,则左侧后视镜处于被控状态。当控制开关 SA1 的 A、C 触点拨向左侧时,就分别与左侧的开关触点接通,由此就形成了如下的电流通路:

控制开关组件③端子输入的蓄电池正极电压→控制开关 SA1 的 C 触点→左右调节开关的 E 触点→开关组件的②端子→左侧后视镜电动机组件③端子→电动机 M1→左侧后视镜电动机组件①端子→开关组件⑦端子→控制开关 A 触点→开关组件⑧端子→搭铁→蓄电池负极

该电流通路使左侧后视镜左右动作电动机 M1 驱动左侧后视镜向左摆动。

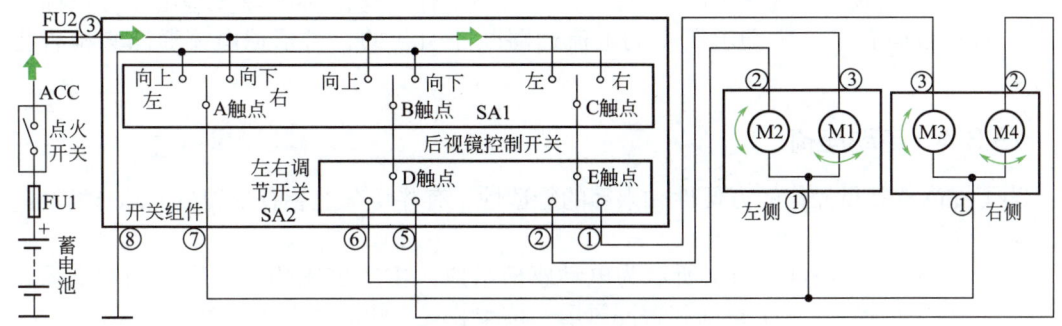

图 13-10 电动后视镜典型控制电路

2)后视镜向右摆动时工作情况 当控制开关 SA1 的 A、C 触点拨向右侧时,就分别与右侧的开关触点接通,由此就形成了如下的电流通路:

控制开关组件③端子输入的蓄电池正极电压→控制开关 SA1 的 A 触点→开关组件的⑦端子→左侧后视镜电动机组件①端子→电动机 M1→左侧后视镜电动机组件③端子→开关组件②端子→左右调节开关 SA2 的 E 触点→控制开关 SA1 的 C 触点→开关组件⑧端子→搭铁→蓄电池负极

该电流通路使左侧后视镜左右动作电动机 M1 中有与上述相反的电流流过,从而驱动左侧后视镜向右摆动。

3)后视镜向下摆动时工作情况 当控制开关 SA1 的 A、B 触点拨向右侧(此时 SA2 的 D、E 触点在左侧,以下同)时,就形成了如下的电流通路:

控制开关组件③端子输入的蓄电池正极电压→控制开关 SA1 的 A 触点→开关组件的⑦端子→左侧后视镜电动机组件①端子→电动机 M2→左侧后视镜电动机组件②端子→开关组件⑥端子→左右调节开关 SA2 的 D 触点→控制开关 SA1 的 B 触点→开关组件⑧端子→搭铁→蓄电池负极

该电流通路使左侧后视镜上下驱动电动机 M2 工作,从而驱动左侧后视镜向下摆动。

4)后视镜向上摆动时工作情况 当控制开关 SA1 的 A、B 触点拨向左侧时,就形成了如下的电流通路:

控制开关组件③端子输入的蓄电池正极电压→控制开关 SA1 的 B 触点→左右调节开关 SA2 的 D 触点→开关组件的⑥端子→左侧后视镜电动机组件②端子→电动机 M2→左侧后视镜电动机组件①端子→开关组件⑦端子→控制开关 SA1 的 A 触点→开关组件⑧端子→搭铁→蓄电池负极

该电流通路使左侧后视镜上下驱动电动机 M2 工作,其内有与上述相反的电流通过,从而驱动左侧后视镜向上摆动。

(4)常见故障检修思路 在对后视镜系统进行检修之前,应先检查该系统中的各个熔断器是否正常,后视镜系统接地是否正常,线束插接器连接是否可靠、接触是否良好。

1)左右两侧后视镜均不工作 左右两侧后视镜均不工作,说明问题出在它们的共用部分,通常应先检查后视镜熔断器是否熔断。如熔断,在更换新的熔断器之前,还应检查后视镜系统是否有短路处。如熔断器未熔断,应重点检查后视镜控制开关,这类开关各端子间在各种状态时通断情况是固定的。

2)某一侧后视镜不工作 左、右侧后视镜的组成及控制方法基本相同,两部分相对独立,左侧或右侧后视镜有四种工作状态,每两种状态受一台电动机的控制。通常两台电动机同时损坏的可能性较小,故这种故障应重点对控制开关进行检查。

3)某一侧后视镜向上或向下、向左或向右不工作 这两种故障多是由于控制向上或向下、向左或向右某一驱动电路中的电流通路断路引起的,可根据电流通路去检查相应元件。

13.3.4 电动座椅

为了提高驾驶员操作的方便性和乘客的舒适性,有些轿车上装有驾驶员电动座椅和前乘员电动座椅系统。

(1)组成 图13-11(a)所示为电动座椅组成,主要由座垫、靠背、侧背支承、头枕组成。有的座椅还设置了背部和臀部风扇、按摩装置、侧面气囊等装置。

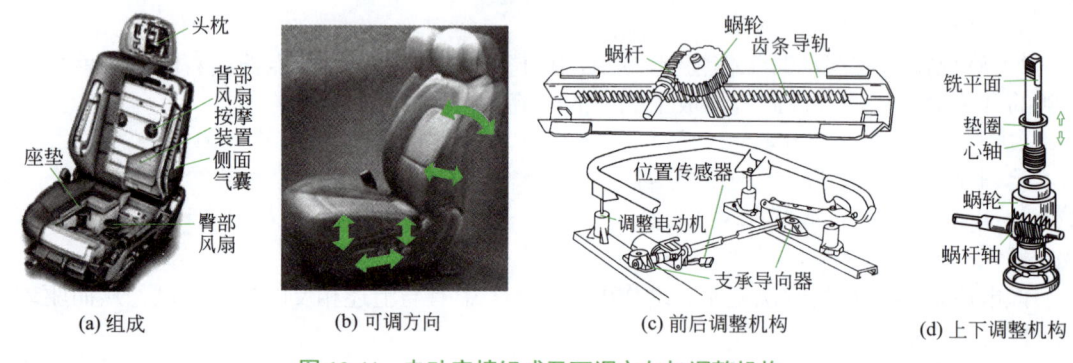

图13-11 电动座椅组成及可调方向与调整机构

(2)类型与调整位置 电动座椅根据使用的电动机数量多少,有单电动机式、双电动机式、三电动机式及四电动机式等多种。由于一个电动机可以对两个方向进行调整,故单电动机式可以对两个方向进行调整,一般用于对座椅前后两个方向进行调整,通常称其为两向;同样道理,双电动机式可以对四个方向进行调整,一般除了调整前后方向外,还可以调整上下位置,称为四向;三电动机式可以对六个方向进行调整,除了上述两电动机所调的功能外,还可以对前部与后部的高低进行调整,称为六向;四电动机称为八向,除了三电动机调整的功能外,还可以对靠背的倾斜度进行调整。图13-11(b)所示为座椅可调方向。

(3)控制电路与传动机构 图13-12所示为电动座椅典型控制电路。座椅的控制电路并不复杂,但其传动机构较为复杂。图13-11(c)所示为前后调整机构,主要由蜗轮、蜗杆、齿条、导轨等组成,齿条装在导轨上。直流电动机产生的力矩经蜗杆传到两侧的蜗轮上,由齿条带动就可使座椅前后移动。图13-11(d)所示为上下调整机构,主要由蜗轮、蜗杆轴、心轴等组成,直流电动机产生的力矩带动蜗杆轴,驱动蜗轮转动,使心轴在蜗轮内旋进或旋出,进而带动座椅上下移动。

(4)控制原理 图13-12所示控制电路中的3台驱动电动机的控制原理基本相同,以后开关 SA1 控制为例,其调整过程如下。

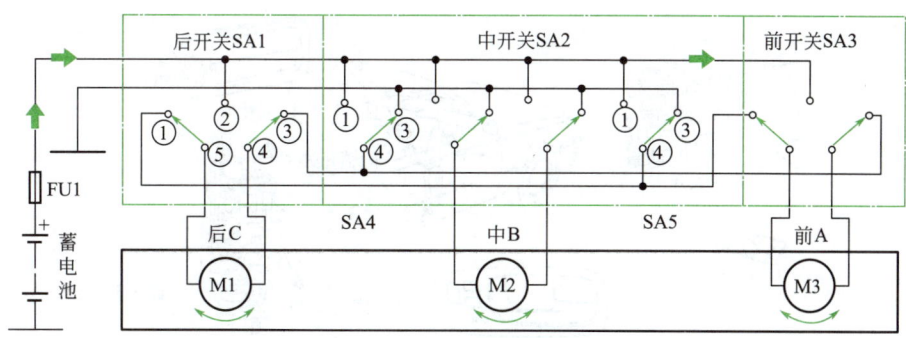

图 13-12 电动座椅典型控制电路

1)向上动作过程 当将 SA1 置于使座椅后部向上调节位置时,就将 SA1 的⑤与②触点接通,形成的电流通路为:

蓄电池正极→ FU1 熔断器→ SA1 的⑤与②闭合触点→电动机 M1 → SA1 的④与③闭合触点→ SA4 限位开关闭合的④与③触点→搭铁→蓄电池负极

该电流通路使 M1 中有从左到右的电流通过,M1 驱动座椅后部向上移动。

2)向下动作过程 当将 SA1 置于使座椅后部向下调节位置时,就将 SA1 的②与④触点接通,形成的电流通路为:

蓄电池正极→ FU1 熔断器→ SA1 的②与④闭合触点→电动机 M1 → SA1 的⑤与①闭合触点→ SA5 限位开关闭合的④与③触点→搭铁→蓄电池负极

该电流通路使 M1 中有从右到左的电流通过,M1 驱动座椅后部向下移动。

(5)常见故障检修思路 如果座椅所有控制功能均失效,则应重点检查熔断器是否熔断;连接线路是否有断路处,导线绝缘层有无破损处。对于座椅的其他故障,则可以通过操作电动座椅来判断故障的可能原因。

① 如果一个座椅调节器比另一个座椅调节器先达到最大水平或垂直位置,则可能为两座椅调节器不同相,应对其进行适当的调整。

② 如果座椅不能水平或垂直移动,或水平和垂直两个方向均不能移动,则可能为座椅调节器电动机损坏,或控制电路有故障。

③ 如果座椅垂直(或水平)移动迟缓或卡滞,则可能为垂直(或水平)执行器与齿条之间配合不良或污垢过多,也可能为顶板总成有松动现象。

④ 如果一个座椅调节器不能垂直(或水平)移动,则可能为垂直(或水平)驱动钢丝脱开或折断,也可能是垂直(或水平)执行器未工作所致。

⑤ 如果一个座椅水平移动不平稳,则可能为水平执行器不良或严重脏污所致。

13.3.5 电动门锁

门锁按使用的执行机构不同分类,可分为电磁式、电动式与气动膜盒式三大类。电磁(也称电磁铁)式门锁的开启与锁定均由电磁铁驱动。电动(也称电动机)式门锁的开启与锁定均由电动机带动机械系统实现。气动膜盒式门锁的开启与锁定均由压力泵产生的气压带动。电动式门锁应用最广泛。

(1)结构特点 电动门锁系统主要由可逆式直流电动机、传动装置以及锁体总成等组成,该系统在汽车上的典型分布方式如图 13-13 所示。图 13-14 所示为电动门锁机械传动装置的典型结构,该装置体积小、耗电少、动作较迅速(动作时间约 0.2s),不足之处是长时间通电易损坏电动机。

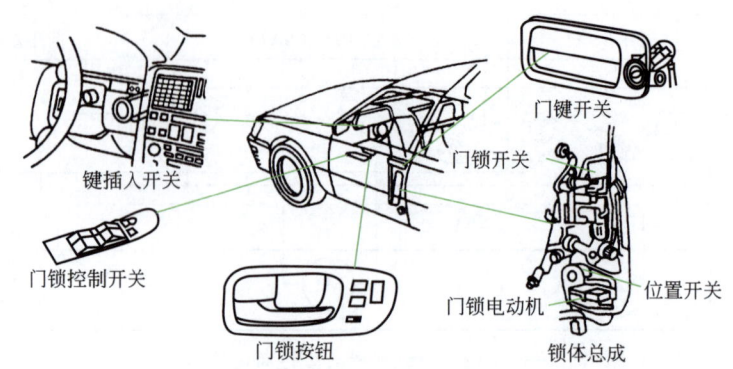

图 13-13　电动门锁系统在汽车上的典型分布方式

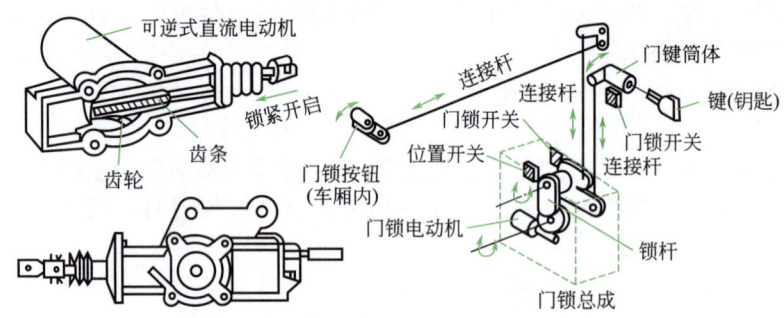

图 13-14　电动门锁机械传动装置的典型结构

（2）控制电路　图 13-15 所示为最基本的电动门锁控制电路，该电路的工作原理较简单，以前门锁开关 SA1 为例，当操作该开关使其中间触点与左边触点接通进行门锁锁定时，就会使门锁继电器 KA1 得电工作，其常闭触点断开，常开触点闭合后，FU1 熔断器输出的电流就会经过该闭合的触点，使所有电动机有从下向上流动的电流通过，使门锁锁定。当 SA1 中间触点与右边触点接通进行门锁开锁时，就会使门锁继电器 KA2 得电工作，其常闭触点断开，常开触点闭合后，FU1 熔断器输出的电流就会经过该闭合的触点，使所有电动机有从上向下流动的电流通过，使门锁开锁。

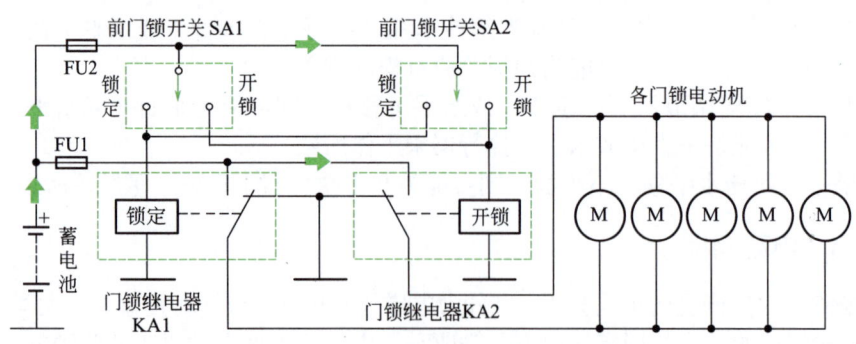

图 13-15　最基本的电动门锁控制电路

（3）无线电遥控门锁　无线电遥控门锁是指不用将键（钥匙）插入键筒而远距离进行开锁和锁定车门的一种操作系统，由用户随身带的遥控发射器发出微弱电波，由汽车天线接收该电波信号后，经电子控制单元（ECU）识别并送入信号代码，再由该系统的执行器（电动机或电磁线圈）执行开锁/锁定的动作。其控制原理可以由图 13-16 所示的方框图来表示。

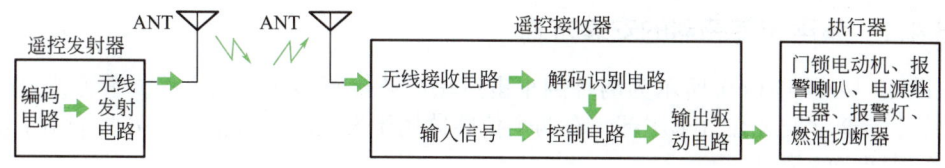

图 13-16　无线电遥控门锁控制原理方框图

无线电遥控门锁是在上述基本门锁的基础上，增加了遥控系统扩展后得到的，且门锁开关改由电子开关或继电器控制电路来取代，执行器部分变化不大。

（4）常见故障检修思路　由于汽车电动门锁的类型较多，而且各汽车厂家使用的门锁控制电路又不尽相同，所以电动门锁故障的检查主要还是依据各自的电路图来进行。由微电脑控制的电动门锁电路，检查时，还应知道其故障代码以及具备故障检查仪等必要的仪器。

1）一般检修思路　电动门锁故障的一般检修思路是，先看是全部门锁不起作用，还是某一门锁不起作用。若全部门锁均不起作用，大多是控制电路的故障；若某个门锁不起作用，则应在接通门锁开关后，听门锁有无动作声响，以此来作为分析判断故障的依据。在电动门锁电路中，最容易检查的就是控制系统中的熔断器、蓄电池连接线以及蓄电池电压、插接件的连接情况和配线的接触情况等。这在故障分析与检查的初期应首先予以注意。

2）常见故障原因　电动门锁常见故障主要有门锁系统不工作，如使用手动开关时门锁系统不工作，使用车门钥匙时门锁系统不工作等，其可能原因见表 13-1。

表 13-1　电动门锁常见故障及可能原因

故障现象	检测条件	可能原因
门锁系统未工作	不管操作什么开关	电源熔断器熔断；门锁电动机有问题；门锁控制继电器有故障；门锁连接线路有故障或系统搭铁不良
门锁系统不能工作	使用车门手动开关时	门锁手动开关有问题；门锁手动开关连接线路有故障
	使用车门钥匙时	门锁连杆脱落；门锁钥匙锁止和打开开关有故障；门锁连接线路有问题

对于具有遥控功能的电动门锁，如手控门锁正常，仅遥控失灵，则问题出在遥控系统，如用示波器检测遥控发射器发射的信号正常，则故障多是出在遥控接收与信号处理部分。

13.4　倒车雷达故障诊断与维修技能指导

倒车雷达主要由控制器、显示器、蜂鸣器和超声波传感器等组成。超声波传感器［图 13-17（a）］俗称探头，通常多为压电式，它是整个倒车系统最核心的部件，其作用是发出（发射）及接收超声波信号。

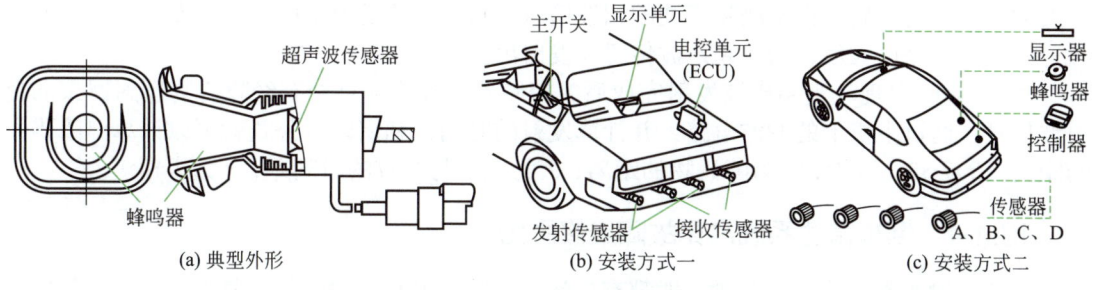

图 13-17　超声波传感器典型外形与安装方式

13.4.1 超声波传感器的安装方式

图 13-17（b）与（c）所示为两种倒车雷达超声波传感器在车辆上的安装方式。压电式超声波传感器通常安装在汽车尾部，有两个传感器用于发射超声波信号，另两个用于接收受到阻挡而返回来的信号。

显示器（或蜂鸣器）用于显示超声波传感器检测到的障碍物的距离，采用蜂鸣器进行报警。倒车雷达采用超声波测距原理，传感器在控制器的控制下发射超声波，当遇到障碍时，产生回波信号。传感器接收到回波信号后，经控制器进行数据处理，判断出障碍物的位置，显示距离并发出警告，从而达到安全泊车的目的。

13.4.2 倒车雷达信号处理过程

图 13-18（a）所示为倒车雷达信号处理电路工作流程框图。MCU（Microprocessor Control Uint）通过预定的程序设计，控制相应电子模拟开关驱动发射电路，使超声波传感器工作。

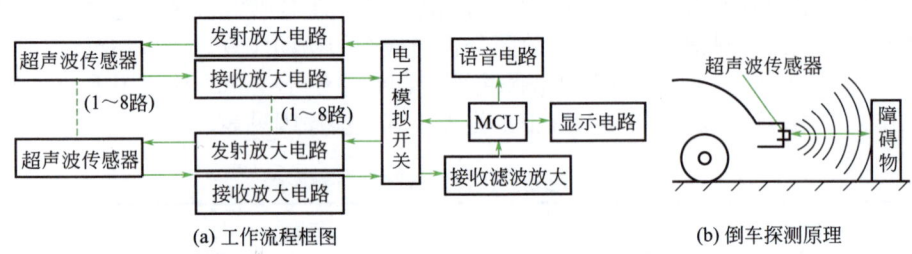

图 13-18 倒车雷达工作流程框图与倒车探测原理

超声波回波信号通过专有的接收滤波放大电路进行处理后，由 MCU 的 I/O（输入/输出）端口对其进行检测。当全部传感器工作完成后，由系统通过特定的算法得出最近的距离，并驱动显示电路工作，来提醒驾驶员最近的障碍物距离和方位。

13.4.3 倒车雷达的工作原理

由超声波传感器为核心构成的倒车雷达能以声音或更为直观地显示告知驾驶员周围障碍物的情况，解除驾驶员倒车时左右探视所引起的困扰，提高倒车安全性。

（1）工作原理　图 13-18（b）所示为倒车雷达超声波传感器的倒车探测原理。它利用超声波传感器产生的超声波对车后发射，如在一定范围内碰到物体，就有一反射波返回发射源（超声波传感器的表面），主机利用发射波和反射波之间的延迟时间和声波速度就能够测得距离。

（2）发射原理　当车辆处于倒车状态时，倒车雷达开始启动，控制器控制超声波传感器发射超声波信号后，再检测超声波的回波信号。超声波的发射是由控制器发射一串脉冲信号，经放大电路放大后，通过超声波传感器发射出去。

（3）接收原理　当超声波发射完成后，控制器立即检测是否有经障碍物反射回来的超声波信号，通过主机上的滤波电路，并计算发射的时间，利用以下公式就可以计算出障碍物的距离：$S=Tv/2$（式中，S 为障碍物的距离；T 为发射与接收的时间差；v 为声速）。

13.4.4 倒车雷达系统常见故障维修思路

安装有倒车雷达系统的车辆一般都有自诊断系统，可利用检测仪读取故障代码，并根据故障代码的含义查找故障原因。

如倒车时蜂鸣器无提示声响、显示器没有任何显示、倒车灯也不亮，则说明系统没有工作电源，应检查倒车灯开关是否失灵、倒车雷达系统线束插接器接触是否良好；如倒车时显示器有工作显示，但蜂鸣器无任何声响，则可能为控制器与组合仪表之间的线路有断路处，或为仪表内的蜂鸣器本身不良或损坏；如倒车时蜂鸣器有提示声响，但显示器无任何显示，则可能为控制器插接器松动或接触不良，显示器本身不良或损坏；如果某个传感器探测能力变差，则往往会使仪表内的绿色指示灯出现乱跳现象，这种情况可能为传感器表面污染严重或其性能变差。正常情况传感器工作时，用耳朵贴近传感器仔细听可听到轻微的"嘀嗒"声（可与正常传感器进行比较）。

习题 13

（1）填空题

1）汽车电动雨刮器通常都与_____配合使用，主要由_____、_____、_____为核心构成。

2）喷洗泵主要有_____式、_____式和_____式三大类。

3）常见的电动天窗主要有_____式、_____式、_____式、_____式等几种。

4）机械式玻璃升降器主要有_____式、_____式与_____式三大类。

5）电动车窗通常由_____、_____、_____、_____（又称_____）等组成。

6）电动后视镜主要由后视镜受控动作（上下左右四个方向）的_____及其_____两个部分组成。

7）后视镜机械结构通常都由_____、_____、_____支架等组成。

8）轿车座椅主要由_____、_____、_____、_____组成。有的座椅还设置了_____和_____风扇、_____装置、_____气囊等装置。

9）可调电动座椅根据使用的电动机数量多少，有_____电动机式、_____电动机式、_____电动机式及_____电动机式等多种。

10）如果座椅所有控制功能均失效，则应重点检查_____是否熔断；_____是否有断路处，_____有无破损处。

11）电动门锁按使用的执行机构不同分类,可分为_____式、_____式与_____式三大类。_____（也称为_____）式门锁的开启与锁定均由电磁铁驱动。_____（也称为_____）式门锁的开启与锁定均由_____带动机械系统实现。_____式门锁的开启与锁定均由压力泵产生的气压带动。

12）电动门锁系统主要由_____、_____以及_____总成等组成。

13）无线电遥控门锁通常由遥控_____、遥控_____以及_____三大部分组成。

14）倒车雷达主要由_____、_____、_____和_____等组成。_____的作用是发出（发射）及接收超声波信号。

（2）选择题

1）电动洗涤器的喷嘴直径一般为：（a）0.2～0.4mm；（b）0.4～0.8mm；（c）0.8～1mm；（d）1～1.2mm。

2）下面对刮水器电动机的叙述错误的是：（a）刮水器电动机多为永磁式直流电动机；（b）永磁式电动机结构决定了其磁场强度发生变化；（c）刮水器电动机是依靠改变正、负电刷间串联导体数进行变速的；（d）刮水器使用双速电动机。

3）导致电动刮水器速度转换不正常的原因通常有：（a）电动机低速或高速挡电刷磨损；

(b) 电动机转子电枢断线；(c) 自动复位器动作不灵活；(d) 电动机供电导线接触不良。

4) 导致电动洗涤器电动机不转的常见原因有：(a) 电动机及泵不良；(b) 洗涤液导管压扁；(c) 洗涤器开关失灵；(d) 电动机供电导线断裂。

5) 电动车窗双绕组串励式电动机内有两组绕向_____的磁场线圈，可输出_____、_____两个方向的转矩。(a) 相同，正，反；(b) 不同，正，反。

6) 汽车电动车窗电动机是一种_____、_____直流方式，内部装有_____装置。(a) 电磁，三极，减速；(b) 永磁，三极，减速；(c) 电磁，二极，减速；(d) 永磁，二极，减速。

7) 电动车窗控制电路中的主继电器用_____电流去切换电动机_____电流。(a) 大，小；(b) 小，大；(c) 小，小；(d) 大，大。

8) 在图 13-10 中，当后视镜向右摆动时，SA1 开关的 A、C 触点分别拨向哪一侧？(a) A 左侧，C 右侧；(b) A 右侧，C 左侧；(c) A、C 均为左侧；(d) A、C 均为右侧。

9) 在图 13-10 中，当后视镜向下摆动时，SA1 开关的 B、A 触点与 SA2 的 D、E 触点分别拨向哪一侧？(a) SA1 左侧，SA2 右侧；(b) SA1 右侧，SA2 左侧；(c) 均为左侧；(d) 均为右侧。

10) 如果门锁系统未工作，则故障原因可能是：(a) 门锁连接线路有故障或系统搭铁不良；(b) 门锁电动机有问题；(c) 电源熔断器熔断；(d) 门锁控制继电器有故障。

(3) 问答题

1) 什么是正极型刮水控制电路？怎样诊断与维修正极型刮水器控制电路间歇挡不能工作故障？画出检修流程图。

2) 什么是负极型刮水控制电路？怎样诊断与维修负极型刮水器控制电路间歇挡不能工作故障？画出检修流程图。

3) 什么是无骨刮水器？该刮水器由哪些部件组成？怎样更换 U 形接口无骨刮水器？

4) 电动刮水器自动复位装置有什么作用？简述其结构原理。

5) 电动天窗控制电路通常由哪几部分构成？参考图 13-6 简述电动天窗的工作原理。当天窗完全失效时怎样检修？画出检修流程图。

6) 在图 13-8 中，如门 3 不动作，则故障原因有哪些？简述检修过程，画出检修流程图。

7) 简述左、右后视镜均不工作故障的检修方法，并用方框图的方式画出检修流程图。

8) 简述一个后视镜不工作故障的检修方法，并用方框图的方式画出检修流程图。

9) 简述对电动门锁故障检修的一般思路。对于具有遥控功能的电动门锁，如受控门锁正常，但遥控门锁失效，则故障原因是什么？

第14章

学习电控系统故障诊断方法,掌握实际维修技能

本章导读

　　汽车电控系统故障通常是指电控系统全部或局部丧失控制功能、控制功能发生偏差的现象。汽车电控系统类型虽然较多,但通常都由一块大规模单片集成电路为核心构成。不同类型的电控系统虽然控制对象和控制功能不一样,但组成上却十分相似,通常都由信号输入、电控单元(如ECU、BCM等)与执行器三大部分构成。由于对它们的检修有许多相同或相似之处,故本章将它们归纳在一起来进行介绍。考虑到现在新型汽车的维修,尤其是在高级轿车的维修过程中,对汽车零部件本身的维修已不再是汽车维修的主要工作(因为新型车辆的许多部件不可修复,损坏之后只能更换新件),而准确判断引发故障的原因则成为汽车维修的关键。故本章也以此作为重点介绍的内容,希望能对读者有所帮助,进而去解决实际问题。

14.1　电控燃油喷射系统故障诊断与维修技能指导

　　发动机是汽车的"心脏",是用于将其他形式的能量转变为机械能的一种机械装置。电控装置又是发动机的控制核心。

14.1.1　发动机外形与结构

　　图14-1(a)所示为一种电控发动机典型外形,图14-1(b)所示为奥迪轿车上使用的电控发动机外形,图14-1(c)所示为电控发动机结构,这是一种单缸独立点火发动机。

图 14-1 发动机外形与结构

14.1.2 发动机电控燃油喷射系统是否有故障的确认

在进行故障检修前,应首先查明发动机电控燃油喷射系统的结构和线路中的连接关系,确认发动机电控燃油喷射系统是否确实出现了问题,然后再进行故障检查。

(1) 故障确认的基本原则 如果发动机不能启动,在确认发动机电控燃油喷射系统的供电、启动系统、点火系统均无问题,空挡开关处于正常位置时,故障多是由于发动机电控燃油喷射系统异常引起的。

(2) 故障确认的基本流程 发动机未工作故障检测顺序可参考表 14-1(仅供参考,实际检修时应灵活运用)。

表 14-1 发动机未工作故障检测顺序

检测步骤	检测结果	
	是	否
①检查蓄电池电压是否低于正常值	进行充电或重换新的蓄电池	到第②步
②检查发动机是否可以转动	到第③步	查找发动机转不动的原因
③检查发动机是否可以着车	到第④步	到第⑥步
④检查空气滤清器是否正常	到第⑤步	清洁、更换滤芯
⑤检查发动机怠速转速是否正常	到第⑥步	检查怠速转速异常的原因
⑥检查燃油压力是否正常	到第⑦步	检查燃油供给系统有关元件或部件
⑦检查总高压线及分高压线是否可以跳火	问题出在其他部位	检查点火系统有关元件或部件

(3) 与电控系统无关故障的检查 若故障属发动机运转不正常,而故障灯又未点亮,这时就不要再去检查电控系统的传感器和执行机构,而应按无电控系统的普通发动机进行检查。与电控系统无关的典型故障及其原因见表 14-2。

表 14-2 与电控系统无关的典型故障及其原因

故障现象	故障原因
发动机怠速运转不平稳,甚至熄火	怠速转速过低、真空管路泄漏,使怠速空燃比不当;点火过早;曲轴箱通风阀或通风管路堵塞;火花塞或高压导线有缺陷;废气再循环阀卡滞,或关闭不严
发动机行驶加速时缺火	火花塞高压线有缺陷;分电器盖开裂或损坏而漏电;分火头不良;点火线圈有短路故障或有裂痕;点火线圈或点火控制电路导线松动;燃油清滤器堵塞、燃油泵泵油压力不足或燃油管有裂缝

续表

故障现象	故障原因
油耗过高	点火过迟；排气管受阻；空气滤清器受阻；废气再循环阀处于常开状态
加速时发生爆震	点火时间过早；燃油等级过低，抗爆性差；进气管路中有漏气处；废气再循环阀不能正常开启

（4）故障灯点亮时的检查　检修电控喷射式发动机故障时，若发现故障灯点亮，应按规定的故障诊断程序进行检查，并排除故障。电控喷射式发动机是一个比较复杂的系统，由于各个国家、不同厂家、不同型号甚至不同年代的产品，其结构、工作方式、软件和硬件电路等都有很大的差异，因此对不同车型发动机进行故障诊断与维修时，应按相应使用和维修手册规定的方法和步骤进行。

14.1.3　发动机电控燃油喷射系统几种常见故障判断技能

发动机电控燃油喷射系统故障多种多样，这里不可能均涉及，由于判断故障比实际修理要难得多，下面介绍几种常见、发生率较高故障的检测与判断技能。

（1）电控系统导致的怠速过高故障诊断顺序　当发动机电控系统导致怠速过高时，可按以下顺序对有关部位或系统进行检查：检查油门拉索是否发卡→接通解码器，查询发动机电控系统内部存储器存储的故障记忆→检查油箱通风系统情况→检查进气系统是否漏气→检查燃油压力情况→检查怠速控制系统状态→检查电控辅助电信号系统是否有错误信号。

（2）电控系统导致的发动机性能不良故障诊断顺序　当发动机电控系统导致发动机性能不良时，可按以下顺序对有关部位或系统进行检查：接通解码器，查询发动机电控系统内部存储器存储的故障记忆→检查油泵工作情况→对节气门拉索进行调整→检查进气系统是否漏气→检查冷却液温度传感器状态→检查进气温度传感器状态→检查空气流量传感器状态→检查燃油压力及油压调节器的工作情况→检查喷油器工作情况→检查排气管是否漏气→检查火花塞的状态→检查点火线圈的状态→检查高压线与火花塞的连接情况。

（3）电控系统导致的油耗过高故障诊断顺序　当发动机电控系统导致油耗过高时，可按以下顺序对有关部位或系统进行检查：接通解码器，查询发动机电控系统内部存储器存储的故障记忆→检查油路是否渗漏→检查进气系统是否漏气→检查冷却液温度传感器状态→检查进气温度传感器状态→检查氧传感器状态→检查油压调节器和保持压力的情况→检查喷油器工作情况→检查火花塞的状态→检查节流阀体状态→检查活性炭罐系统状态。

（4）发动机完全性缺缸故障典型特征　当发动机出现完全性缺缸时，由于个别气缸已完全不工作，发动机在怠速状态时会产生偏振现象，而且也会出现发动机功率不足、油耗增加等现象。对于气缸数较少的发动机，这种现象较为明显。但随着气缸数的增多，这种现象会变得越来越不明显，尤其是8缸以上的发动机，如果一个气缸发生缺缸故障，当发动机怠速时，仅采用眼看的方式，很难判断出来；但若车辆处于负载行驶时，则可以很明显地感觉到发动机的输出不平顺，急加速时会出现窜动现象，而且油耗增加、废气排放恶化。

（5）发动机间歇性缺缸故障典型特征　当发动机出现间歇性缺缸时，气缸数较少的发动机在怠速状态时，可以明显观察到发动机转速出现间歇性变化，同时还伴有抖振、喘振现象，这种现象会随着发动机缸数的增加而变得不明显。但故障发生时，如果将手放在排气管的出口处，则可明显感觉到有间歇性的冲击，车辆行驶时也会出现间歇性的窜动，油耗也会有所增加。

14.1.4 电控发动机启动困难故障的诊断与维修

在检修电控发动机启动困难故障时，应先检查各部件的连接线路有无松脱、错接或变形损坏等情况，然后借助自诊断系统或故障诊断仪，根据提示的故障代码处理问题，最后可根据由表及里、由简到繁的原则进行故障诊断与排除。具体诊断流程可参考表14-3。

表14-3 电控发动机启动困难故障的诊断流程

检测步骤	检测结果	
	是	否
①检查空气滤清器是否畅通	到第②步	清洗或更换空气滤清器
②检查怠速控制装置是否正常	到第③步	检查节气门体与怠速控制阀
③采用真空表检查怠速时进气歧管真空度是否正常	到第④步	如大于66.7kPa，则说明进气系统有空气泄漏，一般可听到"嘶嘶"的漏气声，应检查漏气原因并排除
④检查燃油压力是否正常	到第⑤步	检查燃油供给系统各部件
⑤用解码器读取空气流量计和水温传感器的数据流，看数据是否正常	到第⑥步	检查空气流量计和水温传感器及其与电控单元（ECU）之间的连接电路
⑥检查喷油器是否堵塞及冷启动系统是否正常	到第⑦步	进行相应维修或更换新件
⑦检查气缸压力是否正常	更换ECU	如压力低于0.7MPa，则拆检发动机

14.1.5 电控发动机怠速转速异常故障诊断与维修

发动机空转时称为怠速，在发动机运转时，如果完全放松加速踏板，此时发动机就处于怠速状态。发动机怠速时的转速就称为怠速转速，可通过调整风门大小等来调整其高低。

电控发动机怠速转速异常的因素很多，归纳起来有表14-4中所列的15项。如果故障为间歇性怠速异常升高，则在进行故障检修时，可以排除EGR阀、曲轴通风PCV阀、燃油系统、点火系统、正时链条造成故障的可能性，应对其他10项可能原因进行逐一检查排除。

表14-4 电控发动机怠速转速异常故障部位、可能原因和影响情况

故障部位	可能原因	影响情况
进气系统	真空软管或进气歧管出现漏气	会造成进气量增加而可能导致怠速转速升高
排气系统	排气系统堵塞导致排气管氧的含量增加→氧传感器提供给ECM的混合气偏稀→ECM加大喷油量	可能导致怠速转速升高
氧传感器	氧传感器出现问题后，为ECM提供了错误的检测信息	可能会导致怠速转速升高
正时链条	点火或配气正时链条安装错误	可能会造成持续性的高怠速或怠速不稳现象
油门拉索或加速踏板	油门拉索或加速踏板卡滞会导致节气门不回位	会导致怠速转速升高
燃油系统	燃油系统或喷油器故障，会导致喷油量减少	导致怠速不稳或熄火
电信号干扰	干扰会给ECM提供错误信号，致使ECM发出错误的指令	可能造成怠速转速升高
节气门体	怠速控制步进电机故障不回位；节气门位置传感器故障，为ECM传递了错误信息；节气门初始调节位置错误	可能会导致怠速转速升高

续表

故障部位	可能原因	影响情况
火花塞积炭	火花塞积炭如果过多，会导致多点点火	可能造成怠速转速升高
点火系统	点火线圈、火花塞、高压线漏电或击穿等，均会导致点火能量减弱	会造成怠速不稳、加速无力
EGR 阀	EGR（废气再循环）阀怠速时应处于关闭状态，如果阀门卡滞处于常开状态，就会使发动机工作异常	会导致怠速不稳、发抖
PCV 阀	PCV（曲轴通风）阀本身不良或损坏	就会导致怠速不稳
进气压力温度传感器	传感器出现故障，会给 ECM 传递错误的进气量信号	可能会导致怠速转速升高
冷却液温度传感器	传感器出现故障，ECM 以设定替代值为标准，以冷工况喷油，会使混合气偏稀	就会造成怠速转速升高
发动机控制模块（ECM）	ECM 出现故障，可能会输出错误的指令及喷油信号	可能会造成高怠速

14.2 电控自动变速器系统故障诊断与维修技能指导

现在的自动变速器一般都是液力式自动变速器，如图 14-2（a）所示，主要由液力变矩器、油泵、齿轮变速机构、阀体、锁止离合器和电控系统等组成。

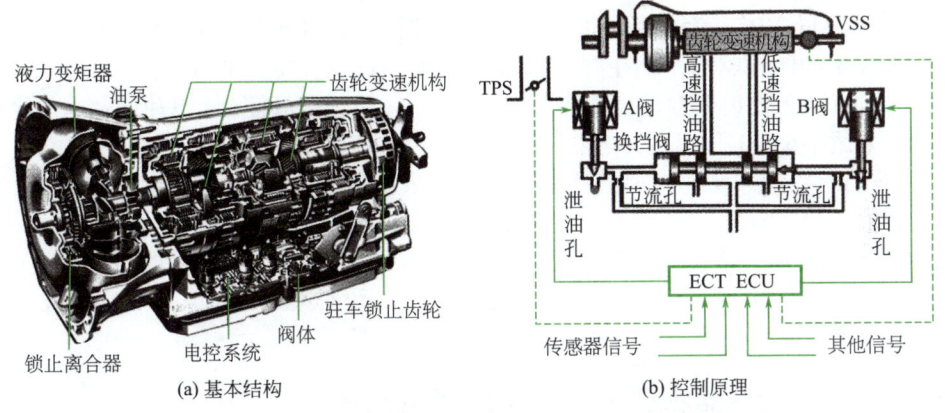

图 14-2 电控自动变速器基本结构与控制原理

14.2.1 电控自动变速器控制原理

图 14-2（b）所示为电控自动变速器控制原理，它是通过各种传感器把发动机转速、节气门开度、车速、发动机冷却液温度、自动变速器液压油温度等参数转变为电信号后提供给自动变速器电控单元（有的车型将自动变速器电控单元集成在发动机电控单元内）。自动变速器电控单元依据这些电信号，按照设定的换挡规律，输出控制信号给换挡电磁阀、油压电磁阀，换挡电磁阀、油压电磁阀再将该信号转变为液压控制信号，也就是阀体中的各个控制阀根据这些液压控制信号，去控制换挡执行元件的动作，以便实现自动换挡的目的，现在的轿车都采用这种控制方式。

14.2.2 自动变速器的型号

变速器的型号不同，其结构也不相同，熟悉和掌握变速器型号并能够正确识别它，可有的放矢地去排除故障，会使检修工作顺利进行。

（1）变速器铭牌　变速器铭牌的位置如图14-3（a）所示，通常都在靠近变速器下部的某一位置，图14-3（b）与（c）所示为两种自动变速器铭牌。铭牌上一般标有自动变速器的生产公司名称、型号、生产序号代码、液力变矩器规格等内容。

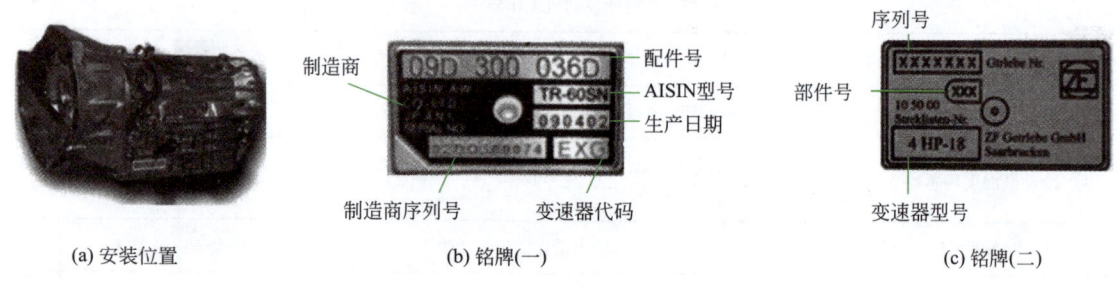

图 14-3　自动变速器铭牌及其安装位置

（2）变速器型号的含义　自动变速器型号主要包含了其性质、驱动方式、控制类型、前进挡的数量、额定输出转矩、生产公司、改进序号等内容。

① 性质：主要是指该变速器是自动变速器还是手动变速器。通常用字母"A"表示自动变速器，用字母"M"表示手动变速器。

② 驱动方式：主要来说明该变速器是前驱动方式还是后驱动方式。通常用字母"F"表示前驱动，用字母"R"表示后驱动。但也有特殊情况，如丰田公司则采用数字来表示驱动方式，有少量的四轮驱动车辆在型号后面加字母"H"或"F"来表示。

③ 控制类型：主要说明自动变速器是电控、液控、还是电液控制。电控通常采用字母"E"表示，液控采用字母"L"表示，电液控制采用字母"EH"表示。

④ 前进挡的数量：变速器前进挡的数量主要表示自动变速器前进挡传动比的个数，一般用数字表示。

⑤ 额定输出转矩：该参数仅在通用、宝马等公司生产的自动变速器的型号中有标注。

⑥ 生产公司、改进序号：生产公司也就是生产自动变速器的厂家代号，改进序号表示在原自动变速器的基础上改进的次数。

14.2.3 自动变速器油液位与节气门拉索的检查

自动变速器的结构和工作原理十分复杂，无论是换挡执行元件损坏，还是电控电路、阀体中的控制阀等出现问题，均会影响自动变速器的正常工作。

（1）自动变速器油液位的检查　将车辆运行到发动机和变速器达到正常工作温度（70～80℃），将车辆停在平坦路面上，踩下驻车制动踏板，接上驻车制动器，发动机怠速运行，将变速杆换到P～L的所有挡位，最后退回P挡，拉出变速器油尺并擦干净，再将油尺全部插入套管，拔出油尺，油面应在HOT范围内，如图14-4（a）所示，若油面低于HOT下限，应加油。

（2）节气门拉索的检查　对节气门拉索进行检查，主要是检查表征发动机负荷大小的节气门开度，是否被准确地反映到自动变速器内部的节气门阀处。如图14-4（b）所示，对有长的橡胶防尘罩套的节气门拉索，检查时使发动机的节气门处于全开位置，罩套末端与拉索标记间的距离应在0～1mm之间，否则调节螺母来调整拉索的长度。

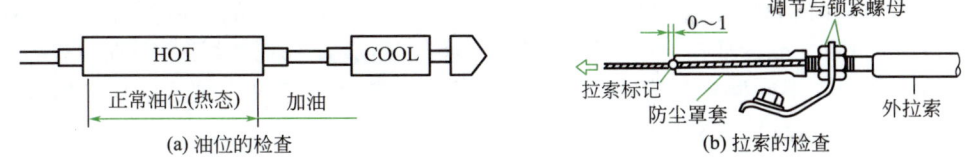

图 14-4 自动变速器油液位与节气门拉索的检查

14.2.4 电控自动变速器故障大概部位的判断

实际上,对自动变速器故障的检修,最大的难点是对故障大概或具体部位的判断,故下面重点对这方面进行介绍,对于机械系统的检修限于篇幅,这里不做介绍。对于自动变速器电控系统的检查,也应围绕自动变速器电控单元(ECU)来查找故障原因,这一点在本书其他有关章节中都已经涉及,不再赘述。

(1)电路故障还是机械故障的判断 对自动变速器故障的检修,首先应确定是电路故障还是机械故障,一般可按图14-5(a)所示的检修顺序来检查。其中,用 DRB Ⅱ 测试仪能分辨出电路控制系统的故障。

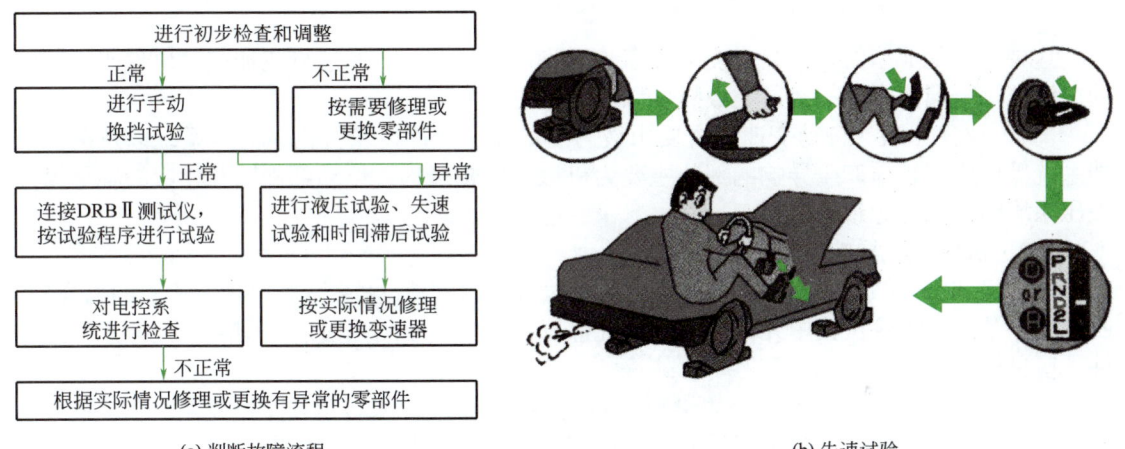

图 14-5 判断故障流程图与失速试验示意图

(2)故障是否出在发动机的判断 确定故障是否出在发动机可通过失速试验[图14-5(b)]来进行判断。启动发动机使其达到正常工作速度,在宽阔良好的路面上紧急制动并拉紧手制动,分别挂 D 或 R 位置,加速踏板踩到底,迅速读出发动机的最高失速转速。正常的失速转速应在 2400~2500r/min 之间。如果失速试验时发动机转速低于规定值,则故障可能是发动机输出功率不足或液力变矩器导致的单向离合器打滑。若失速试验时发动机输出功率不足,则汽车在任何车速时加速性能都差,应修理发动机。若单向离合器打滑,则汽车在低速行驶时加速性能差但高速行驶时正常。

(3)故障是在电控单元还是在变速器内部的判断 确定故障是在电控单元还是在变速器内部,可以通过人工换挡试验来确定。可断开变速器的电磁阀接线插头,支起后轮或行车路试,可参考下述方法进行。

关闭发动机,断开 ECT 或 ECT 熔断器。把变速器换入每一个挡位,变速器操作应符合以下要求:在驻车挡锁上;在倒挡向后行驶;在空挡不移动;当变速杆在 1~2 位时换入 1 挡;当变速杆在 3 位时换入 3 挡;当变速杆在 D 位时换入超速挡。

进行上述操作的目的，就是检查换挡位置及挡位来判断故障的大概部位。若变速杆位置与所处挡位不同，或在某挡位时变速器打滑，则故障出在变速器内部，否则，故障可能出在 ECU 控制系统。不同型号变速器，变速器挡位的设置有一定的差别，表 14-5 所列为另一种型号变速器的变速杆位置对应的挡位。

表 14-5 变速杆位置对应的挡位

变速杆位置	D	2	L	R	P
所处挡位	O/D 挡（超速挡）	3 挡	1 挡	倒挡	停车挡（驻车挡）

14.2.5 自动变速器机械故障的典型特点

对自动变速器故障进行检修时，对于机械系统出现的故障，可通过一定的路试手段来进行判断。需要对变速器进行拆解时，应由表及里进行，分解时要在关键部位做好标记，也可采用画图的方法来逐一分解各个零部件，且在分解时还应仔细检查分解后的零部件。由于机械系统出现的磨损、碰撞等现象较为明显，故直观检查都可以发现。

14.2.6 自动变速器工作时噪声大故障诊断与维修

这种故障的典型特征为自动变速器工作时噪声大，车辆高速运行或加速时出现明显沉闷的"铛铛"金属撞击声，对这类故障原因的判断方法如下。

（1）故障原因 自动变速器主要由液力变矩器、变速齿轮机构、液压系统以及电控换挡系统等构成。较易产生异响的部位主要为机械式齿轮机构、传动部件以及相应的轴承另外液压系统问题也会导致异响。

（2）机械系统异响的检测与维修思路

① 对于在挂挡时出现的瞬间异响，可依据执行机构的传动路线，对自动变速器的离合器、制动器以及行星齿轮机构中元件的工作情况进行检查。对于磨损过度或间隙过大的元件或零件，应更换新件。

② 自动变速器在任何车速下都会有一定的声响，且发动机转速和车速越高，声音越大。如果在某挡位时自动变速器出现异响，则说明异响就产生在该挡位的齿轮或单向离合器中，进一步可依据该档位执行元件的传动路线，来判断是哪一个元件损坏，对其进行修理或更换。

③ 如果车辆加速时出现明显沉闷的金属撞击声，则应重点对输出轴的轴承磨损情况进行检查，因为轴承属易损件，当其损坏后较容易引起转动件撞击壳体而出现异响。

（3）液压系统异响的检测与维修思路 液压系统出现的异响通常在发动机怠速或入挡时出现，往往会发出"吱吱"声，在变速器前部或油底壳下部可明显听到该异响。出现这种情况通常多为自动变速器油（ATF）在变速器内部的流动受阻造成的。此时，应进行以下检查。

① 对自动变速器油液面的高度进行检查。如果液面过高，就会使自动变速器内部的旋转件搅动油液，自动变速器油中夹杂的气泡参与了油泵泵油的循环而产生异响。

② 对液力变矩器和油泵的工作情况、液压系统管路、油泵衬套以及其他液压元件进行检查，发现有元件或零件严重磨损，应更换新件。

14.3 电控制动防抱死系统故障诊断与维修技能指导

图 14-6（a）所示为制动防抱死（ABS）系统组成，这是一种四通道 ABS 系统，其前后四个车轮分别由液压单元中的四个电磁阀单独控制。另外还有一种三通道 ABS 系统，其两

个前轮各由一个电磁阀单独控制，两个后轮由一个电磁阀控制，如图14-6（b）所示。它们都是由电控单元、车轮转速传感器、液压控制单元等组成。

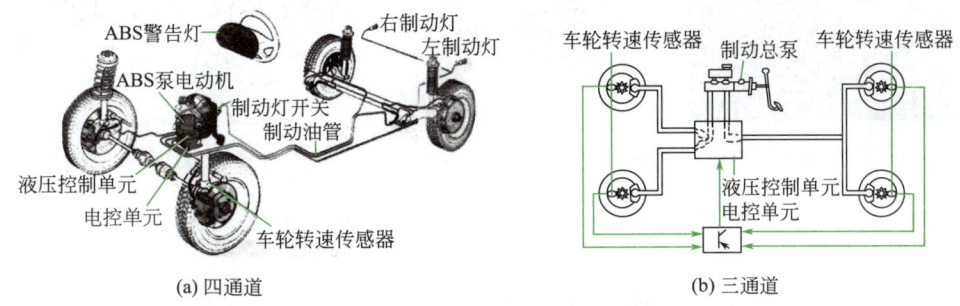

图 14-6　制动防抱死系统组成

14.3.1　制动踏板高度的检查与调整

经长期工作后，制动踏板的高度会因振动导致的移动或磨损等原因而需要调整时，可参考以下方法进行。

（1）高度的检查　断开制动灯开关插头，松开制动灯开关锁紧螺母，拧下制动灯开关使其不再和制动踏板接触，掀起地毯，测量由驾驶室金属底板到踏板上表面中点的距离，即为踏板高度，该高度应满足厂家维修手册中提供的数据，如不满足，应进行相应的调整。

（2）高度的调整　如图14-7（a）所示，先松开推杆锁紧螺母，然后用钳子把推杆旋入或旋出，直到满足所要求的高度。再把锁紧螺母重新锁紧即可。不能通过按压推杆的方法来调整踏板的高度。

（3）制动灯开关间隙调整　装上制动灯开关，直到柱塞被完全压住，然后将开关往回拧 3/4 圈，使开关螺纹端和衬垫之间产生一个间隙，如图14-7（b）所示，再拧紧锁紧螺母，接上制动灯开关插头，确认松开制动踏板后制动灯可以熄灭，则调整结束。

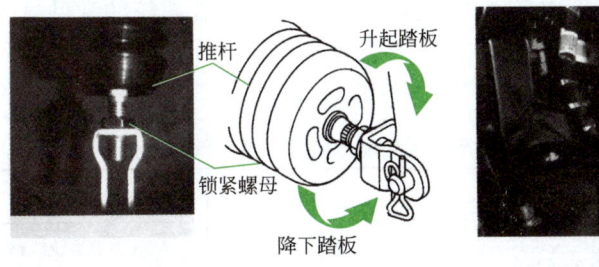 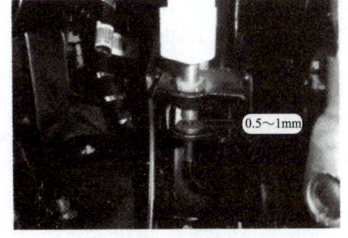

图 14-7　制动踏板高度与制动灯开关间隙调整示意图

14.3.2　制动液液面的检查

检查制动防抱死液压系统故障时，如图14-8（a）所示，应先检查制动液液面是否在规定范围内。制动液液面高度应位于危险最低（DANGER/MIN）和最高（MAX）标记之间，并尽可能接近最高标记。如果发现液压系统有故障，应先对其进行检修。制动液液面在DANGER/MIN 位置时，制动液液面过低报警灯会点亮。

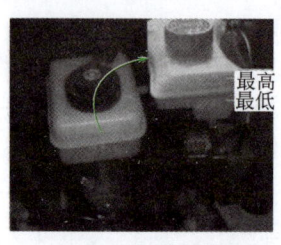 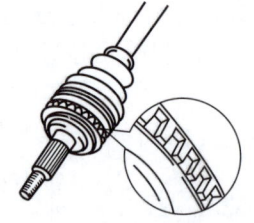 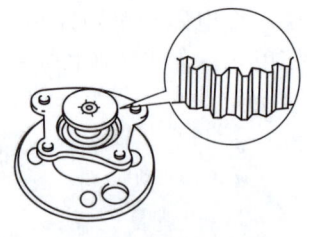

(a) 制动液液面的检查　　(b) 前轮转速传感器转子的检查　　(c) 后轮转速传感器转子的检查

图 14-8　制动液液面、前轮传感器转子与后轮传感器转子的检查

14.3.3　制动防抱死系统故障的初步检查

如果 ABS 系统出现故障，确认车辆驻车制动手柄处于完全释放状态后，可先进行初步检查，以便迅速查出故障原因，为进行故障自诊断或下一步的检修做好准备。

（1）供电系统检查　检查蓄电池以及各熔断器、继电器是否正常，安装是否可靠，插接件接触是否良好。尤其是蓄电池电压一定要在规定范围内。

（2）ABS 系统检查

① 检查 ABS 电控单元（ECU）导线插头、插座及其连接线连接是否可靠，接触是否良好，有无损坏，搭铁是否良好。

② 检查电动液压泵、液压控制单元、车轮转速传感器、制动液液面指示开关导线插头、插座和导线的连接是否良好。

③ 检查车轮转速传感器传感头与齿圈之间的间隙是否符合规定，传感头有无脏污。图 14-8（b）所示为前轮转速传感器转子的检查；图 14-8（c）所示为后轮转速传感器转子的检查。

14.3.4　制动防抱死系统常见故障类型与部位

目前，轿车上装用的 ABS 电控系统都是由 ABS 电控单元（ECU）、车轮转速传感器、ABS 执行器（制动压力调节器）以及 ABS 警告灯等组成。ABS 系统的常见故障类型较多，归纳起来主要有表 14-6 中所列的五大类，同表也列出了故障可能原因与大概部位，供维修时参考。

表 14-6　制动防抱死系统常见故障类型与部位

故障类型	故障现象	故障可能原因与大概部位
第一类故障	①接通点火开关后，ABS 警告灯一直点亮 ②汽车行驶时，ABS 警告灯点亮	ABS 电控系统线路、部件或电源有故障
第二类故障	接通点火开关 3s 后，ABS 警告灯不熄灭	ABS 警告灯电路或 ABS 电控单元有故障
第三类故障	ABS 警告灯时亮时灭	相关插接件的端子间线路有故障
第四类故障	①制动器卡住，不能脱开 ②制动力不足 ③在常规制动时，ABS 系统起作用 ④在常规制动时，即将停车前 ABS 系统起作用 ⑤ABS 系统起作用时，制动踏板异常抖动	液压制动系统有故障、ABS 电控系统线路或部件有故障
第五类故障	ABS 系统起作用时，产生打滑噪声	ABS 电控系统线路或部件有故障

14.3.5　制动防抱死系统故障判断

如果 ABS 系统出现严重故障，车辆便自行退出防抱死控制，恢复常规的制动功能。ABS 系统工作状态是否正常，可采用路试和观察 ABS 警告灯的方法进行判断。

（1）正常工作时　掌握制动防抱死系统正常工作和出现故障时的典型特征，对确认、判断故障很有好处。

1）制动踏板的典型特征　ABS 系统工作受制动踏板的控制，并且 ABS 系统投入工作时，在制动踏板上会产生一种液压脉动效应，而使踏板连续跳动，同时还能听到 ABS 执行器电磁阀动作时产生的"咔嗒、咔嗒"声。

2）车速方面的特征　ABS 系统的工作还与车速有关。当汽车加速和车速达到 10km/h 左右时，ABS 系统投入工作；当汽车减速且车速降至 5km/h 以下时，ABS 系统停止工作。

3）急转弯或冰滑路面上的特征　汽车在高速行驶中急转弯或在冰滑路面上行驶时，有时会出现 ABS 报警灯亮起，然后又熄灭的现象。这是由于急转弯时或在冰滑路面上出现了车轮打滑现象，ABS 系统产生保护性动作而引起的，并非是 ABS 系统出现了故障。

4）拖滑的印痕特征　制动的后期车轮被抱死，地面留下了淡淡的拖滑印痕，这主要是由于车速小于 ABS 系统起作用转速时，制动力完全由制动踏板力控制，从而使车轮发生了抱死现象，这也属于正常现象。

5）制动时的特征

① 在汽车行驶进行制动时，有时会感到制动踏板有轻微的下沉现象，这主要是由于道路路面附着系数发生变化后，ABS 系统正常反应所引起的，并非是 ABS 系统出现了故障。

② ABS 系统在汽车以 40km/h 左右的速度行驶时实施制动，如果车轮不滑移，并感到制动踏板在连续跳动，说明 ABS 系统工作正常。

（2）出现故障时

① 行驶或紧急制动时的特征：如果汽车正常行驶时 ABS 警告灯点亮，或紧急制动时 ABS 系统不起作用，则说明 ABS 系统有故障。

② 点火开关旋至 ON 位置的特征：如果在启动发动机之前，将点火开关旋至 ON 位置，ABS 警告灯不亮，或者将点火开关旋至 ON 位置，ABS 警告灯点亮 3s 后不熄灭，也表明 ABS 系统有故障。

14.3.6　诊断与检修电控制动防抱死系统必须注意的问题

ABS 系统与普通制动系统是不可分割的，普通制动系统一旦出现问题，ABS 系统就不能正常工作。因此，无论是使用、维护与保养都要将两者视为一个整体，不能只把注意力集中于 ABS 系统的传感器、电控单元和液压调节器上。检修 ABS 系统必须注意的问题如下。

（1）注意指示灯的工况　使用与维护 ABS 系统时，要特别注意红色制动灯和琥珀（黄）色 ABS 指示灯点亮情况。正常情况下，一旦接通点火开关，红色制动灯应先亮，紧接着琥珀（黄）色 ABS 指示灯再亮，几秒后，发动机正常运转，两个灯都应熄灭。在这段时间内，计算机在对整个系统进行自检，如果一切正常灯将熄灭。如果灯不灭，说明系统有故障。如红色灯亮，表明故障在常规制动方面；琥珀（黄）色灯亮表明故障在防抱死功能方面。

（2）维护车速传感器要小心　保养与维护车速传感器时一定要十分小心。拆卸时，要注意不要碰伤传感器头，不要用传感器齿圈当作撬面，以免损坏。安装时，应先涂防锈油，安装过程中不可敲击或用蛮力。一般情况下，传感器间隙是可调的（也有不可调的），调整时应使用非磁性塞尺，如塑料或铜塞卡，也可使用纸片。

（3）防止静电损坏微处理器芯片　ABS 微处理器对过电压、静电非常敏感，如有不慎就会损坏微处理器芯片，造成整个 ABS 系统瘫痪。因此，在点火开关接通的情况下，不要插拔 ABS 微处理器上的连接插头；在车上进行电焊之前，要戴好防静电器（也可用导线一头缠在手腕上，一头缠在车体上），拔下微处理器上连接插头后再进行电焊；给蓄电池进行充电时，要将蓄电池从车上拆卸下来或摘下蓄电池电缆线后再进行充电。

（4）维护 ABS 系统时先要泄压　保养与维护 ABS 液压调节器时，切记要先进行泄压，关掉点火开关，反复踩制动踏板直至感觉不到助力为止，有的车型可能要踩 30 多下。然后再按规定进行保养与维护。制动主缸和液压调节器设计在一起的整体 ABS 系统，其蓄压器存储了高达约 18000kPa 的压力，修理前要彻底泄去，以免高压油喷出伤人。

（5）检测仪表的选择　检测 ABS 系统中微处理器用的万用表，其内阻应大于 10kΩ，最好使用数字式万用表。

（6）蓄电池电压与轮胎方面
① 蓄电池电压低时，ABS 系统将不能进入工作状态，所以要注意对蓄电池电压的检查。
② 不能混用不同规格的轮胎，以免影响防抱死控制效果。

（7）注意制动液的更换　ABS 系统所使用的制动液，至少每隔两年更换一次，最好是每年更换一次。这是因为乙二醇型制动液（DOT3）的吸湿性强，含水分的制动液不仅会使制动系统内部产生腐蚀，而且会使制动效果明显下降，影响 ABS 系统的正常工作。

必须注意的是，不要使用 DOT5 硅铜型制动液，更换和存储的制动液以及器皿要干净，不要让污物、灰尘进入液压控制装置，制动液不要沾到 ABS 微处理器和导线上。最后要按规定的方式进行放气（与普通制动系统的放气有所不同），ABS 系统放气顺序通常为右后轮→左后轮→右前轮→左前轮。

在进行 ABS 系统保养与维护时，可以不拘泥于检查形式和步骤，只要能准确、无误地进行部件的维护即可。但在更换 ABS 系统零部件时，一定要认准选用本车型高质量配件，以确保更换后能正常工作。

14.4　电控悬架系统故障诊断与维修技能指导

汽车悬架的作用是把车桥与车架弹性地连接起来，并吸收和缓和行驶过程中因路面不平引起的车轮跳动而传给车架的冲击与振动；保持车架与车轮之间的正确的运动关系；保证行驶的平顺性和操纵的稳定性。

14.4.1　电控悬架的类型与特点

电控悬架主要有电控液压悬架、电控空气悬架、电磁悬架与动力调节悬架等几种。其中以电控空气悬架应用最广泛。

（1）电控液压悬架　主要由电控单元与各种传感器等组成。有些传感器是和其他电控系统共用的，有的则是单独设立的。它们分别为置于变速器输出轴处的车速传感器、置于制动主缸或 ABS 液压调节器内的制动压力传感器、电子节气门位置传感器、置于四个车轮的垂直高度加速度传感器以及转向盘转角传感器。悬架电控单元接收到这些传感器输送来的信号后，与预先存储的参数值进行对比，然后输出控制信号，通过液压系统来调节悬架的高度与硬度状态。

（2）电控空气悬架　空气悬架广义上就是利用空气弹簧作为弹性元件的悬架。空气悬架通常由空气弹簧、减振器、导向机构、空气供给单元（如空气压缩机、单向阀、气路、储气罐等）、高度控制阀等组成。这类悬架有很多优点，最重要的一点就是弹簧的弹性系数，也就是弹簧的软硬程度可根据需要自动进行调整。当汽车高速行驶时悬架可以变硬，以提高车身的稳定性；而长时间低速行驶时，电控单元会控制悬架变软来提高舒适性。

（3）电磁悬架　是利用电磁反应原理制成的一种新型智能化独立悬架系统。该系统利用多种传感器来检测路面状况和各种行驶工况，这些信息提供给电控单元（ECU）后，ECU经分析、对比等处理后，控制电磁减振器瞬间做出反应，以抑制振动，使车身保持稳定，尤其是在高车速突然遇到障碍物时，更能显示出它的优势。由此可基本解决传统减振器存在的舒适性与稳定性不能兼顾的矛盾，且适应能力更强，适应各种变化的路况，即使是在极其颠簸的路面，电磁减振器也能保证车辆行驶的平稳性。

（4）动力调节悬架　通常由上坡辅助控制系统、动力调节悬架系统、低速巡航驾驶辅助系统三大部分组成。该悬架系统既具有城市道路行驶的稳定性，又兼顾越野功能，可确保车辆在越野行驶时保持较长的悬架行程，以适应各种复杂的路面。由于该系统的前后稳定杆与一套液压系统相连接，故可在一定程度上防止车轮行驶在路面上时发生侧翻，极大地提高了车辆行驶的稳定性。

14.4.2　电控空气悬架的结构

图 14-9（a）所示为奥迪 A 系列车型电控空气悬架在车上的安装位置，图 14-9（b）所示为辉腾系列轿车电控空气悬架各部件在车上的安装位置。

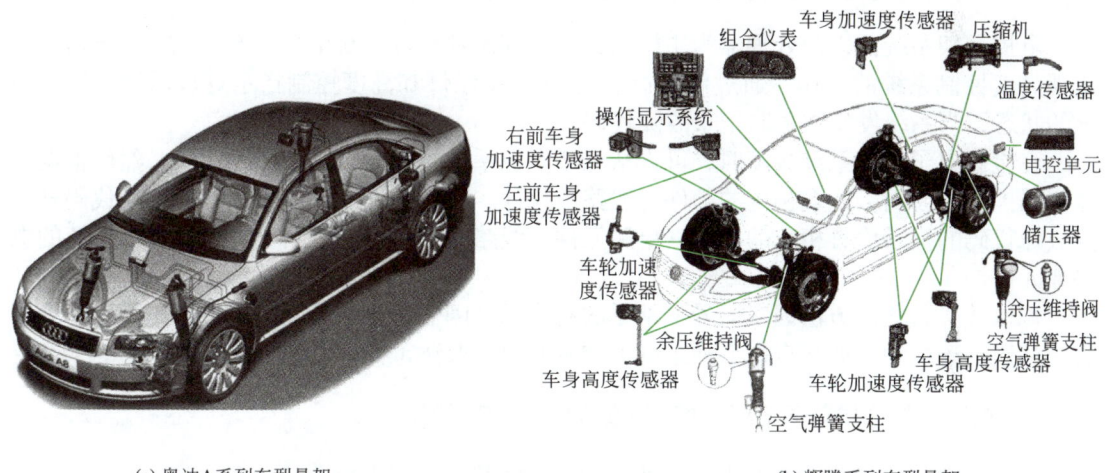

(a) 奥迪A系列车型悬架　　　　　　　　　　　(b) 辉腾系列车型悬架

图 14-9　电控空气悬架的安装位置

14.4.3　电控空气悬架系统各部件安装特点

不同的车辆，其悬架系统中各部件的安装位置可能有一定的差别，但有些主要部件的安装位置还是有一定规律的。在车辆的每个角通常都设置一个空气弹簧支柱与一个车身高度传感器；每个角设置一个集成在空气弹簧支柱中的可调双筒式气压减振器；在每个空气弹簧支柱上还安装有一个辅助储压器；各个空气弹簧支柱上各有一个车轮加速度传感器，其检测范围约在 ±13g（辉腾系列车型数据，车型不同有一定的差别）；设置在车辆后部的带有空气干燥器和温度传感器的压缩机，通过空气管路与各个空气弹簧支柱、储压器相连。

另外，电控悬架系统还有一个带有四个空气弹簧支柱阀、一个电动排放阀和一个储压器阀的电磁阀体，其上设置有一个集成式压力传感器；三个车身加速度传感器的测量范围为 ±1.3g（辉腾系列车型数据，车型不同有一定的差别）；悬架电控单元用于控制空气悬架和减振器、监控整个系统、诊断整个系统，通常还通过 CAN 总线与其他电控系统进行信息交换。

14.4.4 电控空气悬架系统是否正常的判断

保养与维护安装有电控空气悬架系统的车辆时，可采用下述方法来确认电控空气悬架系统是否正常。

（1）加、减负载法　检查时，可在汽车后部加 135kg 载荷，约 15s 后，空压机应开始工作，车身后部应升高，汽车升高至加载前的高度，空气压缩机停止运转。在加载时，如果空气压缩机不工作，应检查连接传感器和后悬架部件的导线连接处有无锈蚀。从车厢内卸下 135kg 载荷，正常情况下 8～15s 后，系统将排出空气（能听到泄气声），汽车后部降低。

（2）空气压缩机供电电压的检查　如以上情况正常，则应进一步检查空气压缩机的供电电压是否达到 12V。必要时可用跨接线连接蓄电池正极和空气压缩机电源导线。如果空气压缩机不能工作，则说明空气压缩机已损坏。

（3）空气压缩机漏气的检查　如发现空气压缩机工作时间过长，应用肥皂水检查空气压缩机、空气管道和空气弹簧（或筒式减振器）是否漏气。大多数空气弹簧和减振器损坏后不能修理，应予更换。汽车自动调平系统可通过调整传感器和后悬架之间的连杆，来调整车身升降高度。

14.4.5 电控悬架系统故障诊断与检修思路

电控悬架系统都以微处理器为主构成，微处理器具有自诊断系统，该系统在汽车运行中监视高度控制系统的工作，通过仪表板上的 LRC 指示灯和高度控制指示灯显示高度控制系统的状态，当系统发生故障时记录故障代码。

在检修电子悬架系统故障时，可先从悬架电控系统中调出存储的故障代码，然后根据故障代码提示的原因，检查相应的部件、线路或元件。其检修顺序一般为：调取故障代码→根据故障代码的提示检查相应的部位→检测元件、线路等找出故障原因→修理或更换损坏的电路或元件。

调取故障代码的方法因车而异，常见的有指示灯闪烁读取法（如丰田系列车型）、万用表指针摆动读取法（如马自达系列车型）和诊断仪读取法（如大众系列车型）等。

14.4.6 电控悬架系统几种种常见故障检修思路

电控悬架系统电路故障发生率较低，较易出问题的多为机械部分。

（1）减振器异响　车辆在行驶过程中若减振器发出异常响声，则说明减振器已经损坏，需要进行检修。应先检查减振器渗油情况：如果减振器渗油较少，则不必更换，找出渗油部位进行修复即可；如减振器渗油较多，则渗油的减振器不能继续使用，应更换新件。

（2）悬架异响　如果车辆在行驶过程中前、后悬架发出异常噪声或敲击声，则故障原因有以下几个方面：减振器损坏，应更换新件；横向稳定杆或减振器固定不良，轮毂轴承松动，应重新紧固松动的部分；减振弹簧断裂，应更换新件。

（3）前悬架噪声　这种故障的典型特征是，车辆在行驶过程中，尤其是在转弯、突然制动、道路颠簸时，前悬架部位会发出噪声。出现这种故障的原因有以下几个方面：前减振器、转向节、下摆臂的连接螺栓松动，应重新将其拧紧；前减振器严重漏油或前减振器活塞杆与缸筒严重磨损，应更换新的减振器；下摆臂的前后橡胶衬套磨损、老化或损坏，应更换新的橡胶衬套；螺旋弹簧失效或折断，应更换新件。

（4）后悬架噪声　这种故障的典型特征是，车辆在行驶过程中，尤其是在转弯、突然加速、道路颠簸时,后悬架部位会发出噪声。出现这种故障的原因有以下几个方面:后减振器漏油或损坏,应更换新件;后减振器端缓冲套损坏,应更换新的缓冲套;后轮毂轴承损坏,应更换新的轴承;后桥体橡胶支承损坏,应更换新件;后减振器的螺旋弹簧损坏,更换新的螺旋弹簧;扭杆与纵摆臂、后轴管支架总成的花键磨损松动,应更换新的扭杆;后悬架各紧固螺栓或螺母松动,应重新紧固螺栓或螺母;扭杆与纵摆臂、后轴管支架之间的滚针轴承损坏,更换新的滚针轴承。

14.5 电控安全气囊系统故障诊断与维修技能指导

安全气囊系统通常由气囊本身(由薄薄的尼龙纤维制成,折叠在转向盘内)、传感器(用于检测相当于以 16～24km/h 的速度撞击墙壁的冲撞力)与充气系统(用与固体火箭助推器类似的系统进行充气)等组成。

14.5.1 安全气囊的类型

安全气囊根据整车使用的数量、气囊的大小、保护对象、控制方式不同进行分类,有多种类型。

(1)根据整车使用的数量分类 安全气囊按整车使用的数量分为驾驶员侧单气囊,驾驶员侧与前排乘客侧各有一个气囊的双气囊,还有前排、后排、侧面均设置有气囊的多气囊。

(2)根据气囊的大小分类 安全气囊根据气囊的大小分为保护全身的安全气囊,保护整个上身的气囊,保护面部的护面气囊。

(3)根据保护对象不同分类 安全气囊根据保护对象分为驾驶员防撞安全气囊,前排乘客防撞安全气囊,后排乘客防撞安全气囊,侧面防撞安全气囊。

(4)根据控制方式不同分类 安全气囊根据控制方式分为机械式与电控式两大类。前者不用电源和电子电路,靠安装在膨胀器内的机械传感器顶起撞击针,从而触发膨胀器内的雷管并使其爆炸,产生气体,吹胀气囊而实现保护驾驶员或乘员的目的。后者则通过数个传感器来检测冲击强度,由电控系统发出指令给膨胀器引爆气囊。现在的车辆大都采用电控式安全气囊。

14.5.2 安全气囊的安装位置与结构

图 14-10(a)所示为车厢内部安全气囊在车辆上的安装位置,这类安全气囊一般安装在车内驾驶员和副驾驶位置、车内前排和后排座椅侧面以及车顶三个方向。侧气帘又称为头部气囊,在碰撞时弹出遮盖车窗,以达到保护乘客的目的。在安装安全气囊的部位都印有 Supplemental Restraint System(缩写为 SRS,意为"辅助约束系统")。

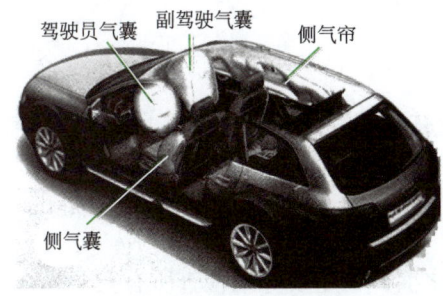
(a) 车厢内部安全气囊

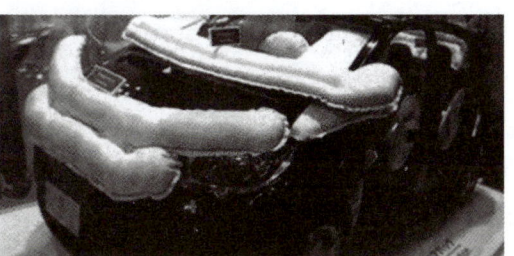
(b) 行人安全气囊

图 14-10 车厢内部与行人安全气囊安装位置

图 14-10（b）所示为行人安全气囊安装位置，通常设置在发动机舱盖与前挡风玻璃附近，用于作为碰撞缓冲装置，以避免人体撞击汽车的前挡风玻璃及发动机舱盖，使行人与车内乘客受到更大的伤害。发动机舱盖气囊通常设置在保险杠上方紧靠保险杠处；前挡风玻璃气囊的作用是提供二次碰撞保护，防止行人被甩到发动机舱盖后部被前窗底部碰伤。行人安全气囊大多在一些进口高档轿车上使用。

14.5.3 检修安全气囊系统的基本步骤

检修安全气囊系统故障时，首先应确认该系统是否确实存在故障，通常可采用下述步骤：确认安全气囊系统是否确实存在故障→读取故障代码→根据故障代码提示的部位，检查相关元件→清除故障代码。

（1）安全气囊系统是否有故障的判断　在汽车日常使用过程中，要注意观察位于仪表盘上的安全气囊警告灯。在正常情况下，当点火开关转到 ACC 或 ON 位置时，安全气囊警告灯会点亮约 6s，电控系统进行自检，然后熄灭。若仪表板上的红色 AIR BAG 安全气囊警告灯一直点亮，则说明安全气囊系统出现了故障，应立即进行修理。否则，就有可能出现气囊不起作用或误弹出的情况。如果红色 AIR BAG 安全气囊警告灯在接通点火开关后不亮，或在行驶中亮起、闪动，都说明安全气囊系统有故障。

（2）安全气囊系统故障代码的读取方法　因车型和生产年代不同而异。早期生产的车型，多采用保养提示灯和参数测量法。近期生产的车型，大都采用扫描仪法。

14.5.4 正确拆卸与解除安全气囊系统

在点火开关被接通或断开 3min 内，一定不要碰击安全气囊电控单元（ECU），以防气囊会意外胀开造成伤害。

（1）拆卸安全气囊前要断电　拆卸安全气囊前一定要断开点火开关，断开蓄电池负极电缆后等待至少 3min，从转向盘上拆下盖板，断开气囊与螺旋电缆间的 2 针插头，此时短路棒会自动短接引爆电阻，防止意外胀开气囊。气囊拆下后应使装饰缓冲垫朝上放置。

（2）解除安全气囊系统的步骤　为避免发生气囊误爆事故，检修前一定要对系统进行解除处理。在拆除机械式安全带预紧装置之前，应将安全机构调整到锁定位置上。解除安全气囊的具体方法与步骤如下。

① 拆下蓄电池负极搭铁线，卸下气囊组件与转向盘的紧固螺母。

② 拔下驾驶员侧气囊组件插接器，用跨接线短接时钟弹簧连接气囊组件的连接端，使安全气囊系统仍保留自诊断功能。

③ 打开手套箱，拔下前乘客侧气囊组件插接器，用跨接线短接线束侧气囊接线端。

④ 接上蓄电池负极搭铁线。

14.5.5 正确安装安全气囊系统

安装安全气囊时，应在蓄电池电缆断开、点火开关断开的前提下，装上新的安全气囊，重新连接拆下气囊时的插接器，连接好螺旋电缆。

（1）应安装新件　切勿安装另一辆汽车上使用过的安全气囊零件。安全气囊的零件是不可修理的，维护时只能换用新件。

（2）检查所有安全气囊零件　安装安全气囊之前，一定要仔细检查所有安全气囊零件，切勿安装有跌落或处理不当等迹象的零件，如有凹痕、裂痕或变形的零件等。

（3）复原安全气囊系统的参考步骤

① 拆下蓄电池负极搭铁线，取下时钟弹簧上的跨接线，装回驾驶员侧气囊组件插接器。但在安装螺旋电缆时，应将其预紧在中央位置，否则在转动转向盘时会拉断螺旋电缆。

② 按规定将驾驶员侧气囊装到转向盘上，调准位置并加以固定。

③ 取下插接器上的跨接线，装上前乘客侧气囊组件插接器，关上手套箱。

④ 接上蓄电池负极搭铁线，检查保养提示灯是否显示系统正常。

14.5.6　诊断与维修安全气囊必须注意的问题

为了防止安全气囊意外张开而导致人员伤害，检测与维修故障时必须严格遵守以下事项。

（1）正确搬运和存放安全气囊

① 由于安全气囊的引爆装置是通过点火器来启动的，因此在搬运和存放安全气囊引爆装置时，必须经过专门训练的人来进行。

② 驾驶员侧安全气囊拆下后，应正确放置，禁止反放与碰摔。放置安全气囊时，气囊（装饰盖面）应向上，插接器向下，以防误引爆时，气囊被抛向空中而造成伤害。

③ 安全气囊引爆装置应妥善保管，不要将引爆装置放在温度高于100℃的地方。

④ 不要乱扔没有引爆的引爆装置元件（放电器或收集器）。

⑤ 不得使前碰撞传感器、侧碰撞传感器和安全气囊模块等零部件掉到地上，或使其受到冲击或振动。

⑥ 安全气囊不能用清洗剂清洗，不允许涂润滑油，只能用干布或蘸水湿布擦拭。

（2）诊断与维修时先断电　为避免安全气囊的意外胀开可能使人体受到伤害，在诊断与维修安全气囊电路时，也就是在检查安全气囊ECU、前碰撞传感器、侧碰撞传感器和安全气囊模块之前，应先断开点火开关、蓄电池负极电缆并将其包扎绝缘，等待约1min以后，才可进行故障诊断与维修。因为当断开蓄电池负极搭铁线后的短时间内，安全气囊ECU内的电容器仍然具有可以使安全气囊张开的电压。等待一段时间的目的就是放掉电容器上的电压，以防安全气囊意外张开造成事故。在断开蓄电池电缆之前，必须记住汽车音响的防盗密码，以防再次接通电源后，汽车音响无密码而无法打开。

（3）零部件更换方面

① 对于安全气囊系统使用的安全气囊ECU、前碰撞传感器、侧碰撞传感器和安全气囊模块等零部件出现的故障，通常都采用更换新件的方法来解决。绝不要试图用工具打开安全气囊的气袋或点火器，并禁止对其加热。绝不能使用破裂了的安全气囊气袋。

② 安全气囊系统一旦被触发起爆，则需更换已经引爆的气囊、安全带预紧装置、前碰撞传感器、侧碰撞传感器和安全气囊模块及安全气囊ECU，并检测线束与接头状况是否良好。绝对不能采用其他电气线束连接到引爆装置上。

③ 安全气囊电控单元（SRS ECU）在以下情况下必须更换，不能再勉强使用：驾驶员侧和前乘客侧安全气囊触发一次以后，不能继续使用，必须更换新件；前座安全带张紧器或侧面安全气囊触发三次以后，不能继续使用，必须更换新件；在电气线路正常的情况下，诊断仪无法进入诊断系统或故障代码显示为65535（以奥迪A6系列车型为例）时，必须更换新件。在更换新的安全气囊电控单元（SRS ECU）以后，一般还应重新进行编码。

（4）检测方面

① 检查安全气囊部件或安全气囊附近的部件时，不要使用规定之外的检查设备。可用数字式万用表检查安全气囊电路。但万用表在最小电阻挡时的最大检测电流不能超过

2mA。

② 不要用电表或带电体去测试安全气囊的触发电路，也就是禁止对驾驶员侧和前乘客侧安全气囊、前后排座椅侧面安全气囊，以及安全带张紧触发器直接测量其电阻值，以防安全气囊突然起爆而造成人员的伤害。

③ 由于微小的电流就可引爆气囊，因此不可用万用表的欧姆挡以及其他能产生电流的仪表去检测气囊系统与电子式安全带预紧装置。

④ 千万不要采用电压表直接检测安全气囊 ECU 和侧碰撞传感器，或在安全气囊 ECU 和侧碰撞传感器附近进行检查，只能采用专用的诊断仪（如 MUT、Ⅱ等，不同的车型有相应的专用诊断仪）。

⑤ 在对安全气囊 ECU 线束插接件进行检测时，为了不损坏端子的镀层（增加导电性）和其他部件，必须采用专用工具（探针）从安全气囊线束侧（插接器的背面）插入插接器，再将检测仪表与该探针相连接，不能将探针从插接器的前面直接插入插接器的端子内。图 14-11（a）所示为无侧面安全气囊探针从安全气囊线束侧（插接器的背面）插入插接器的方法。图 14-11（b）所示为带侧面安全气囊探针从安全气囊线束侧（插接器的背面）插入插接器的方法。

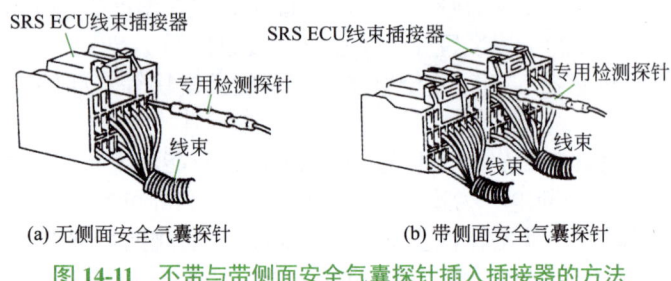

图 14-11　不带与带侧面安全气囊探针插入插接器的方法

（5）温度方面　安全气囊部件的温度通常不能超过 90℃。因此，在车辆维修喷漆后进行烘干之前，应拆下安全气囊 ECU、前碰撞传感器、侧碰撞传感器和驾驶员与乘客安全气囊模块和前座椅等零部件。

（6）维修后的处理　在对安全气囊故障进行维修后，应及时清除安全气囊 ECU 中存储的故障代码，并检查报警灯的情况，以确保系统功能正常。

14.5.7　正确引爆安全气囊的方法

要报废的气囊，无论是拆下来的还是仍然装在汽车上的都应予以引爆使其胀开，以防意外伤害。处置时必须戴防护镜和手套，防止起爆火药的污染。当汽车要报废时，应先引爆车内的安全气囊。正确引爆安全气囊的方法如下。

（1）先断开电源　引爆安全气囊时，应断开蓄电池负极电缆 3min 之后，再拆下气囊插接器接头，从导线末端剥去 25mm 绝缘层，将专用引爆工具的黄色鱼夹连接到未绝缘导线的末端，一定要将引爆工具放在距气囊至少 9m 以外的空地上。

（2）要排除引爆工具的故障　将 12V 蓄电池连接到起爆工具上，如引爆工具红灯亮，则可引爆；如果绿灯亮，说明引爆工具有故障，要先排除故障后再使用。

（3）在距气囊 9m 以外引爆安全气囊　在距气囊 9m 以外的地方按下引爆开关，气囊会迅速胀开并发出巨响，待其冷却 30min 后，将已爆气囊装入废品袋。

（4）需要说明的问题　当指定报废某一车辆时必须使用专用工具来引爆安全气囊引爆装置。连接电气线束前，认真检查线束是否处于断电状态。如引爆失败，在进行其他操作前先等待几分钟，然后使用新的引爆装置重新进行引爆。

14.6 电控巡航系统故障诊断与维修技能指导

巡航系统分为机械式巡航控制系统和电子式巡航控制系统两大类。由于电子式巡航控制系统日趋智能化，故现在的轿车大多采用电子式控制巡航系统，简称电控巡航系统。

14.6.1 电控巡航系统的组成与连接关系

图 14-12 所示为电控巡航系统各元件之间的连接关系，图 14-13 所示为电控巡航系统控制关系流程，从中可以清楚地看出，驾驶员操作巡航控制开关后，该信号被送到巡航 ECU 中的记忆车速电路，同时，发动机、变速器驱动车轮（车轮受行车阻力的制约）形成的行驶车速分两路也进入巡航 ECU 中，巡航 ECU 对输入的信号进行处理后，来执行是保持恒速还是减速、恢复原速、加速等指令，并通过执行系统部件来完成这些工作。

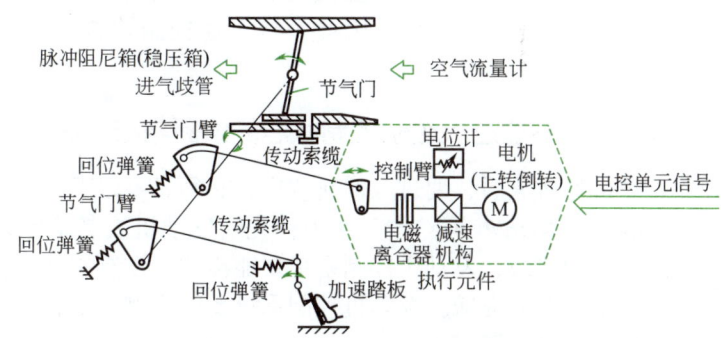

图 14-12　电控巡航系统各元件之间的连接关系

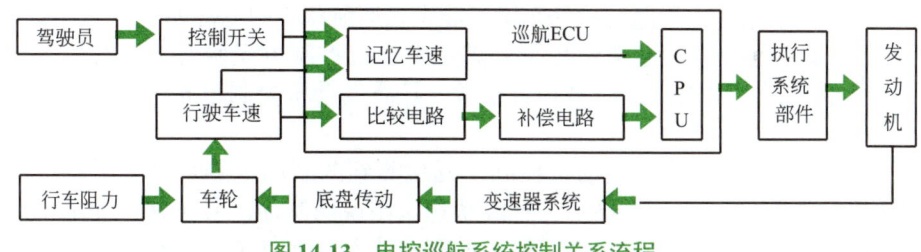

图 14-13　电控巡航系统控制关系流程

14.6.2 电控巡航系统常见故障原因

熔断器熔断是引起电控巡航系统故障最常见的原因，因此当该系统失灵时，必须首先检查熔断器。

电控巡航系统较常出现的问题是车速控制装置失灵；上坡或变速时失效；用制动器不能控制；接通加速开关时不能加速；按下滑行按钮时车速不下降并保持一个新车速。导致这些故障的原因主要有以下几方面。

（1）制动器、离合器踏板或真空泵开关调整不当　制动器、离合器踏板或真空泵阀门开关调整不准确，会导致巡航电控装置失灵。如果踏板不能完全复位，就会接通电路开关或真空泵阀门开关，从而切断车速控制。真空泵阀门开关的调整出现误差或装错时，会引起阀门漏气，使行驶中的汽车逐渐减速或加速。

（2）真空度下降　在长坡或陡坡行驶时，许多巡航控制系统不能稳定控制车速的一个重要原因是真空度逐渐下降。在汽车爬坡时，即使装有分离式的真空存储筒，如油门位置变化，也会使真空度下降。遇到这种情况，驾驶员只有踩加速踏板来控制车速。

（3）伺服机构控制杆调节不当　在所有的巡航控制系统中，可能出现由于伺服机构控制杆调节不当而引起油门调节范围不够的问题。常表现为两种形式：油门操纵杆把油门开得过大，引起严重怠速；操纵杆过松，以至于不能为伺服机构提供充分的油门调节范围，导致负载时的速度不稳定。

（4）真空部件不良　最佳检查方法是用一个手动真空泵连接所有元件（断开被检查部件）进行检查。对于不能恢复原速、加速及滑行的巡航控制装置，必须按电路图检查电路是否完好。

（5）真空泵失灵　在使用了制动器后，巡航控制装置仍不起作用，如果真空泵阀门开关工作不正常，则可能是真空泵失灵，应查找故障原因。

（6）发动机状况不良　发动机的状态也会影响巡航控制装置的正常运行。大多数巡航控制装置采用真空伺服机构工作。当多缸发动机点火正时不准确或凸轮存在时差时，就不能产生足够的真空来控制油门操纵杆。因此，在车速控制装置工作之前，应调整好发动机。

14.6.3　电控巡航系统不能进入巡航控制状态的诊断与维修思路

从汽车巡航控制系统的原理来看，要进入巡航状态，必须具备以下三个条件：车速要达到系统设定值，如 30km/h 或 40km/h 等，该车速为预先给发动机控制单元设定的值，可由驾驶员根据习惯在一定范围内更改；发动机控制系统要能检测到没有制动（刹车）发生，如果检测到有制动信号，就不能进入巡航。发动机控制系统要能检测到没有离合动作发生，如果检测到有离合器动作信号，就不能进入巡航。

上述车速、制动与离合这三个条件缺一不可，只要其中有一个条件没有达到要求，都无法进入巡航状态。根据这一思路，检修车辆不能进入巡航状态的方法如下。

（1）检查车速信号　看车速信号是否满足发动机控制单元所设定的数值。如果车速没有达到设定值，则应检查车速信号是否正常，检查发动机控制单元预设的车速值是否过高等。

（2）检查制动信号　检查发动机控制单元检测到的制动信号是处于制动状态还是释放状态，如果检测到的制动信号显示为释放状态，则说明制动信号正常；如果检测到的制动信号为制动状态，则应重点对制动系统中的有关线路与元件进行检查，看是否有短路或搭铁处。

（3）检查离合信号　检查发动机控制单元检测到的离合信号是处于离合分离还是接触状态。可先检查是否有离合信号，再检查离合信号是否正常。如果离合是分离的，但检测到的信号显示离合是接触的，则应重点对离合系统中的有关线路与元件进行检查，看是否有短路或搭铁处。

根据进入巡航系统的三个条件，只要踩下离合器踏板或制动踏板，发动机控制单元得到了离合或制动信号后，就可以退出巡航控制方式。

14.6.4　电控巡航系统常见故障现象及其故障的大概区域

在对电控巡航系统故障进行检修时，如果能够根据故障现象分析判断出故障的大概区域，对初学者快速修好故障车辆会有很大的帮助。表 14-7 中列出了电控巡航系统常见故障现象及其可能的故障区域，供检修时参考。

表 14-7　电控巡航系统常见故障现象及其可能的故障区域

故障现象	故障可能区域
巡航指示灯可以点亮，但无法对车速进行设定	巡航控制开关电路；驾驶室组合仪表；车速传感器电路；"停止灯"开关及其连接电路；变速器的传感器电路；离合器开关电路。如果上述区域经检查均无问题，而故障依然存在，则更换新的、同规格 ECU
按压巡航 ON/OFF 按钮开关，无法接通巡航控制系统，也无法设定车速	"停止灯"开关及其连接电路；手动变速器车辆的离合器开关电路；巡航控制开关电路；变速器的传感器及其连接电路；车速传感器及其连接电路。如果上述区域经检查均无问题，而故障依然存在，则更换新的、同规格 ECU
当巡航控制运行时，系统功能被取消	"停止灯"开关及其连接电路；手动变速器车辆的离合器开关电路；巡航控制开关及其连接电路；变速器的传感器及其连接电路；车速传感器及其连接电路；驾驶室组合仪表；停车/空挡位置传感器及其连接电路。如果上述区域经检查均无问题，而故障依然存在，则更换新的、同规格 ECU
释放（压回）巡航 ON/OFF 按钮开关，无法取消巡航控制，且巡航主显示灯保持点亮状态	检查巡航控制开关及其连接电路，如果无问题，而故障依然存在，则更换新的、同规格 ECU
当实际车速下降到最低速度以下时，无法取消巡航控制，且巡航主显示灯保持点亮状态	检查巡航控制开关及其连接电路，如果无问题，而故障依然存在，则更换新的、同规格 ECU
当实际车速下降到最低速度以下时，无法取消巡航控制，但巡航主显示灯可以熄灭	更换新的、同规格 ECU
踩下制动踏板，无法取消巡航控制，且巡航主显示灯保持点亮状态	检查"停止灯"开关及其连接电路，如果无问题，而故障依然存在，则更换新的、同规格 ECU
踩下制动踏板，无法取消巡航控制，但巡航主显示灯可以熄灭	更换新的、同规格 ECU
踩下离合器踏板，无法取消巡航控制，且巡航主显示灯保持点亮状态	检查"停止灯"开关及其连接电路，如果无问题，而故障依然存在，则更换新的、同规格 ECU
踩下离合器踏板，无法取消巡航控制，但巡航主显示灯可以熄灭	更换新的、同规格 ECU
移动变速器的变速杆，无法取消巡航控制功能	停车/空挡位置传感器及其连接电路；变速器传感器及其连接电路。如果上述区域经检查均无问题，而故障依然存在，则更换新的、同规格 ECU
游车，也就是车速无法恒定	车速传感器及其连接电路；驾驶室组合仪表。如果上述区域经检查均无问题，而故障依然存在，则更换新的、同规格 ECU
巡航主显示灯始终处于闪亮状态	检查故障诊断终端电路的线束及插接器插头插座等。如果上述区域经检查均无问题，而故障依然存在，则更换新的、同规格 ECU

14.7　电控助力转向系统故障诊断与维修技能指导

电控助力转向主要有液压助力转向与电动助力转向两大类，早期车辆多采用液压助力转向，现在的车辆大多采用电动助力转向。

14.7.1　电控助力转向系统基本结构

图 14-14（a）所示为助力转向系统安装位置，图 14-14（b）所示为电动助力转向系统基本结构。

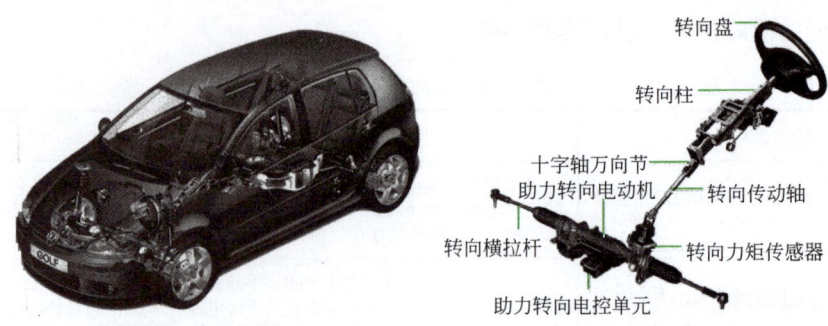

(a) 助力转向系统安装位置　　　(b) 电动助力转向系统基本结构

图 14-14　助力转向系统安装位置与电动助力转向系统基本结构

14.7.2　液压助力转向系统故障诊断与维修

当汽车的液压助力转向系统出现故障时，可以参考表 14-8 和表 14-9 进行故障诊断与维修。

表 14-8　液压助力转向系统故障检测步骤

检测步骤	检测结果	
	是	否
①检查助力转向泵传动带张紧度是否正常	到第②步	对助力转向泵传动带张紧度重新进行调整或更换新的、同规格的配件
②检查助力转向油液面是否正常	到第③步	排除油液管路或零件出现泄漏的可能性后，按厂家对油液的要求添加适量的油液使其满足要求
③检测助力转向泵油压是否正常	对转向机进行分解检修或更换同规格新的总成	检查助力转向泵油压异常的原因并进行修理或更换损坏零件

表 14-9　液压助力转向系统常见故障的诊断与维修

常见故障	故障可能原因	诊断与维修方法
车辆转向时辅助动力不足	助力泵油位过低	按厂家的要求添加适量的油液
	助力泵油管内部进入了空气	排出助力泵油管内部的空气
	齿轮箱或阀体密封件扭曲或损坏	更换新的、同规格的密封件
	齿轮箱内部齿条和小齿轮过度漏油	检查漏油的原因并排除故障
	转向泵压力不足	查找转向泵压力不足的原因并进行修理或更换新件
	转向泵内部过度泄漏	查找转向泵内部过度泄漏的原因并进行修理或更换新件
	液压软管扭曲或损坏	对软管扭曲部位进行校正或更换新件
	流量控制阀粘住	对控制阀进行修理或更换新件
车辆急转弯时转向沉重	油泵驱动带打滑或油泵本身严重磨损	查找油泵驱动带打滑的原因并进行处理，更换磨损的油泵
	流量控制阀压缩弹簧过软或严重泄漏	更换新的、同规格的压缩弹簧或查找泄漏的原因并处理
	油管堵塞、油压过低或供油不足	对助力泵压力进行检测，根据压力情况判断故障原因并处理
	安全阀泄漏严重	查找安全阀泄漏的原因并进行修理或更换新件
	储液罐漏油	查找储液罐漏油的原因并进行修理或更换新件
	液压系统中有空气混入	排出液压系统中混入的空气

续表

常见故障	故障可能原因	诊断与维修方法
行驶跑偏、左右转向轻重不一	滑阀主阀体台肩间隙发生了改变	对滑阀主阀体台肩间隙进行适当的调整或更换新的滑阀主阀体
	流量控制阀的压缩弹簧失效,致使滑阀偏离中心位置,造成了流量控制阀工作异常	检查流量控制阀的压缩弹簧是否失效,滑阀开启是否灵活,发现问题应进行修理或更换新件
转向盘不能自动返回	油压控制阀不良或损坏	对控制阀进行修理或更换新件
	液压软管扭曲或损坏	对软管扭曲部位进行校正或更换新件
	转向机安装固定件出现了松动现象	对松动的固定件重新进行紧固
	油泵输入轴轴承严重磨损或损坏	更换新的、同规格的配件
	横拉杆或球节不能平稳转动	进行修理或更换损坏的零件
	叉形塞过紧	重新进行调整或更换损坏的零件
	转向轴万向节或车身孔严重磨损	进行修理或更换损坏的零件
	小齿轮轴承损坏	更换新的、同规格的配件
操作转向盘时出现异响	储液罐中的液面过低	对储液罐中的液面高度进行检查
	滤清器滤网或液压油道出现了堵塞	对堵塞处进行清理
	转向泵严重磨损,致使转向泵工作时发出噪声	更换新的、同规格的转向泵
	转向泵工作时油路进入了空气	检查转向泵驱动带是否过松;排除空气
	油管裂损或其接头出现了松动	更换裂损油管或重新将接头拧紧
齿条与小齿轮之间出现了"咯咯"的噪声	转向机托架出现了松动	将转向机托架重新拧紧
	液压软管和车身之间出现了干涉	对液压软管重新进行装配,排除干涉现象
	横拉杆或球节严重磨损	更换新的、同规格的横拉杆
	横拉杆末端或球节出现了松动	将松动部位重新拧紧
转向间隙过大	横拉杆末端松动或严重磨损	将松动部位重新拧紧或更换新的、同规格的横拉杆
	转向齿轮固定螺栓出现了松动	将松动部位重新拧紧
	叉形塞出现了松动	将松动部位重新拧紧

14.7.3 液压助力转向系统转向油压的检测

在对液压助力转向系统的转向油压进行检测时,应先按图 14-15 所示的方法采用两个附件将压力检测仪连接到液压系统上,然后按以下方法与步骤来对转向油压进行检测。

① 启动车辆发动机,将其置于怠速运行状态。

② 把转向盘从某一个锁止位置转到另一个锁止位置,并反复进行多次,以使油液温度得到提高。

③ 保持发动机处于怠速运行状态,然后关闭油压表阀门并观察表上的读数,该最低

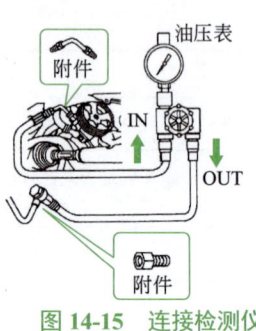

图 14-15　连接检测仪

油压数值正常值应在 8000kPa 左右。但关闭油压表阀门的时间不要超过 5s，以防损坏转向泵。

④ 仍然使发动机处于怠速运行状态，完全打开油压表阀门，再把转向盘向左、右两个方向转到底。分别观察油压表的指示值，如果该指示值仍然可保持在 8000kPa 左右，则说明被检测的液压助力转向系统的转向油压基本正常，反之则说明转向油压不正常，应进一步查找原因，并进行修理或更换新件。

14.7.4　电动助力转向系统故障诊断与维修

当电动助力转向系统出现故障时，可以参考表 14-10 和表 14-11 进行故障诊断与维修。

表 14-10　电动助力转向系统故障检测步骤

检测步骤	检测结果	
	是	否
①采用故障诊断仪进入电动助力转向系统中看是否能够读取到故障代码	按照读取到的故障代码提示对相应部位或元件进行检修	到第②步
②检查电动助力转向系统电气元件以及线路连接是否正常	对转向驱动电动机、电动助力转向电控单元、转矩传感器等进行检查	检修或更换电动助力转向系统电气元件或线路

表 14-11　电动助力转向系统常见故障的诊断与维修

常见故障	故障可能原因	诊断与维修方法
电动助力转向系统（EPS）报警灯始终不亮或不熄灭	组合仪表内部的 EPS 报警灯控制电路出现了问题	对 EPS 报警灯控制电路进行检查或更换整个组合仪表
	EPS 连接线束或插接件不良或有损坏	对 EPS 连接线束或插接件进行检查或更换新件
	CAN 总线系统通信线路有问题	对 CAN 总线系统通信线路进行检查并排除故障
	转矩传感器本身或其连接线路异常	对转矩传感器本身及其连接线路进行检查或更换
	转向驱动电动机或其连接线路有问题	对转向驱动电动机本身及其连接线路进行检查或更换
	EPS 电控单元本身不良或连接线路故障	对 EPS 电控单元本身及其连接线路进行检查或更换
左转或右转转向盘时，两者的助力有一定的差异	转向驱动电动机本身有问题	单独对转向驱动电动机进行通电试验检查，看其工作是否正常，如不正常应对其进行检修或更换新件
	转矩传感器不良或损坏	更换新的、同规格的转矩传感器
	转角传感器不良或损坏	更换新的、同规格的转角传感器
	转向机和横拉杆机械系统异常或有损坏件	对转向机和横拉杆机械系统进行检查，发现问题进行处理
	EPS 电控单元不良或局部有损坏	对 EPS 电控单元本身进行检查或更换

14.8　电控自动空调系统故障诊断与维修技能指导

手动空调是利用控制面板上的功能键采用手动对温度、风速、风向等进行控制，自动空调是在微电脑控制系统的控制下按设定的温度自动对温度、风量进行控制。

14.8.1 空调系统的类型与基本组成

空调是空气调节的简称，是用人工的方法将空气的温度、湿度、洁净度和流动速度调节到符合人体的舒适要求。

（1）空调系统类型　根据驱动方式不同，汽车空调可分为独立式空调与非独立式空调，前者通常用于长途货运、大客车上，后者多用于轿车或小型货车上；根据性能不同，汽车空调可分为单一功能型空调与冷暖一体型空调，前者多用于大型客车和载货汽车上，后者多用于轿车上；根据控制方式的不同，汽车空调可分为手动空调与自动空调。

（2）自动空调基本组成与制冷循环系统　图14-16（a）所示为自动空调基本组成，其主要由电控单元、压缩机、鼓风机、蒸发器、冷凝器、膨胀阀、空调压力开关、散热风扇、各种传感器等组成。图14-16（b）所示为制冷循环系统。制冷系统的高压区是指压缩机出口→冷凝器→干燥过滤器→膨胀阀进口，制冷系统的低压区是指膨胀阀出口→蒸发器→压缩机进口。

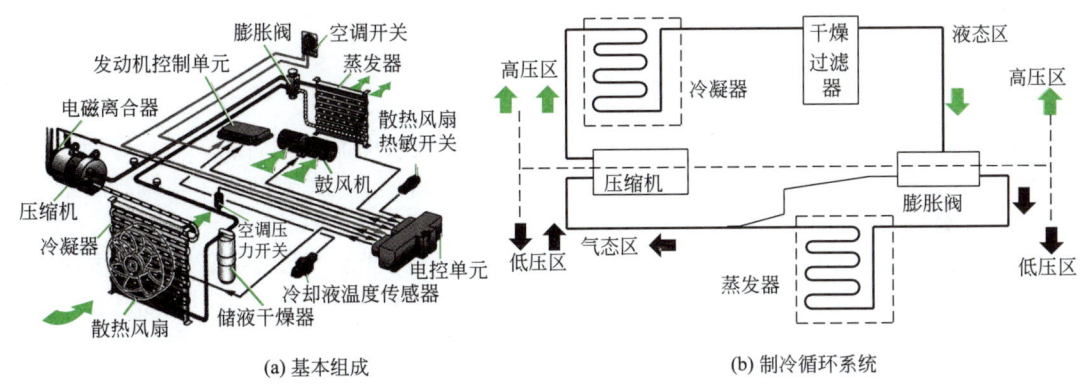

图 14-16　自动空调基本组成与制冷循环系统

14.8.2 空调系统是否有故障的耳听判断

耳听判断就是在空调系统工作时，用耳朵仔细听其是否有异常的声音，依据系统的运行声音来判断其运行状况。通常是在不同角度和位置来听是否有异常声音及其发生的部位。如果发现某部位有异常响声，可再用手去触摸，感觉是否有共振现象，以便发现故障的具体位置。

（1）压缩机异响　汽车空调压缩机在正常运转时，用耳朵靠近压缩机处仔细倾听，会听到压缩机发出清脆而均匀的阀片跳动声。压缩机出现的异响原因多为制冷剂太多、轴承磨损松旷、冷冻机油太多或太少、压缩机损坏、支架松动或共振。

（2）电磁离合器异响　原因有离合器打滑、离合器轴承或线圈损坏、高、低压开关接线松动、温控器损坏、离合器频繁吸合。

当听到压缩机电磁离合器发出刺耳的噪声时，多是由于电磁离合器磁力线圈老化，通电后产生的电磁力不足或离合器片磨损致使间隙过大，导致离合器打滑而产生了尖叫声，并伴随有离合器打滑处发热现象。对于这种情况，解决的方法一是重新绕离合器磁力线圈，二是将离合器调整片抽去1～2片，使离合器的间隙减小来防止打滑。压缩机的负荷太重也会导致离合器打滑，对此应及时查明原因，并进行相应处理。

（3）机体摩擦声　当听到机体内有严重的摩擦声时，可断定这种情况多是由于压缩机润滑油不足或断油而引起的。

（4）外部拍击声　这种声音多是由于压缩机与发动机间的V形传动带过松，或是经长期使用后磨损严重引起的。

（5）敲击声　这种声音多是由于制冷剂有液击现象或因油量过多而敲缸等。系统内制冷剂过多或膨胀阀开度过大，致使制冷剂在未被完全汽化的情况下吸入了压缩机。这种情况对压缩机的危害较大，很可能会导致压缩机内部的相关零件损坏或减少其使用寿命。对此，应放掉过多的制冷剂或重新调整膨胀阀的开度。

（6）风扇异响　原因有风扇叶片碰擦风机罩或者共振，风扇电动机损坏、轴承缺油或卡滞，电器接触不良导致的空调器内风扇异常出现的响声，多是在风扇转动时发出的。

这种情况既可能是风扇的叶片碰及物体引起的，也可能是风扇本身轴承缺油或严重磨损造成的，应根据实际情况查明原因后进行处理。

（7）停机过程中的撞击声　在停机过程中，能清楚地听到机体内运动部件的连续撞击声。这种情况多是由于制冷系统内部的运动部件严重磨损，致使轴与轴之间、缸体与活塞之间、连杆与轴之间的间隙过大或出现松动引起的。

（8）其他异响　皮带太松、太紧，或磨损、开裂，中间过渡轮润滑不良；膨胀阀、冷凝器、蒸发器松动。

14.8.3　空调制冷系统管路泄漏部位查找

汽车空调制冷系统管路泄漏故障发生率较高，尤其是长时间使用后的车辆。修理管路泄漏故障较为容易，而判断泄漏具体部位有一定难度，下面介绍几种判断汽车空调制冷系统管路泄漏故障具体部位的技能。

（1）观察油迹检漏　观察油迹查找空调制冷系统管路泄漏的具体部位时，主要是观察压缩机零件表面、软管、管接头处是否有油迹，一旦制冷系统哪个管接头出现油迹，则说明该处有泄漏，应进行检修。但如果只有压缩机前部有小块油迹，这是正常现象。

（2）肥皂水检漏　将肥皂粉加到水里，搅动均匀，如图14-17（a）所示，把肥皂水喷涂到要检测的部位，如果有泄漏，则会鼓起肥皂泡。采用肥皂水检漏的方法所用费用低、操作简单、直观，不足之处是看不到的地方则无法进行检测。

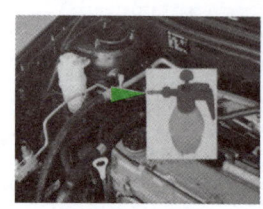　　

(a) 肥皂水检漏　　　(b) 荧光剂检漏　　　(c) 真空检漏

图 14-17　肥皂水、荧光剂与真空检漏

（3）荧光剂检漏　使用的物品主要包括专用荧光剂、喷雾清洗剂、加注工具、射灯、滤光眼镜。用荧光剂进行检漏时，首先要用加注工具将荧光剂加注到制冷系统内，具体加注量应按说明书上的要求进行。启动空调使其进入工作状态，戴上滤光眼镜，然后按图14-17（b）所示，用射灯照射制冷系统的管路，如果有地方出现了泄漏，则当射灯照射到该处时，该处将会出现荧光。当查出泄漏处并修复后，先用喷雾清洗剂对修复处进行清洗，然后按上述方法再次用射灯对修复处进行检测，如果不再出现荧光，则说明问题已解决。

采用荧光剂进行检漏，其最大的优点是只需对制冷系统加注一次荧光剂，以后就可以长期使用，即使是很微小的泄漏点也很容易检测出来，并且不用拆卸制冷系统，可就车检查，只要是射灯能够照射到的地方，均能够准确无误地查出泄漏点。不足之处是成本稍高一些，一般较小的维修部门不配备这套工具。

（4）真空检漏　采用真空泵来进行，如图14-17（c）所示，真空度应达到0.1MPa，保持24h真空度没有显著升高即可。然后抽真空使系统中残留的氮气被抽出，再次检查系统有无泄漏以及使系统干燥。只有在系统抽真空后才能加注制冷剂。

14.8.4　空调制冷系统抽真空

抽真空是为了排除空调制冷系统内的空气和水汽，是维修空调必备的基本技能，抽真空常用设备为真空泵或汽车空调制冷剂回收加注机。抽真空的具体操作步骤如下。

把歧管压力计［图14-18（c）］上的两根高、低压软管分别和压缩机上的高、低压接口相连，歧管压力计上的中间软管与真空泵相连，如图14-18（a）所示。打开歧管压力计上的高、低压手动阀，如图14-18（b）所示，启动真空泵，并观察两个压力表，将系统抽真空到98.70～99.99kPa范围内。关闭歧管压力计上的高、低压手动阀，观察压力计指示压力是否回升。如回升，则说明系统有泄漏，应进行检漏修理。如压力计指针保持不动，则打开高、低压手动阀，启动真空泵继续抽真空15～30min，使压力计指针稳定，关闭歧管压力计上的高、低压手动阀，再关闭真空泵。先关闭高、低压手动阀，然后再关闭真空泵，是为了防止空气进入制冷系统。

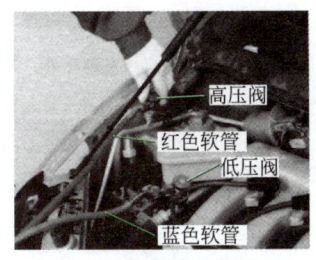  

(a) 中间软管的连接　　　　(b) 启动真空泵　　　　(c) 歧管压力计

图14-18　空调制冷系统抽真空示意图

14.8.5　空调制冷系统加注制冷剂

当确认制冷系统抽真空达到了要求、不存在泄漏部位后，如果制冷剂数量过少，就可以对制冷系统加注制冷剂了，但要在知道加注量的情况下进行，这在压缩机铭牌上可以查到。

（1）加注制冷剂的方式　对汽车空调制冷系统加注制冷剂通常既可以从低压端进行加注，也可以从高压端进行加注，具体加注位置如图14-19（a）所示。

（2）低压端加注制冷剂　如图14-20（a）所示，把歧管压力计和压缩机、制冷剂罐连接好。打开制冷剂罐上的注入阀［图14-19（b）］，拧松中间注入软管在歧管压力计上的螺母［图14-19（c）］，直至听见有制冷剂蒸气流动声，然后拧紧螺母，以排出注入软管中的空气。打开低压手动阀，使制冷剂进入制冷系统。当系统的压力值达到0.4MPa时，关闭低压手动阀，启动发动机，把空调开关接通，并将鼓风机开关和温控开关均调至最大，再打开歧管压力计上的手动阀，使制冷剂继续进入制冷系统，直至规定值。加注结束后，从视液镜处观察，在确认系统内无气泡、无过量制冷剂后，将发动机转速调到2000r/min，鼓风机风量开到最高挡，如气温为30～35℃，则系统内低压侧压力应在0.147～0.192MPa之间，高压侧压力应在1.37～1.67MPa之间。检查合格后，关闭歧管压力计上的低压手动阀，关闭装在制冷剂罐上的注入阀，使发动机停止运行，把歧管压力计从压缩机上拆下，但拆卸动作应迅速，以免过多制冷剂泄出。

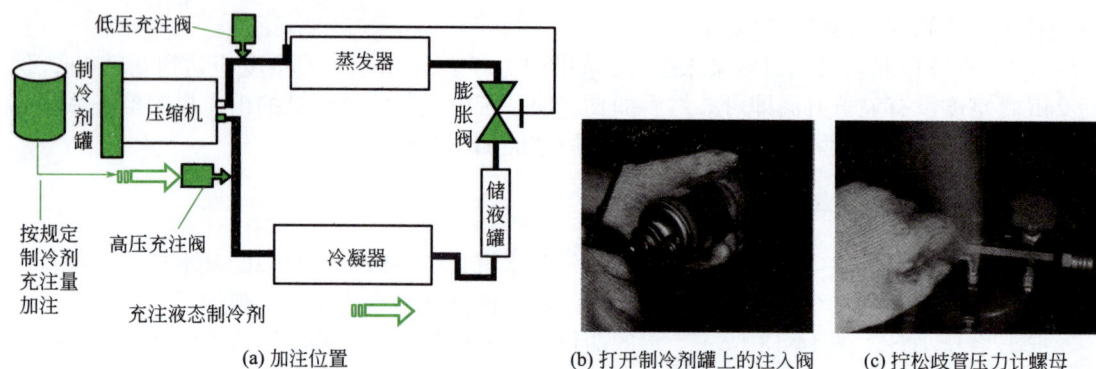

图 14-19　制冷剂加注位置、打开制冷剂罐上的注入阀与拧松歧管压力计螺母

（3）高压端加注制冷剂　在系统抽真空后，关闭歧管压力计上高、低压手动阀。把中间软管的一端和制冷剂罐注入阀的接头相连，如图 14-20（b）所示，打开制冷剂罐注入阀，再拧开歧管压力计软管一端的螺母，让气体逸出几分钟，然后拧紧螺母。拧开高压侧手动阀到全开位置，把制冷剂罐倒立，从高压侧注入规定量的液态制冷剂后，关闭制冷剂罐注入阀与歧管压力计上的高压手动阀，然后取下仪表。

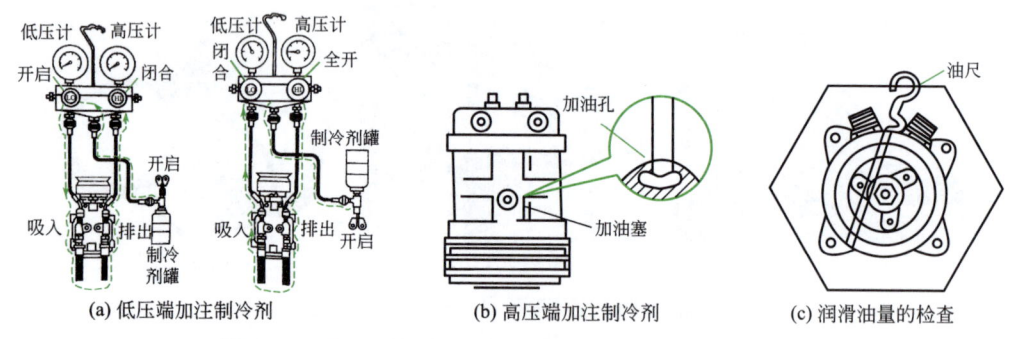

图 14-20　低压端与高压端加注制冷剂、润滑油量的检查

需要注意的是，从高压端向系统加注制冷剂时，发动机应处于停止（也就是压缩机停转）状态，且不要拧开歧管压力计上的低压手动阀，以防产生液压冲击。

14.8.6　空调制冷系统冷冻润滑油的检查

当更换压缩机和制冷系统某一部件时，均需检查压缩机内的冷冻润滑油量。如图 14-20(c)所示，拆下加油塞，通过加油孔观察旋转离合器前板，将油尺用棉纱擦干净，插入压缩机内，直到油尺端部碰到压缩机内壳体为止，取出油尺，观察油尺浸入深度。合适的压缩机内油量油面应在前 4～6 格之间。如果油量少应加注，多则放出，然后拧紧加油塞。

习题 14

（1）填空题

1）发动机电控燃油喷射系统 ECU 的供电方式主要有＿＿＿＿控制式电源电路与＿＿＿＿控制式电源电路两大类。

2）电控悬架主要有电控＿＿＿悬架、电控＿＿＿悬架、＿＿＿悬架与＿＿＿悬架等几种。其中以电控＿＿＿悬架应用最广泛。

3）安全气囊系统通常由_____本身、_____器与_____系统等组成。

（2）选择题

1）有故障代码是不是就一定有故障？（a）一定有故障；（b）一定没有故障；（c）不一定有故障。

2）自动变速器的正常失速转速应在_____r/min 范围内。（a）400～1000；（b）1400～2000；（c）2400～2500；（d）2500～3400。

3）如果失速试验时发动机转速低于规定值，则故障可能是_____或_____导致的_____打滑。（a）发动机输出功率不足；（b）液力变矩器；（c）发动机输出功率不稳；（d）单向离合器。

4）在三通道 ABS 系统中，它的三个电磁阀和回流泵在车辆上的设置是：（a）前后轮各用一个，另一个备用；（b）前左右轮各用一个，后轮共用一个；（c）前左右轮共用一个，后左右轮各用一个；（d）前轮用一个，后轮用两个。

5）在 ABS 系统中，正常的制动液液面高度应是：（a）低于 DANGER/MIN；（b）高于 MAX；（c）在 DANGER/MIN 与 MAX 之间。

6）ABS 系统的工作与车速有关，当汽车加速和车速达到_____左右时，ABS 系统投入工作；当汽车减速且车速降至_____以下时，ABS 系统停止工作。（a）5km/h，10km/h；（b）15km/h，10km/h；（c）10km/h，5km/h；（d）20km/h，15km/h。

7）与普通制动系统的放气有所不同，ABS 系统放气顺序通常应为：____轮→____轮→____轮→____轮。（a）左后，右后，右前，左前；（b）右后，左后，右前，左前；（c）左后，右后，左前，右前；（d）左前，右后，右前，左后。

（3）问答题

1）怎样确认问题是否出在发动机电控燃油喷射系统？画出故障确认的基本流程方框图。

2）怎样对发动机启动困难故障进行诊断与维修？画出故障诊断与维修流程方框图。

3）怎样判断故障是在自动变速器电控单元还是在自动变速器内部？

4）自动变速器工作时噪声大故障的原因有哪些？怎样对其进行检测与维修？

5）怎样判断电控空气悬架系统是否正常？怎样对电控悬架系统故障进行诊断与检修？

6）检修安全气囊系统的基本步骤是怎样的？怎样正确拆卸与解除安全气囊系统？诊断与维修安全气囊必须注意哪些问题？报废的车辆怎样正确引爆其安全气囊？

7）电控巡航系统常见故障原因有哪些？怎样诊断与维修不能进入巡航控制状态的故障？

8）电控电动助力转向系统故障诊断顺序是怎样的？画出诊断顺序流程图。

9）怎样用耳听的方法判断空调系统是否有故障？怎样利用观察油迹和用肥皂水进行检漏？怎样对空调制冷系统抽真空？怎样对空调制冷系统加注制冷剂？

习题答案

习题 1

（1）填空题

1）电压，电压大于 0.3V；2）高，低，2/3；3）指针，高阻，高精度，数字，10MΩ。

（2）选择题

1）（b）；2）（c）；3）（a）；4）（d）；5（c）；6）（a）；7）（b），（c）；8）（d）。

习题 2

（1）填空题

1）固定，可变，电位器，导线，开关；2）长方块，两边短线；3）限流，降压，隔离，振荡，谐振，分流，分压，取样；4）CdS，有源，电源，受光，光越强，小；5）交流，直流；6）外，内；7）温度，冷却液，进气，压力，位置，速度，流量。

（2）选择题

1）（b）；2）（d）；3）（a）；4）（a），（c）；5）（d）；6）（a）。

习题 3

（1）填空题

1）熔断器，易熔线，保险器，熔线，FUL；2）普通，免维护，干荷，铅酸；3）搭铁，正极，连接，过桥，正极，音响；4）有刷，无刷；5）6管，8管，9管，11管；6）1/2，10mm，80%；7）同步，伺服，普通。

（2）选择题

1）（a），（b），（c）；2）（d）；3）（c）；4）（c）；5）（a），（b），（c）；6）（c）；7）（a）；8）（c）；9）（b）；10）（c）。

习题 4

（1）填空题

1）电源，安全保险装置，控制开关，负载，连接导线；2）没有按下，未接通，没有通电，未闭合，没有打开。

（2）选择题

1）(b)；2）(a)；3）(c)；4）(b)；5）(c)；6）(c)；7）(c)；8）(d)。

习题 5

（1）填空题

1）符号，图线，电气元器件，工作原理，电气控制，电气控制设备，电气控制，语言；2）单元，单元，元器件，零部件；3）上，下，左，右，电源，接地，搭铁，元件，控制关系；4）中断，相同，元件，穿越图线较多，中断，中断，字母，文字，数字编号，中断。

（2）选择题

1）(c)；2）(b)，(d)；3）(a)；4）(a)，(b)，(c)，(d)；5）(d)；6）(d)。

习题 6

（1）填空题

1）EFI，汽油，电控燃油，电控汽油；2）5%，5%～20%，启动，加速，有害气体；3）输入信号，电控单元，执行器，电控单元；4）空气供给，燃油供给，点火，电子控制；5）液力变矩器，齿轮式自动变速器，液力变矩，变速齿轮，供油，换挡；6）小，低，低，中，中，中，大，高，高；7）开关，比例，占空比；8）电力，电，机械；9）转矩，车速；EPS电控，电动，减速；10）一侧，托架，气缸，曲轴，驱动皮带；11）模式门，空气混合门，进气门，鼓风机，压缩机。

（2）选择题

1）(a)；2）(d)；3）(c)；4）(c)；5）(c)；6）(a)；7）(b)；8）(a)，(d)；9）(b)。

习题 7

（1）填空题

1）液压，气压，机械，电子，整体，分散；2）制动，行驶，稳定，安全；3）冲击，气囊，膨胀器，电控单元ECU，SRS ECU，旋转，故障，电压保护，储备；4）自动恒速，速度，CCS；5）CCS，40km/h，自动，恒定；6）LCD（液晶），指针混合数字显示，全数字指针显示，LCD全数字显示；7）LCD液晶驱动，高压背光灯，模块，按键扫描，按键照明。

（2）选择题

1）(c)；2）(b)；3）(d)；4）(c)；5）(c)，(d)；6）(a)；7）(c)；8）(a)，(b)，(c)；9）(d)；10）(c)；11）(d)；12）(b)。

习题 8

（1）填空题

1）带电压调节器，交流发电机，蓄电池，并联；2）发动机，起动机，充电；3）他励，自励；4）主要，起动机，蓄电池，蓄电池；5）化学能，电能；6）14.5V，减小，切断，励磁，13.5V，增加，励磁；7）大，小，零；8）励磁绕组，搭铁，励磁绕组，励磁绕组；9）发电机，点火开关，励磁绕组。

（2）选择题

1）(d)；2）(a)，(b)，(f)；3）(b)；4）(a)，(c)，(d)；5）(a)，(c)。

习题 9

（1）填空题

1）静止，自行运转，启动，启动，启动；2）电力，发动机无法启动；3）曲轴，做功；4）蓄电池，起动机，启动继电器，点火开关；5）动力源，电能，电磁转矩，电磁转矩，发动机飞轮，曲轴；6）无启动继电器的直接，带有启动继电器的，带有保护继电器的。

（2）选择题

1）（c）；2）（c）；3）（a）；4）（b），（d）；5）（b）。

习题 10

（1）填空题

1）汽油发动机，压缩行程，点燃混合气，压燃方式；2）高压火花，电火花，点火系统；3）蓄电池，点火，点火，火花塞，传感器，分电器，控制，4）磁电，霍尔，微电脑；5）磁电，霍尔，传感器，微电脑，工作精度；6）永久磁铁，传感线圈，信号转子，变磁阻转子。

（2）选择题

1）（c）；2）（d）；3）（b），（d）；4）（b）；5）（a）；6）（c）。

习题 11

（1）填空题

1）独立，制动；2）均匀明亮，100m，远光，近光；3）远光，近光；4）闪光器，转向灯灯泡，转向灯开关，连接线路；5）普通，LED（发光二极管）；6）按钮直接控制，继电器控制，电、气转换；7）喇叭按钮，继电器。

（2）选择题

1）（b），（c）；2）（c）；3）（a），（b），（c），（d）；4）（c）。

习题 12

（1）填空题

1）冷却液温度，燃油，车速里程，发动机转速，机油压力报警，发动机故障，充电指示，冷却液温度报警，燃油指示；2）监测，工作状况，机械，电子；3）结构，工作，耐振，冲击，指示值，电源电压，环境温度；4）集中，仪表板总成，垂直，倾斜；5）仪表，仪表照明灯，表壳；6）水温，油压，燃油，车速里程，未画；7）发电机，点火线圈，载货，轿车；8）仪表，显示器，传感器，插接件，连接导线，共用，共用，电源；9）油压传感器，油压表本身。

（2）选择题

1）（d）；2）（a），（b），（c），（d）。

习题 13

（1）填空题

1）喷洗装置，电动机，减速机构，间歇继电器；2）离心，齿轮，挤压；3）普通，全景，百叶，太阳能；4）绳轮，交臂，软轴；5）双向直流电动机，控制开关，继电器，断路开关，断路器；6）机械结构，控制系统；7）镜片，微型直流电动机，驱动器，镜片固定；8）座垫，靠背，侧背支承，头枕，背部，臀部，按摩，侧面；9）单，双，三，四；10）熔断器，连接线路，导线绝缘层；11）电磁，电动，气动膜盒，电磁，电磁铁，电动，电动机，电动机，气动膜盒；12）可逆式电动机，传动装置，锁体；13）发射器，接收器，执行器；14）控制器，显示器，蜂鸣器，超声波传感器，超声波传感器。

（2）选择题

1）（c）；2）（b）；3）（a），（c）；4）（a），（c），（d）；5）（b）；6）（d）；7）（b）；8）（d）；9）（b）；10）（a），（b），（c），（d）。

习题 14

（1）填空题

1）点火开关，ECU；2）液压，空气，电磁，动力调节，空气；3）气囊，传感，充气。

（2）选择题

1）（c）；2）（c）；3）（a），（b），（d）；4）（b）；5）（c）；6）（c）；7）（b）。

参 考 文 献

［1］刘汉涛.汽车电器维修轻松入门480问.北京：机械工业出版社，2015.
［2］吴文琳.汽车传感器原理与检修.北京：机械工业出版社，2014.
［3］李林.一学就会的500项汽车维修技能.北京：机械工业出版社，2014.
［4］孙余凯.新型汽车电子电器元器件检测与修理.北京：人民邮电出版社，2005.
［5］李明诚.维修电控汽车容易忽视的几个问题.汽车维修与保养，2008，（7）：34.
［6］刘志忠.汽车计算机控制系统故障诊断方法.汽车电器，2005，（4）：37.
［7］魏键.汽车线路的检测与维修.汽车电器，2014，（4）：55.
［8］齐志鹏，安相壁，邓自强，等.汽车前照灯的检修.汽车电器，2004，（10）：14.
［9］周晓飞.汽车维修常识与技能.北京：机械工业出版社，2013.
［10］吴基安.汽车电工自学读本.北京：金盾出版社，2000.
［11］曹永晟，王远，朱会田.汽车起动机几种典型故障的诊断方法.汽车电器，2009，（1）：30.
［12］刘汉涛.汽车底盘维修轻松入门700问.北京：机械工业出版社，2016.
［13］马淑芝，候志辉.精编中外轿车实用维修全书：电气分册.长春：吉林科学技术出版社，1999.
［14］臧杰.轿车自动变速器检修培训教程.北京：机械工业出版社，2002.
［15］周晓飞，万建才，等.汽车底盘和变速器维修.北京：化学工业出版社，2014.